法学叢書 14

法学叢書
刑事訴訟法

大久保　隆志

新世社

はしがき

　本書は，刑事訴訟法を学ぶ人のための概説書である。
　法学部あるいは法科大学院で刑事訴訟法の講義を受ける人を想定し，刑事訴訟法の講義として検討すべき事項を中心に，刑事訴訟法の「こころ」に触れ，その核心部分を理解してもらえるように心掛けた。そのため，第1に，問題となる事柄の本質に遡り，理解が分かれる原因を探るように努力するとともに，その解決に必要な基本的発想を重んじるように努めた。複雑に見える問題も，その本質に遡れば，必ずしも複雑ではないことを示すように努めたつもりであるが，その先は，読者自らが考えて欲しいと願っている。第2に，刑事訴訟法上の多くの問題は，判例を中心とする実務の運用に由来するところが多いことに鑑み，実務の運用には十分に意を用いるように努めた（判例の取捨選択には，三井誠編『判例教材刑事訴訟法〔第4版〕』（東京大学出版会，2011年）を大いに参照させていただいたことを記しておきたい）。しかし，他方において，これまで長年にわたって蓄積されてきた学説の豊かな成果についても，できる限り参照するように努め，実務と学説との架橋に意を用いるように心掛けた。幾分かでもその方向に向かっていることを読み取っていただけるかどうか，読者諸賢の判断に委ねたい。第3に，重要と思われる部分については，その考え方をできるだけ丁寧に提示するとともに，必ずしも重要でないと思われる部分については，できるだけ軽く取り扱うように努めた。前者については，概説書としてのバランスを失してやや過剰な検討に及んだ一方，後者については，条文の流れに沿った簡略な解説に終始したことは否めない。思い切って省略することも検討したが，概説書としての性質上，敢えて残すこととした。ご海容を請う次第である。
　ところで，筆者は，検事として出発し，約21年間にわたり検察実務に携わってきた。その間，司法研修所勤務，法務省勤務を含め，多様な経験を積むことができたが，その後，縁あって大学に転籍した。そして，大学において約11年間にわたって刑事訴訟法の講義を担当してきたが，その間，多くの研究

者の方々にご教示を賜り，多くの学説の恩恵を受けることができた．もとより，筆者の発想の核となる部分は，意識するとしないとにかかわらず検察にあるのではないかと自覚しているが，本書の執筆に当たっては，できる限り特定の立場にとらわれることなく，意識的に第三者の立ち位置に立つように努めてきたつもりである．読者諸賢におかれては，筆者の立ち位置について先入観を抱くことなく，真摯な態度で目を通していただきたいと心から願う次第である．

　本書は，概説書としての性質上，原則として文献の引用を行わないこととしたが，多くの方々の恩恵に対し，改めて感謝の意を表したい．また，怠惰な筆者の遅筆を辛抱強く待ち続けていただいた新世社の御園生晴彦氏，編集作業を担当していただいた谷口雅彦氏にも，心から感謝の意を表する次第である．

　2013 年 11 月

大久保 隆志

目　次

第1章　刑事訴訟の基本原則　　1

1.1　刑事訴訟の意義と目的　　1
- 1.1.1　刑事訴訟の意義　　1
- 1.1.2　刑事訴訟の目的　　3
- 1.1.3　刑事訴訟と民事訴訟　　5

1.2　刑事訴訟の基本原則　　6
- 1.2.1　実体的真実主義と適正手続主義　　6
- 1.2.2　当事者主義と職権主義　　12

1.3　刑事訴訟の関与者　　13
- 1.3.1　司法警察職員　　13
- 1.3.2　検察官　　13
- 1.3.3　裁判官　　14
- 1.3.4　弁護人　　14
- 1.3.5　被告人・被疑者　　15
- 1.3.6　被害者　　15

第2章　任意捜査と強制捜査　　16

2.1　捜査の意義　　16
- 2.1.1　捜査の概念　　16
- 2.1.2　将来犯罪の捜査　　17

2.2　任意捜査　　18
- 2.2.1　任意捜査の原則　　18
- 2.2.2　任意捜査と強制捜査の区別　　20
- 2.2.3　任意捜査の限界　　22
- 2.2.4　任意捜査の方法・態様　　26

第3章　捜査の端緒　　37

3.1　職務質問　37
3.1.1　行政警察と司法警察　37
3.1.2　職務質問の意義と性質　39
3.1.3　職務質問の法的根拠と要件　41
3.1.4　職務質問に伴う有形力行使の限界　41
3.1.5　職務質問に伴う任意同行　45

3.2　所持品検査　45
3.2.1　所持品検査の意義と態様　45
3.2.2　所持品検査の法的根拠と限界　46

3.3　検問　52
3.3.1　検問の意義と根拠　52
3.3.2　自動車検問　52
3.3.3　その他の検問　54

3.4　その他の捜査の端緒　55
3.4.1　司法検死　55
3.4.2　告訴，告発，請求等　56
3.4.3　自首　57

第4章　物的証拠の収集　　58

4.1　捜索・差押え　58
4.1.1　捜索・差押えの意義　58
4.1.2　捜索・差押えの要件　59

4.2　令状による捜索・差押え　60
4.2.1　令状を要する理由　60
4.2.2　捜索差押許可状の要件　60
4.2.3　報道機関に対する捜索・差押え　64
4.2.4　捜索差押許可状の執行方法　65
4.2.5　領置　75

4.3　逮捕に伴う捜索・差押え　76
4.3.1　令状主義の例外とされる根拠　76
4.3.2　逮捕する場合　77

　　　　　　　　　　　　　　　　　　　　　　　　　　　　　　　　目　次　v

　　4.3.3　逮捕の現場 …………………………………………………………… 79
　　4.3.4　差し押さえるべき対象物 …………………………………………… 81
4.4　検証，鑑定等 ………………………………………………………………… 82
　　4.4.1　検　　証 ……………………………………………………………… 82
　　4.4.2　鑑　　定 ……………………………………………………………… 84
　　4.4.3　身体検査に関する捜索，検証及び鑑定の関係 …………………… 85
　　4.4.4　強制採尿等をめぐる問題 …………………………………………… 86
4.5　通信の傍受 …………………………………………………………………… 91
　　4.5.1　強制捜査としての通信傍受 ………………………………………… 91
　　4.5.2　犯罪捜査のための通信傍受に関する法律 ………………………… 93

第5章　身柄の拘束　　　　　　　　　　　　　　　　　　　　　　　　　95

5.1　総　　説 ……………………………………………………………………… 95
5.2　逮　　捕 ……………………………………………………………………… 96
　　5.2.1　逮捕の目的・性質 …………………………………………………… 96
　　5.2.2　通 常 逮 捕 …………………………………………………………… 97
　　5.2.3　現行犯逮捕 …………………………………………………………… 101
　　5.2.4　緊 急 逮 捕 …………………………………………………………… 104
　　5.2.5　逮捕後の手続 ………………………………………………………… 106
5.3　勾　　留 ……………………………………………………………………… 108
　　5.3.1　勾留の意義等 ………………………………………………………… 108
5.4　一罪一逮捕・勾留の原則 …………………………………………………… 113
　　5.4.1　事件単位の原則 ……………………………………………………… 113
　　5.4.2　再逮捕・再勾留の可否 ……………………………………………… 114
5.5　別件逮捕・勾留 ……………………………………………………………… 117
　　5.5.1　別件逮捕の意義 ……………………………………………………… 117
　　5.5.2　学説の対立 …………………………………………………………… 118
　　5.5.3　別件逮捕のその後の手続への影響 ………………………………… 120

第6章　供述証拠の収集　　　　　　　　　　　　　　　　　　　　　　　122

6.1　取調べの意義と法的規制 …………………………………………………… 122
　　6.1.1　取調べの意義 ………………………………………………………… 122

6.1.2　取調べの規制 …………………………………… 123
　　6.1.3　供述録取書の作成 ………………………………… 124
　　6.1.4　取調べの適正化 …………………………………… 125
　6.2　身柄拘束中の被疑者の取調べ …………………………… 126
　　6.2.1　身柄拘束と取調べの関係 ………………………… 126
　　6.2.2　取調べ受忍義務 …………………………………… 127
　　6.2.3　身柄拘束中の被疑者の余罪取調べ ……………… 130
　6.3　身柄不拘束被疑者の取調べ ……………………………… 132
　　6.3.1　任意同行の意義 …………………………………… 133
　　6.3.2　任意性の判断基準 ………………………………… 133
　　6.3.3　任意同行が違法であった場合の取扱い ………… 135
　　6.3.4　判　例 ……………………………………………… 136
　6.4　参考人取調べ等 …………………………………………… 138
　　6.4.1　被疑者以外の者の取調べ ………………………… 138
　　6.4.2　被疑者以外の者に対する第1回公判前の証人尋問 …… 139
　　6.4.3　外国人の取調べ …………………………………… 140

第7章　被疑者の権利　　142

　7.1　黙　秘　権 ………………………………………………… 142
　　7.1.1　黙秘権の意義と存在理由 ………………………… 142
　　7.1.2　黙秘権の効果 ……………………………………… 143
　　7.1.3　黙秘権の告知と対象 ……………………………… 144
　7.2　弁護人依頼権 ……………………………………………… 147
　　7.2.1　弁護人依頼権の意義 ……………………………… 147
　　7.2.2　被疑者の国選弁護 ………………………………… 148
　　7.2.3　弁護人の活動と機能 ……………………………… 150
　7.3　接見交通権 ………………………………………………… 151
　　7.3.1　接見交通権の意義 ………………………………… 151
　　7.3.2　接見指定の要件 …………………………………… 152
　　7.3.3　接見指定の方法 …………………………………… 155
　　7.3.4　その後の裁判例 …………………………………… 157
　　7.3.5　弁護人以外の者との接見交通 …………………… 161

7.4　被疑者・弁護人の対抗措置 …………………………………… 162
　　　7.4.1　勾留理由開示請求 …………………………………………… 162
　　　7.4.2　勾留取消請求 ………………………………………………… 162
　　　7.4.3　準 抗 告 ……………………………………………………… 163
　　　7.4.4　証 拠 保 全 …………………………………………………… 165

第8章　捜査の終了　　166

　　8.1　警察における捜査の終了 ……………………………………… 166
　　8.2　起訴後の捜査 …………………………………………………… 167

第9章　公訴の提起　　169

　　9.1　公訴の意義 ……………………………………………………… 169
　　　9.1.1　公訴提起に関する諸原則 …………………………………… 169
　　　9.1.2　公訴提起の方式 ……………………………………………… 170
　　9.2　公 訴 権 論 ……………………………………………………… 173
　　　9.2.1　公訴権の意義 ………………………………………………… 173
　　　9.2.2　起訴便宜主義（訴追裁量主義）の運用 …………………… 176
　　　9.2.3　一罪の一部起訴 ……………………………………………… 178
　　9.3　訴 訟 条 件 ……………………………………………………… 182
　　　9.3.1　訴訟条件の意義，機能 ……………………………………… 182
　　　9.3.2　管 轄 違 い …………………………………………………… 184
　　　9.3.3　免 訴 事 由 …………………………………………………… 185
　　　9.3.4　公 訴 時 効 …………………………………………………… 186
　　　9.3.5　公訴棄却事由 ………………………………………………… 190
　　　9.3.6　親 告 罪 ……………………………………………………… 190
　　9.4　公訴権濫用論 …………………………………………………… 192
　　　9.4.1　意義と問題点 ………………………………………………… 192
　　　9.4.2　公訴権濫用の類型 …………………………………………… 193
　　9.5　不起訴に対するチェックシステム …………………………… 195
　　　9.5.1　告訴人等への通知 …………………………………………… 195
　　　9.5.2　検察審査会制度 ……………………………………………… 196
　　　9.5.3　準起訴手続（付審判請求） ………………………………… 197

9.5.4　その他の措置 …………………………………………………… 198

第10章　訴因の特定と変更　199

10.1　刑事訴訟の対象 …………………………………………………… 199
　　10.1.1　審判対象——「公訴事実」と「訴因」……………………… 199
　　10.1.2　「訴因」と「公訴事実」との関係 ………………………… 201
10.2　訴因の特定 ………………………………………………………… 203
　　10.2.1　訴因の機能 ………………………………………………… 203
　　10.2.2　識別説と防御説 …………………………………………… 203
　　10.2.3　判例の立場 ………………………………………………… 205
　　10.2.4　特定についての具体例 …………………………………… 206
10.3　訴因変更の可否 …………………………………………………… 210
　　10.3.1　訴因変更の趣旨 …………………………………………… 210
　　10.3.2　公訴事実の「同一性」と「単一性」 ……………………… 210
　　10.3.3　訴因変更の可否に関する学説 …………………………… 213
　　10.3.4　訴因変更の可否に関する判例 …………………………… 214
10.4　訴因変更の要否 …………………………………………………… 216
　　10.4.1　訴因変更の要否に関する考え方 ………………………… 216
　　10.4.2　変更の要否に関する事例検討 …………………………… 220
　　10.4.3　罪数の変化と訴因変更の要否 …………………………… 224
10.5　訴因変更命令 ……………………………………………………… 225
10.6　訴因変更の時間的限界 …………………………………………… 226
10.7　訴因と訴訟条件 …………………………………………………… 228
　　10.7.1　訴訟条件を欠く訴因 ……………………………………… 228
　　10.7.2　訴訟条件と訴因変更 ……………………………………… 231
　　10.7.3　管轄違いと訴因変更 ……………………………………… 231
10.8　控訴審における訴因変更 ………………………………………… 232

第11章　公判準備と公判手続　234

11.1　公判手続とその構成 ……………………………………………… 234
　　11.1.1　公判手続 …………………………………………………… 234
　　11.1.2　公判廷 ……………………………………………………… 235

11.2 被告人の出頭確保と保釈 …………………………………………… 242
11.2.1 被告人の召喚, 勾引, 勾留 ……………………………… 242
11.2.2 保釈, 勾留の執行停止 …………………………………… 245
11.3 公判前整理手続 ………………………………………………………… 248
11.3.1 意義, 目的等 ……………………………………………… 248
11.3.2 公判前整理手続の概要 …………………………………… 249
11.4 証 拠 開 示 …………………………………………………………… 250
11.4.1 証拠開示の必要性 ………………………………………… 250
11.4.2 従来の判例・学説 ………………………………………… 252
11.4.3 公判前整理手続における開示制度 ……………………… 253
11.5 公判期日の手続 ………………………………………………………… 258
11.5.1 通常の手続 ………………………………………………… 258
11.5.2 簡易な手続 ………………………………………………… 270
11.5.3 裁判員裁判 ………………………………………………… 272

第12章 証拠と証明　　　　　　　　　　　　　　　　　　　277
12.1 刑事訴訟における証明 ………………………………………………… 277
12.1.1 証拠裁判主義 ……………………………………………… 277
12.1.2 挙証責任と推定 …………………………………………… 281
12.1.3 証 明 力 ………………………………………………… 285
12.2 証 拠 能 力 …………………………………………………………… 289
12.2.1 証拠能力の要件 …………………………………………… 289
12.2.2 多元的許容性 ……………………………………………… 290
12.3 科 学 的 証 拠 ………………………………………………………… 292
12.3.1 証拠能力の考え方 ………………………………………… 293
12.3.2 DNA 鑑定 ………………………………………………… 294
12.3.3 ポリグラフ検査 …………………………………………… 295
12.3.4 警察犬による臭気選別 …………………………………… 296
12.3.5 声 紋 鑑 定 ……………………………………………… 296
12.3.6 筆 跡 鑑 定 ……………………………………………… 297
12.4 違法収集証拠排除法則 ………………………………………………… 298
12.4.1 意　　義 …………………………………………………… 298
12.4.2 排除の根拠 ………………………………………………… 299

x 目次

12.4.3 排除判断の基準……………………………………………… 302
12.4.4 排除法則の例外………………………………………………… 303
12.4.5 違法性承継の判断方法………………………………………… 304
12.4.6 派生証拠の排除………………………………………………… 305
12.4.7 排除の申立適格………………………………………………… 307
12.4.8 違法な証拠に対する同意……………………………………… 308
12.4.9 排除法則の適用領域…………………………………………… 308

第13章 自白法則 310

13.1 自白総説…………………………………………………………… 310
13.1.1 自白法則の位置付け…………………………………………… 310
13.1.2 自白の意義……………………………………………………… 310

13.2 自白法則の意義と根拠…………………………………………… 311
13.2.1 自白法則の意義………………………………………………… 311
13.2.2 自白法則の根拠………………………………………………… 312

13.3 自白の証拠能力の限界…………………………………………… 316
13.3.1 強制，拷問又は脅迫による自白……………………………… 316
13.3.2 不当に長く抑留又は拘禁された後の自白…………………… 317
13.3.3 その他任意性に疑いのある自白……………………………… 317
13.3.4 その他問題となった自白……………………………………… 319

13.4 任意性をめぐるその他の問題…………………………………… 323
13.4.1 任意性の立証…………………………………………………… 323
13.4.2 不任意自白に基づいた捜索の結果発見された証拠物……… 325
13.4.3 自白の信用性…………………………………………………… 326

13.5 補強法則…………………………………………………………… 328
13.5.1 補強法則の意義と根拠………………………………………… 328
13.5.2 補強の範囲……………………………………………………… 330
13.5.3 具体的事例……………………………………………………… 331
13.5.4 補強証拠の証明力……………………………………………… 333
13.5.5 補強証拠の証拠適格…………………………………………… 334

13.6 共犯供述…………………………………………………………… 335
13.6.1 共犯者の公判廷供述…………………………………………… 335
13.6.2 共同被告人の公判廷外の供述………………………………… 337

第14章　伝聞法則　343

- **14.1** 伝聞法則の意義 ……… 343
  - **14.1.1** 伝聞の意義 ……… 343
  - **14.1.2** 伝聞証拠の定義 ……… 344
  - **14.1.3** 伝聞法則の存在理由 ……… 346
  - **14.1.4** 非伝聞と伝聞例外 ……… 347
- **14.2** 伝聞と非伝聞の区別 ……… 348
  - **14.2.1** 発言それ自体を証拠として用いる場合 ……… 348
  - **14.2.2** 発言の存在によって一定の事実を推認する証拠として用いる場合 ……… 349
  - **14.2.3** 発言内容の真実性を証拠として用いるが，伝聞本来のプロセスを経ていないことから敢えて伝聞とする必要がない場合 ……… 350
- **14.3** 伝聞例外 ……… 357
  - **14.3.1** 伝聞例外とその根拠 ……… 357
  - **14.3.2** 検察官面前調書（2号書面） ……… 358
  - **14.3.3** その他の供述調書（3号書面） ……… 364
  - **14.3.4** 証人尋問調書等（2項書面） ……… 368
  - **14.3.5** 検証調書と実況見分調書（3項書面） ……… 369
  - **14.3.6** 鑑定書（4項書面） ……… 374
  - **14.3.7** ビデオリンク方式による証人尋問調書（321条の2） ……… 376
  - **14.3.8** 特信文書（323条書面） ……… 377
  - **14.3.9** 被告人の供述調書等 ……… 378
- **14.4** 伝聞供述と再伝聞 ……… 378
  - **14.4.1** 伝聞供述 ……… 378
  - **14.4.2** 再伝聞 ……… 381
- **14.5** 同意書面 ……… 383
  - **14.5.1** 同意の法的性質 ……… 383
  - **14.5.2** 同意の効果と反対尋問の可否 ……… 384
  - **14.5.3** 同意の撤回 ……… 385
  - **14.5.4** 同意の効力とその範囲 ……… 386

- **13.6.3** 共犯供述と補強証拠 ……… 339
- **13.6.4** 共犯自白による相互補強 ……… 341

第15章 裁　　判　399

- **15.1　裁判の意義と成立** …………………………………………………… 399
  - **15.1.1**　裁判の意義・種類 …………………………………………… 399
  - **15.1.2**　裁判の成立 ………………………………………………… 400
  - **15.1.3**　裁判の構成 ………………………………………………… 401
- **15.2　罪となるべき事実の認定** ……………………………………………… 403
  - **15.2.1**　概括的認定・予備的認定 …………………………………… 404
  - **15.2.2**　択一的認定 ………………………………………………… 405
- **15.3　裁判の効力** ……………………………………………………………… 410
  - **15.3.1**　確　定　力 ………………………………………………… 410
  - **15.3.2**　拘束力（既判力）の及ぶ範囲 ……………………………… 412
  - **15.3.3**　一事不再理効 ……………………………………………… 414
- **15.4　裁判の執行** ……………………………………………………………… 417
  - **15.4.1**　裁判の執行 ………………………………………………… 417
  - **15.4.2**　刑　の　執　行 ……………………………………………… 417

第16章 上　　訴　419

- **16.1　上　　訴** ………………………………………………………………… 419
  - **16.1.1**　上　訴　権　者 ……………………………………………… 419
  - **16.1.2**　上　訴　の　利　益 ………………………………………… 419

---

xii　目　次

- **14.5.5**　同意の擬制 ………………………………………………… 387
- **14.6　証明力を争う証拠（弾劾証拠）** ……………………………………… 388
  - **14.6.1**　伝聞例外か不適用か ………………………………………… 388
  - **14.6.2**　自己矛盾に限るか …………………………………………… 388
  - **14.6.3**　増強証拠，回復証拠 ………………………………………… 391
  - **14.6.4**　証言後の矛盾供述 …………………………………………… 391
- **14.7　その他関連問題** ………………………………………………………… 392
  - **14.7.1**　任意性の調査 ………………………………………………… 392
  - **14.7.2**　写真，ビデオテープの取扱い ……………………………… 393
  - **14.7.3**　「写し」の取扱い …………………………………………… 396
  - **14.7.4**　供　述　録　音 ……………………………………………… 396

16.1.3　上訴期間 ………………………………………… 421
　　　16.1.4　上訴申立ての効果 ………………………………… 422
　16.2　控 訴 審 ……………………………………………………… 422
　　　16.2.1　控訴審の構造 ……………………………………… 422
　　　16.2.2　控訴審の審判対象 ………………………………… 423
　　　16.2.3　攻防対象論 ………………………………………… 423
　　　16.2.4　控訴理由 …………………………………………… 426
　　　16.2.5　控訴審の手続 ……………………………………… 427
　　　16.2.6　控訴審の裁判 ……………………………………… 427
　16.3　上 告 審 ……………………………………………………… 429
　　　16.3.1　上告の意義・機能 ………………………………… 429
　　　16.3.2　上告理由 …………………………………………… 430
　　　16.3.3　上告審の裁判 ……………………………………… 431
　16.4　抗　　　告 ……………………………………………………… 432
　　　16.4.1　抗告の意義 ………………………………………… 432
　　　16.4.2　通常抗告 …………………………………………… 432
　　　16.4.3　即時抗告 …………………………………………… 433
　　　16.4.4　準 抗 告 …………………………………………… 433
　　　16.4.5　特別抗告 …………………………………………… 434

第17章　非常救済手続　　　　　　　　　　　　　　　　435

　17.1　再　　　審 ……………………………………………………… 435
　　　17.1.1　再審制度の趣旨 …………………………………… 435
　　　17.1.2　再審理由 …………………………………………… 436
　　　17.1.3　再審請求の手続 …………………………………… 437
　17.2　非 常 上 告 ……………………………………………………… 438
　　　17.2.1　非常上告制度の趣旨 ……………………………… 438
　　　17.2.2　非常上告の手続 …………………………………… 438

事項索引 ………………………………………………………………… 439
判例索引 ………………………………………………………………… 451

凡　例

【法令名等略語表】

刑訴法	刑事訴訟法（ただし，括弧内で引用する場合は条文のみ）
規	刑事訴訟規則
憲	日本国憲法
警職法	警察官職務執行法
刑	刑法
検審	検察審査会法
検	検察庁法
裁	裁判所法
裁判員法	裁判員の参加する刑事裁判に関する法律
施設法	刑事収容施設及び被収容者等の処遇に関する法律
銃刀法	鉄砲刀剣類所持等取締法
少	少年法
捜査規範	犯罪捜査規範
道交法	道路交通法
傍受法	犯罪捜査のための通信傍受に関する法律
麻薬特例法	国際的な協力の下に規制薬物に係る不正行為を助長する行為等の防止を図るための麻薬及び向精神薬取締法等の特例等に関する法律
民訴法	民事訴訟法

【判例略語表】

大判	大審院判決
最判（決）	最高裁判所判決（決定）
高判（決）	高等裁判所判決（決定）
地判（決）	地方裁判所判決（決定）
支判	支部判決
刑集	最高裁判所刑事判例集
民集	最高裁判所民事判例集
裁判集刑	最高裁判所裁判集刑事
裁判集民	最高裁判所裁判集民事
高刑集	高等裁判所刑事判例集
下刑集	下級裁判所刑事裁判例集

刑裁月報	刑事裁判月報
裁特	高等裁判所刑事裁判特報
判特	高等裁判所刑事判決特報
東高刑時報	東京高等裁判所判決時報刑事
高検速報	高等裁判所刑事裁判速報集
一審刑集	第一審刑事裁判例集
判時	判例時報
判タ	判例タイムズ
百選9版	刑事訴訟法判例百選〔第9版〕

第1章

刑事訴訟の基本原則

1.1 刑事訴訟の意義と目的

1.1.1 刑事訴訟の意義
(1) 刑事訴訟の意義

　刑事訴訟法は，刑事訴訟に関する手続を定める法である。刑事訴訟とは，刑事事件に関する法律的紛争を解決するための訴訟手続である。刑事訴訟は，捜査手続，公判手続及び執行手続の各段階に分かれるが，狭義の刑事訴訟は公判手続を意味し，広義のそれは，これに捜査手続を含んだものを意味し，最広義のそれは，これらに執行手続を含んだものを意味する。捜査手続と公判手続とは，公訴提起によって区切られ，前者は後者に先行するのが通常であるから，起訴前手続と言われることもある。一般に刑事手続は，捜査手続と公判手続を指すのが通常であるから，刑事訴訟法は，これらを中心として規定されている。

(2) 刑事訴訟法の法源

　刑事訴訟法の法源は，刑事訴訟法（昭和23年法律131号）のほか，その特別法として，犯罪捜査のための通信傍受に関する法律（平成11年法律137号）などがあるが，刑事訴訟規則（昭和23年最高裁判所規則32号）も重要である。さらに，裁判員の参加する刑事裁判に関する法律（平成16年法律63号），少年法（昭和23年法律168号）なども実質的にはこれに当たると言って良い。

　また，関係機関の組織を定めるものとして，裁判所法（昭和22年法律59号），検察庁法（昭和22年法律61号），弁護士法（昭和24年法律205号），警察法（昭和29年法律162号），検察審査会法（昭和23年法律147号）などがあるが，これらも広い意味では刑事訴訟法の法源と言っても良い。

(3) 刑事訴訟の歴史

　日本における近代司法制度は，フランス法の継受から始まった。近代刑事訴訟は，明治 13 年（1880 年）にフランス治罪法を取り入れた「治罪法」の公布から始まった。その後，明治 23 年（1890 年）に「刑事訴訟法」（いわゆる明治刑訴法）及び「裁判所構成法」が公布され，さらに，大正 11 年（1922 年）には，ドイツ帝国刑事訴訟法を取り入れた「刑事訴訟法」（いわゆる大正刑訴法）が，翌 12 年には「陪審法」が公布されるに至った。

　第 2 次世界大戦終了によって，GHQ の指導の下，大転換を遂げた憲法に沿って，「日本国憲法の施行に伴う刑事訴訟法の応急的措置に関する法律」（いわゆる応急措置法）が昭和 21 年（1946 年）に公布され，刑事訴訟制度も大きく変更され，同 23 年（1948 年）に「刑事訴訟法」及び「刑事訴訟規則」が成立するに至り，翌 24 年 1 月からこれらが施行されるに至った。これが現行の刑事訴訟法である。

　現行の刑事訴訟法は，昭和 28 年（1953 年）に勾留期間の再延長（208 条の 2），簡易公判手続（291 条の 2）等の改正を経たものの，時代の変遷に応じた法改正がなされることがないまま，判例による「立法代替機能」の時代を経て，平成に至ってようやく「改革の時代」が始まった。

　すなわち，平成 11 年（1999 年）には「犯罪捜査のための通信傍受に関する法律」（平成 11 年法律 137 号）が成立したほか，平成 12 年（2000 年）には犯罪被害者保護に関する一連の刑事訴訟法改正がなされ（157 条の 2 ～同条の 4 など），平成 13 年（2001 年）の「司法制度改革審議会意見書 - 21 世紀の日本を支える司法制度 - 」を踏まえて，平成 16 年（2004 年）には裁判員制度の導入（「裁判員の参加する刑事裁判に関する法律」（平成 16 年法律 63 号））を含む一連の立法がなされるとともに，公判前整理手続（316 条の 2 ～同条の 32），即決裁判手続（350 条の 2 ～同条の 14）など重要な刑訴法改正が行われ，さらに平成 19 年（2007 年）には，被害者参加制度（316 条の 33 ～同条の 39）などが実現するに至っている。そして，平成 21 年（2009 年）には，裁判員制度による新しい裁判が開始され，これに伴って，刑事訴訟法の運用も大きく変わりつつあるというのが実情である。

(4) 刑事訴訟法の適用範囲

ア　場所的範囲

　刑事裁判権は国権の作用であって，国家主権の一翼を構成する。したがって，

日本国の主権の及ぶ限り，国内に現存する全ての者に対して刑訴法が適用される。刑法には国外犯の規定があるから（刑2条〜4条の2），国外における外国人による犯罪にも刑法は適用されるが，国外においては日本の主権は及ばないので，国外犯処罰を実現するための刑事裁判権を行使することはできない。国外において，日本の裁判権を行使するためには，当該外国の承認を得なければならない。

外国の承認を得れば，当該外国においても日本の裁判権を行使することができること，いかなる国の主権も及ばない公海上においても日本の裁判権を行使し得ることが理論的には可能であることなどに照らすと，刑訴法は世界中で適用可能であるが，外国主権によって制限を受けていると解することができよう（外国主権制限説）[1]。もっとも，自国において外国の裁判権行使を認めることは通常ないので，外交ルートを通じて相互に嘱託を行うための条約を締結することが多いとされている（一般には，相互主義が国際慣行とされている）。なお，外国裁判所からの司法共助については，「外国裁判所ノ嘱託ニ因ル共助法」（明治38年法律63号）が，外国政府からの捜査嘱託については，「国際捜査共助等に関する法律」（昭和55年法律69号）が制定されており[2]，これらに基づいて日本の司法関係機関が活動することとなっている。

イ 時間的範囲

刑事訴訟法には，刑法と異なり，事後法の禁止はない。したがって，法は施行時から適用されるという一般原則に従う。既に開始されている刑事手続に新法が適用されるか旧法が適用されるかは，立法政策の問題とされている。現行刑訴法の施行に際しては，施行時に公訴提起されていた事件については旧法，公訴提起前の事件については新法が適用されることとされた（刑事訴訟法施行法2条，4条）。

1.1.2　刑事訴訟の目的

刑事訴訟法は，その第1条において，「この法律は，刑事事件につき，公共の福祉の維持と個人の基本的人権の保障とを全うしつつ，事案の真相を明らかにし，刑罰法令を適正且つ迅速に適用実現することを目的とする」と規定する。

---

[1] 東京地決昭53・12・20刑裁月報10巻11〜12号1514頁参照。
[2] これに対し，日本から外国への共助を依頼する手続については，特に法律が制定されていない。

同条の読み方は必ずしも一義的とは言えないが、「しつつ」で区切り、前半部分が手段、後半部分が目的であるとする理解、「明らかにし」で区切り、前半部分が刑事訴訟法における正義、後半部分が刑事訴訟による正義を意味するとの理解などが示されてきた。しかしながら、素直に同条を見ると3つの部分に分かれているので、ここでは、①「公共の福祉の維持と個人の基本的人権の保障とを全う」すること、②「事案の真相を明らかに」すること、③「刑罰法令を適正且つ迅速に適用実現する」ことの3つに分けて考えてみることとしよう。そうすると、③が目的であることは明らかであり、また、①は「しつつ」と規定されているから、これ自体は目的というよりむしろ手段であると考えることができよう[3]。

　問題は②であるが、これを手段と見るか目的と見るかによって、刑事訴訟法の位置付けは大きく異なってくる。すなわち、仮に②を目的と見れば、真相解明こそが刑事訴訟の目指すべき到着点であるから、そのためにはあらゆる努力を尽くすべきであって、そのための手段・方法は問わないという方向に傾斜し易い。したがって、人を殺せば、常に殺人罪で処罰されなければならず、草の根分けても犯人を捜し出し、あらゆる手段を用いて証拠を収集し、何が何でも犯罪者として処罰するべきであって、それこそが刑事訴訟の最大の終局目的であると考えることになろう。それ故、手段たる手続に多少の問題があっても目をつむるのもやむを得ないという方向に向かうことになろう（処罰主義）。

　他方、②を手段と見れば、真相解明はできれば実現されるべきではあるが、それは、正しい刑事裁判、したがって、刑罰法令を適正に適用実現するための、さらに極言すれば、適正手続を実現するための手段であって、適正手続が害されるような場合には、真相解明を断念するのもやむを得ないという方向に傾斜し易い。したがって、人を殺しても、証拠収集過程において適正手続に反する状態が生じた場合には、これによって得られた証拠を利用させるべきではなく、そのために真犯人が無罪となってもやむを得ない。それはむしろあるべき姿である。このように、手段たる手続に問題がある場合には目をつむるべきではな

---

[3] 立法段階におけるいわゆる第8次案では、「事案の真相を明らかにして、刑罰法令の公正な適用を完うする」ことが目的とされ、「公共の福祉と個人の基本的人権」は「慎重に考量して…この法律の目的を達成することに努めなければならない」という規定が独立に設けられていた。この2か条が1か条に取りまとめられて、現行の1条になったとされている。このような経緯に照らせば、①の部分はやはりそれ自体目的というよりも手段と見る方が相当であるように思われる。

く，手続を適正に行うことこそが刑事訴訟の最大の終局目的であると考えることとなろう。それ故，手続に不正があった場合には犯人の処罰を断念するべきであるという方向に向かうことになる（不処罰主義）。

　このように，②を目的と見るか手段と見るかによって，刑事訴訟法の役割は大きく異なってくる。確かに，真実の発見は刑事訴訟にとって欠くべからざる価値であることは疑いない。問題は，それを実現するためにどのような方法が許されるかである。この点，法は，その１条において高らかに目的を掲げ，①②及び③の３つの事項を掲げているのであるから，全体を調和させるように解釈するべきではあるが，その前提として，刑事訴訟法が憲法の下にあることも忘れてはならない。憲法は，その31条から40条まで10か条にわたって，高らかに被告人の権利を掲げて宣言しているのである。このような憲法を前提とする限り，②を最終目的とするわけにはいかないように思われる（憲法的刑事訴訟）。

　刑事事件における真相解明は，刑事手続にとって極めて重要な価値であり，実現されるべき正義であるが，刑事訴訟法が憲法のもとにある限り，被告人の人権保障のための法律でもあることは疑いがない。憲法との関係を考慮すれば，このような側面を単に手段と見ることは許されないように思われる。真相解明は，適正な手続が守られる限度において，そしてその範囲内において実現されるべき制約された価値と見るのが相当であろう。

　そこで，これを前提として，刑事訴訟法の価値を端的に表すものと考えられている重要な原則を確認しておくことにしよう。

1.1.3　刑事訴訟と民事訴訟

　刑事訴訟は，適正な手続に基づく国家刑罰権の実現を目的とするのに対し，民事訴訟は，私人の権利の実現を目的とする。それ故，刑事訴訟においては，犯罪をやっていないのにやったことにして処罰することはできないのに対し，民事訴訟では，当事者が納得して認諾すれば，既に債務が消滅している場合であっても，なお消滅していないものとして当該債務を適法に履行することができる。刑事訴訟では，過去の犯罪事実として検察官が主張した事実の有無を審判対象として審理するが，民事訴訟では，現在の権利の有無それ自体を審判対象として審理する。したがって，刑事訴訟では，過去の犯罪事実の有無が直接

争われるが，民事訴訟では，過去の事実の有無は権利発生の要件事実として必要な限度で争点となるに過ぎない。

このように，刑事訴訟と民事訴訟とは，同じく訴訟ではあるが，目的，審判対象等においてかなり異なっており，訴訟原理においても相当の隔たりが生じているので，同じく当事者主義を標榜していても，その内実は，むしろ異なる部分の方が多いのが実情であることに留意する必要がある。

刑事訴訟と民事訴訟の違い

刑事訴訟	民事訴訟
目的 ＝ 国家刑罰権の実現	目的 ＝ 私法上の権利の実現
▶私人（被告人）は処分できない。 ▶やっていないがやったことにして処罰してくれとは言えない。	▶当事者が処分できる。→「私的自治」 ▶当事者が納得すれば，売買代金を支払っていないのに弁済済みにしても良い。
訴訟対象＝過去の犯罪事実の存否	訴訟対象＝現在の権利の有無
▶過去の犯罪事実それ自体が訴訟対象。 ▶刑罰権の有無は，過去の犯罪事実の有無によって生ずる結果。直接争われるのは過去の事実の確定。	▶損害賠償請求権など権利自体が訴訟対象。 ▶権利発生の要件事実の存否を証明対象とするが，権利発生に必要な限度で争点となるに過ぎない。

1.2 刑事訴訟の基本原則

1.2.1 実体的真実主義と適正手続主義

適正な手続を遵守しつつ，同時に実体的真実を実現するべきであることは，一般論としては争いがない。問題は，両者が両立しない場合にいずれを優先するかという点にある。そこでまず，両者の実質を見ておこう。

(1) 実体的真実主義

実体的真実主義は，次のような実質を有する。すなわち，実体的真実主義は，「実体的」であるから，実体法の実現という「結果」を重視する。刑事訴訟法

は，実体を探り出し，実体法を実現するための手段たる法であるから，できる限り忠実に実体法を実現するべきである。犯罪者に対しては，必ず刑罰実現を図るべきであって，刑罰実現こそが刑訴法の本来の目的である（この側面を「積極的実体的真実」と言う）。被告人は，国家刑罰権の客体であって，国家権力は被告人に対して優越的な立場に立つのであるから，職権主義こそが刑事訴訟の本質である。したがって，被告人の権利の保護は，国家権力に対するやむを得ない制約であって，恩恵として付与されるに過ぎない。それ故，本来の国家権力の実現に支障がないよう，できる限り制限すべきである。また，実体法の確実な実現，したがって，実体的真実の確実な発見を図るためには，何より詳細な犯罪論を構成する必要があった。それ故，詳細な犯罪論体系が構成された。すなわち，構成要件論，違法論，責任論，錯誤論，故意論，共犯論，未遂論などである。実体法の要件を詳細に構築することによって，実体法の確実な実現を図ることになったわけである。もっとも，それは，裏返せば，詳細な個別要件に該当しない限り処罰できないということになり，その結果，反射的に被告人の人権が保護される結果ともなった（この側面を「消極的実体的真実」と言う）。こうして，後者の意味において，実体的真実主義は，結果として，適正手続主義に重なり合うような外観を呈してきた。

(2) 適正手続主義

これに対し，適正手続主義は，「適正」であることを本質とする。適正な手続という「手段」を重視する。刑事訴訟法は，適正な手続に従って，犯罪者であるかどうかを確かめるための手段たる法であるから，できる限り忠実に適正手続を実現するべきである。仮に犯罪者であっても，むやみに刑罰実現が図られるべきではなく，適正な手続に従ってのみ処罰されるべきである。国家権力から被告人の人権を保障することこそが刑訴法の本来の役割である。被告人は，国家権力と対等の権利主体であるから，国家権力と対等の立場に立つのであって，当事者主義こそが本質である。したがって，被告人の権利の保護は，国家権力に対する当然の制約であって，本質的制限であるから，できる限り拡大するよう運用されるべきである。ここでは，適正手続に従って認定された事実こそが真実であって，実体的真実とは，「発見された事実」ではなく「認定された事実」に過ぎない。また，刑事手続は，実体法の実現，したがって実体的真実の確実な発見を図ることそれ自体を目的とするものではなく，むしろ実体法

による人権侵害，すなわち，本質的には国家による人権侵害である刑罰の実現を制約するための規制である。適正な手続によって，国家権力の暴走を抑止することが可能となるから，実体法それ自体の詳細な体系の構築は不要となる。その結果，表面的に見ると，適正手続主義は，消極的実体的真実主義と重なり合うような外観を呈しているかのように見えるが，その本質は全く異なっている。

このように，刑事訴訟の本質が「適正手続」に従った実体法要件の認定に基づく正しい裁判の実現だということは，そもそも刑事訴訟の本質にも合致している。すなわち，刑事訴訟においては，「疑わしきは被告人の利益に」という原則が妥当し，合理的な疑いを超えて立証されなければ無罪となるという原則が妥当するとされる。これは，それほど厳しい証明要件を課していると見ることも可能であるが，逆に，実体的真実主義の観点から見れば，神のみぞ知る実体的真実を人間が知ることはできないので，合理的な疑いがなければそれを真実とみなして良いという考え方である。したがって，国際的な刑事訴訟の原則とされており，何人も反対しない原則でさえ，実体的真実から離れていると言わざるを得ないのである（そうやって認定された事実が，偶々，実体的真実と合致することはあり得るが，これは偶然に一致しただけであって，常に一致するわけではない。むしろ，一致しないのが現実と言うべきであろう）。訴訟とは，そもそもそのようなものであることを認識しなければならない。そうだとすれば，認定のための手続をできる限り「適正」にすることこそが，刑事訴訟を万人に受け入れて貰うための唯一の合理的方法であり，それこそが刑事手続法の最終目的とされるべきであろう（これを実体的真実主義の側から見て，「消極的実体的真実主義」と表現しても，あながち不当とは言えないであろう）。

(3) 両者のバランス

以上の両者は，ある程度までは矛盾なく両立可能であるが，最終的には厳しく対立することが少なくない。その場合，どうすべきであろうか。ここで考慮すべきは，憲法との関係であろう。憲法は，その31条から40条まで10か条にわたって被告人の権利に関する詳細な規定を設けている。憲法が最高法規であることを前提とする限り，両者が対立する場合に，実体的真実主義を優先させるわけにはゆかないであろう。この点，「手続の適正というほうにいくらかかたむき，場合によっては実体的真実を犠牲にすることもやむを得ない」とも

言われているが，この辺りが正当なバランス感覚であるように思われる。

このようなバランス感覚は，刑事訴訟法の至るところで見ることができる。捜査段階においては，例えば，黙秘権（198条2項）である。被疑者の供述は最も有益な証拠資料であるが，法は，黙秘権を規定して供述の取得を断念することもやむなしとしている。また，逮捕・勾留には相当の嫌疑の存在が要件とされている（199条1項，207条，60条1項）。身柄確保によって捜査が飛躍的に展開する可能性はあるが，一定程度の嫌疑がなければ身柄拘束を断念することをやむなしとしている。さらに，任意捜査にも一定の有形力行使が認められるが，そのためには一定の要件を課して制約を加えている[4]。

次に，公訴提起の段階においても，訴追を行うためには一定の嫌疑を要求するのが通説である。その意味では，むやみな訴追は断念せざるを得ない。さらに，公判段階においても，自白法則（319条1項）や伝聞法則（320条1項）によって証拠能力を制限し，証拠排除法則によって証拠を排除し[5]，無罪の推定や検察官に合理的な疑いを超えた証明を求めることによって[6]，真相解明を断念する場合があり得ることを前提としているのである。このように，刑事訴訟法は，被疑者・被告人の正当な権利を保護することによって，真実追究を断念することがあり得ることを正当としており，適正手続に優越的地位を保障していると評価することができる。

(4) 具体的事例

そこで，例として2つの事例を検討してみよう。

【事例1】警察官が，覚せい剤の使用ないし所持の容疑がかなり濃厚に認められるXに対して職務質問中，その承諾がないのに，上着左側内ポケットに手を差し入れて所持品を取り出したところ，覚せい剤であることが判明した。そこで，Xを覚せい剤所持の現行犯人として逮捕するとともに，この覚せい剤を差し押さえた。この覚せい剤を証拠とすることができるか。

【事例2】Yに対する覚せい剤所持の容疑で発付された捜索差押許可状に基づくY方の捜索現場において，警察官が覚せい剤様の粉末1袋を発見したので，これをYに示したところ，Yが「警察のでっち上げだ」と文句を言ったことから争いとなり，居合わせた警察官数名が興奮のあまりYに暴行を加えた。その後，

---

[4] 最決昭51・3・16刑集30巻2号187頁〔百選9版1事件〕参照。
[5] 最判昭53・9・7刑集32巻6号1672頁〔百選9版94事件〕（大阪覚せい剤事件）。
[6] 最判昭23・8・5刑集2巻9号1123頁参照。

予試験の結果，覚せい剤であったことが判明したので，Yを現行犯人として逮捕し，覚せい剤を差し押さえた。この覚せい剤を証拠とすることができるか。

【事例1】において，かなり濃厚に覚せい剤所持ないし使用の嫌疑が認められるのであるから，これを解明し，犯罪の発生を防止し，社会の秩序を維持するために，これを職務とする警察官には，何らかの対応を採ることが許されて良いように思われる。犯罪を未然に予防し，犯罪発生を阻止すること，したがってこれによって公共の福祉を維持増進することは，国家の重要な役割である。しかし，そのために，勝手に個人のポケットに手を差し入れて内容物を取り出すことが許されるであろうか。既に犯人であることが明白な場合であれば，検挙されることはやむを得ない。しかし，本件では，未だ法禁物を所持しているか否か判然としていない。単に犯罪を犯した疑いに止まる以上，それに対応する程度の侵害しか許されるべきではあるまい（警察比例の原則）。それにもかかわらず，勝手にポケットに手を差し入れられたのである。憲法の人権規定に照らしてどう評価すべきであろうか。

憲法35条は，令状主義を規定している。本件は家宅捜索ではないが，プライバシー保護という点においては，類似の構造を有するから，本件においても，憲法35条の趣旨は貫徹されるべきであろう。そうだとすれば，適正手続に反したプライバシー侵害というほかないように思われる。真実発見よりも適正手続に重きを置く価値観に立てば，このような方法は，やはり許容されるべきではあるまい。しかし，このような価値観は，決して社会の安全と秩序の維持を無視することを意味するわけではない。法は，両者のバランスをとることを要請している。覚せい剤犯罪の重大性と覚せい剤が蔓延した場合の社会的損失の大きさを考慮すれば，薬物所持について合理的疑いがある者に対しては，多少の侵害を許してもなお許容範囲内という余地はあり得よう。そうすると，違法の程度が重大である場合，すなわち，憲法の価値を毀損するほどに重大であり，これを阻止しなければ失われる損失の方が大きいと言えるほど重大である場合でないのであれば，なおその人権侵害を許容してでも犯罪を阻止することに優越的価値を見出すこともできるように思われる。こうして，最高裁判所は，「令状主義の精神を没却するような重大な違法があり，これを証拠として許容することが，将来における違法な捜査の抑制の見地からして相当でないと認め

られる場合」という基準を立てて，そのバランスをとろうとしたのである[7]。

【事例2】においてはどうか。ここでは，適正な家宅捜索が行われ，その限りにおいて，覚せい剤の発見それ自体には，特に論難されるべき違法はない。しかし，その後，押収までの間に，被疑者に対する暴行がなされている。これをどうみるべきであろうか。ここでは，その暴行が押収にどのように関係しているか，その関連性を検討する必要がある。仮に，暴行に基づいて押収されたという場合，したがって，暴行なければ押収なしという程度の因果関係が肯定されるのであれば，その違法を十分に考慮しなければならないであろう。しかし，本件では，警察官が被疑者に文句を言われたため，興奮のあまり喧嘩になったというのであるから，いわば偶発的な突発事件に過ぎない。仮にそのような暴行がなかったとしても，特段の事情がない限り，覚せい剤はきちんと押収されていたであろうことは明らかであろう。そして，本件事例においては，そのような特段の事情を見出すことはできない。そうすると，本件暴行と本件押収との間には因果関係はないと言うべきであって，本件暴行は，いわば証拠とは無関係であると見るべきであろう。それ故，本件暴行は，本件覚せい剤の証拠の価値に影響しないと考えるのが相当と思われる[8]。

このように，違法な手段ないし手続が介在した場合でも，事案に応じてその位置付けが異なる。適正手続は守られるべきであるが，それが真実発見とどのような関係に立っているかを十分に検討しなければならない。手続と証拠との関係は，手続によって証拠を発見するという関係にあるから，両者の関係を突き詰めれば，結局のところ，「因果関係」ということになろう。手続の違法が証拠に対してどのように影響するかを検討することは，当該証拠と当該手続との間の因果関係を吟味することである。判例においては，この間の事情を「同一目的」「直接利用」[9]と表現したり，あるいは「密接な関連」[10]と表現したりしている。

こうして，両者のバランスを具体的にみると，概ね以上のように考えることができるように思われる。

---

[7] 前掲最判昭53・9・7刑集32巻6号1672頁。
[8] 最決平8・10・29刑集50巻9号683頁参照。
[9] 最判昭61・4・25刑集40巻3号215頁〔百選9版95事件〕。
[10] 最判平15・2・14刑集57巻2号121頁〔百選9版96事件〕。

1.2.2 当事者主義と職権主義

次に重要な刑事訴訟法の原則は，当事者主義と職権主義である。

当事者主義の概念は，必ずしも一様ではないが，当事者追行主義を意味すると解する立場が多い。当事者追行主義とは，訴訟進行の主導権を裁判所ではなく当事者が握るという考え方である。すなわち，訴訟対象の提示，これを立証するための証拠の提出は当事者に委ね，裁判所は，訴訟の追行について中立的判断者の立場に徹するという考え方である。訴訟法的意味においては，この見方が最も適切と思われる。

これに対し，さらに，当事者処分権主義の意味に用いられることもある。これは，訴訟の対象を当事者が設定でき，証拠の同意等を通じて証拠能力についても当事者が左右できるので，このような点を捉えて処分権主義と主張されている。他方，当事者対等主義ないし武器対等主義の意味に用いられることもある。これは，当事者としての検察官と被告人とを比較すれば，前者が圧倒的に優越する立場にあるから，弁護士の援助等によって後者の人権を確実に守ることにより，少しでも実質的対等を実現しようという考え方である。この意味においては，適正手続の保障された状態とほぼ同様の意味に用いられることになる。

このように，これらの概念が刑事訴訟法の基本原則として主張されていることは間違いないが，その概念内容は錯綜している。この点，当事者主義とはAdversary Systemであるから，基本的には，当事者追行主義を基本として概念を措定し，必要がある場合には当事者処分件主義，当事者対等主義を使い分けることができれば，それで足りるように思われる。

これに対し，職権主義とは，訴訟進行の主導権を裁判所が握る考え方である。刑訴法は，原則として当事者主義に基づくが，訴因変更命令（312条2項）や職権証拠調べ（298条2項）などを通じて，補充的に職権主義の考え方も取り入れた部分があるとされている。

1.3 刑事訴訟の関与者

1.3.1 司法警察職員

　司法警察職員は，第一次捜査機関として，犯罪捜査を行う。司法警察職員には，一般司法警察職員（189条1項）と特別司法警察職員（190条）との二種類がある。一般司法警察職員は，いわゆる「警察官」（警察法62条，34条，55条）であって，刑訴法においては，司法警察員と司法巡査とに分かれる（39条3項参照）。前者と後者の違いは，権限の相違にある。例えば，逮捕後の手続を行う権限（203条1項，3項），捜索差押許可状の請求権限（218条4項），鑑定処分許可状の請求権限（224条1項）などである（その他，225条2項，229条2項，241条1項，246条など）。

　特別司法警察職員（190条）は，法律の規定に基づき，一定の事項について捜査権限を有する者で，例えば，刑事施設の職員（施設法290条），森林管理局署の職員，船長（いずれも，司法警察職員等指定応急措置法1条），船員労務官（船員法108条），海上保安官（海上保安庁法31条），労働基準監督官（労働基準法102条），麻薬取締官（麻薬及び向精神薬取締法54条），自衛隊の警務官（自衛隊法96条，同施行令109条）などである。

1.3.2 検察官

　検察官は，刑事事件において，捜査，公訴及び公判等を担当する（検察庁法4条）。警察官が第一次的捜査機関であるが，検察官も捜査機関であるから，必要がある場合には，自ら捜査を行い，あるいは警察官に対して指示・指揮することを通じて（193条）捜査を行う。検察官のほか，検察事務官も捜査を行うことができる（191条2項など）。検察官は，検事総長，次長検事，検事長，検事及び副検事から構成される（検察庁法3条）。検察官は，独任制官庁として独立してその権限を行使することができるとともに（同法6条），全国的な統一を図るため，「検察官同一体の原則」に服している（同法7～10条，12条）。検察官の勤務する官署を検察庁といい（同法1条），裁判所に対応して，最高検察庁，高等検察庁，地方検察庁及び区検察庁が設置されている（同法2条1項）。

1.3.3 裁判官

裁判官は，刑事事件において，裁判を行う。裁判官は，最高裁判所長官，最高裁判所判事，高等裁判所長官，判事，判事補及び簡易裁判所判事から構成される（裁5条）。裁判官が勤務する官署を裁判所といい，最高裁判所，高等裁判所，地方裁判所，簡易裁判所及び家庭裁判所が設置されている。官署としての裁判所を「国法上の裁判所」と言い（裁12条，20条など参照），裁判機関としての裁判所である「訴訟法上の裁判所」（同法9条，18条，26条など参照）と区別されている。後者は，裁判官のみで構成されていたが，平成21年から裁判員制度が施行され，裁判員も裁判体に加わることとなった。

裁判所は，裁判所ごとに管轄が定められている。管轄は，法定管轄と裁定管轄に分かれている。法定管轄は，予め法律で決められた管轄であって，事物管轄（対象事件による区分。裁33条1項2号，同24条2号，同31条の3第1項3号，同16条4号），土地管轄（地域による区分。2条1項ないし3項），審級管轄（審級による区分。裁16条1号，2号，同7条）及び関連事件管轄（9条1項，2項）がある。裁定管轄は，管轄が定まらないときに上級裁判所が裁定する管轄である（15条，16条）。

1.3.4 弁護人

弁護人は，刑事事件において，被疑者・被告人の弁護を行う。弁護人は，弁護士たる弁護人（31条1項）と特別弁護人（31条2項）とに区分される。後者は，専門領域における刑事事件において，専門知識を生かして弁護活動を行うことが適当である場合に，弁護士以外の者から選任される（例えば，船舶の衝突事故等における船長等）。被疑者・被告人は，刑事事件において弁護人を選任する権利を有するので（憲34条，37条3項，刑訴法30条1項），委任契約によって弁護人を選任することができる（30条1項，2項）。このような弁護人が私選弁護人である。他方，貧困その他の理由で私選弁護人を選任できない被疑者・被告人に対しては，国家が国費で弁護人を選任する（憲37条3項，刑訴法36条〜同条の3，37条〜同条の5，289条2項，290条）。このような弁護人を国選弁護人と言う。

なお，被疑者の国選弁護人は，勾留予定の者又は勾留された者に対する弁護人であって，逮捕の段階では付されることがない（37条の2第1項，2項参照）。

この段階では，弁護士会が弁護士を派遣する「当番弁護士制度」が各地の弁護士会に設けられている。

1.3.5　被告人・被疑者

被告人は，公訴提起を受けた者（256条2項，271条など）であるのに対し，被疑者は，捜査機関から犯罪の嫌疑を受けている者で，未だ公訴提起を受けていない者（198条，199条など）である。すなわち，捜査段階で捜査の対象となる者が被疑者，公判段階で裁判を受ける者が被告人として区別されている。

1.3.6　被　害　者

犯罪の被害者は，従来，証拠資料としての立場にとどまっていたことから，その主体性が認められることはなかった。しかし，近時，刑事訴訟においても被害者の保護とその地位とが強調されるようになり，平成19年（2007年）の刑訴法改正によって，刑事被告事件に対する被害者参加制度が設けられ，証人尋問等を自ら行うことができるようになるなど，その地位は格段に高まっている。

刑事事件における被害者の地位を直接又は間接に支える制度として，①告訴（230条），付審判請求（262条），②意見陳述の機会（292の2）（平成12年（2000年）改正），③検察審査会（同法41条の2～12）（平成16年（2004年）改正），④被害者参加制度（316条の33～同条の39）（平成19年（2007年）改正）などがあり，そのほかの被害者保護に関する法制度として，①犯罪被害者等給付金の支給等による犯罪被害者等の支援に関する法律（昭和55年（1980年）），②被害者連絡制度（捜査規範10条の3）（平成11年（1999年）），③犯罪被害者等の保護を図るための刑事手続に付随する措置に関する法律（平成12年（2000年）），④犯罪被害者等基本法（平成16年（2004年）），⑤犯罪被害者等の権利利益の保護を図るための刑事手続に付随する措置に関する法律（平成19年（2007年），③の改正）などがある。

■第2章■

任意捜査と強制捜査

2.1 捜査の意義

2.1.1 捜査の概念

捜査とは，犯罪事実について，その犯人及び証拠を収集し保全する捜査機関の活動である。この点に関し，刑訴法は，「司法警察職員は，犯罪があると思料するときは，犯人及び証拠を捜査するものとする」(189条2項)と規定するとともに，「検察官は，必要と認めるときは，自ら犯罪を捜査することができる」(191条1項)と規定している。したがって，第1に，捜査とは捜査機関の活動である。仮に，捜査機関以外の私人（例えば，私立探偵等）が犯罪の証拠を探る活動を行っても，それは捜査ではない（もっとも，捜査機関に依頼され，その手足として活動する場合には捜査と評価し得る）。

第2に，捜査とは，犯人及び証拠を収集し保全する活動である。犯人を保全するのは，引き続き想定される裁判において，犯人が確保されていないと原則として裁判を行うことができないからである（286条参照）。証拠を収集し保全するのは，証拠が収集・保全されていないと，検察官が起訴・不起訴の判断(247条，248条)をすることができないし，また，起訴したとしても裁判において有罪を立証することができないからである。

第3に，捜査は犯罪があると思料とするときに行われる。この点で問題となるのは，犯罪が未発生の段階においても捜査を行うことができるかどうかである。いわゆる将来犯罪の捜査として問題となっている。

2.1.2 将来犯罪の捜査

　未だ未発生の将来の犯罪について，捜査ができるのであろうか。この点については，いわゆる電話通信の傍受に関する法改正（222条の2，犯罪捜査のための通信傍受に関する法律参照）を巡って激しい議論が応酬された。すなわち，通信傍受を開始する時点では，単に犯罪が発生する蓋然性ないし可能性があるにとどまり，未だ犯罪それ自体に関する通信が行われておらず，傍受の実施中に偶々これを傍受するのが通例であるから，未だ犯罪が発生する前から捜査していることになるのではないかとの疑問が生じるところ，果たしてこのような捜査が許されるかどうか，捜査の意義と概念を巡って議論がなされた。もっとも，このような場合に限らず，従来から，いわゆるおとり捜査やスリ検挙のための張り込み，尾行等においても，将来の犯罪発生を見込んだ活動が行われてきたが，これに対しては，格別異論は唱えられていなかった。また，海外から麻薬等を密輸入する際，確実な事前情報によって，例えば成田空港に翌日午後9時に到着する某航空機に搭乗して身に付けて持ち込むという確実な予定が判明しているような場合，未だ密輸入の発生前であっても，対象薬物を確実に差し押さえるために，その前日において予め差押許可状を得ておくことは，考慮に値するようにも思われる[1]。

　この点，捜査を行うのは，「犯罪があると思料するとき」（189条2項）であって，「犯罪があったとき」ではないこと，未発生犯罪であっても，確実な情報に基づく限り，ある程度被疑事実を特定することが可能であること（既発生犯罪であっても，他殺死体が発見された場合のように，被害の発生のみが判明しているに過ぎない場合には，被疑事実の特定は非常に困難である），令状請求の際の資料提供につき，「罪を犯したと思料されるべき資料」を提供すべきものとされているが（規156条1項），これは通常の場合を規定したもので，その他の場合を一切否定する趣旨とまでは解されないことなどに照らすと，少なくとも，人権侵害の危険の少ない任意捜査においては，これを否定する理由はないように思われる。

---

[1] もっとも，このような場合については，平成3年（1991年）の法改正によって，薬物関係法令に国外犯規定が設けられたことから（例えば，覚せい剤取締法41条の12など），国外犯の既発生犯罪として対処できるようになったので，敢えて将来犯罪の捜査として論じる実益は乏しくなった。

2.2 任意捜査

2.2.1 任意捜査の原則

　刑訴法は,「捜査については,その目的を達するため必要な取調[2]をすることができる」(197条1項本文) と規定し,さらに「但し,強制の処分は,この法律に特別の定のある場合でなければ,これをすることができない」(同項但し書)と規定している。「強制の処分」を用いる捜査は,但し書で規定されているから例外であって,これを用いない捜査,すなわち任意捜査が原則と考えられる(形式的理由)。

　また,捜査とは,犯罪事実について,その犯人及び証拠を収集し保全する捜査機関の活動であるから,必然的に他人の意に反する人権侵害を想定しており,しかも強制的にこれを実現することを法が認めたものである。したがって,そのような侵害はできる限り小さい方が望ましい。この点,憲法13条は,基本的人権については「公共の福祉に反しない限り…最大の尊重を必要とする」と規定しており,これを承けて,刑訴法1条も,「事案の真相」を明らかにしつつ「刑罰法令を適正」に適用実現することを目的として掲げていることに照らすと,捜査については,**捜査比例の原則**[3]を前提としているものと解される。このような趣旨を踏まえ,捜査は原則として任意に行うべきであると定めたものと解される(実質的理由)。その上で,やむを得ず強制力を用いる場合には,法律で特に規定を設けなければならないと定めて,人権侵害に一定の歯止めを掛けたのである(「強制処分法定主義」)。したがって,強制の処分であれば,法に特別の定めが必要となり[4],刑訴法は,身柄の確保(逮捕・勾留)につき199条以下,捜索・差押えにつき218条以下などの特別の規定を置いている。その上で,具体的な侵害抑制の方法として「令状主義」を採用することによって,個別事例

---

[2] ここで言う「取調」とは,捜査活動一般を指すものとされている。法は,そのほかにも,「取調」という用語につき,人から供述を求める行為(198条,223条など),裁判官において証拠内容を認識する行為(282条,305条など),裁判官の認識活動一般(43条3項など)の意味で用いている。

[3] 行政法上,警察権の行使については「警察比例の原則」(警察権の行使は,公共の障害を除くため必要最小限度であるべきとの原則)と言われるが,国民の権利,自由を侵害する全ての行政活動について当てはまるとされており,その趣旨は,司法警察活動についても当てはまる。

[4] 国会による立法を要するという意味で民主的統制であり,その意味で,手続法における罪刑法定主義とも言われている。

における不当な侵害を防止することとしたのである。

強制処分法定主義と令状主義の関係

　憲法は，その33条において逮捕につき，また35条において捜索・押収につき，いずれも原則として令状によることを規定し（「令状主義」），これを承けた刑訴法も，強制処分法定主義の実質的内容として，原則として「令状主義」によるべきことを規定している（199条1項，218条1項など）。その意味において，強制処分法定主義は，実質的には令状主義と重なり合う部分が多い。すなわち，強制的な捜査によって人権を侵害する場合には，予め法律によって明文で規定しておくべきであり，その意味で立法権による一般的規制が働き，他方，その個別具体的な事件における捜査による人権侵害については，その法律に基づいて個別に裁判官の審査を受けるべきであり，その意味で司法権による個別的規制が働くようにしたのである。それ故，強制処分法定主義は立法権による一般的規制であり，令状主義は司法権による個別的規制である。両者は別個の規制であるから，一般的規制の内容として令状主義以外の方法で不当な人権侵害を防止することができる場合には，令状主義を採用せず，他の方法を規定することもあって良い。その意味で，例えば，現行犯逮捕のように無令状逮捕を認めることも可能であるし（213条），逮捕に伴う捜索・差押えのように無令状捜索・差押えを認めることも可能である（220条1項2号）ことに留意する必要がある[5]（したがって，令状主義より強制処分法定主義の方が広い）。

　なお，強制処分法定主義は，実質的には令状主義を意味するとして，令状主義の規制に服すべき実体を有する侵害処分を強制処分とし，明文以外の強制処分を認める見解も主張されている（新しい強制処分説）。この見解によれば，197条1項但し書は既存の強制処分についての「確認規定」に過ぎないから，それ以外の実質的に強制にわたる処分については，刑訴法は禁止しておらず，令状主義の精神の下，判例によって許否を決すれば良いとされる（その意味において，強制処分法定主義より令状主義の方が広い）。この見解と通説・判例の差が生じるのは，明らかな強制と明らかな任意との中間領域である。新しい強制処分説は，もしこれが実質的に強制にわたるのであれば，憲法31条に従って令状主義の精神に沿った規制を及ぼそうとするが，通説・判例は，法定以外の強制処分を一切認めないので，これを全て任意処分に分類した上で，捜査比例の原則で規制しようとするのである。この点，強制処分法定主義が刑訴法における憲法31条の実現だと考え，令状主義よりも優先すると理解する限り，明文を超えた強制処分を認めることは理論的に困難であるし，規制根拠は異なるとしても実質的な規制の在り方が類似の結果となるのであれば，敢えて明文のない強制処分を認める必要はないように思われる。

---

[5] さらに，領置（221条）についても，占有の移転は任意であるが，返還を拒否できるという意味では強制であると理解されている。

20   第2章 任意捜査と強制捜査

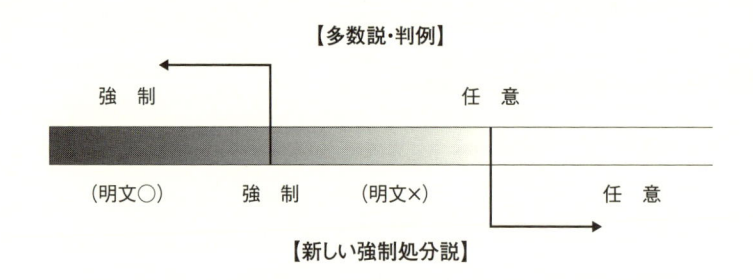

【多数説・判例】
強　制　　　　　　　　　任　意
（明文○）　強　制　（明文×）　　　任　意
【新しい強制処分説】

2.2.2 任意捜査と強制捜査の区別

　任意捜査は，強制によらない捜査である。任意捜査には，具体的方法が法定されておらず[6]，多種多様な態様があり得るので，一般にまず強制を定義した上で，それ以外の捜査を任意捜査としている。強制とは，例えば，意に反する人権侵害を伴う活動を言うが，この点につき，従来から，いくつかの見解が主張されてきた。

　第1は，強制とは物理的な強制（又は観念的な義務を負わせること）とする見解である。すなわち，物理的な有形力の行使（又は少なくとも履行強制手段のある義務）を伴う一切の活動を強制として，強制処分法定主義に服させようとする見解である。確かに，逮捕等を考えれば，物理的な強制であるが，他方，人権侵害という面から見れば，例えば，電話傍受のように，有形力を加えない密かな侵害もまた強度の人権侵害と言うことができる。とりわけ，プライバシーが人権の構成要素として重視されるようになると，無形の侵害を無視することはできないと思われる。

　そこで第2に，一切の権利侵害を伴う場合を強制処分として，全て法定主義に服させるという見解が主張される。確かに，僅かでもプライバシー侵害を伴う場合には，何らかの規制が必要であるとも言える。しかし，他方では，捜査活動は，大なり小なり何らかの権利侵害を伴う可能性が高く，身柄拘束のような重大な権利侵害と，路上における遠距離からの写真撮影のような若干のプライバシー侵害とを同列に取り扱い，侵害の強弱を問わず，一切の権利侵害を強

---

[6]　ただし，一部の任意捜査（例えば，公務所等への照会〔197条2項〕，参考人取調べ，〔223条1項〕，鑑定，通訳・翻訳の嘱託〔同項〕など）については，その取扱いを明らかにするため，明文の規定が置かれている。

制として全て法定主義に服させることは，迅速な正義の実現を図る上では過剰な要求であるとともに，かえって重大な権利侵害を軽視する余地を生ずることにもなりかねない。

　こうして第3に，重要な権利・利益の侵害を伴う捜査を強制捜査とする見解が主張され，これが多くの支持を得ることになったのである。ここで重要な権利・利益の侵害とは，「重要な権利・利益」の侵害であって，必ずしも「重要な侵害」を意味するわけではない。もとより侵害の態様も重要ではあるが，軽微な権利・利益の侵害は，仮にその侵害態様が不正義であるからといって，それだけで直ちに強制に当たるわけではない。

　この点について，代表的な判例[7]は，次のように述べている。

【事案】酒酔い運転でゴミ箱にぶつける物損事故を起こしたXが，その場での呼気検査を拒否した。Xを警察署に任意同行して「風船」への呼気吹き込みを説得していたところ，「マッチを貸して欲しい」と言い出したが，その要求を断るや，Xは，「マッチを取ってくる」と言いながら，急に椅子から立ち上がって小走りに出入口へ行きかけた。そこで，K巡査がXの左斜め前に近寄り，「風船をやってからでもいいではないか」と言って，両手でXの左手首を掴んだところ，XはKを振り払って顔面を殴打するなどしたので，公務執行妨害罪の現行犯人として逮捕した。

【判旨】「捜査において強制手段を用いることは，法律の根拠規定がある場合に限り許容されるものである。しかしながら，ここにいう強制手段とは，有形力の行使を伴う手段を意味するものではなく，個人の意思を制圧し，身体，住居，財産等に制約を加えて強制的に捜査目的を実現する行為など，特別の根拠規定がなければ許容することが相当でない手段を意味するものであつて，右の程度に至らない有形力の行使は，任意捜査においても許容される場合があるといわなければならない。」

　この判例における「特別の根拠規定がなければ許容することが相当でない」のは，強制処分法定主義の観点から当然のことであって，むしろ，「個人の意思を制圧し，身体，住居，財産等に制約を加えて強制的に捜査目的を実現する」点に意味があると言われている。その意味で，①「個人の意思を制圧」と②「身体，住居，財産等に制約を加え」るという2つの要素が問題とされてい

---

[7] 最決昭51・3・16刑集30巻2号187頁〔百選9版1事件〕。

るとされる。そのうち，①を重視して，制圧にこそ意味があるとする見方も主張されているが，仮に相手方の真摯な同意がなされたのであれば，その限度で法益侵害はないとも考えられるので[8]，「個人の意思を制圧」することは，意に反するという限度においては当然のことと言えよう。また，単に意に反するか，制圧の程度に至っているかについては，その判断が必ずしも容易ではないことをも考慮すれば，①のみを重視するのは相当ではないように思われる。そこで，②を重視する見方に従うと，「身体，住居，財産等」は重要な権利の典型であると考えることができるので，①について意に反するという理解を前提とすれば，結局のところ，判例の立場は，意に反する重要な権利侵害を伴うか否かによって区別するものと考えられ，その限りにおいて，上記第3の見解と整合的に説明できると考えられる。

こうして，意に反する重要な権利・利益の侵害でなければ強制捜査には当たらず，任意捜査と評価されることになる。しかし，任意捜査であれば全く制約がないというわけではない。なぜなら，強制の処分でない場合であっても，捜査である以上，多少なりとも権利侵害を伴い，あるいは必ずしも重要な権利・利益とは言えないとしても，何らかの権利・利益の侵害を伴うことが通例であるからである。そこで，任意捜査としての権利・利益の侵害がどこまで許されるかについて，予めその限界を検討しておく必要が生じる。

2.2.3　任意捜査の限界

例えば，被疑者に対して任意同行を求めるような場合，実質的に身柄の拘束があるかどうか，必ずしも明白とは言えない。あるいは，被疑者に対して所持品の開示を求め，これを拒否した場合にポケットの外から触って感触を確かめるような場合，これが実質的に捜索に当たるかどうか，必ずしも明白とは言えない。そこで，任意捜査としてどこまで許されるか，その限界はどこにあるかについて検討しなければならない。

そこで，まずは，侵害される権利の内容とその侵害の程度・態様を検討しなければならないであろう。被侵害利益の内容に応じて，許される侵害の程度も

---

[8] この点については，真摯な同意は，あくまで捜査についてこれを受け容れて協力するというだけであって，必ずしも必然的に法益を放棄するという趣旨までは包含しないのではないか，したがって法益侵害はあるがこれを受忍するだけであるという見方も主張されている。

異なるであろうし，また，その侵害の態様によっても許されない程度が異なるとも考えられるので[9]，その程度と態様を考慮することも必要となる。

次に，その捜査活動にどの程度の必要性があるかを検討しなければならないであろう。当該捜査の必要性が高い場合には，ある程度強硬な手段を講じてでも実現しなければならないが，その必要性にも段階があると考えられるので，その程度を考慮することが必要となる。

こうして，任意捜査の限界は，被侵害利益の内容や侵害程度・態様と捜査の必要性との相関関係によって定まると考えられる。捜査活動も最も広い意味では行政活動に属するから，これを一般に「**警察比例の原則**」（ないし「**捜査比例の原則**」又は単に「**比例原則**」）と呼ぶことができよう。このようにして，被侵害利益の内容及び侵害の程度・態様と捜査の必要性とのバランスによって，任意捜査における活動の限界が定まると言って良い。

ところで，判例[10]は，任意捜査の限界のうち，有形力行使の限界について，「強制手段にあたらない有形力の行使であつても，何らかの法益を侵害し又は侵害するおそれがあるのであるから，状況のいかんを問わず常に許容されるものと解するのは相当でなく，必要性，緊急性なども考慮したうえ，具体的状況のもとで相当と認められる限度において許容されるものと解すべきである」と述べる[11]。

この判例は，有形力行使の限界を述べたものであって，任意捜査一般の限界を示したものではないが，その考え方は，任意捜査一般の限界にも当てはまると言って良いであろう。「必要性，緊急性」とは，当該捜査活動を行うことが事件捜査にとって必要であり，もし現時点を逃すと将来においては行うことが不可能ないし困難になってしまうことであり[12]，「相当」とは，当該具体的状況

---

[9] 侵害の態様によっても，結果的に侵害の程度が異なることもあり得るかもしれないが，それは，最終的には侵害程度を問題とすれば足りるように思われる。
[10] 前掲最決昭51・3・16刑集30巻2号187頁。
[11] もっとも，本件においては，「被告人が急に退室しようとしたため，さらに説得のためにとられた抑制の措置であつて，その程度もさほど強いものではないというのであるから，これをもって捜査活動として許容される範囲を超えた不相当な行為ということはできず，公務の適法性を否定することができない」とする。
[12] 「緊急性」は，「必要性」が時間的に切迫していることであるから，広い意味では後者の要素に含めることができよう。それ故，「必要性」から独立した要素としてこれと並列に取り上げるよりも，「必要性・緊急性」として一括して判断すれば足りるように思われる。

の下において，捜査の必要性と比較衡量して社会的に相当な程度の法益侵害にとどまる手段と認められることを意味していると言えよう。そのような意味において，判例は，任意捜査における権利侵害の限界について，「必要性・緊急性」及び「相当性」を判断基準としていると言って良いであろう。そして，このような考え方は，多くの見解によって支持されている。

次に，有形力行使に近い類型として，場所的移動を阻止し，その場に留め置く措置を執った場合に，そのような措置が任意捜査の限界を逸脱しているのではないかと争われる場合が少なくない。例えば，覚せい剤使用の嫌疑があった上（①），覚せい剤中毒を窺わせる異常な言動が見られ（②），かつ道路が降雪で滑り易い状態であったのに，自動車を発進させるおそれがあったので（③），エンジンキーを取り上げた後，「約6時間半以上も被告人を本件現場に留め置いた措置」は，「任意同行を求めるための説得行為としてはその限界を超え，被告人の移動の自由を長時間にわたり奪った点において」，任意捜査の限界を逸脱しているとした判例[13]がある。ここでは，「必要性・緊急性」の検討が明示されているわけではないが，①及び②のような捜査上の必要性があり，③のような緊急性があったものと言えることから，実質的にはこの要件を充足していると判断したものと思われる。しかし，エンジンキーを取り上げて運転行為を阻止した状態が相当長時間に及んだ点で，たとえそれが当初は適法であったとしても，「相当性」を欠くと判断したものであろう。したがって，移動制限という法益侵害状態が，ある程度長時間継続したことを「相当性」判断の決定的要素として評価したものと考えられる。直接的な身柄拘束がない点において，逮捕とまでは言えないが，一定の場所的範囲に移動を制限するという形で移動の自由を奪ったのであるから，いわば一種の監禁状態と評価する余地もあり得よう。換言すれば，直接的に身体的強制を用いることなく，いわば「網を掛ける」という状態を作出して，「網」の範囲内では自由に動くことができるが，その範囲外には出ることができないという状態を継続した場合，ある程度の時間的経過を加味することによって「相当性」の逸脱を判断することになると思

---

[13] 最決平6・9・16刑集48巻6号420頁〔百選9版2事件〕。ただし，重大な違法ではないとしている。なお，長時間の留め置きは強制処分としての無令状逮捕であったと見るべきであるとの批判があるが，エンジンキーを抜き取って運転を阻止したにとどまり，それ以上の拘束も強制も加えていないことを考慮すると，必ずしも重要な権利・利益の侵害とまでは言えないと考えられよう。

われる。

　この点，覚せい剤使用の容疑がある被疑者の職務質問開始から強制採尿令状の呈示まで，約4時間にわたってその場に留め置いた事案において，尿の任意提出を諦めて強制採尿令状の請求にとりかかったということは，嫌疑が濃くなったことを意味するから，その時点を「分水嶺」として「強制手続への移行段階」に至ったと見るべきであって，「依然として任意捜査であることに変わりはない」が，「純粋に任意捜査として行われている段階」とは異なるとし，移行段階に至った場合には，「被疑者の所在確保の必要性には非常に高いものがある」から，「相当程度強くその場に止まるよう被疑者に求めることも許される」として，本件留め置きを適法とした裁判例[14]がある。

　これに対し，停車していた自動車の被疑者に職務質問中，被疑者が車外に出て立ち小便するなどした後，自動車に乗り込んで運転しようとしたのでエンジンキーを抜き取った上，現場に留め置いて質問を継続した事案について，約2時間後にキーの返還請求を拒否した後，さらに1時間30分程度（質問開始から3時間30分程度）留め置いたことは違法となるが，職務質問開始後約50分後に強制採尿令状の請求の準備を始め速やかに手続を採っていること等を理由に重大な違法ではないとした裁判例[15]がある。

　令状請求があったとしても，発付されるかどうか不明な段階で移動の自由を一層制限することについては批判が強く，果たして正当化し得るか否か疑問が残るように思われ，後者の裁判例の方が説得的であるように思われる。この点につき，さらに，覚せい剤使用の疑いで職務質問を開始し，任意同行に応じない態度を明らかにしている被疑者を，その自動車内に約3時間にわたって留め置いた事案について，説得行為としての限度を超え，移動の自由を奪ったとして違法とした裁判例[16]，駅のロータリー付近で覚せい剤使用が疑われる被疑者に職務質問を行って，質問開始から強制採尿令状呈示まで2時間30分ないし3時間10分程度にわたり，被疑者の進路を塞ぐなどして，駅付近半径約50m範

---

[14] 東京高判平22・11・8高刑集63巻3号4頁。同様の裁判例として，東京高判平21・7・1判タ1314号302頁（任意同行した上で，署内に留め置いた事案で，「強制手続への移行段階」では3時間程度，その前の段階では30分程度の各留め置きを適法とした）。
[15] 東京高判平23・3・17東高刑時報62巻1~12号23頁。
[16] 東京高判平20・9・25東高刑時報59巻1~12号83頁（ただし，重大な違法ではない）。

囲に留め置いた警察官の措置について違法とした裁判例[17]などがある。

以上，いずれも「必要性」は認めつつも「相当性」において違法としているが，少なくとも留め置き当初から違法としているわけではないのであるから，空間軸における強制程度が低くても時間軸における累積程度が高まれば，その総合考慮によって相当性を逸脱するに至ると言って良いように思われる。

2.2.4　任意捜査の方法・態様

任意捜査は，具体的方法・態様が法定されていない。一般に，任意捜査の根拠は刑訴法197条1項に求められるが，同条は「必要な取調」をすることができると規定するのみで，その内容については具体的に述べていない。したがって，個々の任意捜査については，必ずしも個別の明文規定を要しないとされる。もっとも，刑訴法は若干の任意捜査について，濫用を防止し明確を期するために明文規定を置いたものがある。例えば，公務所照会（197条2項），被疑者取調べ（198条），第三者の取調べ，鑑定及び通訳・翻訳の嘱託（223条1項）などである。

強制の処分以外の捜査が任意捜査であるから，任意捜査は，重要な権利・利益を侵害しないような捜査であって，その限度内に収まるものは，捜査に必要であり相当な方法である限り許容されると考えられる。例えば，張り込み，尾行，行動確認など，捜査機関の任意の選択によって，いろいろな方法が考えられ，実行されている。有形力行使を伴う場合については既に取り扱ったので，ここではそれ以外の方法で，近時，議論となっているいくつかの方法について見ておこう[18]。

(1) 写真撮影

写真撮影には，様々な類型があり得る。第1は，身体拘束を受けた被疑者の写真撮影である（218条3項）。これは，被疑者の特定を明確にするため，既に逮捕された被疑者について，その撮影を無令状で許容したものである。第2は，検証としての写真撮影である（218条1項）。検証は，五官の作用によって対象の形状等を認識する活動であるが，写真撮影もこれを機械によって補う活動であ

---

[17]　東京高判平22・2・15東高刑時報61巻1~12号31頁（ただし，重大な違法ではない）。
[18]　なお，任意同行については，第6章6.3で取り扱う。

るから，一種の検証と解されている[19]。以上は，明文の規定がある場合である。
これに対し，第3は，**現場写真としての**写真撮影である。これは，犯行現場を撮影した写真あるいはビデオなどであり，まさに犯人の現行犯状態等を映像で固定したものである。第4は，その発展形態として，犯人の同一性特定のための**写真撮影**である。これは，犯人と疑われる者が目撃された犯人と同一人であるか否かを確認するため，当該疑われる者が出入りする場所等でその顔写真等を密かに撮影する場合である。第5は，**犯行再現としての**写真撮影である。これは，被疑者ないし被害者等の供述に従って犯行ないし被害の再現状況を撮影したものである。以上は，明文の規定のない場合である。

　これらのうち，明文規定のある場合は，その明文の解釈に従えば良い。したがって，第1の場合は無令状で強制的に撮影ができ，第2の場合は，検証令状を得て強制的に撮影ができるから，いずれも強制処分である。これに対し，第3ないし第5の場合は，強制処分か任意処分かは必ずしも明確ではない。仮に，意に反する重要な権利・利益の侵害を伴う処分を強制処分だとすれば，第3ないし第5の場合にもそれに当たることがあり得るのではないかとも思われるからである。

> **写真撮影の一般的性質**
> 　写真撮影の性質を論じる際に留意すべきことは，類型としての写真撮影が一般的に強制か任意かを論じることは，余り意味がないということである。写真撮影は，捜査における用い方によって，強制にも任意にもなり得る。例えば，路上で多数の人混みに紛れて通行する個人の容貌を撮影する場合と，隣のビルから望遠レンズで個人の屋内を覗き見ながらその容貌を撮影する場合とでは，プライバシーの侵害程度は大きく異なっている。前者は容貌を人前にさらすことを容認していると見られてもやむを得ないのに対し，後者は明らかに容貌を人前にさらすことを想定しておらず，プライバシー侵害の程度は極めて重大と言わざるを得ない。そうすると，強制か任意かは，当該撮影の具体的態様を個別具体的に検討することによって初めて明らかになると言って良い。

　そこで，近時しばしば問題となっている上記第4の場合を念頭において検討してみよう。この場合の写真撮影が強制か任意かについて，いくつかの見解が主張されている。第1は，**任意処分説**である（多数説）。すなわち，写真撮影は

---

[19] 最決平2・6・27刑集44巻4号385頁〔百選9版35事件〕参照。

有形力を行使することなく，相手方の知らないうちに撮影しているに過ぎないから，意に反する強制作用はなく，せいぜい仮に相手方が撮影を知ったとすれば拒否するであろうという潜在的意思に反するに過ぎないから任意処分である。それ故，通常の任意捜査の限界としての基準である「必要性・緊急性」「相当性」の基準で判断すれば足りると考えるのである[20]。

　第2は，強制処分説である。すなわち，写真撮影は個人の重大なプライバシーを侵害するので，明示の同意がなければ許されるものではなく，意に反する重要な権利・利益の侵害に当たる。それ故，強制処分であって，上記第2の場合と同様，予め検証令状がなければ撮影することは許されないとするのである。しかし，そうなると，令状の事前呈示が必要であるから（222条1項，110条），相手方の知らないうちに密かに撮影することは不可能となり，捜査上の必要は全く無視されることになる。プライバシーの権利が憲法上重要な権利だとしても，憲法は捜査権をも前提としていると解されるので[21]，その点に全く配慮しない解釈は相当でないように思われる。

　そこで第3に，新しい強制処分説が主張される。すなわち，予め令状を得ることは必要ないが，写真撮影が重要な権利・利益の侵害であることは認められるので，憲法31条に照らし，適正手続が要求されるとして，「必要性」「相当性」など一定の条件の下で無令状の強制を認めようとするのである。この見解は，条件の設定によっては，事実上，第1の見解と同じ帰結に至るように思われるが，これを強制処分とする点で，強制処分法定主義との整合性に問題が残るように思われる。また，この見解は，写真撮影は現行法が想定しない新しい捜査方法であるから，刑訴法制定当時には規定を置かなかった強制捜査であると主張する。しかし，写真撮影自体は古くから捜査手段として利用されていたし，218条3項には明文で写真撮影を規定していることに照らすと，法の明文規定を超えて強制処分を認めることには躊躇せざるを得ない。したがって，第1の見解が相当と思われる。

　この点，最高裁は，違法デモを行っている参加者の特定のために，その容ぼう等を写真撮影した事案について，任意捜査か強制捜査かを明確にしないまま，

---

[20]　なお，「被撮影者についての犯罪の嫌疑」を要件として加える場合が多いが，広義では必要性の一要素と考えられる。

[21]　最大判平11・3・24民集53巻3号514頁〔百選9版36事件〕参照。

次のように述べている[22]。すなわち，人はみだりに容ぼう等を撮影されない自由を有しており，これを肖像権というかどうかは別として，警察官が正当な理由なく個人の容ぼう等を撮影することは，憲法13条の趣旨に反し許されないとした上で，公共の福祉の観点から一定の場合には許されることがあるとして，本人の同意も裁判官の令状もないのに警察官による個人の容ぼう等の写真撮影が許容される場合とは，「現に犯罪が行なわれもしくは行なわれたのち間がないと認められる場合であって，しかも証拠保全の必要性および緊急性があり，かつその撮影が一般的に許容される限度をこえない相当な方法をもつて行なわれるとき」であるとした[23]。この判例は，「必要性および緊急性」「相当な方法」のほか，現行犯性を要件としているので，写真撮影一般に現行犯性をも要件とするとの理解もなされていたが，本件事案がたまたま現行犯状況であったために，事案に応じた要件を設けただけであって，常に要件としているわけではないとの理解が有力であった[24]。

その後，最高裁は，自動速度監視装置による写真撮影につき，現に犯罪が行われている場合になされているとした上で，「緊急に証拠保全をする必要性」があり「相当なもの」であるとして適法としていた[25]が，平成20年に至り，前掲最判昭44・12・24等は，「現に犯罪が行われ又は行われた後間がないと認められる場合のほかは許されないという趣旨まで判示したものではない」として，現行犯状態を適法性の要件としない態度を明確にした[26]。

事案は，被害者を殺害しキャッシュカードを強取した犯人が，そのカードを

---

[22] 最大判昭44・12・24刑集23巻12号1625頁。

[23] なお，「このような場合に行なわれる警察官による写真撮影は，その対象の中に，犯人の容ぼう等のほか，犯人の身辺または被写体とされた物件の近くにいたためこれを除外できない状況にある第三者である個人の容ぼう等を含むことになつても，憲法13条，35条に違反しない」としている。任意捜査の許容性との関係で，第三者の権利侵害が問題となった事案として，最決昭59・2・13刑集38巻3号295頁参照（集団に逃げ込んだ犯人検挙のため，機動隊が集団に対する停止措置を講じた際，集団から立ち去ろうとした者の「肩に手をかけた行為」を適法とした）。

[24] 例えば，東京高判昭63・4・1判時1278号152頁〔百選9版10事件〕は，前記最判につき，「その具体的事案に即して警察官の写真撮影が許容されるための要件を判示したものにすぎず，この要件を具備しないかぎり，いかなる場合においても，犯罪捜査のための写真撮影が許容されないとする趣旨まで包含するものではない」とする。なお，東京地判平1・3・15判時1310号158頁，京都地判平2・10・3判時1375号143頁，東京地判平17・6・2判時1930号174頁参照。

[25] 最決昭61・2・14刑集40巻1号48頁。

[26] 最決平20・4・15刑集62巻5号1398頁〔百選9版9事件〕。

使って現金自動支払機から現金を引き出した際に，防犯カメラに映っていたので，その人物と被疑者とが同一であることを確認するため，公道上において，あるいはパチンコ店内において，被疑者の容ぼう等を密かにビデオ撮影したという事案である。ここでも，任意か強制かの区別に言及しないまま，具体的事案に即して，「捜査機関において被告人が犯人である疑いを持つ合理的な理由」がある場合に，「犯人の特定のための重要な判断に必要な証拠資料を入手するため，これに必要な限度」において，「通常，人が他人から容ぼう等を観察されること自体は受忍せざるを得ない場所におけるもの」であるとした上で，「これらのビデオ撮影は，捜査目的を達成するため，必要な範囲において，かつ，相当な方法によって行われたものといえ，捜査活動として適法なもの」と判示した。これまでの判例と異なり，現行犯性のみならず，緊急性の要件に言及していないこと[27]，相当性の判断として場所的要素が重視されていること等が指摘されている。しかし，捜査比例の原則に立ち戻って，必要性と相当性とを具体的に当てはめた結果であって，現行犯性を不要としたほか，適法性の要件を変更したものとは言えないように思われる[28]。

(2) おとり捜査

おとり捜査とは，「捜査機関又はその依頼を受けた捜査協力者が，その身分や意図を相手方に秘して犯罪を実行するように働き掛け，相手方がこれに応じて犯罪の実行に出たところで現行犯逮捕等により検挙するもの」[29]である。このような捜査方法は，一般には，意に反する重要な権利・利益の侵害はないから，任意捜査とされているが，相手方に対して捜査官の身分や意図を秘匿する点で「騙す」手法であることから，そのような方法が許されるか否かが議論されている。

ところで，このような捜査方法が違法であるとすれば，その根拠は何であろうか。おとり捜査の本質は「騙す」点にあるから，①国家が詐術を用いて罠にかけることが不当であることが指摘されている。また，おとりを通じて犯罪を惹起することから，②国家が犯罪を創り出すことの不当性が指摘される。さら

---

[27] 同決定の第1審判決（京都地判平18・5・12判タ1253号312頁）は「緊急性」も指摘していたが，そもそも緊急性が問われる事案ではなかったとの指摘もある。
[28] そのほか，最決平21・9・28刑集63巻7号868頁〔百選9版33事件〕参照（宅配便荷物に対してX線検査を行った場合につき，任意捜査ではなく強制捜査とした事案）。
[29] 最決平16・7・12刑集58巻5号333頁〔百選9版12事件〕。

に，③これら全体を通じて国家が国民の行動を監視することの不当性も指摘されている。このうち，③は監視社会の不当性を指摘するに止まり，法的根拠とは言えないこと，②についても，より重大な犯罪を検挙し社会の安全を確保するためには，法益権衡を害しない限り，ある程度の犯罪惹起はやむを得ないと考える余地もあり得るので，決定的理由にはならないように思われる。そこで，①を根拠とするほかないように思われるが，その場合，騙す行為それ自体が違法というよりも，その結果，誤った自己決定が行われることになるので，自由かつ真摯な自己決定が害されたという意味において利益侵害が生じていることが重要であるように思われる。

次に，おとり捜査が違法となる場合があるとしても，あらゆるおとり捜査が常に違法となるのであろうか。この点について，従来の裁判例は，概ね二分説に立ち，犯意誘発型（罠にかけられて初めて犯意を生じた場合）と機会提供型（単に予め予定された機会を利用したに過ぎない場合）とを区別し，前者は違法，後者は適法とする[30]。この立場は，英米法における「罠の抗弁」[31]を援用したものと言われている。

学説は，主観説と客観説（ないし総合認定説）に分かれる。主観説は，二分説に立ち，対象者が予め犯意を持っていたかどうかによって区別する。これに対しては，①予め犯意を有していたかどうかの認定が困難であり，実行した以上，予め犯意があったとなり易いのではないか，②機会提供型の場合，常に適法となってしまうが，常軌を逸した働きかけの場合には違法とすべきではないか，③犯意誘発型の場合，常に処罰となり柔軟性を欠くなどの批判がある。そこで，客観説ないし総合認定説が有力に主張されている。この見解は，おとり捜査の外形的な外枠から適法性の基準を定立しようとするものであるが，その基準として，①犯罪の性質，おとり捜査の補充性，捜査機関の関与・加功の程度，被告人の主観的事情を考慮する見解，②犯罪の嫌疑の存在を前提に，手段の必要性・補充性，捜査の困難性，被害法益の重大性，悪用の危険などを考慮し，薬物犯罪等限られた罪種でのみ許容する見解などが主張されている。おとり捜査の違法性の根拠について，自己決定の侵害に伴う法益侵害と見れば，その違法

---

[30] 東京高判昭57・10・15判時1095号155頁，東京高判昭62・12・16判夕667号269頁など。

[31] 犯意のなかった者に犯意を誘発させて犯罪を行わせるに至らしめたときは，そのことは当該犯罪による訴追に対する抗弁事由となるとする考え方である。

性の判断も客観説に従って総合的に行うことが相当であるように思われる。

　ところで，おとり捜査がなされた場合，その法的効果はどうなるのであろうか。第1に，おとり捜査に基づく逮捕が違法となるか。この点，おとり捜査が重大な違法となる場合には，その結果を資料とする逮捕も違法な逮捕となり，これに引き続く勾留も却下されることになろう。もっとも，違法の波及効については，議論があるので，常に勾留が違法になるわけではないという見解もあり得る。第2に，起訴の違法性については，捜査の違法が公訴提起に波及する影響をどう考えるかによって異なってこよう。おとり捜査に基づく公訴提起は違法・無効であるから，刑訴法338条4号による公訴棄却とする見解も有力であるが，処罰適格がないとして免訴とする見解，さらには無罪とする見解も主張されている。しかし，公訴提起それ自体は有効であって，おとり捜査によって収集された証拠が違法収集証拠排除法則によって排除されれば足り，その結果，場合によっては無罪となり得るにとどまるとの見解も有力であって，この見解が妥当と思われる。

(3) コントロールド・デリバリー

　コントロールド・デリバリー（以下，CDと言う）とは，「1又は2以上の国の権限ある当局が，事情を知りながら，かつ，その監視の下に，麻薬，…又はこれらに代わる物質の入った不正又はその疑いのある送り荷が当該1又は2以上の国の領域を出，通過し又はこれに入ることを認めることとする方法」[32] とされている。薬物それ自体の輸送を監視する場合と，薬物を他の無害物に置き換えて，代替物を輸送させてこれを監視する場合とがある。前者をライブCD，後者をクリーンCDと称している[33]。

　CDは，おとり捜査と異なり，相手方への積極的な働き掛けがなく，いわば成り行きに任せてこれを監視するにとどまる点で，捜査機関は消極的に関与するに過ぎないから，およそ相手方の権利を侵害する危険性はない。おとり捜査でさえ任意捜査として許容されるのであれば，CDも任意捜査として許容されよう。確かに，監視に失敗した場合には害悪が拡散するという危険は存在する

---

[32] 麻薬及び向精神薬の不正取引の防止に関する国際連合条約1条 (g)。
[33] 麻薬特例法3条（上陸手続の特例），4条（税関手続の特例），8条（規制薬物としての物品）参照。なお，銃刀法31条の17もクリーンCDと同趣旨の規定である。銃器の場合，監視が失敗した場合の危害が重大であるため，ライブCDを規定しなかったとされる。

が，最終受領者を把握して密売組織を一網打尽に検挙するためであって，十分な合理的目的があるから，CD を実施する必要性・緊急性が認められる上，継続的な監視によって逸脱的な危険が発生することをそれなりに防止することができると考えられることから，方法としても相当性があると評価することができよう。それ故，任意捜査として許容して良いと考えられる。なお，犯罪発生を知りながら直ちに検挙しない点で，捜査機関としての犯罪防止の職務に反する行為であると言えないわけではないが，犯罪捜査の方法については捜査機関の裁量に委ねられているところ（189条2項参照），合理的理由がある限り，検挙の時点を遅らせることが直ちに裁量逸脱とは言えないであろう。

例えば，税関等において貨物内に麻薬等が隠匿されていることを発見した際に，ライブ CD を実施する場合には，税関長は，監視体制が確実であることを確かめた上で，当該貨物を押収しないまま通関させ，引き続き監視を継続することになる。クリーン CD の場合には，捜索差押許可状に基づいて薬物等を差し押さえ，その代わりに無害の代替物を挿入した上で[34]，元通りに梱包して通関させ，引き続き監視を継続することになる。輸送過程においては，運搬方法，経路等に関する情報を十分に収集した上，行動監視に十分な人員や無線機器を配置し，尾行，張り込み等を行って継続的に監視するが，これも任意捜査として実施すれば足りよう[35]。

(4) 電子機器を用いた追跡監視

見張りや張り込みによる行動監視や行動確認に代えて，電子機器を用いた行動監視が行われることがある。この場合も，その利益侵害状況については，CD における監視と異ならないようにも見える。しかし，CD が「物」の監視であって，途中で「人」が入れ替わっても「物」の同一性が維持されている限り問題がないのに対し，人の移動に関する追跡監視は，被監視者のプライバシーのみが問題となる純然たる「人」の監視である点において，CD とは異

---

[34] 代置物の挿入については，必要な処分（222条1項，111条1項）によるとの見解もあるが，差押え終了後の挿入であって，差押えそれ自体には必要とは言えないから，必ずしも必要な処分とは言えない。むしろ，権利侵害がないことに照らし，任意処分として許容されると考えて良いように思われる。

[35] もっとも，電子追跡装置（ビーパー等）を貨物に装着して追尾する場合には，目視以上に正確な位置が特定され，場合によっては位置情報が記録されることもあり得るから，記録という点においては，写真撮影に類似したプライバシー侵害の問題があり得る。

なった利益侵害を検討する必要があるように思われる。例えば，ビデオ撮影による追跡監視について見ると，継続的かつ無制限に撮影記録されることにより犯罪と無関係の生活それ自体が記録されることになるから，侵害としては電話傍受に近い性質を有するとして，強制捜査と見る立場も主張されている。

　しかしながら，追跡監視ビデオは，あくまで公道上など公開空間における追跡監視記録であって，電話傍受のような閉ざされた情報とは異なっているから，侵害の程度には格段の差があると考えられる。したがって，強制捜査と見る必要はないように思われる。確かに，目視と決定的に異なるのは，継続的監視のデータ化であり，情報の集積効果には計り知れないものがあるが[36]，そのような累積データの新たな活用は，データの保管と管理の問題として別途検討するべきであって，それ故にデータの収集それ自体を一律に規制することには疑問が残る。また，不安による萎縮効果も考慮されるべきではあるが，そのような効果は，自らが捜査対象となったことそれ自体によっても生じるのであるから，追跡監視ビデオに限られるわけではない。このように見てくると，直ちに強制捜査として禁止するには及ばないように思われる。

　それでは，GPSによる追跡監視はどうであろうか。この場合，ビデオ監視と異なり，単なる位置情報のみの取得にとどまり，容姿情報や動作情報は全く取得できないが，対象者に気付かれるおそれは全くない。他方，ビデオ監視と異なり，極めて精密で正確な位置情報が得られる点で優れている。この点，携帯電話の位置検索機能を用いた所在捜査は強制捜査であるとする立場もあり[37]，これとの類似性も指摘されているが，携帯電話の場合には閉鎖された通信回線に立ち入って情報を捜査する点で，むしろ通信傍受に近い性質を有しているのに対し，GPSによる追跡監視は，自動車に設置したデバイスからの情報であるから，いわば開かれた通信の利用と考えられる点で，大きく異なっているように思われる。

　もとより，デバイスの装着それ自体に令状を要するか否かは別論としても，GPSによる追跡監視それ自体は，公開空間における自動車の位置情報の取得

---

[36] データをつなぎ合わせ，他のデータと突合し，比較検討することによって，対象者の生活パターンのみならず，趣味・嗜好に至るまでの個人情報を解析し析出することが可能になると言われている。
[37] この場合，電話会社に対する検証令状の発付を得て，令状執行という形で実施されるのが一般的のようである。

に過ぎないのであるから，プライバシー侵害は間接的であって，個人情報としても秘匿の程度は低いものと評価することができるように思われる。そうだとすれば，任意捜査として，捜査の必要性との相関関係によってその適法性を判断すれば足りるように思われる[38]。

(5) 会話の一方当事者による秘密録音

秘密録音とは，会話の一方当事者が，他方当事者の同意なしに無断で録音することである[39]。会話は，相手方にその内容を伝達するものであるから，伝達された以上，その内容は相手方の支配に移り，相手方がどのように処分しようと自由であるとも考えられる。したがって，秘密録音は，モラルの問題はあり得るが，違法の問題は生じないと考えることもできる（適法説）。この見解によれば，会話は他者に伝達される可能性があるから，特段の事情がない限り，そもそも秘密性を有しないことになろう。

これに対し，会話の内容に他者への伝達可能性があることは認められるが，会話当事者には，会話の自由やプライバシーに対する期待権があり，秘密録音は，その期待権を侵害するものであるから違法であるとの見解も主張されている（違法説）。しかし，あらゆる会話について，常にプライバシーの期待権があるとまでは言えないから，具体的な事情に照らして他に漏れないことが合理的に期待される場合にのみ，秘密録音は違法となると考える方が合理的であるように思われる（利益衡量説）。したがって，相手方の黙示の同意があると認められる場合の秘密録音や，盗聴や秘密録音を行うことに正当な理由があり，当該会話のプライバシーが合理的に期待し得ない状況でなされた秘密録音は適法であろう。

捜査機関による秘密録音に関する最高裁判例はないが，下級審の裁判例として，捜査機関が，令状を執行する際，電話による脅迫事件と被疑者との結び付きを証明するため，令状執行に立ち会った被疑者との会話を録音した事案につき，会話内容を相手方の支配下に委ねたと見ることができるとした上で，「録音の目的，対象，手段方法，対象となる会話の内容，会話時の状況等の諸事情

---

[38] その他，いわゆる「Nシステム」による監視撮影について，肖像権の侵害に当たらないとした東京地判平19・12・16訟務月報55巻12号3430頁参照。同システムの合憲性につき，東京高判平17・1・19判時1898号57頁。

[39] なお，他方当事者の同意を得て，又はその依頼によって録音する場合を「同意録音」という。

を総合し，その手続に著しく不当な点があるか否かを考慮してこれを決めるのが相当である」とし，相手方が警察官であって，事件が電話脅迫事件であることを認識しており，捜索差押えに関する会話であって不正な手段を用いて無理に話をさせたという事情はないとして，適法とした事例[40]，同様の事案につき，拒否の機会を与えておらずプライバシーないし人格権を侵害することは否定できないから，原則として違法であるとし，「録音の経緯，内容，目的，必要性，侵害される個人の法益と保護されるべき公共の利益との権衡などを考慮し，具体的状況のもとで相当と認められる限度においてのみ，許容される」とした上で，容疑が濃厚であったこと，相手方が警察官であると了知して会話に応じていること，捜索差押えに関する会話であってプライバシーや人格権に関わる内容でないこと，強制，偽計等の手段を用いていないことなどを総合して適法とした事例[41]などがある[42]。さらに，捜査官が，マンションのベランダで携帯電話で通話する者の肉声を，いずれの通話者の同意を得ることなく上階のベランダから録音した事案につき，「ヒソヒソ話といった通話をしていたわけではないから，プライバシー保護の要請は低い」として，任意捜査として適法とした裁判例[43]がある。

　なお，誘拐事件などで脅迫電話の発信元を，一方当事者の同意の下に逆探知するような場合についても適法と解されている。その理由として，現行犯にはプライバシーがないからとも言われているが，現行犯であっても常にプライバシーがないとは言えないし，電話の発信元について秘匿すること自体が犯罪となるわけではないのではないかとの疑問もある。そこで，この場合には，広い意味で正当防衛状況にあり，漏洩しないことに合理的期待を抱くことができる会話には明らかに当たらないと考えるべきであろうと思われる。

---

[40] 東京地判平2・7・26判時1358号151頁。
[41] 千葉地判平3・3・29判時1384号141頁〔百選9版11事件〕。
[42] なお，私人間の秘密録音について適法としたものとして，最決昭56・11・20刑集35巻8号797頁（検事総長偽電話事件），最決平12・7・12刑集54巻6号513頁，松江地判昭57・2・2判時1051号162頁がある。
[43] 東京高判平22・12・8東高刑時報61巻1~12号317頁。

第3章

捜査の端緒

　職務質問とこれに伴う所持品検査は，刑事司法との関係で言えば，それを契機に捜査へと至る捜査の端緒に止まる。このほか，捜査の端緒としては，刑事訴訟法上，検視（229条），告訴（230条），告発（239条）が規定されており，その他の法律に基づくものとして，請求（刑92条2項，労働関係調整法42条など），自首（刑42条）があるほか，法律の規定に基づかないものとして，被害者の届出，申告，捜査機関が行う情報収集，防犯活動，さらには報道機関による報道，一般人の投書などがある。それらのうち，最も重要な機能を有し，しばしば捜査との限界が問題となるのが，職務質問とこれに伴う所持品検査である。

3.1　職務質問

3.1.1　行政警察と司法警察

　職務質問は，行政警察活動と言われ，捜査は司法警察活動と言われている。行政警察と司法警察とは，古く明治時代から区別されてきた。両者は次のような相違があるとされている。

　第1に，行政警察活動は，犯罪の予防と公安秩序の維持等を目的とし，犯罪発生の有無を問わず，広く行われる情報収集活動を含むのに対し，捜査活動は，具体的な特定の犯罪の証拠収集と犯人確保を目的とし，原則として，既発生犯罪を前提とする。

　第2に，行政警察活動は，行政法規に基づく警察官の活動であって，検察官の指揮を受けることがないのに対し，捜査活動は，刑訴法に基づく捜査機関（検察官，司法警察職員等）の活動であって，検察官は司法警察職員を指揮することができる（193条2項〜4項）。

このように，法的性質も目的も根拠規定も異なっていることから，両者を明確に区別すべきであるという見解が主張されている。他方，国民の権利・利益を制限しあるいは侵害する点において，両者は同様の働きをしているので，両者を区別することなく，行政警察活動にも，捜査における規制と同様の規制を及ぼすべきであるとの主張もなされている（併有説）。確かに，かつては，司法裁判所とは独立した行政裁判所が存在し，両者を区別しなければ管轄の点で不都合が生じたため，両者を区別する実益があったが，現在では，行政事件についても司法裁判所が管轄するので，その点の実益は消滅してしまった。また，行政活動にも憲法 38 条 1 項の保障が及ぶとされているので[1]，人権保障の点においても法的に両者を区別する実益はなくなったと言われている。そこで，概念上の区別を今なお堅持すべき現実的要請は殆どないようにも思われるが，目的，性質，根拠法令等の相違があることは間違いないので，一応両者を区別した上で，国民の権利・利益の不当な侵害を防止するという観点から，法的規制としては共通の規制を及ぼすという立場が相当であるように思われる。

> **比例原則の適用の在り方**
>
> 　権利・利益の侵害に対する規制として，同様に比例原則を適用するとしても，具体的な適用場面において，特に必要性を判断する際の考慮要素については，かなり相違が生じる可能性がある。捜査目的であれば，あくまで具体的な特定犯罪の証拠収集と犯人確保の必要性に限定されるところ，行政目的であれば，公共の秩序と安全を保持するためであるから，将来の犯罪予防の必要性や交通秩序の維持の必要性，一般的な治安維持の必要性など，広範な行政上の必要性を考慮することになり，かなり広く適法とする余地が生じることになろう。そうすると，必要性との相関関係において手段の相当性が判断されるのであるから，広範な必要性に相応する侵害的手段をも正当化する可能性が生じることになるように思われる。そうだとすれば，一応両者を区別して検討する方が適切であろう。

---

[1] 最大判昭 47・11・22 刑集 26 巻 9 号 554 頁。

	司法警察活動	行政警察活動
目　的	犯罪の捜査・被疑者の逮捕等	公共の安全と秩序の維持
方　法	検察官の指揮 取調べ（→黙秘権の告知）	警察のみの判断 職務質問
裁　量	狭い（法定要件の範囲内）	広い（自由な裁量）
根　拠	刑訴法	行政法規
人権制約	自由の制限と強制あり	自由の制限と強制あり

3.1.2 職務質問の意義と性質

　職務質問とは，警察官が，いわゆる挙動不審者等に対し，これを停止させて行う質問行為である。例えば，氏名や住居を尋ね，行き先を確かめ，所持品について問を発するなど，不審を解明するような質問を行うことである。その根拠は，警察官職務執行法2条にある。職務質問の目的は，あくまで犯罪抑止であるが，犯罪の予防のみならずその早期摘発も犯罪抑止に強く作用するので，犯罪の摘発もその目的に含まれると解される。また，同条によれば，既に行われた犯罪について知っている場合も含まれるから，単なる犯罪予防の目的のみならず，特定犯罪についての情報収集活動も含まれる。もっとも，それは証拠収集保全活動それ自体ではなく，あくまでその準備活動であって，情報が犯人検挙に結び付く情報かどうか（それが特定犯罪の証拠となり得るかどうか）を確認する活動である。したがって，捜査活動それ自体ではないと考えることもできる。

　職務質問の性質については，純然たる行政活動であるか，捜査活動の性質をも併せ有することができるかどうか，争いがある[2]。第1は，行政警察活動と見る見解である。職務質問は，その結果，特定の犯罪の嫌疑が生ずれば捜査を開始することになるに過ぎず，あくまで捜査の端緒であるとされる。第2は，併有説である。実質的に任意捜査とも言うべき場合もあること，職務質問から捜査に移行することが少なくないこと，両者の境界は明白ではないことなどに照

---

[2] なお，職務質問の根拠は，組織法である警察法2条にあり，警職法はその確認規定に過ぎないとの見解もあるが，職務質問は規制・制約の側面を伴っているので，行政作用法である警職法に根拠を求めるべきであろう。

らし，両性質が併有するとの見解である。

　この点，確かに捜査とも言うべき職務質問があり得ることは認めざるを得ないが，必ずしも全ての職務質問が捜査とは言えないから，「何らかの犯罪」について一般的に怪しいという程度の嫌疑を前提とする質問は，具体的個別犯罪の証拠収集活動である捜査とは区別されるべく，また，捜査であれば事情聴取は取調べであって黙秘権告知が問題となる点で，両者を区別しておく実益はあるように思われる。もっとも，一般に，捜査よりも職務質問の方が広いから，両者は区別すべきではあるとしても，捜査と重なりある範囲で重複して規制されると考えておくのが妥当と言うべきであろう（その限度で併有と同じ結果となる）。

　さらに，当初から捜査目的で職務質問を行うことができるかどうかについても争いがある。①否定説は，あくまで行政警察作用である上，濫用のおそれもあるから，当初から捜査目的で職務質問を行うことはできないと主張する。これに対し，②肯定説は，警職法1条1項は「他の法令の執行等の職権職務を忠実に遂行するために，必要な手段を定めることを目的とする」ほか，警察官は，警職法8条により「刑事訴訟その他に関する法令…による職権職務を遂行すべきもの」とされているから，刑事訴訟法上の職務遂行のために職務質問を行うことができ，取調べとして捜査の規制が及ぶと主張する。

　この点，職務質問が全て捜査目的で行われるものでないことは確かであるが，だからといって，「何らか」の嫌疑から具体的な特定の嫌疑が常に除かれると解すべき必然性もないのであるから，捜査目的があればおよそ職務質問でないとは言えないように思われる。また，確かに，否定説の主張ももっともであるが，行政活動であるから捜査活動と全く重複し得ないと言うのは実情に合わない。むしろ，双方の規制を掛けておく方が濫用防止になるのではなかろうか。仮に，行政規制に加えて捜査規制を掛けることを否定しても，捜査のための質問を刑訴法197条に基づいて行うことは可能であるから，濫用のおそれを理由に捜査のための質問まで否定するのであればともかく，そうでない以上，捜査規制を否定することの意味はあまりないように思われる。このように見れば，肯定説によるべきであろう[3]。もっとも，捜査のために警職法の職務質問ができるとしても（その限度で重複するから肯定説を採るとしても），職務質問が全て捜査

---

[3] 「既に行われた犯罪」について質問する場合も含まれるが，少なくともこの場合は特定の具体的な犯罪を想定した質問活動であるから，捜査との区別は容易でないように思われる。

というわけではない（職務質問の方が捜査のための質問よりも広い）から，両者は概念としては一応区別しておくのが良いであろう。

3.1.3 職務質問の法的根拠と要件

職務質問は，警察官職務執行法2条を根拠とした警察活動である。同法は，警察活動の要件を定めるとともに，具体的権限内容を示した根拠規範であるとされている。対象者に働きかけて，対象者の自由・利益をある程度制約するから，そのような侵害的行政作用については要件根拠を明示すべきであるという「侵害留保」（ないし「法律の留保」）の考え方によっている[4]。

職務質問の要件は，①「何らかの犯罪を犯し，若しくは犯そうとしていると疑うに足りる相当な理由がある」こと，又は②「既に行われた犯罪について，若しくは犯罪が行われようとしていることについて知っていると認められる」こと（警職法2条1項）である。

①については，具体的犯罪事実は不明で良く，何らかの刑罰法規に触れる行為につき，一応の疑いがあることを示す客観的合理的根拠がある場合とされる。また，将来をも含む不特定の犯罪に関する嫌疑でも良いから，それほど厳格なものが要求されるわけではない。その意味で，嫌疑は，特定犯罪を前提とする捜査の場合と比べて低くても良いが，「相当」なものであることは必要である。

次に，②については，犯罪につき情報を持つ者であって，対象に制限はないが，刑訴法上の「参考人」に類するから，許される停止の内容などにつき，①の場合とは自ずから異なってくると言うべきであろう。すなわち，彼を捜査対象とするかどうか見極めるための情報収集活動という性質が強いことから，一般には，①の場合よりも許される侵害の程度は低いと言うべきであろう。

3.1.4 職務質問に伴う有形力行使の限界

警職法は，「停止させ」と規定している（警職法2条1項）が，同時に身柄拘束や意に反する連行，答弁の強制はできないと規定する（同条3項）。したがって，強制にわたることはできず，任意手段に限られるが，「停止を求め」ではな

---

[4] したがって，侵害がない場合には「法律の留保」は不要であって，全く任意の警察活動は具体的権限の根拠規定がなくても，警察法2条の権限の限界枠組み範囲内であれば可能であると解されている。

く「停止させ」と規定されていることから，ある程度の有形力行使は許されて良いと解すべきである。仮に，純粋な任意手段によるのであれば，警職法2条1項の規定がなくても，行政活動として，警察比例の原則に従い相当な方法で質問することができる。しかし，敢えて同条項が規定されたのであるから，強制にわたらない程度の人権侵害があり得ることを想定していると考えられよう。

　すなわち，完全に任意の自発的停止のみを規定したのだとすれば，警察官がそのようなことができるのは当然であって，敢えて法律によって規定を設ける必要はない。侵害がない場合には「侵害留保」の必要はない。「侵害留保」の規定と解する以上，「強制」にわたらない限り，「比例原則」に従い，権利・自由の制約は許されると言うべきである。その意味で，任意処分としても，およそ有形力行使が許されないわけではない。質問に応じない場合に，それ以上一切質問できないとすれば，「比例原則」に反し実効性を軽視し過ぎている。問題は，その限界である。その場合の視点は，「犯罪の予防鎮圧・公安秩序の維持」と「人権保障」とのバランスであって，相手方の出方に応じた相対的判断になることはやむを得ない。しかしながら，あくまで任意であるから，常に相手の出方次第という形で相対的判断をエスカレートさせるわけにはいかない。当然ながら一定の限界がある。そうでなければ，任意のために強制を用いるという自己矛盾に陥ってしまう。

　そこで，職務質問の実効性を期するためにも，質問への協力を求める「説得行為」は許されよう。その場合，言語による説得を越えて，一時的であれば軽微な有形力の行使も，必要やむを得ない手段として，なお説得の範囲内にあると評価できよう。そして，その限界は，拘束に至らない程度であるから，「肩に手を掛ける」という辺りが基準であろう。相手方がこれを無視して敢えて立ち去ろうとする場合，再度肩に手を掛け停止を求めることは許されるとしても，押さえ付けて拘束することはできないと言うべく，その場合には，せいぜい対象者の周辺に付きまとい，繰り返し肩に手を掛けながら移動するという辺りが限界であろう[5]。

---

[5] もっとも，瞬間的拘束は逮捕ではなく暴行にとどまるから，場合によっては，相手方の逃走を防止し質問を継続するために抱きついて停止を求めることが許される余地もあり得るかもしれない。しかし，警職法2条3項を強制の例示と解すれば，そのような暴行は強制に当たる可能性が大きく，その限りでは許されないと言うべきであろう。

この点，学説では，①任意処分であるから一切の有形力行使を認めない立場（任意説）もあるが，多くは，一定限度の有形力行使を認めている。例えば，②あくまで立ち去ろうとする者には拒否の自由を残しつつ，説得の範囲で手を掛ける行為は良いとする立場（規範的任意説），③身柄「拘束」に至らぬ程度の自由の制約を認める立場（制約説），④任意と強制の間で強制にわたらない程度の実力は許されるとする立場（実力説），さらには，⑤重大な犯罪について，容疑が濃厚で緊急逮捕も不可能ではないが，なお慎重を期するような場合には，実力行使も許されるとする立場（例外的許容説）などである。これらのうち，⑤説は，「強制」と「実力行使」との区別は事実上困難であるとの立場から，ある程度明確な基準を述べるものの，ごく例外的とはいえ実質的には強制を認める点でやや難がある。他方，②説から④説は，基準が曖昧である点で難があるが，その中では，②説が比較的明快であるように思われる。

　他方，判例は，次のような事案がリーディングケースとされている[6]。すなわち，深夜，警ら中，自転車に乗って晴天にもかかわらず雨靴を履きズボンが破れているXに遭遇し，自転車の荷台に革鞄がありポスターらしいものがはみ出していたことなどに不審を抱き，鞄盗難事件と選挙違反に関連して職務質問を開始し，駐在所に同行した上，種々質問して鞄の中身の呈示を求めたが，一部呈示したのみで残余の呈示に応じず，隙を見て逃げ出した。その際，麻薬強盗事件についても嫌疑が生じたので，約130 m追跡し引き止めるため背後から「どうして逃げるのだ」と言いながら腕に手を掛けたところ，振り向きざま警察官に暴行を加え，公務執行妨害で現行犯逮捕されたという事案である。

　第一審は，違法な逮捕行為としたのに対し，控訴審は「任意に停止をしない被告人を停止させるためにはこの程度の実力行為に出でることは真に止むをえない」として適法としたところ，最高裁は，「原判決の判示は正当」として上告棄却したものである。

　そのほか，①酒気検査を振り切りエンジンキーを操作して発進しようとした者に対し，「運転席の窓から手を差し入れ，エンジンキーを回転してスイッチを切り，被告人が運転するのを制止した」行為を適法としたもの[7]，②覚せい剤使用の容疑で立ち回り先などを捜査されていたXが自動車を運転中，その運転

---

[6] 最決昭29・7・15刑集8集7号1137頁。
[7] 最決昭53・9・22刑集32巻6号1774頁。

車両を警察官に発見され，停止指示を受けこれに応じて停止したが，目をきょろきょろさせ落ち着かない態度を示し，エンジンを空ぶかししハンドルを切るような動作をしたため，窓から腕を差し入れ「エンジンキーを引き抜いて取り上げた行為」を適法としたもの[8]，③突然唾を吐きかけられた警察官が，職務質問に際して，相手方の「胸元をつかみ歩道上に押し上げた行為」を「当然許される」としたもの[9]，④ホテルから通報を受け，職務質問のために客室に赴き，無施錠のドアを開けて「お客さん，お金払ってよ」と声を掛けたところ，被告人が慌ててドアを閉める等したため，職務質問を継続し得る状況を確保するため，内ドアを押し開け，内玄関と客室の境の敷居上辺りに足を踏み入れ，「内ドアが閉められるのを防止した」行為を適法としたもの[10]などがある。

　なお，下級審ではあるが，歩いて立ち去ろうとする者の背後から「待ちなさい」と言いながら右手首を掴んだ行為を適法としたものの，その際，「具体的な犯罪による被害事実があったことを念頭にして被告人に対し疑念を抱いたわけでもないP巡査としては，この段階において職務質問を中止するのが妥当であったというべきで，執拗に質問を続行しようとした同巡査の行為は行き過ぎの謗を免れない」とした裁判例[11]もある。

　具体的限界の判断は，判例の積み重ねによるほかはないが，警職法2条において，「停止させ」と規定している以上，警察比例の原則に照らし，停止させるために必要である限り，社会的に相当な範囲内の有形力行使も可能と解され，その限界は，警察権行使の必要性との関係で相対的に決まると言って良いであろう。例えば，相手方が警察官を避け拒否的な態度を示した場合には，不審事由が一層高まったものと考えられるので，これに応じた程度の有形力を行使することができるものと考えられる。そして，行政警察における有形力行使についても，権利侵害については捜査におけるそれと概ねパラレルに考えることができると思われるので，捜査における任意捜査の限界に関する基準と同様に考えるのが相当であろう。その意味において，必要性・緊急性と相当性の基準に従い，事案に応じて個別的に判断するほかないと思われる。

---

[8] 最決平6・9・16刑集48巻6号420頁〔百選9版2事件〕。もっとも，その後「約6時間半以上も被告人を本件現場に留め置いた措置」は，「任意捜査として許容される範囲を逸脱した」と判断した。
[9] 最決平1・9・26判時1357号147頁。
[10] 最決平15・5・26刑集57巻5号620頁。
[11] 東京高判昭49・9・30刑裁月報6巻9号960頁。

もっとも，相手方の態度に応じて相対的に強度な手段を認めていけば，任意のために強制を用いるという矛盾に陥る可能性がある点に留意する必要がある。したがって，あくまで「拘束」は許されないという限界を確認した上で，そこに至らない限度において警察比例の原則に応じた有形力を想定するほかないように思われる。

3.1.5　職務質問に伴う任意同行

　警職法2条2項は，その場で質問をすることが「本人に対して不利であり，又は交通の妨害になる」と認められる場合には，「附近の警察署，派出所又は駐在所」に「同行することを求めることができる」と規定し，他方，同3項は，「意に反して」「連行」されることがない旨を明記している。これは，事実上，旧行政執行法上の行政検束のような運用に至ることを拒否するもので，同行はあくまで任意であること強調したものである。ここでは，逮捕との限界に類することになるので，任意捜査の限界とほぼ同様の判断を行うものと思われる。

　そこで，仮に任意同行が違法であった場合には，事実上の逮捕として，その後の勾留請求の適法性，その間に得られた証拠の証拠能力などが問題となることは，刑訴法上の任意同行と同様である[12]。

3.2　所持品検査

3.2.1　所持品検査の意義と態様

　挙動不審者に対して職務質問を行う際に，その者が不審ないし危険な物を所持している疑いがある場合，これを問い質して，その物が何であるかを確認することになる。しかし，その際，相手方が質問を拒否するなどして，その物が何であるか確認できない場合，相手方に提示を求め，開示を要求し，さらにはその物を取り出して確認することがある。これを所持品検査と言う。

　所持品検査の段階として，例えば，ポケットに何かを隠している場合を想定すると，①外部から観察し，②何であるかを質問し，③開示を要求し，④着衣

---

[12] 任意捜査における任意同行の限界につき，第6章6.3参照。

の外から接触して感触を確かめ，⑤これを取り出し，⑥検査する，という各段階が考えられる。そのうち，①ないし③までの段階が職務質問として適法であることは，ほぼ争いがない。問題は，④以降である。

ところで，法において所持品検査が明文で認められている場合がある。第1は，警職法2条4項の場合である。すなわち，刑訴法によって逮捕されている者に対して，凶器を所持しているかどうかを調べることができる。第2は，銃刀法24条の2第1項の場合である。すなわち，銃砲刀剣類等を携帯するなどの疑いがある場合，他人の生命身体に危害を及ぼすおそれがあると認められれば，その物を提示させたり，隠されているものを開示させたりして調べることができる。いずれも，秩序の維持と警察活動の安全の確保を目的とするものである。

以上を除いて，所持品検査に関する明文規定はないので，これが認められるかどうか問題となっている。

ストップ・アンド・フリスク

米国の判例では，所持品検査に類する活動として，いわゆるストップ・アンド・フリスク（停止と捜検）が認められている。これは，挙動不審から見て何らかの犯罪を行おうとしており，その者が武器を携帯している危険があるかもしれない合理的理由がある場合には，その者を停止させて衣服の上から武器の携帯の有無を検査することである。

3.2.2 所持品検査の法的根拠と限界

(1) 学　説

否定説は，銃刀法24条の2及び警職法2条4項による場合を除き，所持品検査は許されないとする。その主な理由は，次の3点である。①警職法2条は「停止させて質問する」という文言であるから，同条で根拠付けるのは解釈上無理がある。むしろ，2条4項の反対解釈としてそれ以外は許さないと解すべきである。②所持品検査は，個人の自由・権利に対して，職務質問とは別の新たな侵害又はその危険を伴うから，明文を要するべきである。③昭和33年10月，所持品検査権限の規定[13]の新設を盛り込んだ警職法2条の改正法案が否決されたから，法律は消極の態度を明示したと言うべきである。

他方，肯定説は，口頭による質問と密接に関連し，職務質問の効果を挙げる

上で必要性・有効性の認められる行為であるとする（職質付随行為説）。その根拠は3つに分かれる。

　第1は，警察法2条説である。すなわち，警察法2条は警察活動の一般的権限を規定したものであって，任意手段である限り，警察法2条を根拠に所持品検査を行うことができるとする。しかし，警察法は組織法であって，職務の執行については警職法等に規定されているはずではないかと批判される。

　第2は，警職法2条1項説である。すなわち，口頭の質問と密接な関連性を有し，質問の目的を達成する上で必要性・有効性が認められるから，質問に付随する行為として許されるとする。しかし，条文解釈としてはあくまで質問であって，当然に所持品検査を前提としたとの解釈は無理があると批判される。

　第3は，憲法35条を直接の根拠とする見解である。憲法35条はもともとプライバシーを侵害する警察等の活動を規律する合理性を含む規定であるから，刑訴法に規定された侵害の程度が強い捜索・差押えのみならず，侵害の程度がやや弱い所持品検査も憲法35条の捜索・押収に当たり，合理的理由があれば許されるとする。しかし，憲法35条は令状主義を規定しており，合理的理由だけでその例外を認めるのは独自の見解に過ぎないなどと批判される。

　ところで，捜査とのバランスという枠組みで考えるとすれば，本来的な「強制」処分に伴う「必要な処分」（111条）とパラレルに考えるべきであるとの見解が主張されている。このような立場からは，その限界は，本体の規定に黙示的に含まれ得る付随処分として可能な範囲であるとされる。もっとも，「必要な処分」については，明文規定がある上，基盤となる処分は任意の「質問」と異なり「強制処分」であるから，果たしてパラレルに考えられるか否か疑問もある。仮に質問に「内在」する程度の「付随性」を要求するとすれば，「論理的関連性」あるいは，「質問の遂行を可能とする状況の確保」という程度に止めるとするのが整合的であろう。この意味において，消極的な「職質保全行為」としての所持品検査の限度に止め，積極的な「嫌疑解明行為」は否定する

13　法案は「警察官は，第1項の質問に際し，異常な挙動その他周囲の事情から合理的に判断して何らかの犯罪を犯し，又は犯そうとしているに疑うに足りる相当な理由がある者が，凶器その他人の生命又は身体に危害を加えることができる物件を所持しているときは，一時保管するためこれを提出させることができ，又，これを所持していると疑うに足りる相当な理由があると認められるときは，その者が身に付け，又は携えている所持品を提出させて調べることができる」というものであった。

(この場合は，純粋な質問に止める) 見解も理解できよう。

　なお，仮に後述する判例のように「職務質問の効果をあげるうえで必要性，有効性」が認められることを根拠とすれば，質問を重ねれば重ねるほど，また質問への答えが不審であればあるほど，所持品検査は必要かつ有効となり，どこまでも歯止めなく展開していることになるのではないかとの疑問もある。そうすると，「捜索」の一歩手前まで許容されることになるが，「捜索」を厳密に解すれば所持品検査の許容幅は非常に大きくなってしまう点で難がある。また，確かに，必要であり有効な措置ではあるが，だからといって，「必要な処分」と異なり明文規定は存在しないのであるから，法的には質問に付随する行為として許容されるとは言えないのであって，質問とは異質別個の法的侵害まで併せて許容することになるのではないかとの批判はもっともであるように思われる。

　このような批判を踏まえれば，所持品検査は，せいぜい質問を保全する限度においてのみ許されるとする見解が相当であろう。

(2) 判　　例

　リーディングケースとされる判例[14]は，次のような事例である。すなわち，銀行強盗発生との情報により，緊急配備で検問中の警察官が職務質問した際，繰り返しボーリングバックとアタッシュケースの開披を求めたが応じなかったので，承諾のないままボーリングバックのチャックを開けたところ札束を発見したことから，さらに引き続き，施錠してあったアタッシュケースをドライバーでこじ開けたという事案において，次のように判示した。

　①「所持品の検査は，口頭による質問と密接に関連し，かつ，職務質問の効果をあげるうえで必要性，有効性の認められる行為であるから，同条項による職務質問に附随してこれを行うことができる場合があると解するのが，相当である」と述べた上で，その限界について，②「捜索に至らない程度の行為は，強制にわたらない限り，所持品検査においても許容される場合があると解すべきである」とし，「かかる行為は，限定的な場合において，所持品検査の必要性，緊急性，これによって害される個人の法益と保護されるべき公共の利益との権衡などを考慮し，具体的状況のもとで相当と認められる限度においてのみ，

---

[14] 最判昭53・6・20刑集32巻4号670頁〔百選9版4事件〕(米子銀行強盗事件)。

許容されるものと解すべきである」との見解を示した。そして，本件への当てはめとして，承諾なく「バッグの施錠されていないチャックを開披し内部を一べつした」行為について，「職務質問に付随する行為として許容されるとした原判決の判断は正当である」とした。

　この事案は，そもそも警職法上の職務質問を問題すべきではなく，当初から任意捜査として，その限界を検討するべきであったとの見方も可能であるが，裁判所は，明文規定のある警職法上の職務質問を手掛かりにその延長と限界という形で議論を展開し，承諾があることを原則としつつ，承諾がない場合であっても，「捜索に至らない程度行為は，強制にわたらない限り」許されることがあるとして，その限界論を展開したのである。これは，捜索に至れば「令状主義」がかぶってくるし，また，強制にわたれば「強制処分法定主義」がかかってくるので，巧みにこれらの規制を回避しながら，必要性・緊急性及び相当性を要件として一定限度の所持品検査を肯定したものと言えよう。これは，任意捜査における有形力行使の限界に関する判例の立場とほぼ軌を一にしている。おそらく，任意捜査における有形力行使による国民の権利・利益の侵害と，所持品検査による侵害とが，これを受ける国民の側から見れば殆ど同様であることから，行政警察による利益侵害の場合も，憲法の趣旨に照らして，捜査による場合と同様の規制に服するべきであるという考慮によるものと思われる。

　しかしながら，任意捜査における限界設定は，任意の処分を定義しないままその無制限の拡大を防止するという側面からの規制であって，いわば「限定の論理」であるのに対し，所持品検査における限界設定は，職務質問という明文規定を根拠にしてこれを拡大しようという側面からの規制であって，いわば「拡大の論理」であることに留意する必要があるように思われる。その意味において，同じ基準を用いたとしても，後者はより限定的に運用することが想定されているように思われる。

　これに対し，その後の判例[15]においては，所持品検査の限界を逸脱したとの判断がされている。事案は，覚せい剤容疑で職務質問中，提示要求に応じなかった被告人の承諾がないまま，その上着左内側ポケットに手を差し入れて所持品を取り出した事案である。これについて，最高裁は，「覚せい剤の使用な

15　最判昭53・9・7刑集32巻6号1672頁〔百選9版94事件〕（大阪覚せい剤事件）。

いし所持の容疑がかなり濃厚に認められ，また，同巡査らの職務質問に妨害が入りかねない状況もあったから，右所持品を検査する必要性ないし緊急性はこれを肯認しうるところである」としながら，「承諾がないのに，その上衣左内側ポケットに手を差し入れて所持品を取り出したうえ検査した同巡査の行為は，一般にプライバシイ侵害の高い行為であり，かつ，その態様において捜索に類するものである」から，「本件の具体的な状況のもとにおいては，相当な行為とは認めがたいところであって，職務質問に附随する所持品検査の許容限度を逸脱したものと解するのが相当である」と判示した[16]。

以上，2つの判例の相違について見ると，第1に，プライバシー侵害の程度が異なる。米子銀行強盗事件においては，携行品であるバッグの無施錠のチャックの開披であるのに対し，大阪覚せい剤事件においては，着衣上衣の内ポケットに手を差し入れて中身を取り出して検査したのであって，身体捜索に近い態様であるから，プライバシーの侵害の程度が高い。第2に，嫌疑対象犯罪が強盗か覚せい剤かという重さの違いがある。事案の重大性は大きな要素となっているように思われるが，所持品検査の当初には重大かどうか分からないから，結果として重大であったかどうかで適法・違法が分かれることになり，また，重大であれば適法になり易い点で問題があろう。

仮にファスナーを開披してバックの中身を覗いて見たものの，単なるタバコケースであった場合にはどうなるのであろうか。それでも適法というのなら，事件の重大性は影響がないし，それなら違法というのであれば，事件の重大性は大きな影響を持っていることになる。むしろ，侵害行為の態様と法益侵害の大きさによって適法・違法が決まるという方が分かり易いようにも思われる。また，両判決とも，「論理的関連性」ではなく，効果上の必要性，有効性の観点を含めて考えることにより警職法上の職務質問と関連付けようとすると

---

[16] 「必要性ないし緊急性」とするから，必ずしも両者を意識的に区別しているものではないように思われる。ただし，「必要性」は質問の実効性を確保するため実施することが欠かせないこと（「使用ないし所持の嫌疑がかなり濃厚」で「妨害が入りかねない状況」），「緊急性」はそれを今しなければ実効的でないことであり，一応区別はされ得よう。「相当性」は，法益権衡を考慮した上で相当かどうかであるから，方法の適切さのみならず事案の重大性をも考慮することになろう。なお，「使用ないし所持の嫌疑が濃厚」とあるが，未だ特定に至らず，具体的捜査と見ることはできない事案であろうか。捜査と見た上で「捜索」とすれば，本件では逮捕に伴うものと見る余地はないから，明らかに令状主義を潜脱しており，重大な違法となるので，これを避けて行政活動一本と評価し，重大性を回避したとも言えようか。

批判されている。いわば「証拠品発見のための所持品検査」を肯定したもので，実質的には捜索活動に近いが，それを「捜索に至らない」「強制にわたらない」として職務質問に付随させようとしている点で，警職法に収まりきらない部分を補充的な論理で補完しようとしており，無理が残ると批判されている。

確かに，バックのファスナーを開披することは，氏名や身分の確認に論理的に付随するものではない。もっとも，所持品について「中に何が入っているのか」という質問をした場合，返答を拒否したことに対し，口頭の回答に代えて中を調査することは，論理的関連性はあるかもしれない。しかし，そうすると，質問を捜索型へと工夫することで関連性を獲得することになる上，検査によって質問の回答を得たことになり，結果的には「答弁を強要され」たことになる可能性を否定し難い。もともと質問に答える義務はないのであるから，質問に付随するというのは，質問の結果たる回答を得ることではなく，質問の「前提的状況の確保」「質問の遂行を可能とする状況の確保」に止まるべきであるという立場も理解できる。

その後，次のような判例が出されている。すなわち，①一見暴力団員風で，覚せい剤常用者特有の顔つきをしていたので，職質しようとしたら逃げ出したことから，暴れる被告人を4人の警察官で取り押さえ，パトカーで浅草署に連行し，3名で所持品検査を行い，左足首の靴下の膨らんだ部分から覚せい剤，注射器等を発見した事案につき，承諾がないこと，警察署への「違法な連行の影響下でそれを直接利用してなされたもの」であること，左足首の靴下の膨らんだ部分から当該物件を取り出したものであることなどから見て違法である（ただし，違法は重大でない）とした[17]。②飲酒運転の疑いで自動車を停止させ，覚せい剤の不法所持の疑いを抱いて自動車内を検査し，粉状のものを発見したが覚せい剤ではなく，さらに車内を細かく調べて，粉末入りビニール袋を発見した事案につき，所持品検査の限度を超えて違法である（ただし，違法は重大で

---

[17] 最決昭63・9・16刑集42巻7号1051頁。なお，この判例では，連行前に落とした紙包みが覚せい剤と判断されたのであるから，この時点で「少なくとも緊急逮捕することが許された」のであって，「法の執行方法の選択ないし捜査の手順を誤ったものに過ぎず」重大な違法ではないとされているが，一面から見れば適法な捜査と評価でき，他面から見れば所持品検査であるという評価できる状態を前提としているように思われる。そうすると，同一事象が要素の取り方によって行政活動になったり司法活動になったりすることになる。法執行機関が適宜選択できるが，一旦選択した以上，その要件で適法性が判断されるということであろうか。

ない）とした[18]。③ホテルから通報を受け、職務質問のために客室に赴き、無施錠のドアを開けて「お客さん、お金払ってよ」と声を掛けたところ、被告人が慌ててドアを閉める等したため、咄嗟にドアを押し開けたところ、被告人が殴りかかるようにしてきたので、右手を掴みもがく被告人を室内に押し入れてソファに座らせたという事案につき、前掲最判昭 53・9・7 を引用した上、不可解なことを口走り、手に注射器を握り、覚せい剤前科も判明したので、「覚せい剤事犯（使用及び所持）の嫌疑は、飛躍的に高まっていた」こと、覚せい剤の存在が強く疑われ「直ちに保全策を講じなければ、これが散逸するおそれも高かった」こと、その態様も、落ちていたのを拾ってテーブルに置いた財布の「二つ折りの部分を開いた上ファスナーの開いていた小銭入れの部分からビニール袋入りの白色結晶を発見して抜き出したという限度」であったことから、「所持品検査は、適法に行い得るものであった」とした[19]。

3.3 検　問

3.3.1　検問の意義と根拠

　検問とは、挙動不審者の識別を容易にする目的で質問をすることである。自動車に対する検問とそれ以外の通行人に対する検問がある。**自動車検問**とは、例えば、飲酒運転の取締り等の目的で、検問場所を設け、赤色灯を回して全ての通行車両の停止を求め、道路の左端に停止させて免許証の提示を求め、場合によっては酒気検査を行うというものである。他方、それ以外の検問では、集会に際して阻止線を形成して参加者の検査を行うという場合がしばしば見られる。これらの検問は、その必要性は認められるものの、それが適法に行われる法的根拠は必ずしも明確ではない。

3.3.2　自動車検問

　自動車検問には、特定車両に対するものと不特定車両に対するものがある。

---

[18]　最決平 7・5・30 刑集 49 巻 5 号 703 頁。
[19]　最決平 15・5・26 刑集 57 巻 5 号 620 頁。

前者は，捜査活動として行われるもの[20]と行政活動として行われるもの[21]とがある。後者にも，緊急配備（捜査規範93～95条）のように捜査活動として行われるものと，警戒検問[22]や交通検問[23]のように行政活動として行われるものとがある。

これらの自動車検問のうち，最も問題となるのは，交通検問（いわゆる「一斉検問」）である。すなわち，このような検問は，外観上何ら不審事由がないのに，走行中の自動車全てについて停止させて質問を行うわけであるから，その法的根拠が問題となる。

学説は，いくつかの見解に分かれている。まず，①警職法2条1項の職務質問を根拠とする見解である[24]。職務質問を行う前提を確保するために停止を求めることができるとするのである。しかしながら，そもそも職務質問の要件である不審事由が存在しないことから，不審事由の有無を確認するための停止を認めるのであれば，停止させるためには法の要件が不要となる点で問題があると批判されている。そこで，②警察法2条に基づいて停止させることができるとの見解もある。しかし，同法は組織法であって，具体的停止権限のためには別途作用法が必要であると批判されている[25]。さらに，③憲法31条に直接の根拠を求める見解も主張されている。しかし，同条は適正な法定手続を求めるものであって，適正であれば法定が不要だとするのはやや難がある上，憲法の直接適用は根拠が迂遠に過ぎるという問題もある。そこで，④一斉検問は違法であるとの見解が主張されている。

この点，自動車運転中に停止を求められてこれに応じざるを得ないとすれば，その限度で自由の制約があることは間違いないが，その制約は極めて僅かであるところ，自動車運転者として交通秩序の維持に協力することは当然であるから，その程度の制約は当然に甘受すべきものとも考えられる。その意味において，停止に応ずることは法的保護に値する権利・利益の侵害とまで言う必要が

---

20 例えば，逮捕するために停止させ，あるいは交通違反車両に対する捜査として停止させる場合など。
21 道交法61条の危険防止措置，同法63条の整備不良車両の検査など。
22 特定の一般犯罪の検挙を目的とする検問をいう。
23 いわゆる「一斉検問」であって，不特定の交通違反の検挙を目的とする検問を言う。
24 なお，大阪高判昭38・9・6高刑集16巻7号526頁もこの立場に立つ。
25 もっとも，この点については，警察法は単なる組織法ではないとの見方もあるが，仮に作用法だとすれば，警察の権限行使が相当に広くなる点で批判がある。

ないと考えることができる。侵害される権利・利益がないのであれば，法律による侵害留保の原則は及ばないから，明文の法的根拠がなくても行政警察活動の一環として，一斉検問を行うことができることになる。

　判例は，「警察法2条1項が『交通の取締』を警察の職務として定めていることに照らすと，交通の安全及び交通秩序の維持などに必要な警察の諸活動は，強制力を伴わない任意手段による限り，一般的に許容されるべきものである」としている[26]。これは，一般には警察法2条を根拠としたものと解されているが，これに引き続く判示に照らせば，同条の趣旨等に鑑み，一定の要件（以下，①〜④は便宜付したもの）がある場合には法律の明文の根拠がなくても許容されるとしたものと解する余地もある。

　すなわち，「①交通取締の一環として交通違反の多発する地域等の適当な場所において，交通違反の予防，検挙のための自動車検問を実施し，…②外観上の不審な点の有無にかかわりなく短時分の停止を求めて，運転者などに対し必要な事項について質問などをする」ことは，「③相手方の任意の協力を求める形で行われ，④自動車の利用者の自由を不当に制約することにならない方法，態様で行われる」ことを要件として，適法なものとしていると見れば，そのような条件を満たす場合には，法的保護に値する権利・利益の侵害がないと評価したと見る余地もあり得るように思われる。

3.3.3　その他の検問

　自動車検問以外の検問として，集会参加者の規制を行うために，機動隊が阻止線を張り，参加者に対する検問を実施することがある。集会参加者に警職法2条1項の不審事由がある場合であれば，一定限度で所持品検査を行うことが認められている。しかし，集会参加それ自体を直ちに不審事由と見ることはできないと思われること，それにもかかわらず強固な阻止線を張って全員に対して所持品検査を行うことが多いであろうことなどに照らすと，違法とされる場合が少なくないであろうと思われる[27]。

---

[26]　最決昭55・9・22刑集34巻5号272頁〔百選9版5事件〕。

[27]　大阪高判平2・2・6判夕741号238頁〔百選9版3事件〕。この裁判例は，最高裁の判例に従って所持品検査の許容限度を検討した上で，本件事案においては，必要性・緊急性が認められないとして違法とした。なお，第一審も違法としている（大阪地判昭63・4・19判夕671号265頁）。

3.4 その他の捜査の端緒

3.4.1 司法検死

　検死とは，変死者又は変死の疑いのある者について，犯罪によって生じた死亡であるか否かを明らかにするため，死体の状況を見分することを言う（229条1項参照）。変死者とは，病死等の自然死ではなく，犯罪による死亡ではないかと疑われる死者であり，変死の疑いのある者とは，自然死ではない疑いがあり，犯罪による死亡ではないかとの疑いが残る者を言う。このように，刑訴法に基づいて犯罪の疑いの有無を確認するための検死を「司法検死」と言うのに対し，公衆衛生の観点から死因を調査するため，あるいは身元確認等のために，犯罪の嫌疑とは関係がない死体について見分することを「行政検視」と言う（警察等が取り扱う死体の死因又は身元の調査等に関する法律（平成24年法律34号）1条及び死体取扱規則（平成25年国家公安委員会規則4号）参照[28]）。行政検視の結果，変死の疑いが生じた場合には，司法検視に移行するべきであろう（同法5条3項参照）。

　司法検死は，犯罪に起因するかどうかの判定を目的とする死体の見分であるから，これに必要な限度において，五官による外表検査のほか，指紋・足形の採取，写真撮影，所持品の検査，着衣の損壊等をすることが許される（検死規則（昭和33年国家公安委員会規則3号）6条参照）。したがって，その限度においては令状を要しない。しかし，その限度を超えて解剖が必要となる場合には，鑑定処分許可状の発付を受ける必要があると言うべきであろう。また，死体が発見された場所が他者の住居である場合には，検証のために人の住居に立ち入ることができるが，その場合にも一般には令状不要とされており，現に死体が存在するのであるから，住居者の意に反しても立ち入ることができるであろう。

　司法検死の主体は検察官である（229条1項）。捜査の初期にその方針を誤らせないためである。検察官は，司法警察員，検察事務官に検死を行わせることができる（同条2項）。これを「代行検死」という。この場合，検死した司法警察員等は，「検死調書」を作成して検察官に送付する（検死規則5条）。

---

[28] 同法制定までは，死体取扱規則（昭和33年国家公安委員会規則4号）に基づいて行政検視を行っていたが，同法施行に伴い，従来の規則が全面的に改正された。

3.4.2　告訴，告発，請求等
(1)　告　訴

告訴とは，犯罪の被害者その他の関係者が，捜査機関に対して犯罪事実を申告し，犯人の処罰を求める意思表示である（230条〜233条）[29]。単なる被害届と異なり，処罰を求める意思表示を含むことが不可欠である。告訴は，書面又は口頭で，検察官又は司法警察員に対してしなければならず（241条1項），口頭による告訴を受けた場合には，「告訴調書」を作成しなければならない（同条2項）。書面による告訴は，告訴状と題されるのが通常であるが，犯罪事実が特定し，犯人の処罰を求める意思表示がなされていれば，書式に制限はないし，そのような内容であれば，被害者の供述調書であっても告訴調書として有効である[30]。

告訴を受けた司法警察員は，速やかにこれに関する書類及び証拠物を検察官に送付しなければならない（242条）。告訴事件は，法律関係が錯綜する場合が少なくないので，早期に検察官に関与させて的確な捜査を行わせる趣旨である。しかし，捜査を行うことなく送付するのは相当でないから，速やかにとは，然るべき捜査を尽くした上できる限り速やかにという意味と解される。なお，同条は訓示規定であるから，これに反した場合でも手続が無効になることはない。

親告罪以外については，告訴は単なる捜査の端緒に過ぎないが，親告罪の告訴は，訴訟条件であるから，告訴がなければ公訴提起をすることができない。この点については，訴訟条件において検討する。

(2)　告発，請求

告発とは，告訴権者及び犯人以外の者が，捜査機関に対して犯罪事実を申告し，犯人の処罰を求める意思表示を言う（239条参照）。一定の犯罪の場合には，訴訟条件となることがある（独占禁止法96条1項，公職選挙法253条2項など）。請求とは，特定の犯罪について，一定の機関によって行われる告発と同様の意思表示である。これについても，訴訟条件となることがある（刑92条2項，労働関係調整法42条など）。告発，請求の手続については，告訴の手続に準

---

[29]　したがって，告訴の主体は，当該法律行為の意味を理解する能力を有する必要がある。13歳11か月で告訴能力を肯定した最決昭32・9・26刑集11巻9号2376頁，10歳11か月で肯定した名古屋高金沢支判平24・7・3裁判所ウェブサイト参照。

[30]　最決昭34・5・14刑集13巻5号706頁。

じる（237条2項，238条2項，241条〜243条など）。

3.4.3 自　首

　自首とは，犯人又は犯罪事実が捜査機関に発覚する前に，捜査機関に対し，犯人が自ら自主的に自己の犯罪事実を申告し，その処分に服する意思表示を言う。自主的に申告することを要するから，職務質問において種々弁解した後ようやく自供した場合[31]，任意同行されて質問を受けて自供した場合[32]などには，自首に当たらないとされる。また，240条の準用がないので，代理人による自首は認められないが[33]，使者を介した自首は認められる[34]。

　刑法上の刑の減免事由であるが（刑42条1項），訴訟法上は，捜査の端緒に過ぎない。その手続は，告訴・告発に準じる（245条）。

31　最判昭29・7・16刑集8巻7号1210頁（当たらないと明言はしないが，暗に容認したと解されている）。
32　東京高判昭28・4・10東高刑時報3巻4号152頁。
33　名古屋高判昭29・7・5裁特1巻1号6頁。
34　最判昭23・2・18刑集2巻2号104頁。

■第4章■
物的証拠の収集

　犯罪の痕跡は，人の記憶に残るのみならず，犯行の現場や関係者の身体等に痕跡や遺留物として残されることが少なくない。人の記憶が次第に希薄化するのと同様，これらの物的証拠も，時間の経過とともに散逸し，あるいは消滅するので，正しい刑事裁判を実現するためには，できる限り速やかにこれらを収集・保全しておく必要がある。

　しかし，他方において，このような収集・保全は，同時に個人のプライバシーを侵害することは明らかである。そこで，憲法35条は，「侵入，捜索及び押収」について，プライバシー保護の観点から，①正当な理由に基づいて発せられ，②対象物及び場所が特定された，③令状に基づくことを要求し，その限界を設定している。

　このような必要性と限界とを踏まえ，刑訴法は，その強制的な収集方法として捜索・差押え及び検証を用意したほか，領置，鑑定，身体検査等を規定したのであるから，その解釈・運用に当たっては，常に憲法の趣旨を踏まえてなされなければならない。

4.1　捜索・差押え

4.1.1　捜索・差押えの意義

　捜索とは，一定の場所，身体又は物について，物又は人の発見を目的として行う強制処分を言う[1]（222条1項，102条1項，2項）。差押えとは，証拠物又は没収すべき物と思料するものの占有を取得する強制処分を言う（222条1項，99条

---

[1] 逮捕する場合に，被逮捕者を発見するために行う活動も捜索である。

1項)。

　なお，憲法35条及び刑訴法第9章にいう押収とは，差押えのほか，領置（人が遺留した物又は保管者等が任意に提出した物の占有を保管すること〔101条，221条〕）及び提出命令（差し押さえるべき物を指定し，人にその提出を命ずること〔99条2項〕）を含むが，捜査段階において認められるのは前二者である（222条1項は99条1項を準用するが，同条2項は性質上準用されない）。

4.1.2　捜索・差押えの要件

　憲法35条は，33条の場合を除いて，「正当な理由」に基づいて発せられ，かつ「捜索する場所」及び「押収する物」を明示する令状がなければ捜索・押収を受けることがないと規定する。したがって，捜索・差押えの第1の要件は，「正当な理由」である。「正当な理由」とは，①犯罪の嫌疑があること（身柄拘束に比べてプライバシー侵害の程度が低いので，嫌疑の程度は逮捕より低くても良いとされる），及び，②対象物が存在する蓋然性があること（嫌疑を立証するに足りる対象物が存在する蓋然性であるから，関連性を前提とする）である。

　第2の要件は，捜索する場所及び押収する物を明示した「令状」が発付されていることである。これは，予め司法官憲の審査を受けるという令状主義を意味する。令状主義の趣旨に照らし，司法官憲とは裁判官に限られる[2]。また，この令状は，「捜索する場所」と「押収する物」とが明示されていることが求められているが，これは，「探索的一般令状」を禁止する趣旨である[3]。

　第3の要件は，必要性である。刑訴法は，「必要があるとき」（218条1項）と規定しており，少なくとも明らかに必要がないときには認めらるべきではない[4]。捜査は流動的であり，必要性判断はその都度変化する可能性があることか

---

[2] かつて，検察官を含むという見解が主張されたこともあるが，現在では裁判官に限ることに争いはない。

[3] 憲法35条の母法とされる米国憲法修正第4条には，①不合理な捜索・押収の禁止と②一般令状の禁止の2つの狙いが込められており，これが憲法35条に引き継がれているとされる。

[4] 最決昭44・3・18刑集23巻3号153頁〔百選9版A3事件〕。この決定は，準抗告裁判所が必要性の判断をする権限があることを述べたものであるが，令状裁判官にもその権限を認める趣旨と解されている。同決定は，「犯罪の態様，軽重，差押物の証拠としての価値，重要性，差押物が隠滅毀損されるおそれの有無，差押によって受ける被差押者の不利益の程度その他諸般の事情に照らし明らかに差押の必要がないと認められるときにまで，差押を是認しなければならない理由はない」と述べ，判断基準を示している。

ら，原則として捜査機関の合理的判断に委ねるべきであるが，明らかに必要がない場合には許されないとする趣旨である。

4.2 令状による捜索・差押え

4.2.1 令状を要する理由

　捜索・差押えに令状を要する理由は，全てを捜査機関に委ねてしまうと，事案の真相究明のために個人の財産権やプライバシーがむやみに侵害されるおそれがあるため，そのような個人の権利・利益の不当な侵害を事前に防止することにある。刑訴法は，そのために予め裁判官による事前審査を経ることを要求したのである。したがって，個人の権利・利益ごとに個別審査を行わなければ意味がないことになるから，対象物や場所の特定性を欠く「一般令状」は許されない[5]。一般令状では，告知されても侵害対象が不明であるから，不服申立て等による事後救済を求めることが困難であるほか，そもそも司法審査の機能を果たしたとは言えず，事前審査の意味がないからである。

4.2.2 捜索差押許可状の要件

(1) 罪名の記載

　捜索・差押えに正当な理由があることを示すために，令状には罪名を記載することが要求される（219条1項）。一般令状を阻止し，もって相手方のプライバシーの不当な侵害を防止するため，事件を特定し，他の事件への流用を防止しようとしたものである。その意味で，捜索・差押えは事件単位でなされる（事件単位の原則）。刑法犯の場合，窃盗罪，殺人罪などと記載すれば，犯行態様も概ね想定可能であるが，特別法犯の場合の罪名は，例えば，「覚せい剤取締

---

[5] 憲法35条2項は，捜索・差押えの「各別の令状」を要求するが，各別の許可が記載されていれば「捜索押収状」という1本の令状でも妨げないとされている（最大判昭27・3・19刑集6巻3号502頁）。なお，佐賀地決昭41・11・19下刑集8巻11号1489頁（「…事務局が使用している場所及び差押え物件が隠匿保管されていると思料される場所」との記載のうち，後者の記載を無効とした），東京高判昭47・10・13刑裁月報4巻10号1651頁（複数の場所が一通の令状に記載されていても，それぞれの場所が明確に特定されていれば違法ではないとした），東京地判平21・6・9判タ1313号164頁（一棟のビル内の複数の法人事務所が一通の令状に記載されている場合に適法とした。〔ただし，損害賠償請求事件〕）参照。

法違反」とされるのが通常であるから，使用，所持，譲渡など犯行態様の区別が不明である。せめて罰条を記載すべきではないかとの疑問もある。しかし，判例によると，罪名を記載するに当たっては通常の罪名で足り，罰条までは必要がないものと解されている[6]。また，明文の規定がないことから，犯罪事実の記載も要求されない。

このように，詳細にわたる記載まで要求されない理由は，令状審査の段階においては事件の特定を含めて正当な理由があると判断されていること（令状請求書には犯罪事実の記載も必要とされるので〔規155条1項4号〕，令状審査においては，これを前提に正当な理由の有無が判断される）を前提にすれば，令状主義を要求する趣旨は一応充たされており，執行の段階では，被疑事実の内容が執行の相手方に知られることによって証拠隠滅のおそれも高まり，捜査妨害等も想定されるので，対象物の特定と関連性判断のために必要な限度で事件の特定が記載されていれば足りるからである。

(2) 差し押さえるべき物の特定

差し押さえるべき物（219条1項）は，「証拠物又は没収すべき物と思料するもの」（222条1項，99条1項）である。有体物であれば不動産も含まれる。しかし，無体物，特に情報については一般に含まれないとされている。情報は，管理可能ではあるが，物理的媒体を経由しなければ排他的支配が困難であって，それ自体独立した占有移転も容易でないため，それのみを分離して差し押さえることが困難であるという事情もある。

情報との関係で，電磁的記録の差押えに際して，その特定が問題となる。すなわち，情報それ自体は差押えの対象とはならないとされるため，情報を取得するためには，それが電子的信号として収納されている媒介物，すなわち磁気記録テープや光磁気ディスク，コンパクトディスク等を差し押さえざるを得ない。そこで，第1に，その特定方法が問題となる。例えば，顧客名簿を押収したい場合，帳簿式の紙媒体であれば，「顧客名簿」と特定すれば足りることは明らかであるが，電磁的データである場合，それを収納した媒体も「顧客名簿」として特定していると言えるのであろうか。この場合，「顧客名簿」で指し示しているのは，おそらく名簿データであると思われるので，それが収納さ

---

[6] この点につき，最大決昭33・7・29刑集12巻12号2776頁〔百選9版A4事件〕。

れている媒体それ自体を押収しようとすれば，媒体名を特定して記載すべきであって，例えば，「顧客名簿を収納した磁気記録テープ」という記載にすべきであろう。

　第2に，媒体の特定については，その種類を特定すれば足り，それ以上の特定は不要であろう。したがって，例えば，「組織的犯行であることを明らかにするための磁気記録テープ，光磁気ディスク，フロッピーディスク，パソコン一式」[7]という程度の特定で足りよう。特定が要求される趣旨は，一般令状の禁止によってプライバシー侵害の範囲を限定することにあるから，その特定の程度は，通常人がそれに当たるかどうかを識別し得る程度である。また，現実にも厳密な特定が困難であることも少なくない[8]。したがって，「違法薬物」のような類概念では足りないであろうが，「覚せい剤」あるいは「大麻」という種概念で足り，コンピュータなどについても製造番号など個別特定までは必要ない。令状呈示によって告知された者が，通常区別し得る程度，したがって，日常生活において特定される程度で足りよう。

　第3に問題となるのは，「本件に関係ありと思料される一切の文書物件」というような記載である。この点，最高裁は，具体的例示に引き続いてそのような記載がなされている場合について，「具体的な例示に附加されたものであって，同許可状に記載された地方公務員法違反被疑事件に関係があり，且つ右例示の物件に準じられるような闘争関係の文書，物件を指すことが明らかであるから，同許可状が物件の明示に欠くところがあるということもできない」としている[9]。例示で推測され得る物件とはいえ，仮にそうであれば，予め推測し

---

[7] 最決平10・5・1刑集52巻4号275頁〔百選9版25事件〕参照。
[8] 取り分け，捜索差押えは捜査の初期段階に行われることが多く，その時点では，どこに何があるかさえ判明していないのが通常であるから，厳密な特定を求めることは不可能を強いることになりかねず，強いて特定を求めれば，自ずから詳細な取調べを求める（人を求めて証を得る）ことになりかねないという事情も指摘されている。
[9] 最大決昭33・7・29刑集12巻12号2776頁〔百選9版A4事件〕。なお，公職選挙法違反被疑事件について，「本件犯行に関係する文書，図画，メモ類等一切」という記載は概括的である上，捜索場所として4カ所を一括して記載してあることを考慮し，対象物の明示がなく違法であるとした裁判例（東京高判昭47・10・13刑裁月報4巻10号1651頁）もあるが，他方，賭博被疑事件について，「本件に関係ありと思料される帳簿，メモ，書類等」という記載は，合理的に解釈して「本件麻雀賭博被疑事件に関係ありと思料される帳簿，メモ，書類等」と解釈できる上，「等」は準ずる物とは限らないので，麻雀牌，計算棒を差し押さえても良いとした裁判例（東京高判昭40・10・29判時430号33頁〔ただし，損害賠償請求事件〕）もある。

て明示しておくことも可能ではないかとも考えられるので，判例の立場に従うとしても，可能な限り多数の例示がなされる必要があろう。

(3) 捜索すべき場所，身体又は物の特定

捜索は，場所，身体又は物について，差し押さえるべき物の発見を目的として行う（219条1項）[10]。したがって，捜索は，これらの場所等のプライバシーを侵害するので，これらについてプライバシーを有する者の管理権が及ぶ範囲を単位として特定することになる。例えば，塀で囲繞された個人Aの住宅であれば，「A方」と特定すれば，その囲繞地内の全体を含めて良い。したがって，その中にある車庫や別棟の離れなども含めることができる。他方，集合住宅であれば，個別にプライバシーが保護されるから，例えば「201号室」という特定が必要であろう。ホテル等については，各客室に宿泊者のプライバシーがあるので，ホテル全体では足りず，「某ホテル何号室」まで特定することを要すると解される[11]。なお，自動車については，独立した空間であるから，公道上にある場合には，プレートナンバー等によって特定した独立の令状が必要と思われるが，自宅車庫内にあるような場合には，当該自宅の管理権に含まれていると解されるので，自宅に対する令状で足りるであろう。この点，「A方家屋内並附属建物全般」との記載について，「捜索すべき場所の表示は，合理的に解釈してその場所を特定し得る程度に記載することを必要とするとともに，その程度の記載があれば足りる」として，仮にA夫婦が既に他に転居していたとしても，なお特定があるとした判例[12]がある。

なお，被疑者以外の者が管理する場所や物を捜索する場合には，「必要がある」（222条1項，102条1項）のみならず，「押収すべき物の存在を認めるに足りる状況」（102条2項）が必要とされている[13]。被疑者の身体，物又は住居その他の場所を捜索する場合には，この要件は明文では要求されていないが，それは，特段の事情がない限り，押収すべき物が存在するものと推認されるからである。

---

10 なお，法は，検証すべき対象を発見するための捜索を予定していない。
11 東京地判昭50・11・7判時811号118頁参照（「ホテル甲内」と記載した令状について，場所の特定が不十分であるとしたが，捜索した客室の当該宿泊客の同意を得ていることなどから違法ではないとした）。
12 最決昭30・11・22刑集9巻12号2484頁。
13 令状発付の要件であるとともに，令状執行の要件でもある。

また，郵便物については，開封してみないと押収すべき物か否か判断できないので，「被告人から発し」又は「被告人に対して発した」郵便物については無条件に，その他の郵便物については「被告事件に関係があると認めるに足りる状況」があれば押収することができる旨の規定がある（222条1項，100条1項，2項）が，憲法21条1項との関係で憲法違反との見解も主張されている。

4.2.3　報道機関に対する捜索・差押え

そもそも，第三者に対する捜索については，特に「押収すべき物の存在を認めるに足りる状況がある場合」に限られている（222条1項，102条2項）が，報道機関に対する捜索・差押えは，特に報道の自由（憲法21条）との関係が問題となる。

判例は，提出命令に関するものであるが，裁判所が報道4社に対して博多駅事件の状況を撮影したフィルム全部の提出を命じた事案につき，「報道の自由」は「憲法21条の保障のもとにあ」り，「報道のための取材の自由」も「十分尊重に値いする」が，「公正な裁判」のために「ある程度の制約」を受けることがあるとした上で，「審判の対象とされている犯罪の性質，態様，軽重および取材したものの証拠としての価値，ひいては，公正な刑事裁判を実現するにあたっての必要性の有無」と「取材したものを証拠として提出させられることによって報道機関の取材の自由が妨げられる程度およびこれが報道の自由に及ぼす影響の度合いその他諸般の事情」を「比較衡量して決せられる」と判示し，結論としては，提出命令を認容した[14]。

その後，判例は，報道を目的として日本テレビが撮影したビデオテープの原本を差押許可状によって差し押さえた事案について，上記博多駅事件の決定を引用した上で，「国家の基本的要請である公正な刑事裁判を実現するためには，適正迅速な捜査が不可欠の前提であり，報道の自由ないし取材の自由に対する制約の許否に関しては両者（注：提出命令と差押え命令）の間に本質的な差異がない」とし，「犯罪の性質，内容，軽重等及び差し押えるべき取材結果の証拠としての価値，ひいては適正迅速な捜査を遂げるための必要性と，取材結果を証拠として押収されることによって報道機関の報道の自由が妨げられる程

---

[14]　最大決昭44・11・26刑集23巻11号1490頁（博多駅事件）。

度及び将来の取材の自由が受ける影響その他諸般の事情を比較衡量すべきである」として，結論としては，本件差押えは「やむ得ないものと認められる」とした[15]。

4.2.4　捜索差押許可状の執行方法

(1) 令状の呈示

　捜索差押許可状は，処分を受ける者にこれを呈示しなければならない（222条1項，110条）。呈示を必要とする理由は，第1に，処分を受ける者に告知することによって，適正手続を確保するためであり，第2に，相手方に不服申立ての機会を付与して，その防御権を保障するためである。したがって，処分を受ける者とは，令状の執行によってプライバシーを侵害される者であり，場所又は物の管理者や保管者である。以上の趣旨に照らし，令状は事前に呈示されなければならない。事前とは，令状の執行開始前であるが，執行開始を捜索それ自体の開始の時点と見るか，捜索のための立入りの時点と見るかによって，その時期は異なる。立入りによってプライバシー侵害が始まっていると見られるので，後者によるのが相当であろうが，そもそも立ち入らないと呈示することができないような場合には，立ち入った後でも良いというべきであろう。

　事前に呈示することが不可能又は著しく困難ないし不合理であるような場合には，事後であっても可及的速やかに呈示すれば足りる。令状呈示は，そもそも憲法上の要請ではないから，合理的理由があれば，事前呈示の例外を認めても良いであろう。例えば，屋内で差押え対象物の破壊を企てていると疑う合理的理由がある場合には，緊急に立ち入った上で，破壊を防止する措置を執った後，速やかに呈示すれば足りるであろう。また，処分を受ける者が不在である場合には，呈示は不要とされる。既に司法審査を受けている以上，呈示ができないからといって執行自体ができなくなるのは不合理であるからである。他方，令状の執行を妨害しあるいは警察官を見て逃げ出したような場合，呈示しようとした令状を奪い取ろうとするような場合など，相手方の事情で呈示が不可能又は著しく困難であった場合，あるいは呈示自体を拒否したと認められる場合

---

[15] 最決平1・1・30刑集43巻1号19頁（日本テレビ事件）。同様の判断を示したものとして，最決平2・7・9刑集44巻5号421頁（TBS事件）〔百選9版20事件〕参照。

には，呈示を要しないであろう。これらの場合には，呈示を受ける権利を放棄したと考えることができるからである。

　呈示の相手方が外国人である場合には，日常会話程度が可能であれば，そのまま呈示しあるいは読み聞かせることによって内容を理解させるよう努めるべきであるが，日本語が全く理解できないのであれば，翻訳を添付するか，通訳を同行するなど，意思疎通の方法を講じるべきであろう。しかし，緊急を要する場合，相手方の使用言語を予め知ることができない場合，さらには少数言語のため通訳の手配がつかない場合等も少なくないので，常に翻訳又は通訳を付さなければならないわけではない。

　なお，相手方の目が不自由な場合には，呈示に代えて口頭で読み聞かせるなどして意思疎通に努めるべきであろう。

(2) 捜索のための立入方法

　場所に対する捜索差押許可状を執行するためには，まずその場所に立ち入ることが必要である。立ち入らなければおよそ捜索することができないのであるから，捜索差押許可状を実効あらしめるためにも，立入りは令状執行に伴う準備行為として，又は「必要な処分」（222条1項，111条1項）として，当然に認められるべきであろう。一般には，立入り前に，管理者に対して執行に来た旨を告げ，その了解を得て立ち入るのが通常である。しかし，捜索に来たことを知りながら敢えて立入りを拒否し，あるいは立入りを妨害するということも少なくない。その場合，管理者の意に反して立ち入ることを認めなければ，令状の執行ができないことになる。そこで，例えば，合鍵を用い，あるいは宅配便と称してドアを開扉させ，場合によってはドア等を破壊するなどの方法が用いられてきたが，そのような方法は許されるのであろうか。

　この点，最高裁は，覚せい剤取締法違反事件につき，ホテル客室に対する捜索差押許可状を被疑者在室時に執行することとした場合に，執行の動きを察知されれば，覚せい剤を直ちに洗面所に流すなど短時間のうちに対象物を破壊隠匿するおそれがあったことから，ホテル支配人からマスターキーを借り受けた上，来意を告げることなく解錠して室内に立ち入った事案につき，そのような措置は，「捜索差押えの実効性を確保するために必要であり，社会通念上相当な態様で行われていると認められるから，刑訴法222条1項，111条1項に基づく処分として許容される」とした上，令状呈示についても，「令状の執行に

着手して入室した上その直後に呈示を行うことは，法意にもとるものではなく，捜索差押えの実効性を確保するためにやむを得ないところであって，適法というべきある」とした[16]。また，同様に覚せい剤取締法違反事件につき，玄関扉が施錠されていたことから，チャイムを鳴らし屋内に向かって「宅急便です」と声を掛け，応対に出た相手方が宅配便の配送と信じて玄関扉の錠を外して開けたという事案につき，相手方が覚せい剤事犯の前科2犯を有し，警察が捜索・差押えに来たことを知れば直ちに証拠隠滅等の行為に出ることが十分予想される事案であったとした上で，宅配便を装って玄関扉を開けさせて立ち入ったことは「住居の所有者や居住者に財産的損害を与えるものでもなく，平和裡に行われた至極穏当なものであって，手段方法において，社会通念上相当性を欠くものとまではいえない」として，「必要な処分」として許されるとし，さらに，令状呈示前の数分間になされた室内立入りは，捜索活動というより「その準備行為ないし現場保存的行為」というべきであって，本来の捜索活動は令状呈示後になされているから，「社会的に許容される範囲内」であるとした裁判例[17]がある。そのほか，合鍵で扉を開け，クリッパーで鎖錠を切断して室内に立ち入った行為を適法とした裁判例[18]，勝手口ドアのガラスの一部を破った上，破れ目から手を差し入れて解錠して室内に立ち入った行為につき適法とした裁判例[19]などがある。

(3) 捜索・差押えに「必要な処分」

捜索差押許可状の「執行については」，「錠をはずし，封を開き，その他必要な処分をすることができる」（222条1項，111条）。捜索・差押えの実効性を確保するために必要であり，かつ社会通念上相当な態様で行われる処分である。例えば，可視性のない情報等をディスプレイに表示する，プリンターで印字するなど，差し押さえるべき物か否かの判断のために必要かつ相当な行為である。判例は，前述のとおり，マスターキーでドアを開けて入室した行為をこれに当たるとしている[20]。

相当性を超えた処分は違法となるが，そのような場合には，検証令状（218

---

[16] 最決平14・10・4刑集56巻8号507頁〔百選9版23事件〕。
[17] 大阪高判平6・4・20高刑集47巻1号1頁。
[18] 大阪高判平5・10・7判時1497号134頁。
[19] 大阪高判平7・11・1判時1554号54頁（ただし，損害賠償請求事件）。
[20] 前掲最決平14・10・4刑集56巻8号507頁。

条1項）又は鑑定処分許可状（225条1項）を得て行うことになろう。問題となる場合の第1は，覚せい剤等の薬物の簡易試薬による検査が「必要な処分」と言えるか否かである。この場合，微量とはいえ対象物を費消するので，相当の程度を越えているのではないかが問われる。しかし，全量費消すればともかく，費消量は極めて微量であるから，この程度の費消は相当性の範囲内とされている[21]。第2は，差押え対象物か否か不明な場合に，対象物を選別するために警察署に持ち帰ることが「必要な処分」と言えるか否かである。確かに，その場で選別できない場合に警察署に持ち帰って選別することは必要な方法とは言えるが，それは既に捜査機関に占有を移転しているのであって，いわば「仮差押え」とでも言うべき態様である。しかるに，押収品目録の交付（120条）がなされず，権利関係を曖昧にするおそれがあること等に鑑みると，やはり相当性を超えた処分ではないかとの疑問が残る。

(4) 電磁的記録に対する執行方法

電磁的記録を差し押さえる際には，当該媒体の内容確認の方法をどうするかが問題となる。通常は，差押えのための「必要な処分」として，当該データをディスプレイ画面等に再現して関連性の有無を確認することになろうが，関係者の協力が得られない場合や，関係者が関連性確認を妨害する場合にはどうすれば良いであろうか。この点につき，最高裁は，FD等に①「情報が記録されている蓋然性」があり，②その場で確認していては「情報を損壊される危険」があるときは，その内容を確認しないでFD等を差し押さえることができるとした[22]。しかし，なぜそのような取扱いが許されるのであろうか。

その点については，次の2つの説明がなされている。第1は，①及び②の要件を満たせば関連性があると評価する考え方である。押収現場で判断する関連性は，そもそも厳密さを要求される高度な判断ではなく，一応の関係が認められれば良いと思われる。したがって，一般的・定型的にFDに関連性のある情報が収納されている蓋然性が高ければ，そこにあるひとまとまりのFD全体が

---

[21] もっとも，対象物が微量であって全量費消しないと検査できない場合には問題があるように思われる。

[22] 最決平10・5・1刑集52巻4号275頁〔百選9版25事件〕。また，類似の状況のもとで包括的差押えを認めた裁判例として，大阪高判平3・11・6判タ796号264頁参照。これに対し，フロッピーディスク1枚に納められた顧客データの大半が関連性がない情報であったとして，差押処分の取消しを認めたものとして，東京地決平10・2・27判時1637号152頁〔百選9版26事件〕。

一括して関連性があると判断することに合理性がある。そもそも，紙媒体についても，細かい書類1枚1枚を特定せずとも，「…に関する文書ファイル一冊」というある程度概括的な特定でも足りるのと同様である。それ故，関連性の判断をしていないのではなく，FD全体で一応の関連性があると判断し，適法に押収したと解することができる。このような特殊な証拠品の場合，明らかに関連性がない場合以外は，逆に関連性があるものとして取り扱うことに合理性があるというのである[23]。もっとも，蓋然性があるというのは，関連性がありそうだと言えるだけであって，果たして直ちに関連性があると言えるかどうかは疑問もある[24]。

　第2は，関連性がなくても良いとする考え方である[25]。しかし，関連性を確認することが困難な場合にはそもそも関連性の確認が不要だとすれば，結局のところ，関連性がないものについて正面から差押えを認めることになるので，「正当な理由」（憲35条）との関係で疑義が残るように思われる。また，仮に，FDなど不可視情報の場合には，そもそも容易に関連性判断ができないから，関連性を確認するために必要な処分として仮に占有取得ができる（いわば「仮押収」）として，占有取得の時点では関連性は不要だとすれば，押収するために（仮に）押収するという自家撞着に陥らざるを得ないが，仮押収を押収ではないというのは強弁に過ぎるであろう。したがって，やはり第1の説明の方が難点が少ないように思われる。なお，後日関連性がないことが判明した場合には，その段階で速やかに還付すれば足りよう（222条1項，123条1項）。差押え時点においては関連性があるものと容易に区分できず，いわば不可分一体であったと見ることに合理性があったと考えられるからである。

　なお，最高裁は，上記①②の要件を掲げているが，②は，本件事案に即して確認が困難な場合を指すものと思われるので，必ずしも破壊の危険がないときであっても，内容確認に多大の時間を要し，到底その場での確認は不可能であ

---

[23] 関連性は具体的状況によって変動するという意味で，関連性変動説と呼ばれている
[24] この点で，郵便物については開封してみなければ証拠物か否か判断できないから，同様に内容確認が困難な場合には，100条2項の趣旨を踏まえ，証拠が存在する蓋然性で足りるとの見解も示されているが，これに対しては，明文のない類推であるとの批判もある。
[25] なお，国税犯則取締法に基づく捜索・差押えに際し，その相手方が暴行等の激しい妨害行為を繰り返したため，捜索・差押えが事実上不可能な状態となったことから，帳簿等の内容を確認することなく差し押さえた行為につき適法とした判例として，最判平9・3・28判時1608号43頁がある（ただし，処分取消及び損害賠償請求事件）。

ることもあるから、そのような場合には包括的差押えができることを認めて良いように思われる。もっとも、当初から確認に多大の時間を要することが想定されているのであれば、予め技術者等を帯同して赴くなど、然るべき措置を事前に講ずることも可能であるから、そのような措置を採ることが困難であったという事情を加味して判断するのが相当であろう。

　ところで、電磁的記録は可視性がない電子データである上、捜査に必要な部分と不要な部分との物理的区分が容易でない。それ故、一部に関連性があれば全部の占有を移転せざるを得ないことも少なくない。また、関連する当該情報が、膨大な情報群の中のどこにあるのかを捜すことが極めて困難であり、技術的にも捜査機関の手に負えないことが少なくない。そこで、そのような要請に応ずるとともに、相手方の負担を必要最小限度にとどめるための新たな執行方法が求められていた。これに応えたのが、次に述べる立法的措置である。

(5) 電磁的記録に関する執行方法の特例

　平成23年（2011年）6月、情報処理の高度化等に対処するための刑法等の一部を改正する法律（平成23年法律74号）によって、電磁的記録に対する新たな捜査方法が新設された。

　ア　差押えの代替的執行（222条1項、110条の2）

　電磁的記録には大量のデータが含まれており、このようなデータを記録した媒介物を一括して差し押さえると、不必要なデータが含まれている上、相手方の業務に支障を来すことになる。そこで、必要な部分のみを取り出して押収できれば、それに越したことはないが、媒介物が分割不可能であるときには、そのような対応も困難であった。そこで、必要なデータを「複写」（FD等にコピー）「印刷」（プリントアウト）「移転」（複写した上で元情報を消去）した物を差し押さえることができるようにしたものである。「移転」は元データが相手方に残らないので、占有移転と評価することできるが、「複写」「印刷」の場合には、元データが相手方に残るので、本来であれば差押えとは言えず、むしろ検証とも言うべき方法である。そこで、法はこの場合にも差押えとしたが、その意味は、相手方に返還を求めることができない点にあると言えようか。ところで、代替的執行が可能でかつそれで足りる場合に本来の差押え処分を行うことができるであろうか。法がより侵害の少ない方法を新たに規定したのであるか

ら，特段の事情がない限りそれによるべきであって，本来の差押えを行った場合には，準抗告の対象となり得るように思われる。

　　イ　記録命令付き差押え（218条1項，99条の2）
　通信業者に大量の電磁的記録が存在しており，その中に差し押さえたい記録情報が存在していることは判明しているが，その情報の所在が不明な場合には，捜査機関が自らこれを特定した上で，必要な情報を抽出することは，理論的には可能であるとしても，それ自体極めて困難な作業である。他方，通信業者にしても，自ら保管する記録であるから，自ら抽出する方が遙かに侵害が少なくて済むであろう。そこで，捜査機関に必要な情報を当該通信業者自身に探し出させて記録媒体に記録させ，又は印刷させた上，その記録媒体を差し押さえるという方法を採ることができるようにしたものである。予め裁判官によって特定データを記録すべしとの命令を令状に記載しておくことが必要であり（219条1項。「記録命令付差押許可状」），その執行は，相手方の協力のもとに命令の履行という形で行われることになる。また，記録された媒体を差し押さえ，その占有を移転するのみであるから，この場合にも元データは相手方の手元に残ることになる。

　　ウ　コンピュータに接続している記録媒体からの複写（218条2項，99条2項）
　いわゆるリモートアクセス権者のコンピュータに対する捜索である。例えば，クラウドを利用したコンピュータのように，端末には独自のデータが存在せず，端末が接続されたサーバーにのみデータが存在し，データを利用する必要があるたびに端末からアクセスするというような場合には，当該アクセス権者が当該データを利用しているにもかかわらず，端末それ自体を差し押さえてもデータを押さえることができないので殆ど意味がない。そこで，当該端末が接続されているアクセス先の情報を差し押さえるために，その情報が存在しているサーバーから当該情報を端末コンピュータ等に複写した上で，これを差し押さえることとしたものである。これによって，サーバーそれ自体を差し押さえることによる損害を最小限度にとどめ，必要な目的を達成することができるようになった。予め令状に複写すべきものの範囲を記載しておかなければならない（219条2項）。この場合にも，複写された媒体を差し押さえるのであるから，元データは相手方の手元に残ることになる。

エ　差押えを受ける者に対する協力要請（222条1項，111条の2）

　情報処理の高度化に伴い，執行機関が電磁的記録に対するあらゆる捜索・差押えを自力執行することは，技術的にも困難を伴うし，執行の長期化を招くことにもなる。また，執行を受ける相手方もこれに伴う被害の拡大等が避けられなくなる。そこで，これらの弊害を回避するため，執行を受ける相手方に「電子計算機の操作その他の必要な協力」を求めることができることとしたものである。例えば，情報の収納されたコンピュータの操作，暗号の復号などが想定されている。協力に応ずる義務はないと考えられるので，協力要請に応じなかったとしても，罰則等の制裁を受けることはないが，捜索等の長期化等に伴う事実上不利益を受けることになる。協力要請に応じた場合には，捜索・差押えの相手方が第三者の情報を保有している場合にも，免責されることになろう。

オ　通信履歴の保全要請（197条3項）

　通信履歴は，通信業者が課金目的で記録しているものであるが，比較的短期間で消去されるのが通例である。しかし，通信履歴は客観的な証拠であって，保全の必要性が強いので，捜査機関において，情報の差押え等を行う前提として30日を超えない期間は情報を消去しないように求めることができるようにしたものである。これは，差押えの準備行為としての要請であるから，引き続き，通信履歴を含む電磁的記録について，差押え又は記録命令付差押えの手続が執られることが予定されている。任意捜査の規定に引き続いて規定されていることに照らしても，保全要請については令状は不要である。差押え又は記録命令付差押えの必要がないと認めるに至った場合には，当該要請を取り消さなければならない。また，保全を求めるのは，通信履歴のみであるから，通信内容については除かれている。

カ

　以上のとおり，情報それ自体の差押えは認めなかった点において，なお従来の差押えの概念を維持しながらも，執行方法等においては，元データを相手方に残す方法を受け入れ，あるいは相手方の協力を執行方法に組み込むなど，新たな展開を示したものであって，今後の捜査の在り方に大きな波紋を投げかけたものと言うことができよう。

(6) 捜索場所に居合わせた者が所持する物の差押え

　場所と人とは，捜索対象として明確に区分されている上（219条1項），そもそもプライバシー侵害の程度・態様も全く異なる。したがって，場所に対する

令状で身体を捜索することはできないのが原則である[26]。しかし，例えば，捜索に赴いたところ，家人がその場にあった物を拾い上げてポケットに入れた場合，あるいはその場にあったバッグを携行して退去しようとした場合などには，本来その場所にあった物であるから，仮に，そのような行動がなければ当然に捜索対象となっていた物である。したがって，いわば令状の効力がその物にも及んでいると考えることができる。そこで，少なくともそのような場合には，人が所持する物に対しても一定限度で当該捜索の対象とする余地はあるように思われる。

判例は，内妻に対する覚せい剤事件で，内妻が不在であったため，同居する内縁の夫たる被告人に令状を示して捜索を開始した場合に，「同室に居た被告人が携帯するボストンバック」の捜索を適法とした[27]。さらに，下級審の裁判例では，差押え目的物を「所持していると疑うに足りる十分な理由があり，かつ，直ちにその物を確保すべき必要性，緊急性が認められる」場合には，場所に対する捜索令状で身体を捜索することができるとしたものもある[28]。

この点，捜索中に捜査官の目の前で目的物を身に付けたという場合であれば，いわば「場所の延長」として，したがって令状の効力として捜索することができると解することも可能であろう。しかし，そうでない限り，たとえ同居者であっても，その場にいたというだけでは捜索できないと思われる。もっとも，同居等の関係があれば，その場にある物を所持ないし携帯している可能性はあるので，令状記載の対象物を身に付けたと判断する情況的な資料の一つとする余地はあり得るであろう。また，捜索に「必要な処分」(222条1項，111条1項) として，捜索場所にいる人に対する捜索ができるとする余地もあり得よう。その場合には，居合わせた者に令状の効力が及んでいないとしても，その場所の捜索にとって真に必要であれば，一種の原状回復の措置として人の捜索を行うことも可能となる余地があろう。もっとも，その場所にある物を携帯している

---

26 逮捕に伴う捜索・差押えの場合には無令状で場所も人も捜索できるのに，令状を得た場合には場所に限定されることになる。例えば，通常逮捕に伴ってその場で捜索したければ，その場所の捜索令状を予め用意してゆけばよいのであるが，手間を省いてしかも人も場所も捜索するために220条1項2号を利用するという，脱法的で令状主義の趣旨に反する利用が行われることを許容することになりかねない点で留意を要する。
27 最決平6・9・8刑集48巻6号263頁〔百選9版21事件〕。ただし，「右のような事実関係の下においては」と述べるのみで，その理論構成は必ずしも明らかとは言えない。
28 東京高判平6・5・11高刑集47巻2号237頁。

ような事情がない限り，人に対して捜索を行うことが常に必要性があるとまでは言えないように思われるので，この点については慎重な検討を要する。

それでは，捜査官の目の前で対象物と思われる物を拾い上げ，そのまま部屋を出て，さらには，廊下から玄関の外にまで出た場合にはどうであろうか。このような場合であっても，令状の効力として追い掛けて捜索できるのであろうか。仮に，屋内でその者を捜索できるのであれば，その状況が継続している限り，屋外に至っても捜索は可能であろうし，場合によっては，一種の原状回復の措置として，強制的に屋内に連れ戻した上で捜索することもできると思われる[29]。

さらに，捜索場所を捜索中に相手方宛の宅配便が配送され，これを相手方が受け取った場合，この宅配荷物を捜索することができるであろうか。捜索差押許可状の効力は，捜索開始から捜索終了までの間にその捜索場所に存在する物に及んでいると考えられるから，その間であればいつ捜索を行っても良いはずである。したがって，捜索中にその場所に運び込まれた物に対しても，その場所の管理者がその物を受領した限り，捜索が終了するまでの間であれば，当該令状の効力は当然に及ぶというべきであろう。判例も，捜索中に受領した宅配荷物について，当該令状に基づいて捜索することができるとしている[30]。

(7) 捜索の過程で別罪の証拠が発見された場合

適法な捜索の過程において，当該捜索にかかる犯罪以外の別罪の証拠が発見される場合がある。例えば，覚せい剤取締法違反の事実で捜索を実施したところ，けん銃等の法禁物が発見されたような場合である。この場合，当該令状にかかる犯罪事実とは関連性がないのが通常であるから，当該令状によってけん銃を差し押さえることはできない。そこで考えられる方法としては，3つの方法がある。

第1は，相手方の任意の提出を求める方法である。しかし，発見された物が

---

[29] 原状回復のみが可能であって，いったん携帯物を屋内まで戻す必要があるとの考え方もあり得るが，携帯物に令状の効力が及ぶとするのであれば，屋外に出た場合であっても，その場で捜索は可能というべきであろう。

[30] 最決平19・2・8刑集61巻1号1頁〔百選9版22事件〕。これに対し，相手方が受領を拒否した場合には，その場所に帰属したものとは言えないから，当該令状によって捜索することはできないであろう。受領があったか否かは，事実認定の問題であるが，家族による受領，知人による代理受領なども受領と言って良い。

法禁物である場合，一般には全く知らないと述べるのが通常であるから，任意提出を期待することは困難であろう。

第2に，けん銃等を目的とした新たな差押許可状の発付を得て，これによって差し押さえる方法がある。しかし，令状発付を得るためには少なくとも2～3時間程度はかかるので，その間，出入り禁止の措置を執って（222条1項，112条）捜査を中止しておく（222条1項，118条）など，現状を変更させないような措置を講じておく必要があるが，他の目的のために当該捜査を不当に引き延ばしているのではないかとの疑問も残る。

そこで，第3に，発見した客観的状況から管理者によるけん銃等の所持を認定した上で，所持罪の現行犯人として逮捕し，直ちに逮捕に伴う差押えを行う（220条1項2号）という方法がある。これによると時間的間隙も回避できるので，実際上は第3の方法による場合が多いようである。

4.2.5 領　　置

捜査機関は，被疑者その他の者が遺留した物，又は所有者，保持者，保管者が任意に提出した物を領置することができる（221条）。領置とは，物の占有を取得し保持する処分である[31]。占有の取得について強制を伴わない点で差押えと異なる。したがって，憲法35条の押収には含まれないので令状は不要である。しかし，占有の保持について，返還を求められても拒否できる点において差押えと同じ効果を生じるので，一種の強制と解することもできる。その意味において，領置は，刑訴法上の押収に含まれる（222条1項参照）。

遺留した物とは，遺失物より広く，占有者の意思に基づかないでその所持を離れた物のみならず，占有者が自ら占有を放棄した物をも含む。公道上のごみ集積所にごみとして排出された物についても，遺留物として領置することができるとされている[32]。

31　裁判所が行う場合（101条）と全く同様の趣旨とされる。
32　最決平20・4・15刑集62巻5号1398頁〔百選9版9事件〕。なお，「通常，そのまま収集されて他人にその内容が見られることはないという期待があるとしても」と述べている点で注目されている。

4.3 逮捕に伴う捜索・差押え

4.3.1 令状主義の例外とされる根拠

　憲法35条は,「第33条の場合を除いては」と規定し,逮捕される場合には,住居の不可侵について令状主義の例外を認めている。これを受けて,刑訴法220条1項2号は,被疑者を逮捕する場合には無令状で捜索・差押え等ができる旨を定めている。

　このような例外を認めた根拠については,2つの説明がなされている。第1は,緊急処分説（限定説）である。令状を得ることができない緊急状態を根拠とする。すなわち,逮捕者の安全を確保し,被逮捕者の抵抗を抑圧して逃亡を防止するとともに,証拠の破壊を防遏するために認められるとする。したがって,逮捕者の安全のために凶器等の差押えもできるし,逃走防止のために逃走用具の差押えもできるが,破壊防止のためであるから,破壊されるおそれのある支配物に限られる。

　しかし,仮に逮捕までは緊急状態があるとしても,一旦逮捕してしまえば,共犯者等の関係者未逮捕の場合を除き,証拠の破壊は想定しにくいから,逮捕後には既に緊急状態は消滅しているのではないかとの疑いも残る。また,逮捕行為時には逮捕者の安全確保も必要であるが,それは捜索・差押えによるまでもなく逮捕権限それ自体によって確保されるべきであるから,無令状で捜索・差押えを認めなければならないわけではあるまい。確かに,被逮捕者が所持する凶器をその場で差し押さえる必要はあるが,逮捕の一環としてこれを一時保管することは,差押えでなくても可能であるように思われる。

　第2は,合理性説（相当説）である。実務の立場とされる。逮捕の現場には証拠が現在する蓋然性が高いので,令状による場合と同様に合理的であるから許されるし,逮捕によって一定の人身の制限が行われるので,これに付随して一定の証拠の捜索を行っても新たな利益の侵害は伴わないから許されるとされている。したがって,当該逮捕にかかる事件と関連性のある物であれば,令状が得られるであろう範囲にある全ての場所及び物について捜索・差押えが可能である。それ故,第三者方で逮捕した場合にも,証拠物が存在する蓋然性がある限り（222条1項,102条2項）,当該場所の管理者の管理権が及ぶ範囲で捜索

することができる．そもそも，令状を得ることができないのではなく，令状を得なくても良いのである．また，逮捕は最大の人権侵害であるから，それより小さい侵害は許されるという考慮もあったとされる．

しかし，逮捕現場に証拠品が存在する蓋然性が高いからといって，改めて令状によれば足りるのであって（時間的余裕がないのであれば，緊急権説の発想に近いであろう），必要性が直ちに無令状の適法性を基礎付けるわけではあるまい．また，逮捕により最大の権利侵害がなされたからといって，それは人身の自由の侵害であって，直ちに被逮捕場所のプライバシーまで侵害されるわけではない．むしろ人身の自由とは別の新たなプライバシー侵害があるし，捜索が逮捕の付随処分とも言えない．そもそも，逮捕に伴って捜索が必要なら予め捜索差押許可状を準備した上でこれを持参し，逮捕とともに執行すれば足りよう．

ただし，問題は現行犯逮捕の場合である．この場合には直ちに現場保存をして証拠品を確保するためには，いちいち令状を得ていたのでは間に合わない．また，通常逮捕の場合でも想定外の場所で逮捕する場合もあり得るが，その場合には予め令状を得ておくわけにはゆかない．これらの場合を考えると，被逮捕者による証拠の破壊はないとしても，周辺関係者による証拠破壊を防止するため緊急に押収が必要な場合もあり得よう．

以上のように考えれば，必要性と緊急性が高いことから，やむを得ない最小限度に限って捜索・差押えができるにとどまるというべきであって，相当説によるとしても，緊急性と必要性を前提とするべきであろう．そして，その限度であれば，無令状による捜索・差押えを許容することは可能であると考えられる．しかし，それ以上に拡大することは相当ではない．その意味で，通常の令状による捜索・差押えと全く同程度というわけではない．それ故，例えば，逮捕予定者を尾行して，捜索したい場所を逮捕場所として選択し，敢えてその場所で被疑者を逮捕するとともにその場所を無令状で捜索することは，そもそも緊急の必要性があるとは言えないので，いわば権限の濫用とも言うべきであって，違法と評価されよう．

4.3.2 逮捕する場合

無令状で捜索・差押えが許されるのは，「逮捕する場合」である．逮捕とは，逮捕行為の着手がなされれば足り，必ずしも逮捕が完遂されなくても良い．ま

た，逮捕「する」場合であって，逮捕「した」場合ではないから，逮捕との時間的接着性は必要であるが，逮捕の前後を問わないとされる。最高裁も，逮捕の前後を問わないことは220条1項1号の趣旨からも窺うことができるとした上，緊急逮捕のために被疑者方に赴いたところ，偶々被疑者が他出不在であった場合について，「帰宅次第緊急逮捕する態勢の下に捜索，差押がなされ，且つ，これと時間的に接着して逮捕がなされる限り」適法であるとしている[33]。

確かに，220条1項1号の場合には被逮捕者を探すのであるから逮捕の前であることは必然であり，逮捕予定者を捜索したが結局逮捕に至らなかった場合には違法となることを前提としていると思われるので，これとの均衡から，捜索・差押えについても逮捕前の捜索を想定していると考えることも可能であろう。しかし，1号の場合は，論理必然的に逮捕前にならざるを得ないというだけであって，2号の場合も同様に解すべき必然性はないように思われるから，必ずしも決め手にはならないとも言える。もっとも，逮捕予定者がその場にいる場合には，偶々逮捕前に捜索・差押えを行ったしても，必ずしも不当ということはないであろう。偶然的事情によって偶々前後したことによって適法違法が決まることの方が不合理とも言えよう。

この点，逮捕前の捜索の適法性がその後の逮捕の有無により遡って決まるというのは確かに不合理とも言えるが，1号の場合でも結局逮捕しなかった場合には遡って違法となるのであるから[34]，そのような事態があり得ることは法の想定範囲内とも言えるし，要は捜索・差押えと逮捕とを全体として1個の行為と見て，1個の行為の適法性は全体が終了しないと判断できないというに過ぎないと考えれば（しかも，時間的・場所的接着性を要求するのであるから，一体と解することにさほど抵抗はないであろう），必ずしも不合理とは言えないように思われる。したがって，逮捕と時間的に接着している限り，必ずしもその前後を問わないと考えられる。

なお，逮捕した以上，被逮捕者がその場にいなくても（例えば，被逮捕者を「直ちに」引致した〔202条参照〕場合など），当該逮捕に近接した時点であれば，その場を捜索することはできよう。

---

[33] 最大判昭36・6・7刑集15巻6号915頁〔百選9版A5事件〕。
[34] もっとも，逮捕予定者の捜索開始を逮捕開始と見れば，逮捕に失敗しても遡って違法にはならないが，捜索の開始を常に逮捕開始と見ることができるかどうかは疑問もある。

4.3.3　逮捕の現場

　無令状で捜索・差押えが許されるのは,「逮捕の現場」である。相当説によれば, 令状によって捜索を実施し得る場所的限界と同様の範囲であろうから, 逮捕が行われた場所の管理者の管理権が及んでいる範囲で, かつ空間的に「現場」と評価し得る場所であろう。例えば, 被疑者の自宅で被疑者を逮捕した場合には, 当該自宅（相当性説に従うと, 逮捕した部屋に限られないであろう）となるし, 勤務先会社事務所で逮捕した場合であれば, 当該会社の事務所となるであろう（ただし, 被疑者方ではないから, 押収すべき物の存在を認めるに足りる状況がある場合に限られる〔222条1項, 102条2項参照〕）。

　それでは, ホテルのロビーで逮捕し, その者が宿泊している同ホテルの客室を捜索することは許されるであろうか。この点, ホテル5階待合所で逮捕された後, 共同宿泊している同ホテル7階714号室まで捜査員を案内し, 逮捕後約35分ないし60分の間に同室の捜索がなされ, 大麻タバコが押収された事案について,「時間的, 場所的な距りがあるといってもそれはさしたるものではなく, また逮捕後自ら司法警察員らを引続き自己と被告人の投宿している相部屋の右714号室に案内していること」などの事情を考慮し,「時間的・場所的且つ合理的な範囲を超えた違法なものであると断定し去ることはできない」とした裁判例[35]がある。この場合, 同一ホテルという意味では逮捕の場所と言えるが, 客室の管理権は逮捕に伴って開かれているとは言いにくいように思われる。確かに, 偶々外出から帰ってきて自室に戻る前にロビーで逮捕されたものであって, 自室に戻って逮捕することも可能であったこと, 宿泊している客室に逮捕後自ら案内していることなどを考慮すれば黙示の承諾があったと解する余地もないわけではないことなどに照らすと, 逮捕の現場と解することも全く不可能ではないかもしれないが, 自室の管理権がホテルの管理権とは独立して評価されるべきであるとすれば, やはり逮捕の現場とは言えないので, 違法ではあるが重大とまでは言えないという処理が妥当であったように思われる。

　とはいえ, 仮に, 上記裁判例を前提としても, その限界設定は困難である。ホテル1階フロントで逮捕された場合, ホテル玄関を出たところで逮捕された

---

[35]　東京高判昭44・6・20高刑集22巻3号352頁〔百選9版27事件〕。

場合，ホテルから継続的に追跡され向かいの公園内で逮捕された場合などはどうであろうか。少なくともホテル外の場合は同一性を否定すべきであろうが，ホテル内で逮捕に着手し継続的に追跡しホテル外で逮捕した場合には着手がホテル内であるから許容範囲とも言えよう（現行犯逮捕とパラレルに考え，いわば「現場の延長」と解する余地はあろうか）。しかし，ホテル内であればどこでも良いのであろうか。棟違いの別館の場合，別管理と解する余地はあろうが，同一建物の階違い程度であれば許容されるかもしれない。

　これに対し，身体及びその所持品の捜索は別異に解する余地はあり得る。すなわち，身体及びその所持品は被逮捕者が場所を移動しても，その管理状態が変化しないという特性がある。したがって，例えば，戸外で逮捕した場合に，その場で身体の捜索をすることは被疑者の名誉にも関わるので，一旦最寄りの交番等に移動した後に身体を捜索することは合理的であろう。この点，捜索・差押えに伴う「必要な処分」として（222条1項，111条1項），警察署に身体を移動した上で，現場でなくても捜索することができると解することもできようが，「逮捕の現場で」という明文に正面から反する点でやや疑問も残る。

　そこで，身体捜索の場合には，移動しても身体の置かれた状況は全く変化が生じないことから，時間的に著しい遅延がない限り，逮捕の現場で捜索するのと価値的には同価値であるとも考えられるので，比喩的に言えば，逮捕の場所が移動したものと評価することも可能であろう。被逮捕者の名誉保護にも資するであろうことをも踏まえれば，直ちに違法とまでは言えないように思われる。もっとも，あくまでその限度であって，実際に逮捕場所それ自体が移動したわけではないから，捜索したい場所に身柄を移動し，移動した先の場所（例えば，勤務先や自宅）を捜索することは明らかに不当であろう。

　この点，最高裁は，「被疑者の身体又は所持品に対する捜索，差押えである場合においては，逮捕現場付近の状況に照らし，被疑者の名誉等を害し，被疑者らの抵抗による混乱を生じ，又は現場付近の交通を妨げるおそれがあるといった事情のため，その場で直ちに捜索，差押えを実施することが適当でないときには，速やかに被疑者を捜索，差押えを実施するに適する最寄りの場所まで連行した上，これらの処分を実施することも，同号にいう『逮捕の現場』における捜索，差押えと同視することができ」るとした上，約5分後に約500m離れた警察署及び約1時間後に約3km離れた警察署における身体及び所持品

の各捜索・差押えを適法としている³⁶。

　ところで，被疑者が逃げ込んだ第三者宅で逮捕した場合，第三者宅も捜索できるであろうか。この点，第三者宅も，「押収すべき物の存在を認めるに足りる状況のある場合に限り」(222条1項，102条2項)，令状によって捜索することは可能であるから，無令状の場合も，そのような状況があれば捜索可能であろう（この場合，「逮捕の現場」は，当該第三者の管理権が及ぶ範囲であろう)。それでは，逮捕を予定した被疑者を追跡し，捜索したい場所に至ったときを狙って逮捕し，その場で捜索すること許されるであろうか。捜索したい場所を無令状で捜索するために泳がせて追跡するというのは，権利の濫用というべきであるから，捜索したい場所があるなら，逮捕と関係なく当初から捜索許可状を得ておくべきであろう³⁷。

4.3.4　差し押さえるべき対象物

　相当説によれば，逮捕に伴う捜索・差押えも，無令状というだけであって，対象物は，逮捕の基礎となる被疑事実に基づいて，仮に通常の令状が発付されたとすれば捜索・差押えができたであろう範囲内の物に限定される。要は，通常の令状によって押収できないものを，逮捕に伴うからといって押収できるとする理由は全くないということである。もっとも，緊急処分説では，逮捕者の安全確保ということも理由であるから，覚せい剤所持で逮捕した場合にけん銃を所持していた場合には，けん銃も押収可能となると考えられる。しかし，この場合には，捜索自体は適法であるから，発見されたけん銃の所持に基づく新たな現行犯逮捕をすれば足り，覚せい剤所持の逮捕に基づくけん銃押収を行う必要はあるまい³⁸。

　この点，紙袋の中から発見された覚せい剤の所持で現行犯逮捕した上，他にも覚せい剤を隠匿している疑いに基づき，専らその発見を目的として捜索し，流し台下から新たに覚せい剤を発見した事案につき，刑法的には一罪とし

36　最決平8・1・29刑集50巻1号1頁〔百選9版29事件〕(和光大事件)。
37　後掲福岡高判平5・3・8判タ834号275頁〔百選9版28事件〕参照（路上で職務質問を行った後，第三者方へ移動してさらに質問を継続し，その場で現行犯逮捕した後，第三者方を捜索した場合につき，逮捕の現場における捜索としての適法性を否定した)。
38　もっとも，逃走用具の差押えが許されるとすれば，被逮捕事実に関連しない物の差押えの必要性があるかもしれない。

ても訴訟法的には別個の事実と見るべきであるから，令状主義に反し違法である（ただし，重大でない）とした裁判例[39]，暴行事件の逮捕状で逮捕した際に，暴行捜査としては必要な範囲を超えて玄関，便所，押入，ストーブ，ぬいぐるみの中まで捜索し覚せい剤を発見した事案につき，別件覚せい剤の発見を意図したものであるとして違法である（ただし，重大ではない）とした裁判例[40]などがある。

4.4 検証，鑑定等

4.4.1 検　　証

(1) 検証の意義

　検証とは，五官の作用（視覚，聴覚，嗅覚，味覚，触覚）によって物の存在・形状等を認識する処分を言う。令状による場合（218条1項）と令状によらない場合（220条1項2号）とがある。証拠は，事実認定の資料であるから，認定に必要である限り十分に収集されるべきではあるが，同時に国民の権利・利益の侵害を伴うのが通例であるから，必要最小限度にとどめることが望ましい。それ故，全面的に占有を取得しなくても，その存在や形状を証拠化できれば足りる場合には，強制的に占有を取得しない証拠収集方法として，検証という強制処分を設けた。

　検証は，五官の作用によるが，機械等の補助装置を用いる場合も検証である。例えば，カメラを用いて撮影する場合[41]，エックス線照射して内容物を観察する場合[42]なども検証に当たるとされている。

　令状による検証は，概ね捜索・差押えの場合と同様の規制に服している。それ故，正当な理由がある場合において，司法官憲が発する令状によって実施される（憲法35条の精神が準用されるとするのが一般的であるが，適用されるとする見

---

[39] 前掲福岡高判平5・3・8判タ834号275頁。全体として1個の管理下にあるとすれば一罪となり，1個の捜索とするのが相当ではなかろうか。これを別件捜索とするのはやや行き過ぎではないかとも思われる。
[40] 札幌高判昭58・12・26判時1111号143頁。
[41] 最決平2・6・27刑集44巻4号385頁〔百選9版35事件〕。
[42] 最決平21・9・28刑集63巻7号868頁〔百選9版33事件〕。

解もある)。したがって，裁判官の発する検証許可状による (218条1項, 219条1項)。この場合，裁判所による検証の規定が準用されるのも，捜索・差押えの場合と同様である (222条1項)。

　なお，実質的な検証であって，相手方に対する権利・利益の侵害がない場合あるいは重大でない場合には，任意捜査として実施することもできる。また，権利者の承諾を得た場合も同様である (もっとも，真摯な承諾を要する)。これを「実況見分」と言う。例えば，交通事故の際における事故現場の状況の見分等である。なお，相手方の承諾があれば，身体の検査も実況見分として実施することはできるが，女子を裸にして身体検査を行うことは，任意処分としては許されない (捜査規範104条，107条)。

(2) 身体検査

　検証のうち，人の身体を対象とする検証を身体検査と呼び，特にプライバシー侵害の危険が大きいことに鑑み，身体検査令状によるとして特別な規定が設けられている (218条1項後段)。もっとも，身体の拘束を受けている被疑者について，指紋，足型を採取し，身長，体重を測定し，又は写真を撮影するには，被疑者を裸にしない限り令状によることを要しない (218条3項)。身体拘束という最も重大なプライバシー侵害を受けているので，被疑者の同一性に誤りが生じないようにするために必要な確認手続であるから，既に生じているプライバシー侵害の範囲内として，拘束に付随する処分という趣旨であろう。それ以外の場合に身体検査を実施するためには，身体検査令状を要する。

　令状を請求するためには，身体検査を必要とする理由，対象予定者の性別，健康状態等を記載し請求書によらなければならず (218条5項，規155条2項)，令状発付に際しても「適当と認める条件」を付することができる (218条6項。例えば，医師の立会い，病院等の場所の指定など)。また，実施に際しては，性別，健康状態等を考慮した上，名誉を害しないように注意しなければならず，また，女子については，医師又は成年の女子を立ち会わせなければならないことに留意を要する (222条1項，131条1項，2項)。

　正当な理由なく身体検査を拒否した場合には，過料を科し，生じた費用の賠償を命じ，さらに10万円以下の罰金又は拘留に処することができるし，それでも効果がない場合には，直接強制することもできる (222条1項，137〜139条)。

4.4.2 鑑　　定

　鑑定とは，専門的な知識・学識，技術等を有する専門家の知識・学識や技術等に関する報告，及びこれを具体的事実に当てはめて得られた判断の報告をいう。捜査機関は，捜査の専門機関ではあっても，必ずしも科学技術等の専門家ではないから，これを補うために専門家に嘱託をすることによって証拠資料を収集するのである。鑑定は，通訳・翻訳と区別して規定されているが（223条1項），後者も言語に関する鑑定の一種であるとされる。捜査段階における鑑定は，捜査機関の嘱託によるのであって（したがって，「鑑定人」ではなく「鑑定受託者」と呼ばれる），起訴後の裁判所による鑑定のように，命じられるものではないし，宣誓の義務もない（223条1項。なお，165条，166条参照）。

　被疑者の心神又は身体に関する鑑定に必要な場合には，鑑定留置を請求することができる（224条1項）。鑑定留置とは，心神又は身体の鑑定を行うために必要がある場合に，期間を定め，病院その他の相当な場所に被疑者を留置することである（167条1項）。この場合には，裁判官による「鑑定留置状」の発付が必要となる（224条2項，167条2項）。期間の制約はないから，必要かつ相当な期間を定めることができ，必要があれば留置の期間を延長又は短縮することができる（224条2項，167条4項）。

　鑑定留置については，勾留に関する規定が準用されるから，勾留状の執行（70～74条）や接見交通の規定（80条，81条）等が準用されるが，保釈については準用されない（224条2項，167条5項）。身柄不拘束の場合には，新たに拘束されることになるので，弁護人選任権の告知や勾留質問に相当する鑑定留置質問を行う必要があるが，勾留中の場合には，既に勾留質問等がなされているので不要である。鑑定留置中は，勾留の執行が停止されたものとみなされる（167条の2第1項）。なお，鑑定留置の初日及び末日は，勾留の1日として計算されることとなっている。

　鑑定受託者は，鑑定について必要がある場合には，裁判官の許可を受けて，人の住居等に立入り，身体を検査し，死体を解剖し，墳墓を発掘し，物を破壊することができる（225条1項，168条1項）。この場合，裁判官は，「鑑定処分許可状」を発する（225条3項）。例えば，死因を究明するために法医学の教授に鑑定嘱託する場合には，死体解剖を行う必要があるので，鑑定処分許可状の発付を受ける。

鑑定を行う場合にも，身体検査を行うことが必要な場合がある。この場合，検証としての身体検査と同様，条件を付したり，女子の立会いを求めたりするなど，検証の場合と同様の規制があり，過料を課し，費用賠償を命じ，さらに刑罰を科することもできるが（225条4項，168条6項），直接強制を行うことはできないとされている（224条4項は172条を準用していない。また，168条6項の準用はあるが，同項は139条を準用していない）。

4.4.3 身体検査に関する捜索，検証及び鑑定の関係

身体検査を行うためには，捜索，検証及び鑑定の3種類の方法がある。第1は，捜索としての身体検査である。そもそも身体の捜索は，着衣，体表のほか身体内部の捜索も可能とされているが[43]，身体検査としての捜索は，着衣及び身体の外表の検査に限られる。隠匿あるいは秘匿された物の発見を目的とした活動であって，捜査機関による直接強制ができる。

第2は，検証としての身体検査である。身体の検証であるから，体表及び体腔の入口付近に限られる。裸にすることもできるが，捜査機関が行う場合には，「身体検査令状」を必要とする（218条1項，3項）[44]。あくまで検証であるから，形状等の認識に限られるが，捜査機関による直接強制を行うことができる（222条1項，139条）[45]。

第3は，鑑定としての身体検査である。鑑定の際に「必要がある場合」には，「身体の検査」を行うことができるが，裁判所が行う場合でも捜査機関が行う場合でも，いずれも「裁判所の許可を受け」て「許可状」に基づいて行わなければならない（168条1項，2項，225条1項）。鑑定としての身体検査は，身体の内部への侵襲を伴うことが許され，必要があれば，血液の採取，嚥下物のレントゲン撮影，毛髪の採取等も許される。しかし，捜査機関の嘱託に基づく鑑

---

[43] したがって，体内に嚥下された物についても捜索できる。もっとも，捜索差押許可状に加えて，鑑定処分許可状をも要するとされている。

[44] もっとも，裁判所が行う場合には，令状は不要である。これに対し，鑑定としての「身体の検査」の場合には，裁判所が行う場合でも令状が必要であることから，この場合には検証としての身体検査以上に侵害の程度が高いことを想定しているという議論がある。

[45] しかし，捜査機関は検証としての身体検査のため，対象者の出頭強制はできないから，身体検査のための身柄拘束はできない。これに対し，検証としての身体検査を裁判所が行う場合には，対象者を召喚することができ（132条），これに応じない場合には，過料を科し（133条），罰金又は拘留に処し（134条），勾引する（136条）ことができる。

定の場合には，直接強制を行うことはできない（172条の準用なし）[46]。

以上の違いを踏まえて，いかなる方法を採るべきかを検討する必要がある。取り分け，検証と鑑定のいずれによるべきかについては，両者の特長を踏まえて選択することになる。すなわち，検証としての身体検査は，単に外表検査に止まり身体への侵襲ないし危険を伴わないので，捜査機関が自ら直接行うことができ，さらに直接強制することも可能であるが，そのための身体拘束をすることはできない。他方，鑑定としての身体検査は，身体への侵襲を伴うことができるので，医師等の専門家が行うのであって，捜査機関が自ら行うことはできず，また，捜査機関が直接強制を行うことができない仕組みとなっている[47]。この点，鑑定は検証を専門的に行うもので，両者は重なり合うと見る見解もあるが，一般には，両者は排斥する関係に立つものと解されており，性質の違いは無視できないとされているので，前者の見解に立てば，相互の類推適用もあり得ることになるが，後者の見解に立てば，類推解釈を超えた立法論であるということなろう。

なお，身体検査は，実際上は，口や陰部等に秘匿した覚せい剤の発見（及び発見した物の占有取得）のために行われることが多い。物の発見を目的として行う活動は捜索であるが，実質的には身体検査の実体をも有している。そこで，検証許可状でこのような身体検査を行うことも考えられるが，検証は，本来は形状等の認識を目的とするものであって，物を発見するための検証はそもそも認められていないから，やはり，本来は捜索差押許可状に基づくのが相当であろう。ただし，身体検査の実体を有することに照らすと，微妙なプライバシー侵害の問題もあるので，検証許可状（身体検査令状）を併用するのが良いように思われる。

4.4.4 強制採尿等をめぐる問題
(1) 強制採尿に必要な令状について

いわゆる尿道カテーテルを用いて強制的に人の尿を採取することは，人間の

---

[46] これに対し，裁判所が行う鑑定の場合には，検査拒否に対して，鑑定人が裁判官に検査を請求し（172条），請求を受けた裁判官は，身体検査に準じて直接に強行することができる（173条）。

[47] これに対し，捜査機関が嘱託した場合にも，直接強制ができなければ意味がないから，172条を準用ないし類推適用すべきであるとの見解もあるが，捜査機関嘱託の場合には，わざわざ139条の準用をはずしたことから見ても，172条の準用は立法論と言うべきであろう。

尊厳を侵害するものであるから，およそ許されないとする立場も根強く主張されている。しかし，判例[48]は，①医師等によって適切に行われれば身体上も健康上も格別の障害をもたらす危険性は比較的乏しく，仮に障害を起こすことがあっても軽微なものに過ぎないし，また，②屈辱感等の精神的打撃は身体検査でも同程度の場合があり得るから，それは程度問題に過ぎないとして，「強制処分として絶対に許されないとすべき理由」はないとした上で，「犯罪の捜査上真にやむをえないと認められる場合」には，「最終手段として，適切な法律上の手続を経てこれを行うことも許されてしかるべき」であるとする。この判例は，憲法13条に違反しないとは明言していないが，同条に由来する比例原則の趣旨を踏まえて論じていることから，合憲性を認めたものと考えることができよう。

そこで，次に，強制採尿が可能であるとして，その方法はどうか。強制捜査であることについては争いがないから，問題は，その場合に用いるべき令状をどうするかということである。第1の見解は，身体検査令状によるとする。この見解によれば，拒否した場合でも検査を強制することができる（222条1項による139条の準用）。しかし，これはあくまで検証の一種であるから，外表検査に止まり，身体内部への侵襲を伴う強制採尿を許容することはできないとの批判が強い。

第2の見解は，鑑定処分許可状によるとする[49]。この見解によれば，医師等の専門家による身体内部への侵襲を許容することができる。しかし，225条は172条を準用しておらず，また225条4項で準用される168条6項も139条を準用していないので，結局，拒否された場合には直接強制することができないことになる。

そこで，第3の見解は，上記両者を併用しようとする。これが従来の実務の運用であったとされている。この見解によれば，身体の侵襲を鑑定で，直接強制を検証で実施するというものである。しかし，そもそも性質の異なる両者を

---

[48] 最決昭55・10・23刑集34巻5号300頁〔百選9版31事件〕。

[49] 尿の鑑定だとすれば，鑑定受託者は分析化学者となる。そのための必要な処分として，医師を補助者として鑑定対象物を取り出すと構成することも可能であろう。しかし，本来は，身体内部への侵襲と取出り行為それ自体が問題となるのであるから，直接に医師を鑑定受託者として，侵襲行為を必要な処分とする方が簡明であろう。ただし，そうすると，鑑定事項はどうなるのであろうか。覚せい剤成分を含む尿が身体に保有されているか否かを鑑定するのであろうか。

便宜使い分けることはできないのではないか，身体の侵襲が鑑定であるとすれば，鑑定の直接強制ができる条文がない以上，仮に検証の直接強制ができたからといって，直ちに鑑定の直接強制の根拠とはなり得ないのではないかという疑問が提起されていた。

この点を踏まえ，第4の見解は，捜索差押許可状と鑑定処分許可状の併用という見解である。これは，強制採尿の本質は，鑑定のために「必要な処分」（225条1項，3項，168条1項）であって（なお，差押えのために「必要な処分」だが，専門家の援助を得て行うべき身体検査を伴うものとの見解も主張されている），このような処分によって尿を体外に取り出した上で改めて差押えを行うことになるとするのであろう。

この点につき，判例は，このような対立を回避する方法を創出した[50]。すなわち，捜索差押許可状によるという方法である。これによれば，222条1項によって準用される111条の「必要な処分」を用いることによって，身体への直接強制が可能となり，また，対象たる物は身体内部にあるから，それをカテーテルによって実力を用いて捜索し差し押さえることも当然に可能となる。ただし，検証としての身体検査と「共通の性質」を有するので，218条5項（現6項）が「準用」されるべきであるとして，「医師をして医学的に相当と認められる方法によって行わなければならない旨の条件」を付することでこの問題をクリアーしようとしたのである。

これに対しては，「人間の尊厳」を著しく害するという問題を別にしても，第1に，人の身体の構成部分の一部を物として差し押さえることは，そもそもできないのではないかという疑問が提起されている[51]。第2に，その内実は，「捜索・差押えの衣を着た身体検査令状」であって，刑訴法に定めのない「強制採尿令状」[52] を創出したものであるから，強制処分法定主義の点で問題であると批判される。第3に，刑訴法は，捜索，検証，鑑定を区別して体系化しており，その区別の実質的な意味が失われるという疑問も提起されている。第4に，身体検査に条件を付し得ることは，鑑定としての身体検査にも（225条4項，

50　前掲最決昭55・10・23刑集34巻5号300頁。実務においては，この判例に従って運用されている。
51　この意味で，「人権侵害」の問題を「条件」の問題に格下げしたと批判されている。
52　判例においても，「強制採尿令状」という用語が用いられている（後掲最決平6・9・16刑集48巻6号420頁など）。

168条3項),検証としての身体検査にも(218条6項,219条1項)明文があるが,捜索・差押えには条件を付する規定がない点でも疑問が提起されている。

この点,強制採尿令状は,強制処分法定主義に反する疑いがあるものの,尿は,体内の廃棄予定物であって,必ずしも身体の構成要素とまでは言えず,その捜索・差押えそれ自体が不可能とまでは言えないこと[53],身体の検査をめぐる捜索・差押えと検証との区別は,実質的にはかなり相対的とも言われており,形式的区別が決定的とまでは言えないとすれば,条件を付することも理解できないわけではないことなどに照らすと,判例の立場を容認する余地もあり得るように思われる。

(2) 採尿場所への連行

いわゆる強制採尿令状によって,採尿に適した場所まで対象者を連行できるのであろうか。この点,第1の見解は,令状の効力によって可能であるとする。すなわち,もともと強制採尿令状は,裁判官が,司法審査において,医学的に相当な方法によるという条件を付したのであるから,病院等への連行を当然に含めて事前審査していると考えることができるというのである。判例も,この立場に立っている[54]。

これに対し,第2の見解は,「必要な処分」によって可能となるという見解である。すなわち,令状自体はあくまで捜索差押許可状であるから,身柄の連行を当然に含むとは言えないが,現実に令状を執行するためには,一定の設備のある場所でなければ執行できないので,そのために法が特に認めた方法である「必要な処分」(222条1項,111条1項)として連行することができるとするのである。

さらに,第3の見解は,要するに身体拘束であるから,逮捕以外の強制拘束はできないはずであり,したがって,採尿令状によって連行をするのは違法であるというのである。

ところで,強制採尿令状とは,本来は捜索差押許可状ではあるが,人の身体を強制的に押さえ付けて拘束することを予定する特殊な令状である。したがって,人の身体の拘束を当然の前提としている。確かに,尿の捜索・差押えを許

---

[53] 捜索・差押えにおいては,身体内奥への侵入は許されないとの見解もあるが,身体の内部の捜索も許されるとするのが通説と言われている。
[54] 最決平6・9・16刑集48巻6号420頁〔百選9版32事件〕。

可したに過ぎないから，本来の令状の効力は，尿を探してその占有を強制的に取得することに限られる。しかし，対象たる尿は，自由に移動する人の身体の内部に存在するものであるから，尿を差し押さえるためには，必然的に人の身体を拘束する以外に方法はない。それ故，強制採尿令状を認めた以上，これに必要不可欠となる身体拘束を認めたものと言わざるを得ない。そうすると，目的を達成するために不可欠な身体拘束は令状の効力それ自体によると解することができよう。もっとも，令状の対象物の性質によって逆に令状それ自体の性質が修正されるのは，本末転倒と言うべきであろう。そうすると，ここにおける令状は，既に単なる「捜索差押許可状」ではなく，その限界を超えた「強制採尿令状」という判例によって創出された特殊な令状と考えるほかないように思われる。仮にそうだとすれば，これを認める限りにおいて，令状効力を「拘束」にまで拡大するのはむしろ当然とも言えよう。その意味において，令状の効力説を肯定することができよう[55]。

(3) 血液，毛髪の採取

血液や毛髪は，純然たる身体の構成要素であって，廃棄を予定したものではないから，この点において尿とは全く性質を異にする。したがって，これらの占有を強制的に取得するために，捜索差押許可状を用いることは適当ではあるまい。それでは，どのような令状を用いるべきであろうか。この点，身体の侵襲を伴うことは明らかであるから，やはり鑑定処分許可状を用いるのが相当と思われるが，処分を強制する必要があることを踏まえ，身体検査令状を併用するという方法（併用説）が実務の取扱いである。なお，酒に酔って交通事故を引き起こした意識不明の者から，アルコール検査のために無令状で血液を採取した事案につき，鑑定処分許可状に基づくべきであったとして，違法とした裁判例がある[56]。

---

[55] この点，必要な処分説の発想は，従来の「捜索差押許可状」の「枠内」であるのに対し，令状の効力説の発想は，新たな「強制採尿令状」を肯定するのであるから，従来の枠をはみ出した「枠外」にあるように思われる。令状の効力説と必要な処分説との実際上の相違点は，前者では，令状の効力それ自体が及んでいるから，拘束移動は令状の「執行」それ自体であるが，後者では，令状の執行それ自体ではなく，むしろ「執行の準備」と言えよう。したがって，前者では，移動開始前に当然に令状の事前呈示が必要となるが，後者では必ずしもその必要がない（呈示するための前提を確保するに過ぎない）ということになる。

[56] 仙台高判昭47・1・25刑裁月報4巻1号14頁〔百選9版A6事件〕。

4.5 通信の傍受

4.5.1 強制捜査としての通信傍受
(1) 通信傍受の性質

　薬物取引等の組織的な犯罪は，ことのほか密行性が高く，その連絡や約束は，電話通信を用いて行われることが多い。そこで，この種犯罪の検挙のためには，関係者の通話を傍受して取引等の端緒を掴み，その内容を把握することによって，捜査官が取引の現場に臨場して関係者を検挙するという方法が有効である。そこで，通話当事者の同意を得ないまま関係者の電話回線に接続して通話内容を傍受するという方法が採られることがある。

　このような捜査は，物理的強制力を用いて関係者の意思を抑圧するわけではないが，知らないうちに取引情報が捜査機関に覚知されるという意味では，関係当事者のプライバシーが侵害されているとも言える。そこで，そのような捜査は強制捜査であって，法律上許されない違法な捜査ではないかが争われることとなった。問題の第1は，そのような通信の傍受は，強制捜査か任意捜査か。第2は，仮に強制捜査だとすれば，通信の秘密を害するのであるから憲法違反ではないか。第3は，仮に強制捜査だとすれば，原則として令状主義に服することになるが，果たしていかなる令状を用いるべきかである。

　この点につき，最高裁は，刑訴法222条の2が創設される以前の事案であるが，次のように判示した[57]。すなわち，第1の点について，「電話傍受は，通信の秘密を侵害し，ひいては，個人のプライバシーを侵害する強制処分である」とした上で，第2の点につき，「重大な犯罪に係る被疑事件について，被疑者が罪を犯したと疑うに足りる十分な理由があり，かつ，当該電話により被疑事実に関連する通話の行われる蓋然性があるとともに，電話傍受以外の方法によってはその罪に関する重要かつ必要な証拠を得ることが著しく困難であるなどの事情が存する場合において，電話傍受により侵害される利益の内容，程度を慎重に考慮した上で，なお電話傍受を行うことが犯罪の捜査上真にやむを得ないと認められるときには，法律の定める手続に従ってこれを行うことも憲法

---

[57] 最決平11・12・16刑集53巻9号1327頁〔百選9版34事件〕。

上許される」と述べ、その合憲性を肯定した。そして、第3の点につき、「電話傍受を直接の目的とした令状は存していなかった」が、「対象の特定に資する適切な記載がある検証許可状により電話傍受を実施することは、本件当時においても法律上許されていた」として、検証許可状による強制捜査を認めた。

(2) 検証令状に伴う問題点

捜索差押許可状は、有体物を対象とするから、無体物である通話内容という情報を取得する方法としては、必ずしも適当ではない。そこで、電話傍受の性質に照らすと、令状の種類としては検証令状とするのが相当であろう[58]。しかし、①電話による通話は、仮に回線を特定したとしても、目指す犯罪に関わる通話のみに限定されてなされるわけではなく、特定をどうするか、②傍受の方法についてはどのように行うのか全て裁量に委ねるのは不当ではないか、③一旦傍受してみなければ、当該通話が当該犯罪に関係するか否か判断がつかないので、全てを傍受することになるのではないか、④検証には不服申立ての方法が規定されておらず不当ではないか、⑤予め令状を相手方に呈示することができず、適正手続が保障されないのではないかなどの問題が指摘されていた。

これに対し、前掲最高裁は、①検証対象の特定について、「傍受すべき通話、傍受の対象となる電話回線、傍受実施の方法及び場所、傍受ができる期間をできる限り限定すること」によって特定の要請を満たすことができ、②218条5項（現6項）を準用して、傍受の条件を付することができ、また、③傍受すべき通話か否か明らかでない通話については、その判断に必要な限度で傍受することは、検証に「必要な処分」(129条) に含まれるとし、さらに、④不服申立てができないからといって直ちに違法とは言えないし、また、⑤公務員2名の立会いを得るなど「適切な条件を付した検証許可状」により「法律の定める手続に従って行われた」として、その実施を適法とした[59]。しかしながら、いずれについても辛うじて説明し得ると言えるにとどまり、必ずしも全ての問題が

---

[58] もっとも、物理的な音声を録音することに意味があるというよりも、会話内容を認識することに意味があるから、いわば供述を取得するとも言える。供述取得の方法は取調べであって検証ではないという問題が完全に解消されたわけではない。

[59] 元原裁判官の反対意見も、呈示がない点については、「その性質上」呈示要件を「満たすことができないのはやむを得ない」が、適正手続の保障の見地から、傍受終了後の「事後の告知」を要するとし、その欠如と不服申立ての欠如の2点において、「刑訴法上の検証」として実施することはできないとされる。

完全に解消したとまでは言いにくい状態であった。そこで，平成 11 年（1999年）に刑訴法に 222 条 2 項が設けられて，別に定める特別法として，いわゆる通信傍受法が成立するに至った。

この法律の立法に際し，捜査の本質に関わる問題として議論されたのは，いわゆる将来犯罪の捜査という問題であった。この点，過去の犯罪に関わる通話でもあるのが通常であるから，必ずしも将来犯罪と言わなくても良いという考え方もあったが，電話傍受の対象犯罪となるのは，明らかに未だ発生していない犯罪である。過去の犯罪の証拠を収集するための傍受ではない。将来において犯罪に至るであろう内容の情報を今か今かと待つ捜査である。その網を設置するのが傍受という捜査方法である点で問題が残ることは間違いない。

もっとも，過去の犯罪であっても，捜査段階においては，過去に何らかの事実は存在したが，それが真に犯罪かどうか不明の場合であり，将来の犯罪は，仮にそのような事実が発生すれば，犯罪であること確実な場合であるとすれば，いずれも，これから証拠で解明する推認の問題である。過去の犯罪事実を証拠で推認していくか，将来の犯罪事実を証拠で推認していくかと言う違いに過ぎないということも可能であろう。「合理的疑い」を超える程度は不要であり，「嫌疑の相当性」という程度で良いとすれば，令状発付というレベルでは同様に扱って良いと考えることもできる。

4.5.2　犯罪捜査のための通信傍受に関する法律

対象犯罪は，通常捜査では解明しにくい組織的犯罪であり，具体的には，①薬物犯罪，②銃器犯罪，③集団密航，④組織的殺人とされており（傍受法 1 条），その対象となる通信は，有線無線を問わず現に行われている電気通信による通話である（同法 2 条 2 項）。電子メールについては対象外とされており（この場合には捜索差押許可状による），また，電気通信以外の口頭の会話についても対象外とされている。

傍受を行うためには，裁判官に「傍受令状」の発付を得る必要があるが，その要件は，①犯罪の嫌疑（同法 3 条 1 項各号に当たること），②犯罪関連通信の蓋然性があること，③他の方法では犯人の特定や犯行状況の解明が著しく困難であるという補充性があることである（同法 3 条 1 項本文）。傍受令状の請求手続については同法 4 条，傍受令状の発付については同法 5 条，令状記載事項につ

いては同法6条に規定されている。

　傍受できる期間は，原則として10日以内で（同法5条1項），通じて30日までは延長することができる（同法7条1項）。令状の呈示については，通信手段を管理する事業会社の役職員又はこれに代わるべき者に呈示すれば足り（同法9条），また，これらの者に立ち会わせなければならないとされ（同法12条1項），通信事業者には傍受の実施に協力する義務が課せられている（同法11条）。令状記載の犯罪以外の犯罪の実行に関する通話を偶々傍受した場合については，一定の重大犯罪を「実行したこと，実行していること又は実行すること」を内容とするものと明らかに認められる通信が行われたとき，これを傍受できるとされている（同法14条）。これは，一定限度において，いわゆる「別件傍受」を認めたものである。

　傍受の終了後は，原則として30日以内に，傍受した通信の当事者に対し，一定の事項を通知しなければならない（同法23条1項，2項）。通知を受けた当事者は，傍受記録中の当該通信を聴取，閲覧，複製することができ（同法24条），また，正当な理由があれば裁判所に原記録部分を閲覧等することができる（同法25条）。さらに，裁判所・捜査機関の処分に不服がある者は，裁判所に不服申立てをすることができ（同法26条1項，2項），裁判所は，当該処分を取り消すことができ，この場合には当該部分の消去を命じなければならないとされている（同法26条3項）。

　なお，政府は通信傍受の実施状況を毎年国会に報告しなければならないとされている（同法29条）。

第5章

身柄の拘束

5.1 総　説

　捜査とは，証拠の収集保全と犯人の身柄の確保を行う捜査機関の活動である。それでは，捜査において，なぜ身柄の確保（ないし拘束）が必要とされるのであろうか。

　第1に，捜査は，事案の真相を解明し，起訴すべきものは起訴することを目指した活動であるから，公判の準備という側面を有している。公判を実施するためには，原則として被疑者の出頭が不可欠であるから（286条），将来の公訴提起に備えて予め被疑者の身柄を確保しておく必要が生じる。

　第2に，捜査は，真相を解明するための活動であるから，できるだけ客観的に公正な証拠を収集しなければならない。したがって，少なくとも積極的な証拠隠滅活動は，これを阻止する必要がある。こうして，①被疑者の逃亡の防止と②罪証隠滅の防止とが，被疑者の身柄拘束の実質的な理由となる。

　なお，取調べのための身柄拘束が認められるかについては，争いがある。しかし，逮捕の必要性についても，勾留の理由についても，罪証隠滅の防止についてはこれを認めながら，取調べの必要については規定がないこと，身柄拘束が証拠隠滅によって捜査を妨害しないという消極的意味を持つからといって，供述証拠獲得のために利用するという積極的意味まで持たせることは相当ではないことなどに照らして，消極に解すべきであろう（なお，そのことと拘束中の被疑者の取調べを行うことができることとは別論である）。

　次に，身柄拘束は令状主義に制約されている（現行犯の場合を除く。憲33条参照）。身柄拘束は，最大の人権侵害であるから，強制処分として，強制処分法

定主義に服し，さらに，具体的事件ごとに裁判官による個別の令状審査（司法審査）を経ることとしたものである。そのような方法が，捜査機関の権限濫用を回避するために合理的な方法であるという判断であろう。

なお，裁判官によって発付される令状が許可状であるか命令状であるかについては争いがある。旧法下において，捜査機関には現行犯逮捕以外の強制捜査の権限が認められておらず，そのためにいわゆる行政検束等が濫用されてきた経緯に鑑み，むしろ正面から捜査機関に強制捜査の権限を付与し，これを裁判官が審査するという制度を採用することとなった経緯に照らすと，捜査機関に強制処分の権限を認めるものと解すべきであろう。この意味において，逮捕状は許可状と解するのが相当であろう[1]。

5.2 逮 捕

5.2.1 逮捕の目的・性質

我が国では，身柄拘束と取調べとが一体として論じられる傾向にあった。すなわち，戦前から取調べのための逮捕は当然であるとされてきた。しかし，戦後の当事者主義化に伴う弾劾的捜査観の発展に伴い，一方当事者のみが他方当事者を強制的に拘束して取調べを行うことの理論的不当性が認識されるようになり，取調べと身柄拘束とは切り離されるようになってきた。

多数説によると，逮捕はその必要性を要件とするところ，それは結局，逃亡防止・罪証隠滅防止であって（規143条の3参照），逮捕はそのためになされるものであるから，それ以外の必要性（例えば，取調べの必要性）は逮捕の必要性とは認められないと解されている。確かに，取調べの必要性のみに基づいて逮捕することは相当ではないが，身柄拘束が捜査として認められている以上，取調べを含む捜査を目的として身柄拘束を行うことは不当とは思われない。その限りでは，取調べの必要性を考慮することもあり得て良いように思われる[2]。

なお，逮捕状は，上述のとおり，一般には許可状と解されているから，逮捕状発付を受けても，必ず逮捕しなければならないものではない。逮捕の理由と

---

[1] 許可状であるから，執行するかしないかは捜査機関の裁量に委ねられる。命令状とみれば，執行しない場合を想定して，条件付命令状と解することになろう。

必要があるときに限り逮捕して良いと言うに過ぎない。

逮捕には，通常逮捕，現行犯逮捕及び緊急逮捕の三種類の逮捕がある。以下，順次検討しよう。

5.2.2 通常逮捕
(1) 逮捕状の請求

逮捕状は，検察官又は指定請求権者である司法警察員（199条2項，規141条の2）[3]が，書面（記載事項につき，規142条）により，謄本1通を添付して（規139条1項，2項），裁判官[4]に対して請求する（199条2項）。請求権者を制限したのは，慎重を期し濫用を防止するためである。なお，その際の資料の提供につき，規143条参照。また，同一事実で前に請求又は発付があったときは，その旨を請求書に記載することとされている（199条3項）。逮捕の蒸し返しを防止する趣旨である。

(2) 逮捕の理由と逮捕の必要

憲法33条は，逮捕するには，原則として，「理由となってゐる犯罪を明示する令状」によると規定する。事件単位で明示することによって，別罪への流用を防止する趣旨である。それ故，明示できる程度に犯罪の嫌疑があることが不可欠である。しかし，嫌疑があるからといって全ての被疑者を逮捕する必要もないであろう。こうして，逮捕には，理由と必要が要求される。逮捕の理由とは，「嫌疑の相当性」であり，「罪を犯したことを疑うに足りる相当な理由」（199条1項）である。請求権者は，これを疎明するために資料の提供をしなければならない（規143条）。逮捕の必要とは，「明らかに逮捕の必要がない」（199条2項但し書）とは言えないことであり，規則143条の3が「…裁判官は，逮捕の理由があると認める場合においても，被疑者の年齢及び境遇並びに犯罪の

---

[2] 刑訴法は，身柄拘束中の被疑者の取調べを否定するものではなく，拘束中の被疑者には取調受忍義務が認められるところ，そのような状態の取調べを実現するには被疑者を逮捕する以外に方法がないから，取調べを目的とした逮捕も認められる，という説明もなされている。しかし，仮に，拘束中の被疑者の取調べがそのような状態であるとしても，それは拘束の結果に過ぎず，逆に，そのような結果を目的として拘束ができるとは直ちには言えないように思われる。

[3] 国家公安委員会又は都道府県公安委員会が指定した警部以上の者とされている（国家公安委員会による指定につき，昭和29年国家公安委員会規則5号2条参照）。

[4] 事件の管轄にかかわらず，請求者の所属する官公署の所在地を管轄する地方裁判所又は簡易裁判所の裁判官である（規299条1項）。

軽重及び態様その他諸般の事情に照らし，被疑者が逃亡する虞がなく，かつ，罪証を隠滅する虞がない等明らかに逮捕の必要がないと認めるときは，逮捕状の請求を却下しなければならない」と規定していることに照らし，「逃亡する虞」，「罪証を隠滅する虞」等であると解されている[5]。

　第1の問題は，取調べ目的で逮捕できるかである。逮捕の目的は，逃亡のおそれと罪証隠滅のおそれを防止することにあるとすれば，被疑者の取調べのみを目的とした逮捕は許されないことになる。

　第2の問題は，度重なる不出頭の場合にそれのみを理由に逮捕できるかである。この点，最高裁は，指紋押捺を拒否（当時の法定刑は，1年以下の懲役若しくは禁錮又は20万円以下の罰金）した被疑者に対して5回にわたり警察署に出頭するよう求めたがこれに応じなかった事案につき，「逃亡のおそれ及び指紋押なつをしなかったとの事実に関する罪証隠滅のおそれが強いものであったということはできない」としつつも，「5回にわたって任意出頭するように求められながら，正当な理由がなく出頭せず，また，被上告人の行動には組織的な背景が存することがうかがわれたこと等にかんがみると，本件においては，明らかに逮捕の必要がなかったということはできず」とした[6]。不出頭が重なったとしても，直ちに逃亡又は罪証隠滅のおそれが認められるとは言えないが，そのおそれが推認されることはあると言えよう。

　なお，30万円以下の罰金，拘留又は科料に当たる軽微な犯罪については，住居不定又は出頭拒否のいずれかが必要とされる（199条1項但し書）。逮捕の必要性があって，それ以外の犯罪であれば逮捕できるような場合であっても，軽微な犯罪の場合にはできる限り任意捜査に委ねるのが相当であるから，住居不定又は正当な理由のない出頭拒否という強い必要性がある場合に限って逮捕が許されるという趣旨である。その意味で，逮捕の要件を一層厳しく制約した加重要件であると解するのが一般的である[7]。

---

[5] 逮捕の必要性を判断する主体は，第1次的には捜査機関であり，裁判官も第2次的に判断できるとされている。捜査機関こそが捜査の主体であり，司法審査は濫用防止という意味のチェックであること，刑訴法199条2項但し書の規定形式から見て，原則として捜査機関が判断することを前提に，「但し」として，裁判官は「明らかに」必要ないときのみを判断するとされていること，逮捕状請求書の記載事項として，「逮捕を必要とする事由」があること（規142条1項3号）などを理由とする。
[6] 最判平10・9・7判時1661号70頁（なお，本件は国賠訴訟）。
[7] もっとも，住居不定のような場合には，通常は逃亡または罪証隠滅のおそれが認められることが多いと思われるので，重複を否定する趣旨ではないとされている。

(3) 逮捕の方法
ア　逮捕状の呈示

逮捕状を執行する場合には，逮捕状を相手方に呈示しなければならない（201条1項）。呈示は，逮捕の相手方に逮捕理由を告知して，その内容を理解させるためである。そこで，第1に，このような趣旨に照らして，どの程度の呈示が必要であるかが問題となるが，少なくとも呈示の趣旨に沿った程度，すなわち，被疑者がその内容を知り得る程度に示すことを要するとされる。被疑者に被疑事実の概要を知り得る機会を与えれば足り，現実に閲読させなくても良い。また，性質上，事前の呈示であることを要するが，相手方が抵抗するなど事前に呈示できない事情があれば，逮捕と同時でも良いとされる。

第2に，呈示の例外は認められるのであろうか。この点，呈示それ自体は憲法上の要請ではないので，やむを得ない合理的な理由と必要があれば，呈示をしないことが許される場合もあり得よう。例えば，相手方が呈示を妨害したような場合，呈示前に逃走したような場合などには，呈示困難なやむを得ない事情が認められるので，呈示がないまま逮捕状を執行することもあり得よう。また，この場合には，相手方が呈示を受ける権利を放棄したと評価する余地もある。

第3に，外国人に対する呈示方法をどうすべきであろうか。逮捕状に訳文を添付し又は通訳人を同行することが望ましく，実務においても可能な限りそのよう努めている。しかし，明文上訳文添付の規定はなく，外国語で記載された逮捕状によるとの規定もないので，訳文添付は法律上は要求されていないというべきであり，通訳人の不足等捜査の実情をも踏まえれば，逮捕状に訳文が添付されていなくても直ちに違法とまでは言えないであろう。

イ　被逮捕者の捜索

逮捕状によって被疑者を逮捕する場合には，被疑者が隠れている可能性がある場所に立ち入って，被疑者を捜索することができる。この場合には，捜索令状は必要がない（220条1項1号，3項）。被疑者方に立ち入ることはもとより，第三者方に立ち入る場合にも，逮捕状以外の令状を要しない。ただし，後者の場合には，被疑者が存在すると認めるに足りる状況が必要であろう（222条1項，102条2項）。

このようにして被疑者を捜索する際に，人の住居又は人の看取する邸宅等に

立ち入る場合には，住居主等の立会いが必要であるが（222条1項，114条2項），急速を要するときは立会いが不要とされている（222条2項）。また，第三者方に立ち入るような場合にも，捜索令状を呈示する余地はない。その代わりに，逮捕状を呈示するべきであるとの見解が有力であるが，必ずしも不可欠とは思われない。被疑者の捜索に際しても，「必要な処分」をなし得るから（222条1項，111条1項），マスターキーを借り受けて立ち入るとか，宅配便を装って立ち入ることなども適法と解されよう。

ウ　逮捕状の緊急執行

逮捕状の発付を受けているが，これを所持していない場合はどうすれば良いであろうか。急速を要する場合には，令状の「緊急執行」が可能であり，相手方に対し，被疑事実の要旨及び逮捕状が発付せられている旨を告げて逮捕することができる（201条2項，73条3項）[8]。逮捕が令状に基づくことを理解させるためであるから，単に罪名の告知のみでは足りず，被疑事実の概要を理解させる程度の告知は必要とされる[9]。

逮捕状の緊急執行をした場合には，事後「できる限り速やかに」逮捕状を示さなければならない（73条3項但し書）。呈示は，相手方に対して逮捕状による逮捕であることを確認させるとともに，執行手続の完了を意味するから，呈示がなければ逮捕は完了せず，したがって，この逮捕を前提として勾留請求することもできない。

エ　逮捕に伴う有形力行使

逮捕の際に相手方が抵抗した場合，その抵抗を排除するために必要な有形力行使することができるとされる。捜索差押許可状の執行の場合（222条1項，111条1項による「必要な処分」）と異なり明文の規定はないが（なお，被疑者の捜索について111条1項の準用があることは前述のとおりである），一般には，逮捕状の実効性を確保するため，社会的に相当な範囲内の有形力行使は，逮捕状の効力として当然に可能であると解されている。最高裁も，密漁漁船を追跡して現行犯逮捕しようとした際，相手方の手足を竹竿で突くなどして約1週間の傷害を負わせた事案について，「社会通念上逮捕のために必要かつ相当であると認

---

[8]　ただし，令状を取り寄せる余裕がある場合には，「急速を要するとき」に当たらず違法とされよう（東京地判平15・4・16判タ1145号306頁）。

[9]　東京高判昭34・4・30高刑集12巻5号486頁，東京高判平8・12・12東高刑時報47巻1〜12号145頁。

められる限度内の実力を行使することも許され，たとえその実力の行使が刑罰法令に触れることがあるとしても，刑法35条により罰せられないものと解すべきである」としている[10]。

これに対し，第三者が被疑者の逮捕を妨害した場合はどうであろうか。この場合も，当該第三者に対して，必要かつ相当と認められる限度で，緊急やむを得ない措置として，その妨害を排除することができる[11]。第三者に対しても令状の付随的効力として妨害排除効が及ぶというべきであろう。

なお，相手方が逮捕状を奪い取って破損ないし廃棄消滅させた場合はどうであろうか。この場合，仮に逮捕状という紙片が消滅しても，裁判の効力が消滅するわけではないので，既に執行に着手している以上，その後の呈示続行が不可能になったとしても，なお当該令状の執行を継続することができ，引き続き相手方を制圧して執行を完了することができるというべきであろう。

5.2.3 現行犯逮捕

(1) 現行犯人の逮捕

現行犯人とは，「現に罪を行い，又は現に罪を行い終つた者」(212条1項)であるから，一定の「時間的段階」における犯人とされている。現行犯人は，逮捕者にとって犯罪と犯人が明白であって誤認逮捕のおそれがなく，また，通常，犯人は現場から逃走し所在不明となるおそれが大きいことから，機会を逸することなく直ちに身柄を確保する高度の必要性があるため，誰でも無令状で逮捕できることとしたのである。したがって，一般には，時間的接着性・場所的接着性が要求される[12]。

第1の問題は，被害者から事情を聴取して初めて被疑者を犯人と認めた場合も逮捕者にとって明白と言えるかどうかである。この点に関し，下級審であるが，「逮捕者である司法巡査とすれば犯行現場に居合わせて被疑者の本件犯行を目撃していたわけでなく，またその逮捕時において被疑者が犯罪に供した凶器等を所持しその身体，被服などに犯罪の証拠を残していて明白に犯

---

[10] 最判昭50・4・3刑集29巻4号132頁。
[11] 東京高判昭53・5・31刑裁月報4-5号883頁（大菩薩峠事件）。
[12] もっとも，現行犯人が時間の段階における犯人だとすれば，場所的接着性は付随的要素と言えよう。それ故，犯行現場にとどまっていても時間が経過してしまえば現行犯人ではないし，場所が遠く離れてしまえば，時間的接着性の欠如を推認させよう。

人と認めうるような状況にあったというわけでもないのであって，被害者の供述に基づいてはじめて被疑者を…犯人と認めえたというにすぎない。」と述べて現行犯逮捕を違法とした裁判例[13]がある。しかし，本件では，被疑者を発見したのは，現場からわずか20m離れた場所で，時間も10分程度と短時間であるから，仮に，現場に駆け付けた警察官が，被害者の犯行現認状況の詳細を正確に引き継いでいたのであれば（現認者の記憶を必要な限度でそのまま複写したと考えれば），事情を聴取した警察官（逮捕者）にとっても明白であったと言える余地はあり得たかもしれない。その意味において，いわば現認した状況が「継続」していると考える余地もあったように思われる[14]。もっとも，複写と評価し得るほどの引き継ぎを必要とする以上，単に概要を聴取しただけでは到底明白とは言えないであろう[15]。なお，現行犯は時間的段階の犯人であるから，長時間経過した後に日を改めて事情聴取したとしても現行犯と言えないのは当然である。

　第2は，現行犯逮捕には必要性の要件は不要ではないかという問題である。現行犯人については，私人が逮捕することもできるが，私人は捜査機関と違って必要性の判断ができないので，そもそも現行犯逮捕には逮捕の必要性は要求されないのではないかとの疑問がある。この点，例外的な私人逮捕の場合を本来の形として必要性要件を全て不要とするのは本末転倒であると批判される。確かに，現行犯の場合には直ちに身柄を確保しなければその後の出頭確保が困難となることが多く，原則として逮捕の必要性があると言って良いが，人権保障の見地からも，明らかに必要性がない場合についてまで逮捕して良いとするのは相当ではあるまい[16]。なお，217条は，軽微な犯罪の場合について，住居若しくは氏名が明らかでない場合又は逃亡するおそれがある場合に限っているが，

---

[13] 京都地決昭44・11・5判時629号103頁〔百選9版13事件〕。
[14] 被害者からの事情聴取は，一旦見失って再度発見した場合と同様に，「現認状況の継続」と評価できるとされるとの見解に対し，被害者等の供述によってはじめて現場付近にいる者が犯人と分かるような場合は現行犯逮捕することは許されないとの見解も有力である。なお，東京高判平17・11・16東高刑時報56巻1~12号85頁参照（被害者と情報を聞いた父親との共同逮捕と構成する）。
[15] 被害者が絶対に犯人に間違いないと確信を持って指摘したとしても，これを聞いた者自身にとっては単なる伝聞に過ぎないのであるから，直ちに明白であるとは言えないであろう。
[16] 大阪高判昭60・12・18判時1201号93頁〔百選9版14事件〕，東京高判平20・5・15判時2050号103頁も必要と解している。これに対し，不要とする裁判例として，東京高判昭41・1・27下刑集8巻1号11頁。

これは，逮捕の必要性を前提とした上で，軽微な犯罪の場合には単なる必要性では足りないとして，特に要件を加重したものと解するべきであろう[17]。
　第3に，私人が見ても現行犯人とは分からないが，捜査機関が予め得ている情報をもとに見れば犯罪の実行だと分かる場合はどうか。仮に同様の資料を通常人に提供すれば，その者が直ちに現行犯逮捕の要件があると認知し得る場合には現行犯逮捕が可能であろう[18]。
　第4に，犯行現認者が追跡継続中に，その依頼を受けてこれを引き継ぐ形で継続して追跡した場合はどうか。この点につき，特殊な事例であるが，アワビの密漁船を現認し約30分追跡したA船と，その依頼に応じて約3時間にわたり密漁船を継続追跡したB船，C船が追い付いて逮捕したという事案につき，「いずれも刑訴法213条に基づく適法な現行犯逮捕の行為である」とした判例[19]がある。この場合には，A船の船員が既に逮捕行為を開始していたと考えることができるので，逮捕した最終者が，前者の逮捕行為を引き継いでいると評価することもできよう[20]。
　第5に，挙動不審者に職務質問を行った結果，犯人と判明した場合はどうか。この場合にはそもそも現認がないことが多いと思われるので，「現認の継続」とも言えない上，仮に一定の現認があったとしても，時間の経過とともに現行犯性を失っていくので，現行犯逮捕は相当でないことが多いであろう[21]。必要がある場合には，むしろ緊急逮捕で対処するべきであろう。

(2) 準現行犯の逮捕

　準現行犯とは，追呼され，贓物等を所持し，身体被服に犯罪の顕著な証拠があり又は誰何され逃走しようとする者が，現に罪を行い終わって間がないと認められる場合（212条2項）である。

---

[17] なお，交通事犯の場合には，逮捕の必要性がない場合も少なくないとの特性に鑑み，逃亡のおそれなど特別の事情がある場合以外には逮捕しないようにすべきであるとされている（捜査規範219条）。
[18] 東京高判昭41・6・28東高刑時報17巻6号106頁参照。
[19] 最判昭50・4・3刑集29巻4号132頁。
[20] その意味で，未だ逮捕行為に着手していない「現認状況の継続」とは異なっている。
[21] 直ちに逮捕することなく職務質問を継続することは，慎重を期するという意味では必ずしも不当とまで言えない。職務質問を継続した結果，犯行後約1時間10数分を経過した現行犯逮捕を適法とした事例もある（東京地判昭62・4・9判時1264号143頁）。これに対し，大阪高判昭62・9・18判タ660号251頁は，約40分後の現行犯逮捕を違法としている。

2項各号の要件は，犯罪の現認に代わる犯罪と犯人との明白性の担保であって，「現に罪を行い，又は現に罪を行い終つた」状況を前提とする現行犯よりも犯罪と犯人の結び付きが劣るので，その分を補って明白性を担保しているものと考えられる。したがって，例えば，1号の「犯人として追呼されているとき」とは，犯行を現認されて引き続き追跡されている場合（この場合は，本来の現行犯人である）ではなく，いったん犯行を終了した後で「間がない」うちに追跡を開始され，その状態が継続している場合を想定しているものと考えられる。「間がない」とは，概ね数時間程度以内が想定されているが，現行犯の場合と同様，時間的近接性のみならず，場所的近接性も補完的に考慮されよう（時間的・場所的近接性）。また，「間がない」か否かは，各号と併せて犯人と犯罪の明白性を担保するのであるから，各号の推認力の強弱によって定まると言って良く，複数の各号を同時に充たす場合には，時間的・場所的近接性はある程度緩和されても良いであろう。したがって，単に誰何されて逃走しただけであれば，時間的・場所的近接性も相当厳しく要求されるであろうが，着衣に返り血を浴びた者が誰何されて逃走した場合には，ある程度緩和されて良いように思われる。

この点に関し，約4km離れた派出所で勤務していた警察官が，内ゲバ事件の通報を受けて逃走犯人を警戒中，約1時間後に通りかかったXを認め，小雨の中を傘もささず着衣を濡らし，靴も泥で汚れていたのを見て，停止を求めたところ逃げ出したので，約300m追跡して追い付き，腕に籠手を装着しているのを認めたなどの事情があった場合，及び，約4km離れた路上で約1時間40分後に，着衣が泥で汚れたY，Zを認め，停止を求めたところ逃げ出したので約数10m追跡して追い付き，髪が濡れ靴が泥まみれで，顔に新しい傷跡があるなどの事情があった場合につき，いずれも，212条2項2号ないし4号に当たるとして適法とした判例[22]がある。

5.2.4 緊 急 逮 捕

緊急逮捕とは，一定の重大犯罪につき，嫌疑が充分である場合に，逮捕後に令状を得ることを条件として逮捕できるとしたものである（210条）。その要件

---

[22] 最決平8・1・29刑集50巻1号1頁〔百選9版15事件〕（和光大事件）。

は，①嫌疑の充分性，②逮捕の緊急性，③犯罪の重大性である。すなわち，①「死刑又は無期若しくは長期3年以上の懲役若しくは禁錮」に当たる罪であること，②「罪を犯したことを疑うに足りる充分な理由」があること（通常逮捕における「相当な」理由〔199条2項〕ではなく「充分な」理由が必要），③「急速を要し，裁判官の逮捕状を求めることができないとき」である。例えば，重大犯罪の犯人が自ら出頭してきた場合，時間が経過し現行犯人ないし準現行犯人とは言えないが身柄確保が必要な場合，職務質問を経て任意同行し，任意提出した尿から覚せい剤反応が検出された場合などである。

　緊急逮捕については，その合憲性が問題とされている。①緊急逮捕も憲法33条の「現行犯」に含まれるとの見解（合理的逮捕説），②逮捕後に令状を発付されることから令状による逮捕と見て良いとの見解（令状逮捕説）などが主張されているが，③端的に憲法違反であるとする見解もある。この点，判例[23]は，法の定めるような「厳格な制約の下に，罪状の重い一定の犯罪のみについて，緊急已むを得ない場合に限り，逮捕後直ちに裁判官の審査を受けて逮捕状の発行を求めることを条件とし，被疑者の逮捕を認めることは，憲法33条規定の趣旨に反するものではない」としている。確かに現行犯逮捕とも，令状による逮捕とも言い難いが，いずれについてもその一部を満たすとは言えるであろうから，全体として憲法の趣旨に反するとまでは言えないであろう。実務の運用は，概ね令状逮捕説によっていると言われている。これによると，逮捕状の発付によってそれまでの拘束を追認し，逮捕を実質的に完成させることになるので，請求時に既に釈放していても逮捕状の請求が必要となる。

　逮捕後は，「直ちに」緊急逮捕状を請求する手続をしなければならない。「直ちに」とは，「即刻」と言われているが，請求のために必要な書類（疎明資料）の収集作成を行う時間など，請求までに必要なやむを得ない程度の時間の幅は許されよう。もっとも，被疑者を取り調べたり，実況見分を実施するなど，逮捕状請求に必ずしも必要とは言えない捜査を行うために時間を費やすことは許されない。約6時間経過した後の請求を適法とした裁判例[24]があるが，他方，

---

[23] 最大判昭30・12・14刑集9巻13号2760頁〔百選9版A1事件〕。
[24] 広島高判昭58・2・1判時1093号151頁（目撃者の供述調書作成など，「最小限度の疎明資料」の収集整理に時間を要した事案）。

約6時間40分程度を経過した後の請求を違法とした裁判例[25]などがある[26]。

令状請求を受けた裁判官は、①逮捕時に緊急逮捕の要件があったかを審査するとともに、②逮捕状請求時に通常逮捕の要件があったかを審査する。したがって、①又は②のいずれか一方でも充足しなければ釈放されることとなる。その審査は、逮捕の追認とともに、身柄拘束継続の承認であるためとされている。また、人違い等が判明したため既に釈放した場合であっても、逮捕時の要件①の審査を受けるため、令状請求が必要とされる（捜査規範120条3項参照）。令状請求を受けた裁判官がいつまでに審査を終えるべきかは規定がない。48時間以内に発付がなかった場合には、釈放すべきであるとの見解もあるが、準備が整い次第、48時間を待たずに速やかに送致するのが相当であるから、未だ発付がなくても事件を送致した上で、検察官による勾留請求の段階でなお発付がない場合には、前置された逮捕の適法性（逮捕前置主義）が確認できないことになるので、この段階で釈放するのが相当と思われる。

発付された令状については、執行の余地はないので、その呈示についても規定がないが（211条による準用は202条以下であって、201条は準用されない）、実務においては事実上被逮捕者に示している。

5.2.5　逮捕後の手続

(1) 司法警察員又は検察官の措置

司法巡査が逮捕した場合には、司法警察員へ引致する（202条、211条、216条）。引致とは、逮捕した被疑者の身柄の取扱いを決めるため、決定権限を有する司法警察員等の下に連行することを言う。逮捕状には、「引致すべき官公署その他の場所」を記載することとなっている（200条1項）。「某警察署又は逮捕地を管轄する警察署」と記載されるのが通常である。

司法警察員が引致を受けた場合[27]には、①被疑事実の要旨の告知、②弁護人を選任することができることの告知、③弁解の機会の付与（なお、黙秘権告知

---

[25] 大阪高判昭50・11・19判時813号102頁（被疑者立会いの実況見分や被疑者取調べを行った事案）。
[26] さらに、最決昭50・6・12判時779号124頁参照（団藤重光裁判官の補足意見において、約8時間30分ないし10時間程度を経過した後の請求が違法とされている）。
[27] 司法警察員が逮捕した場合であっても、捜査担当者である司法警察員へ引致することも認められている。

は不要とされる[28]）、④釈放又は検察官送致（48時間以内）の手続を採る（203条，211条，216条）。なお、②の告知の際には、引き続き勾留を請求された場合には、貧困等の理由で自ら弁護人を選任できないときは裁判官に対して国選弁護人の選任を請求できる旨、その場合には資力申告書が必要である旨、一定の資力以上の場合には弁護士会に弁護人の選任の申出をしていなければならない旨を告知することが求められている（203条3項）。送致を受けた検察官は、①弁解の機会の付与、②釈放又は勾留請求（24時間以内）を行う（205条1項。なお2項参照）。

検察官が逮捕した場合には、①弁解の機会の付与、②釈放又は勾留請求（24時間以内）が必要である（204条）が、国選弁護人の選任手続の告知については、司法警察員が逮捕した場合と同様である（204条2項）。

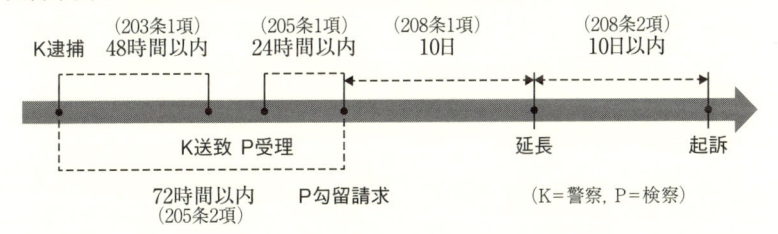

```
                (203条1項)    (205条1項)    (208条1項)      (208条2項)
  K逮捕        48時間以内    24時間以内     10日          10日以内
    ├─────────────┼─────────────┼──────────────┼──────────────→
                  K送致 P受理              延長        起訴
                  72時間以内   P勾留請求   (K=警察，P=検察)
                  (205条2項)
```

(2) 引致後の留置

被疑者を引致した場合、必要があれば刑事施設[29]に留置することができる（209条，75条）。引致すべき場所の記載は、留置場所の指定ではないから、引致場所と異なった留置施設に留置を変更することができるとされている[30]。

引致後の留置は、捜査機関の手持ち時間と解されている（多数説）。その説明として、①逮捕は身柄拘束で終了し、その後の留置は付随的措置とする見解と、②逮捕は身柄拘束とその後の留置を含み、その後の留置も逮捕の構成要素とする見解がある。①説によると、引致によって逮捕行為は完了し、その後「とどめおく」のは、法が特に認めた短時間の仮の身柄拘束であって、逮捕自体の効果ではなく逮捕の付随的効果に過ぎないとされる。したがって、被逮捕者が逃走した場合には、新たな再逮捕しかないことになる。これに対し、②説によると、逃走した場合にも新たに再逮捕することなく、現行の逮捕状で再び拘束で

---

[28] 最判昭27・3・27刑集6巻3号520頁。
[29] なお、留置施設（施設法14条1項）に留置することもできる（同法15条1項，3条2号）。
[30] 最決昭39・4・9刑集18巻4号127頁。

きることになる。逮捕状の効力を法が定めたと解するのが簡明であり、②説を相当としよう。

5.3 勾　留

5.3.1　勾留の意義等
(1) 勾留の意義・目的

　勾留とは、被疑者、被告人に対する未決拘禁で、裁判官又は裁判所の裁判とその執行を言う。裁判官又は裁判所が行う強制処分であるから、勾留状は命令状である。起訴前の勾留は、検察官の請求に基づき裁判官が勾留状を発付して行うこととされている（207条1項）。

　勾留の目的は、①逃亡の防止（将来の裁判への出頭確保）と②罪証隠滅の防止である。そのことは、207条1項によって準用される60条1項に照らして明らかと思われるが、いくつか問題も指摘されている。

　第1は、取調べ目的の勾留は可能かである。勾留の目的は上記①及び②であり、それを超えて取調べを目的とした勾留は認められないとするのが一般的である。とりわけ、弾劾的捜査観に立つ場合には、消極を相当とする。したがって、取調べのみを目的として勾留することは許されない（もっとも、勾留中に取調べが許されるか否かとは別の問題である）。

　第2は、勾留の目的に再犯の防止を含むかである。権利保釈の除外事由がある場合には勾留を継続することとなるが、その事由のうち89条2号3号は、再犯のおそれを類型化したものであるから、逃亡や罪証隠滅のおそれでは説明がつかないとの見解もある。しかし、これらは逃亡のおそれに基づくものとして説明可能である。現在の勾留の基礎となった犯罪でさえ未確定であるのに、将来起こるかもしれない犯罪を理由に拘束することは、予防拘禁を認めるに等しいし、権利保釈の除外事由は、保釈を認めないというだけであって、勾留の積極的理由にはならないであろう。したがって、消極を相当としよう。

(2) 勾留の要件

　勾留の要件は、第1に、勾留の理由（207条1項、60条1項）、すなわち、①罪を犯したことを疑うに足りる相当の理由（狭義の勾留の理由）及び②住居不定、

逃亡のおそれ又は罪証隠滅のおそれがあること，第2に，勾留の必要（87条1項）（勾留の相当性），すなわち，「勾留の必要がなくなった」（87条1項）という事情がないことである。

逮捕と勾留の比較

	理　由	必　要
逮　捕	嫌疑の相当性	逃亡・罪証隠滅のおそれ等
勾　留	嫌疑の相当性　＋ 住居不定 or 逃亡・罪証隠滅のおそれ	勾留の相当性

　ここでの犯罪の嫌疑は，逮捕時より強いが公訴提起時より弱い。すなわち，逮捕の後に取調べや捜索等の捜査が行われ，逮捕時よりも証拠が補充されているはずであるから，通常は逮捕時より嫌疑が高度になっている。
　60条各号事由のうち，住居不定に関して問題となるのは，住居を黙秘した場合である。黙秘の結果，捜査機関にとって住居不明であれば不定で良いが，他の資料から分かる場合は不定とは言えない。
　最も問題となるのは，罪証隠滅のおそれである。その対象は，犯罪の成否に直接関わる証拠のみならず重要な情状証拠も含むべきである。否認した場合に直ちに罪証隠滅のおそれがあると言えるかどうかは問題である。消極的見解が多数と思われるが，被疑者には積極的に嘘をつく権利はない上，自白すれば裏付け捜査等により証拠が明らかとなり客観的に隠滅の可能性が減少するのに対し，否認すればその可能性の減少がない分だけ客観的には罪証隠滅の余地が増えるので，積極に解することもできるように思われる。実務上は，共犯者逃亡中，暴力団等組織を通じた通謀のおそれ，被害者威迫のおそれ，覚せい剤購入先不明，関係者への働きかけのおそれなど，犯罪の種類，共犯関係の有無等に応じて，ある程度「類型的」「定型的」に判断されている。起訴前勾留は，未だ捜査が始まったばかりであり，これからさらに証拠を収集するという段階であるから，証拠が不十分なことは当然であって，だからこそ証拠収集が妨害されるおそれを排除するために拘束するのである。その意味において，類型的・定型的な推認によることは相当であろう。

これに対し，勾留の必要性については，勾留の理由が具備されていても「必要性がなくなったとき」には勾留を取り消すものと規定されているので（87条1項），必要性が勾留の要件であることは明らかであるが，60条と87条1項との関係を考慮すれば，罪証隠滅や逃亡の蓋然性とは異なった勾留の相当性を意味するものと解される。したがって，被疑者を拘束した上で捜査を行う公益上の利益と，被疑者の個人的利益との衡量によって判断される。例えば，家出して住居不定であっても，確実な身柄引受人がおり出頭が確保されている場合，重大な病気に罹患して治療しなければ命に関わるような場合などには，原則として必要性がないとされている[31]。

(3) 勾留の手続

ア　逮捕前置主義

　被疑者勾留は，常に検察官の請求による（204条1項，205条1項，206条）。したがって，起訴前には，裁判官による職権勾留は認められない。また，207条1項は，「前3条の規定による勾留の請求を受けた裁判官は」と規定しているから，勾留には必ず前もって逮捕することが必要である（逮捕前置主義）。その趣旨は，第一段階として短時間の拘束を先行させ，その終了時になお必要がある場合にのみ一層長期の拘束を認めるのが，被疑者の人権保障に適うからとされている。

　前置されるべき逮捕は，その後の勾留事実と同一事実でなければならない（一罪一逮捕・勾留の原則）。また，前置されるべき逮捕は，適法な逮捕でなければならないとされる。①逮捕が違法であれば，直ちに釈放されるべきであること，②前置主義は逮捕の適法を当然の前提としていること，③逮捕手続の違法性を判断するための準抗告が認められておらず（429条1項2号参照），勾留請求段階に判断するほかないから，逮捕の違法は勾留段階で一括して審査する趣旨と解すべきであることなどが理由として挙げられている。そこで，逮捕手続に違法があった場合には，勾留請求は却下される。

　問題は，常に却下されるべきかどうかである。この点，重大な違法がある場合には却下されるが，軽微な違法であればそのまま勾留することを妨げないとするのが多数説である。重大か否かの判断は必ずしも容易ではないが，人権保

---

[31] もっとも，この判断は，犯罪の軽重，勾留の理由の程度などと総合的な相関関係に立つと考えられるので，一概には言えないとされる。

障を強化した法の精神に照らして許されるか否かという観点から判断するほかないと言われている。この点，違法な現行犯逮捕を前提としてなされた勾留請求を却下した裁判例[32]，現行犯逮捕の契機となった建物の解錠が重大な違法であったとして，勾留請求を却下した裁判例[33] などがあるが，他方，任意同行が実質逮捕に当たるとしながら，その時点において緊急逮捕の実体要件が充たされており，その約3時間後に通常逮捕の手続が採られ，しかも制限時間内に勾留請求がなされた場合には，重大な違法がないとした裁判例[34] がある。

イ 勾留質問

勾留請求を受けた裁判官は，勾留質問（207条1項，60条1項）を行う。勾留質問室で手錠腰縄をはずして椅子にかけさせて質問する。弁護人の立会要求がある場合，裁判官の裁量によるが（立会につき，明文の規定はない），実務では，通常は立会いを認めていない。被疑事実を告げ，これに関する陳述を聞くことで足りるが（61条），黙秘権，弁護人選任権告知も事実上行われている。

(4) 勾留の期間・場所

ア 勾留の期間

勾留の要件の有無によって，直ちに勾留期間が定まるわけではない。要件の有無は，勾留の可否の問題である。勾留の期間は，身柄拘束の状態で捜査を行うことができる期間である。したがって，法は，「10日以内に公訴を提起しないときは」という形で，これを10日と定めた（208条1項）[35]。10日より短い期間の勾留が可能かどうかについては争いがあるが，短期の規定ないこと，勾留の必要がなくなれば取り消せば良いことなどから，実務は消極に解して運用されている（反対説あり）。

他方，10日間で十分な捜査ができず，起訴・不起訴を決定するに足りる証拠収集をすることができなかった場合には，一定期間の延長を認めることとした。これが勾留延長である（208条2項）。延長は，当初の10日間で証拠収集することができないやむを得ない事情がある場合に，事情に応じて期間延長を認めたものであるから，通じて10日である限り，小刻みの延長も可能である

---

[32] 京都地決昭44・11・5判時629号103頁〔百選9版13事件〕。
[33] 東京地決平22・2・25判夕1320号282頁。
[34] 東京高判昭54・8・14刑裁月報11巻7-8号787頁〔百選9版16事件〕。
[35] 立法過程の紆余曲折を経て，旧刑訴法257条の勾留期間10日が引き継がれる結果となったと言われている。

(なお，208条の2参照)。判例によると，事件の複雑性，証拠収集の遅延もしくは困難性から，さらに取調べをしなければ起訴・不起訴を決定することが困難な場合には延長が認められる[36]。延長理由は，例えば，鑑定未了，実況見分未了，関係人取調べ未了などであって，延長が認められるのは，さらに捜査すべき事項があり，かつそれが当初の10日ではできなかったやむを得ない事情があって，延長すればそれらの捜査ができ，かつこれら必要な捜査を遂げないと起訴・不起訴の終局処分ができないという場合である。

イ　勾留の場所

勾留の場所は，「勾留すべき刑事施設」（207条1項，64条1項）である。従来，代用監獄（旧監獄法1条3項）における勾留として問題となっていたが，現在は，刑事収容施設及び被収容者等の処遇に関する法律により，都道府県警察に設置された留置施設（同法14条）も刑事施設とみなされることとなった（同法286条）。

▶代用監獄における勾留の取扱い

　旧監獄法下において，代用監獄肯定説によると，①往復に時間を要し，取調べの時間がとれず，臨機適切な捜査ができないこと（拘置所及び拘置支所は全国に111か所しかない），②拘置所では設備が充分でないから，捜査に支障を来すこと（拘置所の取調室は数が少ない。暖房等の設備も不十分な場合が多い），③「代用」は常に「例外」ではないこと（代わるものとして大いに活用することに問題はない），④刑訴法198条は被疑者の取調べを認めているから，その実効性を確保する必要があること，⑤1980年4月以降，留置業務が捜査担当課から総務課に移管され，留置と捜査とが分離されたから，不当な影響はないこと（留置担当は捜査を全く知らず機械的な留置業務のみであるから，機能的には拘置所の職員と変わらない），⑥拘置所の方が処遇が厳しいので，被疑者も警察留置を望んでいることなどが挙げられていた。
　他方，否定説は，①追及者が身柄を自己の常時支配下に置くことは，当事者としての被疑者の主体的立場を害すること，②勾留が自白獲得の手段とされていること，③防御権行使の妨害等の人権侵害が起き易い弊害があること，④国際基準に反していることなどを挙げていた。
　現行法では，留置施設を刑事収容施設とみなすこととしたため，形式的には代用ではなくなったが，議論の本質に変更があったわけではなく，依然として問題は残されていると言われている。なお，実務においては，勾留された被疑者の95％以上は留置施設に留置されており，共犯者多数で分散留置できない場合，女性用の房がない場合などは拘置所に留置しているのが実情である。

---

[36] 最判昭37・7・3民集16巻7号1408頁。

次に、勾留場所の変更に関し、移監の同意が問題となることがある。

第1に、検察官は、裁判官の移監同意を得て、他の監獄に移すことができると規定されているが（規80条1項。なお、同302条1項参照）、それ以上に裁判官が職権で移監できるかは議論がある。裁判官の同意は、実質上勾留場所変更の裁判であること、勾留取消しや執行停止ができるから、より小さな権限はあるはずであるなどの理由で積極に解されている。確かに、勾留状の留置場所を書き換えるわけではないが、さりとて単に勾留状の執行方法を変更するだけであるとは言いにくい。本来は勾留状の場所を書き換えるべきであるがこれに代わる裁判をしたと見るのが素直であろう。

第2に、当事者に移監請求権はあるか。この点、判例[37]は、職権による移監命令を認めたものの、移監命令請求権は否定し、当事者の移監請求は職権発動を促すに過ぎないから、不服申立の対象がなく準抗告はできないとした。当事者等には勾留取消請求権があるから（87条）、それより小さな権利は当然にあり、法87条を準用して請求権と構成することはできるとの見解もあるが、移監の規定は規則80条のみであって、請求権の規定がない以上、解釈論としては、職権発動を促し得るのみとするのもやむを得ないであろう。

5.4 一罪一逮捕・勾留の原則

5.4.1 事件単位の原則

令状主義は、事件を単位として判断される。逮捕状には、罪名及び被疑事実の要旨を記載しなければならず（200条1項）[38]、身柄を拘束すべきか否かについての嫌疑の有無は、当該被疑事実について審査される（60条1項）。これを事件単位の原則と言う。この原則は、あくまで身柄拘束の原則である。したがって、A罪で逮捕した場合には、あくまでA罪について勾留するべきであって、異なったB罪で勾留することはできない。もっとも、A罪にB罪を付加して、両罪で勾留請求することはできるとされている。いずれにせよA罪で勾留されるから、付加するのであれば拘束時間が短縮されるメリットもあるので、許

---

[37] 最判平7・4・12刑集49巻4号609頁。
[38] 逮捕状請求書にも、同様に罪名及び被疑事実の要旨を記載しなければならない（規142条1項）。

容されると言われている。しかし，A罪が軽微な事件で，B罪が重大事件であるような場合には，改めて審査を受けることができるのが相当であって，なお疑問が残る。

　身柄拘束は事件単位であるから，A罪で逮捕・勾留中の者につき，重ねてB罪で逮捕・勾留することもできる。いわゆる二重勾留は適法である。B罪については拘束の必要がないとも思われるが，A罪の勾留が取り消されることもあるので，B罪について同時に勾留しておかないと，B罪で勾留する前に逃亡される危険があるから，やはり二重勾留の必要があると考えられる。

5.4.2　再逮捕・再勾留の可否

(1)　再逮捕・再勾留の禁止

　同一事実について，重ねて逮捕・勾留することは，原則として許されない。法は，前述のとおり，事件単位で身柄を拘束することを想定し，その拘束期間についても，厳格な制限を設けていること（203条〜205条，208条）に照らすと，同一事実について重ねて拘束することは，その制限を潜脱することになるからである。

　しかし，①いったん逮捕・勾留したものの起訴することができずに釈放した後に，新たな証拠を発見したときのように，事情が変更し，不当な蒸し返しとは言えない場合，②常習一罪の一部が新たに発覚し，同時捜査が不可能であったときのように，やむを得ない事情がある場合には，身柄を拘束して捜査を行う必要性も高いので，同一事実についての逮捕・勾留を一律に否定することは相当でない。

　また，刑訴法199条3項は，逮捕状を請求する際に，同一事実について前に逮捕状の請求又は発付があったときは，その旨を裁判所に通知すべきものと規定しており，同一事実について再度の逮捕を想定している[39]。したがって，やむを得ない理由があって不当な蒸し返しとは言えない場合には，同一事実について再度の身柄拘束を認めて良いであろう。

(2)　同一事実の基準

　ところで，同一事実とは何を言うのであろうか。単純一罪であれば，さほど

---

[39] 勾留について同様の規定はないが，逮捕前置主義に照らすと，法は再度の逮捕のみを認めて再度の勾留を否定する趣旨であるとは解されない。

問題はないが，例えば，常習一罪や包括一罪の場合には，独立した複数の事実が罪数としては一罪と評価されるので，何を単位に身柄を拘束するのかが問題となる。

　この点，1個の刑罰権については，原則として1回で捜査され，1回で処罰が実現されるのが相当であるところ，刑罰権は実体法を根拠とするものであるから，同一事実か否かは，原則として刑法上の罪数論に従って判断されるとする見解が多いようである。この見解によると，常習一罪を構成する各構成部分の一部について逮捕・勾留された場合には，特段の事情がない限り，他の構成部分を取り出して新たに身柄を拘束することはできないのが原則となろう。

　これに対し，捜査は事実を解明するための証拠収集活動であるから，事実ごとに独立して捜査するのが当然であって，強制捜査としての身柄拘束についても，具体的事実ごとに独立して拘束することを認めるべきであるとの見解も有力である[40]。しかし，具体的事実のどこまでが同一であるかは，必ずしも明白であるとは言えないし，法は「被疑事実」を前提として事件単位を想定しているところ，「被疑事実」とは犯罪事実，すなわち構成要件該当事実を意味すると解するのが相当であることなどに照らし，原則として，刑法上の罪数を基準とするのが簡明であるように思われる。もっとも，罪証隠滅のおそれがある場合には勾留できることに照らすと，仮に一罪であっても罪証関係が全く異なるような場合には，別途新たに勾留することを認めることが適当であろう。したがって，例えば常習一罪については，常習性を除くと独立した個々の犯罪行為から構成されているので，別途勾留することに合理的理由がある場合には，罪数のみで割り切るのは相当でないように思われる。

　そこで，例えば，常習傷害を構成するA事実で逮捕・勾留され起訴された後になって，A事実以前に犯されたこれと一罪を構成するB事実が発覚した場合，一般には同時捜査が可能であったと考えられるので，新たな拘束によって生じる負担を被疑者に負わせることは相当ではなく，B事実で改めて身柄を拘束することは，原則として許されないであろう[41]。もっとも，B事実につ

---

[40] 例えば，福岡高決昭42・3・24高刑集20巻2号114頁は，いわゆる常習傷害の事件につき，「包括的に一罪を構成するに止まる場合であっても，個々の事実自体の間に同一性が認められないときには，刑事訴訟法第60条所定の理由があるかぎり各事実毎に勾留することも許される」とする。
[41] 仙台地決昭49・5・16判タ319号300頁〔百選9版19事件〕。

いては，A事実と証拠関係が全く異なっているのが通例であることに照らすと，捜査としては全く新たに行われる必要があるので，一律に身柄拘束を否定することも相当ではない。そこで，B事実の捜査について，捜査機関に落ち度がないような場合，あるいは，被疑者がB事実の発覚を意図的に妨害していたような場合などには，新たな拘束という形で被疑者に負担を強いることにも合理性がある。したがって，そのような場合には新たな勾留が許されて良いように思われる。

　これに対し，A事実で起訴された後，その保釈中に新たにC事実を犯したような場合には，A事実とC事実を同時に捜査することはおよそ不可能であるから，そのような場合には，新たに犯されたC事実について勾留されても，被疑者にとって不当な負担とは言えないので，改めて身柄を拘束することができると考えられる。

(3) 違法逮捕後の再逮捕

　逮捕前置主義は，適法な逮捕が前置されることが想定されている。そこで，例えば，現行犯逮捕が違法であったことを理由に勾留請求が却下された場合に，被疑者を緊急逮捕することは許されるであろうか。同一事件であり，新たな証拠の発見等の事情変更もないのであるから，再逮捕することは許されないように見える。しかし，これが許されないとすれば，いかに重大事件といえども，その後一切身柄拘束ができないということになるが，果たしてそれで良いのであろうか。

　そこで，多数説は，逮捕手続に重大な違法がある場合には，再度の逮捕は認められないが，重大な違法ではない場合には，事件の重大性等をも勘案した上で，再度の逮捕を認め，これに引き続く勾留も認める。例えば，およそ逮捕の実体要件を欠くのに逮捕した場合には重大な違法があるが，逮捕の手続要件を欠くに過ぎないような場合（例えば，現行犯逮捕としては違法であったが，その時点においても緊急逮捕することができたような場合）には，重大な違法ではないとして，再度の逮捕を認め得るとされている。もっとも，そもそも逮捕手続に重大な違法がないのであれば，そのまま勾留請求を認めた方が時間的制約の点からも被疑者に有利であるとも考えられる。しかしながら，逮捕手続に違法があったことを明確にし，違法を宣言することも，その後の捜査の適正を確保するためには有益であるから，いったん勾留請求を却下することにも意味がある

ように思われる。

5.5 別件逮捕・勾留

5.5.1 別件逮捕の意義

　別件逮捕は，捜査実務が生み出した捜査手法である。法律上の概念ではないから，必ずしも確定したものではないが，一般には次のように言われている。すなわち，重大だが逮捕の要件がない甲事件について被疑者を取り調べるため，逮捕の要件はあるが軽微な犯罪である乙事件で逮捕することを言うとされる[42]。この場合，甲事件を本件，乙事件を別件と言うので，形式的には別件で逮捕し，実質的には本件で取調べを行うものである。乙事件については逮捕の要件があるのであるから，乙事件のみを見れば何ら違法はないことになるが，甲事件から見れば，逮捕の要件を充足していない場合である。それにもかかわらず逮捕された点において，違法な逮捕ではないかが問題となる。それ故，乙事件について逮捕の要件を満たさない場合は当然に違法であって，そもそも別件逮捕として論じる必要はない。また，乙事件で逮捕する時点において，甲事件が発覚していなかった場合には，そもそも甲事件で取調べを行う目的はなかったのであるから，この場合も別件逮捕の問題として検討する必要はない（余罪取調べの可否が問題となることは別論である）。

　別件逮捕の問題を初めて本格的に取り上げたとされる裁判例[43]は，Xを殺人死体遺棄事件の容疑者として取り調べる目的であったが，同事件でXを逮捕するだけの証拠がなかったことから，レコード盤4枚の窃盗と住居侵入の事実でXを逮捕・勾留し，その拘束時間の殆どを殺人死体遺棄事件の取調べに当てたという事案につき，「専ら適法に身柄を拘束するに足りるだけの証拠資料を収集し得ていない重大な本来の事件（本件）について被疑者を取調べ，被疑者自身から本件の証拠資料（自白）を得る目的で，たまたま証拠資料を収集し

---

[42] 逮捕に引き続き勾留される場合にも同じ問題があるので，ここでは，便宜上，勾留を含めて別件逮捕として検討する。また，単に本件の「取調べ」目的よりも広く，本件の「捜査」目的とされる場合もあるが，ここでは従来の実務上の用語例に従っておく。

[43] 金沢地七尾支判昭44・6・3刑裁月報1巻6号657頁（蛸島事件）。

得た軽い別件に藉口して被疑者を逮捕・勾留し，結果的には別件を利用して本件で逮捕・勾留して取調べを行ったのと同様の実を挙げようとするが如き捜査方法は，いわゆる別件逮捕・勾留であって」，憲法33条に違反して逮捕され，同34条に違反して勾留されたことに帰するとしている。

その後，いくつもの下級審裁判例がこれと同様の判断を下しているが[44]，最高裁においては，明確にこれを認めた判例は見られない。その中で，弁護人による別件逮捕の主張に対し，別件の捜査が同時に本件の捜査にもなるのであるから，「専ら，未だ証拠の揃っていない『本件』について被告人を取調べる目的で，証拠の揃っている『別件』の逮捕・勾留に名を借り，その身柄の拘束を利用して，『本件』について逮捕・勾留して取調べるのと同様な効果を得ることをねらいとしたものである，とすることはできない」とした判例[45]がある。

なお，通常の場合には，本件取調べ目的に基づいて別件で逮捕する場合が想定されているが，単に取調べ目的だけではなく，その拘束期間を利用して本件について採尿等の捜査を行う目的であった場合にも同様の問題があるので，むしろ，本件捜査の目的で別件で逮捕する場合として広く把握する方が実態に即しているように思われる[46]。

5.5.2　学説の対立

学説は，大きく分けて3説に分かれている。

第1は，別件基準説である。実務の大勢と言われる。この見解は，逮捕の時点を基準として判断する。そうすると，①別件逮捕それ自体は要件を充足していること，②本件を取り調べる目的があったとしても，そのような主観的意図は，逮捕の適法性と無関係であること，③勾留請求を受けた裁判官が，捜査官の意図を判断することは極めて困難であって，殆ど不可能であることなどを理由としている。別件それ自体に逮捕の要件が整っているという形式を強調する

---

[44] 例えば，大阪高判昭59・4・19高刑集37巻1号98頁（神戸まつり事件），浦和地判平2・10・12判時1376号24頁〔百選9版18事件〕など。これに対し，そもそも別件それ自体に身柄拘束の理由も必要もないとして違法な別件逮捕と判断している裁判例も少なくない。例えば，東京高判昭53・3・29刑裁月報10巻3号233頁（富士高校放火事件），福岡地判平12・6・29判夕1085号308頁，大阪高判平21・3・3判夕1329号276頁など。

[45] 最決昭52・8・9刑集31巻5号821頁（狭山事件）。さらに，最大判昭30・4・6刑集9巻4号663頁（帝銀事件）参照。

[46] 前掲大阪高判平21・3・3判夕1329号276頁参照。

ので，形式説とも言われている。

　第2は，**本件基準説**である。通説と言われる。この見解は，取調べの時点を基準とすると言われているが，逮捕時に捜査官の意図が判明した場合には違法な別件逮捕とするのであるから，必ずしも取調べ時を基準としているわけではない。取調べの事情をも判断資料とするに過ぎない。この見解は，①本件から見ると，令状審査を受けていないのであるから，無令状逮捕であって，その意味では令状主義の潜脱であること，②別件逮捕・勾留の後，さらに本件で逮捕・勾留された場合には，厳格な身柄拘束期間を定めた法の規定に反する長期の拘束となること，③身柄拘束は事件単位でなされるべきところ，別件は本件と別事件であるから，実質本件による拘束でありながら現実には別事件で拘束されるという意味で事件単位の原則に反していることなどを理由とする。本件について逮捕の要件が整っているかどうかを強調するので，実質説とも言われている。

　第3は，**実体喪失説**である。近時，有力に主張されている見解である。この見解は，逮捕・勾留の期間は身柄を拘束して捜査する期間であるということを前提として，客観的に逮捕・勾留事件の捜査を行っている実体があれば，その逮捕・勾留は適法であって，その捜査が終了したら直ちに釈放すべきであるところ，釈放しないで本件の捜査（取調べ）を行うことは，客観的に本来の逮捕・勾留を適法とする実体を失っているから，その後の身柄拘束は違法となるとする。本件基準を客観化したものであるとも言われており，本件か別件かという形式に捕らわれることなく，身柄を拘束すべき実体が客観的に失われているか否かを基準として判断するものである。もっとも，別件と本件とを平行して捜査している場合には，別件による拘束の実体が喪失しているか否か，必ずしも明確ではないから，判断に困難を来すとの批判もなされている。

　以上のうち，本件基準説は，別件については身柄拘束の要件を充足しているにもかかわらず，捜査官の主観的意図（目的）によって拘束を違法とするのであるから，一種の権利濫用（規1条2項）と評価するのであろうが，そうすると，いかに別件について身柄拘束の理由と必要が具備されていたとしても，別件と本件を併せて同時に捜査しようとする限り，別件についてはおよそ身柄拘束ができなくなってしまう。そのような同時捜査について，常に権利濫用であるとは言えないであろうから，単に捜査官が本件も併せて捜査しようと思ったとい

う主観的意図（目的）のみによって，別件について逮捕できなくなるという不都合が生じるように思われる。したがって，基本的には別件を基準として判断するのが相当であろう。

　しかし，いったん適法に逮捕された場合，その後は全て余罪取調べの問題として処理すれば足りるとすることにも問題はある。身柄拘束の適法性の問題と，取調べの範囲の問題とは区別して検討すべきであるから，余罪取調べについて理論的な限界を設定することは，必ずしも容易でないという問題があるからである。そこで，逮捕・勾留の時点において，別件について捜査を行っているという実体が客観的に認められるのであれば，その逮捕・勾留は適法であるが，捜査の経過とともに客観的にその実体を失ったのであれば，その時点で客観的には別件捜査は終了したと考えられる。したがって，その時点において公訴提起するか身柄を釈放するか，いずれかの措置を講ずるべきであるから，それ以降の拘束は違法であるとする第3の見解が相当であると思われる[47]。もとより，その判断基準をさらに精密化すべきであるとしても，それは判断基準の適用の問題であって，判断基準それ自体の当否の問題ではないと言うべきであろう。

5.5.3　別件逮捕のその後の手続への影響

　多数説に従うと，逮捕状請求の時点において，違法な別件逮捕であることが明らかであるような場合には，逮捕状の請求は却下されることになる。次に，勾留請求の時点で前提となる逮捕が違法であると判明した場合には，勾留請求は却下されることになろう。逮捕の違法を控制するのは，勾留請求に対する審査しかないからである。また，勾留延長請求の時点で，違法な別件逮捕が前提とされていたと判断された場合には，延長請求を却下することになろう。さらに，別件逮捕・勾留は，違法な拘束であるから，その間に得られた自白についても，排除される場合が多いであろう。

　もっとも，手続行為は前の行為に積み重なり，順次前の行為を前提として次の行為がなされるので，法的安定の見地から，前の行為に違法があった場合

---

[47] このような考え方に基づく裁判例として，東京地決平12・11・13判タ1067号283頁。本件基準を捜査官の主観ではなく客観的実体によって判断するという意味では，本件基準ではあるが，別件は別件で実体を検討するという意味では別件基準であるとも言える。要は，形式・実質という区別ではなく，客観的実体か否かという区別であるから，ディメンジョンが異なっていると言うべきであろうか。

に，常に次の行為が違法として排斥されるわけではなく，重大な違法があったと言える場合にのみ次の行為が排除されると考えるのが相当であろう。この点，違法な別件逮捕・勾留中に得られた自白につき，「身柄拘束の違法性が著しく，…憲法およびこれを承けた刑事訴訟法上の規定の精神を全く没却するに至るほどに重大であると認められる場合」に，自白の証拠能力を否定した裁判例[48]がある。

---

[48] 福岡高那覇支判昭49・5・13刑裁月報6巻5号533頁。さらに，前掲大阪高判昭59・4・19高刑集37巻1号98頁（神戸まつり事件）参照。

■第6章■

供述証拠の収集

6.1 取調べの意義と法的規制

6.1.1 取調べの意義

　犯罪は，物的痕跡を残すだけではなく，人の記憶に痕跡を残す。それ故，証拠収集として，人の記憶から犯罪の痕跡を取り出す必要がある。記憶は言語によって表現されるから，記憶から痕跡を取り出す方法は，人から事情を聴いてこれを証拠化することである。これを取調べと言う。すなわち，取調べとは，事件関係者から犯罪に関する事情を積極的に聴取することである。

　法は，被疑者の取調べ（198条1～5項）と被疑者以外の参考人（目撃者等）の取調べ（223条1項）を分けて規定したが，後者は，黙秘権等の規定を除いて前者の規定を準用している（同条2項）。なお，逮捕された被疑者の弁解録取（203条1項，204条1項，205条1項）も類似の手続であるが，取調べと異なり積極的に供述を求めて証拠を獲得する活動ではないから，取調べではない。したがって，黙秘権の告知は不要とされている[1]。

　取調べは，現実の捜査においては，非常に重要な役割を果たしている。第1に，故意や認識等の主観的要件を立証するためには，被疑者から直接供述を得るのが最も有効である。直接証拠は間接証拠に勝る。第2に，従来の日本の司法は精密司法と言われてきたが，そのような精緻な事実認定を正しく行うためには，被疑者の心理状態を含む詳細な供述が不可欠であった。第3に，検察官は訴追に関する裁量権を有しており（248条），その適切な行使のためには，被

---

[1] 最判昭27・3・27刑集6巻3号520頁。

疑者の心理状態を含む詳細な供述が必要とされていた。以上のような意味で[2]，これまで日本の捜査は，被疑者の取調べを中心に置いて実施されてきたが，取り分け，「証拠の女王」と言われた自白の獲得を目指して取調べが繰り返されてきた，というのが実情である。

6.1.2 取調べの規制

そこで，法は，取調べに対して，事前規制と事後規制とを用意した。すなわち，捜査段階においては，被疑者に黙秘権を保障することによって（198条2項），事前に取調べを規制するとともに[3]，公判段階において，不任意自白を排斥し自白の証拠能力を制限することによって，事後的に取調べの結果を規制することとしたのである。取調べの事前規制は，不適正（ないし違法）な取調べを規制し，取調べの事後規制は，不適正（ないし違法）な取調べによって得られた証拠，取り分け，自白を排斥するという形で一貫した規制を行うこととしたのである。さらに，違法な取調べによって得られた供述に基づいて発見された証拠物についても，これを排除する余地が認められている。

こうして，捜査の違法は，その後の公判における証拠全般に広く影響するという意味で，同時に，証拠法の問題でもあるから，全体を有機的一体として把握する必要がある。

事前規制の中心は，黙秘権（ないし供述拒否権）の保障であり，法は「取調に際しては，被疑者に対し，あらかじめ，自己の意思に反して供述をする必要がない旨を告げなければならない」と規定している（198条2項）。これは，捜査機関の告知義務を規定したものであって，被疑者の権利を直接規定したものではない。しかし，憲法38条1項を承けて，その精神を一層よく実現するために規定されたもので，被疑者に黙秘権があることを当然の前提とするものと解されている。

もっとも，憲法上の自己負罪拒否特権は，不利益な供述を強要されないとい

---

[2] さらに，真の自白は被疑者に悔悟反省をもたらし，将来の更生に役立つという意味で，取調べは一種の「カウンセリング」機能を有していることも付け加えて良い。

[3] 法は，供述録取書面の作成方法については規定しているものの（198条3～5項），取調べそれ自体を規制する規定を置いていない。ただし，判例によって，任意捜査としての取調べの限界について一定の限界が設けられている（最決昭59・2・29刑集38巻3号479頁〔百選9版7事件〕（高輪グリーン・マンション殺人事件)，最決平1・7・4刑集43巻7号581頁〔百選9版8事件〕参照）。

うものであるところ，被告人の黙秘権については，「終始沈黙」することができるから（311条1項，291条3項）包括的黙秘権であると解されているのに対し，被疑者の黙秘権についてはこのような規定がないことから，黙秘できる範囲について被告人より狭いのではないかとの疑問もある。確かに，198条2項において敢えて「終始沈黙し」と規定しなかったことを踏まえると，供述を強要されないのは自己負罪のおそれがあることを内容とする供述と考えることもできよう。この立場に立つと，氏名等の人定事項については，供述拒否権の対象とはならないと考えられる[4]。しかしながら，被疑者についても主体的当事者として自己決定権を認めることができるのであるから，およそ供述するか否かについても任意に決定することができると考えられるので，やはり包括的黙秘権を認めるのが相当であるように思われる。

また，権利の存在を知らなければ行使のしようがないので，告知を欠いた場合には黙秘権侵害であるとするのが多数説であるが，判例[5]は，憲法38条は告知義務を規定したものではないから，告知がないからと言って直ちにその手続が違憲となるわけではないとしている。なお，告知は，第1回目の取調べの際になされていれば足り，その後の取調べの都度告知する必要はない[6]。

6.1.3 供述録取書の作成

取調べの結果については，「調書に録取することができる」（198条3項）。取調べごとに常に供述録取書（調書）を作成する必要はなく，また，取調べの結果を全て録取する必要もない。供述内容のうち，どのような内容をいつ録取するかは，捜査官の自由な裁量に委ねられている。数回にわたる取調べの結果を1通の供述録取書に作成することは差し支えないし[7]，実務上しばしば行われているところである。録取した調書は，「被疑者に閲覧させ，又は読み聞かせて，誤がないかどうかを問い，被疑者が増減変更の申立をしたときは，その供述を調書に記載しなければならない」（198条4項）。そして，被疑者が「誤のないことを申し立てたときは，これに署名押印することを求めることができる。但

---

[4] 札幌高決昭27・9・9高刑集5巻10号1653頁。なお，最大判昭32・2・20刑集11巻2号802頁参照。
[5] 最判昭25・11・21刑集4巻11号2359頁。
[6] 仙台高判昭27・2・13高刑集5巻2号226頁。
[7] 東京高判昭29・5・6判特40号86頁。

し，これを拒絶した場合は，この限りでない」(198条5項)。署名押印は，内容について被疑者が間違いことを確認したことを明らかにするためである。自署できない場合には，代署者が代署した上で（規61条1項)，その旨を調書に記載して明らかにすることとしている（規61条2項，)[8]。押印は指印でも差し支えない（規61条1項，捜査規範181条1項)。署名又は押印（ないし指印）を拒否した場合[9]には，拒否した旨の記載をして，その旨を明らかにすることとされている（捜査規範181条3項)。

6.1.4 取調べの適正化

かねてから，取調べの適正化のためには，取調べ全体を録音録画して，後日改めて検証できるようにすべきであるという主張がなされている。平成13年(2001年)の「司法制度改革審議会意見書」を承け，平成16年（2004年）から，取調べ状況について，その日時，場所，内容等につき，「取調べ状況報告書」を作成することが義務付けられた（捜査規範182条の2及び平成15年11月15日付け法務大臣訓令参照)。その後，検察庁においては平成18年（2006年）8月から，警察においては平成20年（2008年）9月から，取調べの一部録画を行うようになった[10]。しかし，これは，裁判員制度の実施を前提に，自白の任意性を簡易かつ迅速に立証するための手段として実施されるもので，取調べ過程の適正化の検証と言うにはほど遠いと批判されている。

さらに，警察においては，平成20年4月，「被疑者取調べ適正化のための監督に関する規則」（平成20年国家公安委員会規則第4号）が制定され，取調べ監督官による取調べ状況の確認・報告と調査・中止措置等の制度が実施されるに至っており，その運用を見守る必要があるように思われる。

取調べ状況の録音録画に反対する見解は，①録音録画によって被疑者が心を開かなくなり真実を述べなくなる，②そのため真相究明が疎かになる，③取り

---

[8] 最決平18・12・8刑集60巻10号837頁参照（代署者ではなく録取者が代署理由を記載した場合でも規則61条の代署方式を履践したに等しいとして許容した)。
[9] なお，この場合には，供述録取書として322条の供述証拠とはならず，捜査官の報告書として，321条1項3号の書面として取り扱うのが通例である。
[10] その結果について，最高検察庁は，平成21年（2009年）2月に「取調べの録音・録画の試行についての検証結果」を公表し，警察庁も同23年6月に「警察における取調べの録音・録画の試行の検証について」を公表している。

分け組織的な犯罪の場合，取調べ状況の公開可能性があるから関係者の報復等をおそれて真実を述べなくなるなど，マイナス面を強調している。

　これに対し，録音録画を導入すべきであるとする見解は，①密室の取調べこそが冤罪の温床であり，その解決のためには録音録画が最も有効な方法である，②真に心を開いたのであれば任意性が後日争いになるはずがないのに，多くの事件で任意性が争われているのは信頼形成がなされなかったことを裏付けるものである，③報復を怖れて述べない可能性があるのは，録音録画をしなくてもあり得ることであって，録音録画とは関係がないなどと主張している。

　近時，取調べの録音録画は，英国はじめ多くの国々において実施されているが，国情や文化や犯罪状況の違いを無視して無条件で導入することが良いかどうか，国民的議論を尽くす必要があろう[11]。また，仮に全面録音録画を導入するのであれば，取調べ中心の捜査から抜け出すためにも，欧米諸国で採用されている覆面捜査官の活用，司法取引の導入など，新たな捜査方法の導入も検討する必要があるように思われる。

6.2　身柄拘束中の被疑者の取調べ

6.2.1　身柄拘束と取調べの関係

　身柄拘束の目的は，被疑者の出頭確保と罪証隠滅の防止とされている。確かに，逮捕・勾留の要件には取調べの必要性を含んでいないから（199条，60条。規143条の3参照），取調べ目的の身柄拘束を正面から肯定することには問題があろう。そうすると，身柄の拘束と取調べとは，取り敢えず分断して考えるのが合理的と思われる[12]。すなわち，身柄拘束は令状主義に従うから事件単位の原則に基づくとしても，取調べは必ずしもそうではないことを確認しておく必

---

[11]　法務省は，平成23年（2011年）8月，「被疑者取調べの録音・録画に関する法務省勉強会の取りまとめ」を公表しているが，基本的には，拡大する方向で議論されている。ただし，全面的な録音・録画ではなく，対象範囲を適切に定める必要があり，その判断は法制審議会に委ねるとともに，運用において拡大するように取り組むこととされている。他方，警察においても，平成24年（2012年）2月，「捜査手法，取調べの高度化を図るための研究会最終報告」が公表されており，基本的には拡大する方向で意見が一致したとされている。

[12]　もっとも，そのことと拘束中に取調べを行うことができるかどうかとは，全く別論であることに留意する必要がある。

要がある。したがって，ここでは，取調べはそれ自体としては令状主義の制約を受けるわけではないこと，身柄拘束中の被疑者に対する余罪取調べの限界についても，事件単位で制約することは必ずしも論理的とは言えないことを確認しておきたい。

　次に，取調べと身柄拘束とを区別したとしても，取調べそれ自体が強制処分となることはないであろうか。特に，取調べ受忍義務を肯定した場合には，意に反して取調べに応じさせることを認めることになるので，強制処分と考えることもできよう。この点，取調べと身柄拘束とを区別したのであるから，身柄拘束とは別に，取調べを受けるために取調室への滞留を強いることが強制かどうかを検討することになる。

　この場合，確かに移動の自由は害されているが，それは拘束に伴うものであるからこれを除外するとすれば，その状態で取調べを受け続けることの苦痛が重大な権利・利益の侵害に当たるか否かによることになろう[13]。この点，退去の態度を示すことなく取調べを受け続けたとすれば，必ずしも重大な権利・利益の侵害とまでは言えないであろうし，また，仮に強制に当たると仮定すれば，強制処分法定主義に服するところ，根拠条文としては198条1項但し書しか考えられないが，同但し書は，そもそも身柄不拘束の場合に出頭滞留義務がないことを規定したものであって，その反対解釈をもって強制処分の根拠規定することは，明らかに他の強制処分の諸規定との均衡を失しているから，この規定を強制処分の根拠とすることは困難であるように思われる。同条は，任意処分についての確認規定であって，だからこそ被告人の取調べについても，同条にかかわらず197条に基づいて行うことができるものと言えよう[14]。したがって，仮に取調べ受忍義務を肯定したとしても，取調べそれ自体は任意捜査と考えるのが相当と思われる。

6.2.2 取調べ受忍義務

　刑訴法198条1項は，その本文で，「被疑者の出頭を求め，これを取り調

---

[13] もともと黙秘権があるのであるから，供述を強いられることがないことは，強制処分でないことの理由にはならないであろう。
[14] 最決昭36・11・21刑集15巻10号1764頁〔百選9版A14事件〕（「198条の『被疑者』という文字にかかわりなく」，起訴後の取調べができるとする）。

ることができる」と規定し，但し書において，「逮捕又は勾留されている場合を除いては，出頭を拒み，又は出頭後，何時でも退去することができる」と規定する。本文は，捜査機関の取調べ権限を規定し，但し書は，被疑者の退去権限を規定しており，両者の主体が異なっているため，その対応関係にねじれが生じているように見える。そこで，その解釈をめぐって対立がある。すなわち，第1は，逮捕・勾留されている場合には任意に退去することはできないとして，取調べの相手方となって取調べを受ける義務，すなわち，取調べ受忍義務を肯定する見解である。第2は，これを否定する見解である。

議論が分かれるポイントは，①198条1項本文と但し書の関係をどう考えるか，②黙秘権との関係をどう考えるか，③取調べ目的の身柄拘束を認めるか，という3点にある。肯定説は，①198条1項但し書の反対解釈から当然に受忍義務が認められる，②受忍義務を認めても供述それ自体の強制はないから黙秘権とは関係がない，③199条1項は一定の場合に正当な理由なく出頭を拒否した際には逮捕され得ることを規定しているから，取調べを受ける義務があることを前提としているなどと論じる。他方，否定説は，①条文の形式的解釈に拘るべきではなく，実質的に解釈すべきである，②受忍義務を認めれば，事実上供述が強制され黙秘権侵害に当たる，③身柄拘束の目的は取調べではないから，身柄拘束によって取調べを受ける義務を強制されるのは不当であるなどと主張する。

この点，第1に，取調べ目的の身柄拘束は否定するべきであるとしても，拘束被疑者の取調べ自体は否定されないから，拘束された被疑者に取調べ受忍義務を認めたからと言って，必ずしも取調べ目的で拘束したことにはならないと言うべきであって，論理的には両者を区別して考えることができる。したがって，取調べ目的の身柄拘束を否定することは，必ずしも決定的理由にはならないと考えられる。

第2に，被疑者の黙秘権は，供述の法的義務ないし事実上の強制を受けることがない権利であるところ，取調べ受忍義務を認めたからと言って，直ちに供述義務を課したり供述を強制するわけではないから，受忍義務を認めることが直ちに黙秘権侵害となるわけではないと思われる。判例も，「身体の拘束を受けている被疑者に取調べのために出頭し，滞留する義務があると解することが，直ちに被疑者からその意思に反して供述することを拒否する自由を奪うことを

意味するものでないことは明らかである」[15]と述べている。

　第3に，条文解釈としては肯定説の解釈の方が素直であることは疑いがないであろう。否定説は，例えば，（ⅰ）但し書は，出頭を拒否しても逮捕・勾留の効力を否定するものでないことを確認的に規定した趣旨であると説明し[16]，あるいは，（ⅱ）捜査機関への出頭義務であって，取調室への出頭義務ではないから，拘束されている被疑者は既に捜査機関に拘束されている以上，義務を論じる余地がないと説明し，さらには，（ⅲ）但し書は，拘束されていない場合について規定しただけであって，拘束されている場合には何も規定してないから，解釈に委ねられていると説明している。しかし，（ⅰ）については，そのような当然のことを規定するのは，そもそも意味がないのではないか，（ⅲ）については，当然のことを規定しながら重要なことを解釈に任せて規定しなかったとするのは不自然ではないかなどと批判されている。また，立法当時においては，取調べ受忍義務があることは当然とされていたという経緯もある。

　なお，最高裁において，取調べ受忍義務を前提とした判例はあるが[17]，正面からこれを認めた判例はない。しかし，下級審においては，概ね取調べ受忍義務があるものとされている[18]。

　それでは，取調べ受忍義務を肯定すべきであろうか。まず，そもそも198条1項本文は，捜査機関に取調べの「権限」を認めており，その限度では，これに対応する限度の義務として，被疑者には「取調べに応じる義務」があると解することは可能と思われる[19]。もっとも，この義務は，「権限」に対応する限度であるから，一種の協力義務と言って良いであろう。この場合，拘束されているか否かを問わない。拘束されている被疑者の場合には，逮捕・勾留の効力として，留置場所又は勾留場所から退去することはできない。したがって，捜査機関がその場に赴いて取調べを行う場合には，被疑者はその場から移動できない以上，結果としては，取調べを拒否することはできないと言うべきであろう。

---

[15] 最大判平11・3・24民集53巻3号514頁〔百選9版36事件〕。

[16] その意味は，要するに，拘束された警察署から外に出ることはできないから，警察署内であれば，居房から取調室への出頭を拒否しても，拘束の効力に影響がないことを規定したものだという趣旨であるとされている。

[17] 前掲最大判平11・3・24民集53巻3号514頁。

[18] 東京地決昭49・12・9刑裁月報6巻12号1270頁，東京高判昭53・3・29刑裁月報10巻3号233頁，浦和地判平2・10・12判時1376号24頁〔百選9版18事件〕など。

[19] これに対し，この「権限」は義務付けを伴わない「複雑な内容」であるとする見解が有力である。

しかし，これは拘束の反射的効果であって，必ずしも取調べ受忍義務を認めることになるわけではない。

他方，同項但し書は，在宅被疑者について，出頭滞留の義務がないことを明記している。しかし，拘束被疑者については必ずしも言及しているわけではない。反対解釈も可能ではあるが，必然的とは言えない。そこで，まず，在宅被疑者については，捜査機関のもとへ出頭しその場に止まる必要がないことは明らかであるが（したがって，出頭滞留の義務はない），捜査機関が被疑者のもとへ出向いて取調べを行う場合には，取調べ場所については被疑者が任意の場所を選択しても良いが，取調べそれ自体には応ずる義務があるというべきであろう。他方，拘束被疑者については，但し書は何も述べていないから，解釈に委ねられていると考えられる。この場合，拘束された被疑者は，少なくともその場を退去することはできないから，あたかも滞留義務があるかのように見えるが，それは被疑者が身柄を拘束されていることによる結果に過ぎない。その意味において，拘束被疑者にも「取調べに応ずる義務」はあるが，出頭滞留義務はないと考えることができる。

以上のように考えれば，身柄拘束・不拘束を通じて，被疑者の出頭滞留義務は，これを否定するべきであるが，「取調べに応ずる義務」はあるとする見解が妥当であるように思われる。

なお，仮に，出頭滞留義務としての取調べ受忍義務を認めれば，居房から取調室へ強制的に連行することが可能であって，これに抵抗して暴力を振るった場合には，公務執行妨害罪が成立する。また，取調べ中に取調室から退去しようと立ち去りかけた場合には，ある程度の実力を行使してこれを阻止することができるので，これに対する公務執行妨害罪も成立することになる。

6.2.3　身柄拘束中の被疑者の余罪取調べ

身柄拘束は，事件単位によってなされる。したがって，拘束された事件について取調べを行うことは良いとしても，それ以外の事件については，取調べができないのではないかとの疑問がある。これは，いわゆる別件逮捕と類似の関係である。別件逮捕は，当初から本件捜査の目的のもとに別件で拘束し，本件について取調べを行う。余罪取調べの場合も，本件で拘束中に別事件の取調べを行うという意味で，拘束後の取調べ状況について見れば，その構造は同様で

ある。

　この点，第1の考え方は，拘束されていない事件については，いわば在宅被疑者の取調べと同様であるから，全く自由に行うことができるという考え方である。この考え方によれば，余罪取調べに限界はない。他方，拘束された状態を利用した取調べであるから，拘束事件の取調べと同様に取り扱うべきであるという見方も可能であろう。そこで，第2の考え方は，拘束被疑者と同様に考え，拘束に基づく何らかの制約を及ぼすべきであって，余罪取調べは限界があるという考え方である。

　さて，以上2つの考え方との関係で考えなければならないことが2つある。第1は，取調べ受忍義務との関係である。そもそも取調べ受忍義務を否定するのであれば，余罪についてその関係を論ずる余地はないが，仮にこれを肯定するのであれば，余罪についてもこれを認めるか否か検討する必要がある。まず，取調べ受忍義務は，拘束された被疑者にのみ認められるところ，拘束は事件単位の原則に従うから，余罪についてはこれを認めることができないとも考えられる。他方，取調べ受忍義務は，拘束それ自体の効果であるから，余罪についても受忍義務があるとも考えられる。受忍義務を肯定する立場からは，後者の見解が有力である。下級審の裁判例は，取調べ受忍義務は，原則として本罪について生じ，本罪と密接に関連する余罪，同種の余罪など，余罪についての取調べが本罪の基礎となった事実についての捜査としても重要な意味を有する場合には，例外的に余罪についても取調べ受忍義務があるとする裁判例が多い[20]。

　第2は，身柄拘束との関係である。仮に，事件単位の原則が機能するとすれば，およそ余罪の取調べはできないと解することも可能である。しかし，そもそも事件単位の原則は身柄拘束の原則であって，取調べと身柄拘束との関係を切断し，取調べのための身柄拘束を認めない立場からすれば，事件単位の原則で余罪取調べを制限することは相当でないように思われる。それでは，令状主義によって，これを制限できるであろうか。別件逮捕については，実質的に令状主義違反であるから違法であるとする見方が有力であるが，余罪取調べについても同様に考えられるであろうか。確かに，そのような見方も可能であろう。

---

[20] 東京地決昭49・12・9刑裁月報6巻12号1270頁。さらに，東京地判昭51・2・20判時817号126頁，神戸地決昭56・3・10判時1016号138頁，大阪高判昭59・4・19高刑集37巻1号98頁（神戸まつり事件），福岡高判平19・3・19高検速報（平19年）448頁など参照。

しかし，そうすると，余罪を取り調べるためには，新たに余罪のための勾留状を必要とすることになるのではないかとも考えられ，そうなると，取調べのための令状を肯定することになりかねないのではないかとの疑問がある。一方で取調べと拘束とを切断しながら，他方ではこれを結合する結果とならないであろうか。

　この点，いわゆる実体喪失説によるのが相当と思われる。すなわち，余罪取調べの段階において，本来拘束の根拠となっている事件について，取調べを含む捜査が終了したのであれば，身柄拘束を利用した捜査を行う必要はなくなったのであるから，直ちに釈放するか起訴するかいずれかの措置が講じられるべきであって，これをしないまま拘束を継続することは違法な拘束となり，その間に余罪を取り調べるとすれば，その取調べは違法拘束下の取調べとなるように思われる。問題は，本件取調べと並行して余罪取調べが行われている場合である。実質的にはどの事件の捜査がなされているかを詰めて検討し，本件の捜査が終了したと評価できれば，余罪取調べは違法となる可能性が大きい。しかし，本件についての捜査がなお必要だとすれば，余罪取調べも許容範囲内にあると考え，取調べの方法それ自体の適正の問題に解消するほかないように思われる。

6.3　身柄不拘束被疑者の取調べ

　身柄が拘束されていない被疑者には，取調べのための出頭義務がないことはもとより，仮に任意に出頭したとしても，何時でも退去することができる（198条1項但し書）。他方，捜査機関は，被疑者を取り調べることができるから（198条1項本文），被疑者に対して任意の出頭を求めた上で，その取調べを行うことが多い。この場合，真に任意であれば任意捜査として許容されることに問題はない。しかし，実質的に見ると，往々にして意に反する出頭と評価される場合も少なくないと言われている。そこで，任意同行とその後の取調べについて，その任意性を中心に検討しておくこととする。

6.3.1　任意同行の意義

　任意捜査については，比例原則との関係で相当である限り，その方法に制限はない（197条1項）。したがって，警察官が被疑者から事情を聴取するため，被疑者の自宅に赴き，警察署まで同行してくることも可能であり，そのような同行を「任意同行」と呼んでいる。刑訴法198条1項は，捜査の必要がある場合，被疑者に出頭を求め，これを取り調べることができる旨を規定しているが[21]，これは，任意捜査の方法の一つを明文で明確化したものとされている。なお，警職法2条2項にも任意同行が規定されているが，これは，職務質問を行うためのものであって，一般には行政活動の一環と解されている。

　ところで，なぜこのような方法が用いられるのであろうか。理由の1つは，被疑者の名誉の尊重である。公衆の面前で手錠を掛けられ逮捕されるよりもましだという発想であろう。しかし，逮捕時間等には厳格な時間的制限があるから，任意同行によって事実上拘束しながら時間的制限を回避しようとする捜査機関の意図があるとも言われている。そこで，問題は，任意同行が事実上の拘束，取り分け無令状逮捕になっているのではないかという疑問である。仮にそうだとすれば，次のような疑問が生じる。すなわち，第1に，事実上の拘束に対する抵抗は違法な職務執行に対する抵抗であるから，公務執行妨害罪は成立しないのではないか。第2に，事実上の拘束に引き続くその後の逮捕・勾留は，事実上の拘束時から時間計算すれば，法定の時間的制限を潜脱することとなり，違法な逮捕・勾留となるのではないか。第3に，事実上の拘束に引き続いて行われた取調べは違法であり，その間の自白は任意性がないことになるのではないか。

6.3.2　任意性の判断基準

　事実上の拘束か否かは，実質論であるから，任意同行にまつわる種々の事情を総合勘案することとなる。基本的には，自由意思の抑圧があったか否か，換言すれば，拒否しようと思えば拒否できたか否かによって判断することになると思われる。要するに，出頭しないことについて「任意」と言える程度の自由

---

[21] 法は，「出頭を求め」と規定しており，警察署への自発的出頭のみを規定しているから，警察官が被疑者の自宅に赴いて同行する方法を否定しているとの見解もあるが，同行を伴う出頭も出頭と見ることは可能であろう。一般には，任意出頭も197条1項の任意捜査の一環として認められるが，明確を期すため，特に198条1項の明文で定めたとされている。なお，取調べのため以外にも，例えば，実況見分における立会いなどのために，出頭を求めることもある。

な意思決定ができたか否かである。任意捜査の一環であるから、強制と任意の区別を前提として考えるべきであるが、その際、一定程度の意思制約がなされたとしてもなお任意捜査の枠内にあると考えられていることを確認しておく必要がある[22]。その意味で規範的任意と言っても良い。もっとも、意思決定の自由のような内心的要素を直接認定することは困難であるから、その際の客観的事情から推認することにならざるを得ない。

そこで、一般的には、次のような要素を総合勘案して、社会通念上許される程度か否かを判断することとされている。すなわち、①同行自体の事情（同行を求めた時刻・場所、被疑者の年齢・性別、同行を求める必要性、逮捕状の準備など）、②同行後の取調べ状況（時間、場所、方法、監視状況など）、③被疑者の対応（拒絶的態度の有無等）、④捜査官の意図（潜脱的意図の有無等）などである。このうち、②については同行後の事情であるから、これによって直ちに同行時における同行の任意性の有無が左右されるわけではない。しかし、事後の事情も、同行時の自己決定の自由を遡及的に推認する間接事実という意味で機能することは可能であるから、その限度で考慮要素となり得る。ただし、同行はあくまで身柄拘束か否かという問題であって、取調べそれ自体とは区別されるべきであるから、同行後の取調べについて、その方法等を論ずることに意味があるわけではなく、取調べの環境が拘束的状況にあったか否かという点のみを問題としていると解すべきであろう。すなわち、通常は同行に引き続いて取調べが行われるので、取調べ時の状況が拘束状態と評価されるような環境であれば、これに先行する同行時においてもそのような状態であったものと一応推認できることから、その限度で取調べ状況が問題となると考えるべきであろう。

次に、任意同行が拘束性を強め、違法と評価されるに至った場合には、常に逮捕となるのであろうか。一般にはそのように解されているようである。仮に、任意同行が違法となる場合に実質逮捕に当たるとすれば、それは無令状逮捕であるから、特段の事情がない限り、重大な違法と評価されることになるのではないかと思われる。しかし、事案によっては僅かに適法の程度を超えた同行もあり得るであろうから、そのような場合には必ずしも実質逮捕という必要はないのではあるまいか。この意味において、任意捜査ではあるが相当でない場合

---

[22] 最決昭51・3・16刑集30巻2号187頁〔百選9版1事件〕参照。

として，あくまで任意捜査の範疇における違法な任意同行という領域も想定可能であるように思われる。

6.3.3　任意同行が違法であった場合の取扱い

　勾留請求については，実質逮捕の時点から起算して制限時間を計算するのが一般的である。そこで，第1に，このようにして計算した時間が法定制限時間を超過している場合には，勾留請求は却下される。第2に，時間制限内の場合には，①逮捕状が出ている場合であれば，逮捕状呈示の時期が遅れたに過ぎず，事務手続的瑕疵にとどまるから勾留を認めることができよう。しかし，②逮捕状が出ていない場合には，無令状逮捕であるから勾留請求が却下されよう[23]。ただし，実質逮捕の時点で緊急逮捕の要件があったと事後的に評価し得る場合には，その時間から計算して制限時間内なら勾留を認める裁判例[24]もある。

　学説上も，違法の程度が令状主義の精神を没却するような重大な違法の場合には，勾留請求は却下されるとするのが一般である。しかし，逮捕状が出ている場合に制限時間以内であるとしても，軽微な違法にとどまると言って良いかはなお疑問が残るとの批判もある。その他，①逮捕前置主義は適法な逮捕を前提とする，②逮捕に準抗告がないので勾留請求段階で逮捕の違法性をチェックするしかない，③逮捕を無効とするような違法があればこれを前提とする次の段階の強制捜査も許されないなどの理由付けがなされている。

　この点について，第1に，逮捕状が発付されている場合，一応事務手続の瑕疵としても，令状の緊急執行（201条2項，73条3項）ができるのにしなかったという点では単なる手続違反とも言えない。しかし，そのミスさえなければ適法に逮捕されたのだから，必ずしも重大な違法とまでは言えないであろう。第2に，逮捕状が発付されていない場合，緊急逮捕の要件があったのなら緊急逮捕すれば良いはずである。通常は，緊急逮捕の要件もないことから，やむなく任意同行をするのであろう。そうすると，緊急逮捕できたのにしなかったと考えられるのは，緊急逮捕の要件がないものと誤解して同行した場合くらいであろう。しかし，仮に緊急逮捕しようと思えばできたとすれば，逮捕の実体要件はあったと考えられるから，瑕疵は重大ではないとする余地もあり得よう。

---
[23]　富山地決昭54・7・26判時946号137頁〔百選9版6事件〕。
[24]　東京高判昭54・8・14刑裁月報11巻7-8号787頁。

次に，同行後，改めて逮捕状が発付され，その令状によって逮捕された場合に，それまでの瑕疵は治癒されるのであろうか。この点，仮に裁判官による令状審査がなされているとしても，必ずしも瑕疵を認識した上で改めて令状を発付したわけではないので，実質的に十分な審査がなされたとは言えない。したがって，形式的審査を経たことのみを理由に全ての瑕疵の治癒を認めるわけにはいかないであろう。

ところで，同行と取調べとの関係につき，同行が違法であったからと言って，これに引き続く取調べが直ちに違法となるわけではない。この点は，身柄拘束と取調べの関係に類似すると言って良い。しかし，ここでの同行は取調べのためであるから，密接に関連しており（「同一目的」，「直接利用」とさえ言えよう），一連の手続として論ずることが相当であろう。逮捕が引致とこれに付随する留置であるとすれば，これを無令状で行う連行と留め置きも一連の手続と解するのが相当であろう。少なくとも条件関係があることは否定し難い。したがって，取調べも違法となる可能性が強いように思われる[25]。

6.3.4 判　　例

ところで，身柄不拘束被疑者の取調べに関し，重要な最高裁決定が2つある[26]。

昭和59年決定は，被疑者を4夜にわたって捜査官の手配した宿泊施設に宿泊させ，周辺に張り込んで監視を続け，そこから警察まで捜査官が自動車で送り迎えをし，前後5日間にわたって，午前中から深夜に至るまで長時間，被疑者として追及，取調べを続行したという事案について，同行それ自体については任意同行として適法とした上で，これに引き続く取調べについて，「任意捜査においては，強制手段…を用いることが許されないことはいうまでもないが，任意捜査の一環としての被疑者に対する取調べは，右のような強制手段によることができないというだけでなく，さらに，事案の性質，被疑者に対する容疑の程度，被疑者の態度等諸般の事情を勘案して，社会通念上相当と認められる方法ないし態様及び限度において，許容されるものと解すべきである」とした。

---

[25] なお，その間に自白が得られたとすれば，その証拠能力については，自白法則に従うことになる（憲法38条2項，刑訴法319条1項）。したがって，取調べの違法と自白の任意性との関係は，自白法則の理解の仕方による。

[26] 最決昭59・2・29刑集38巻3号479頁〔百選9版7事件〕及び最決平1・7・4刑集43巻7号581頁〔百選9版8事件〕。

そして本件事案につき，宿泊を伴う連日にわたる長時間の取調べに応じざるを得ない状況に置かれていたものと見られる一面もあり，任意取調べの方法として「必ずしも妥当なものであったとはいい難い」としながら，他方で，①宿泊については本人が承諾する答申書を提出していること，②その間，取調べを拒否したり，退去や帰宅を申し出た形跡がないこと，③捜査官が取調べを強行したり帰宅を拒絶した事実もないことなどの事情を総合し，被疑者がその意思によりこれを認容し応じていたものと認められるとした上で，「事案の性質上，速やかに被告人から詳細な事情及び弁解を聴取する必要性があったものと認められることなどの本件における具体的状況を総合すると，結局，社会通念上やむを得なかったものというべく，任意捜査として許容される限界を越えた違法なものであったとまでは断じ難い」とした。

　他方，平成元年決定は，強盗殺人事件の被疑者を午後11時過ぎに警察署に任意同行した後，一睡もさせず徹夜で取り調べ，その間午前4時から1時間程度ポリグラフ検査を実施し，かつ翌朝午前9時半過ぎに一応自白を得た後も客観的事実との食い違いや曖昧な点を追求し，同日午後9時25分ころ逮捕するまで継続して合計約22時間取り調べた事案について，昭和59年決定を踏まえた上で，「一般的に，このような長時間にわたる被疑者に対する取調べは，たとえ任意捜査としてなされるものであっても，被疑者の心身に多大の苦痛，疲労を与えるものであるから，特段の事情がない限り，容易にこれを是認できるものではなく」としたが，①取調べが長時間に及んだのは，時間制限を免れる意図ではなく，虚偽を含んだ自白の真偽を確かめるためであったこと，②帰宅や休息の申し出はなかったこと，③被疑者が追及を受けながら重要な点で虚偽の供述や弁解を続けていたことなどに照らし，「社会通念上任意捜査として許容される限度を逸脱したものであったとまでは断ずることができず，その際になされた被告人の自白の任意性に疑いを生じさせるようなものであったとも認められない」とした。

　判例の立場は，任意捜査の限界について，一定程度の有形力行使を許容することを前提に[27]，取調べについても，拘束的に見える状態にあっても，直ちに強制捜査として違法と見るのではなく，一応任意捜査とした上で，その中で適

27　最決昭51・3・16刑集30巻2号187頁〔百選9版1事件〕参照。

法な任意捜査と違法な任意捜査とを区別しようとしている。そして，その限界については，「社会通念上相当と認められる方法ないし態様及び程度」を基準とし，より具体的には，取調べの「必要性」と「社会通念上やむをえなかった」か否かということを考慮しており，その意味では，任意捜査の限界としての「必要性・緊急性及び相当性」の基準と軌を一にしていると言って良いように思われる。この点，「意思決定の自由」については，「有形力行使」と異なり，利益衡量論によってその「程度」を問題にする余地はないとの批判もあるが，取調べに関する「意思決定の自由」それ自体については有無のみが問題となるとしても，これに影響を及ぼす拘束的な事情，心理強制的影響を及ぼす事情についてはその程度を考えることができ，その程度いかんによって，「意思決定の自由」の有無が決まるというのであれば，ここにおいて利益衡量論を用いることもそれなりに合理的であるように思われる。そこで，判例については，拘束に関する事情と取調べに関する事情とを一応区別した上で，前者については利益衡量論によって程度を検討し，その結果を踏まえて，取調べについて「意思決定の自由」の有無を論ずるという態度を採ったと見れば，一応整合的に説明可能であるように思われる。

　もっとも，判断基準はともかく，具体的な結論，特に徹夜にわたる取調べについては，これを違法とする反対意見に賛同する見方が多いように思われ，捜査実務においても，そのような取調べは，今や姿を消したように思われる[28]。

6.4　参考人取調べ等

6.4.1　被疑者以外の者の取調べ

　参考人取調べとは，被疑者以外の者の出頭を求め，事情を聴取することである（223条1項）。事案の真相を解明するためには，犯罪の被害者，目撃者等多岐にわたる関係者から事情を聴取する必要があるが，その結果についても，供

---

[28]　平成21年（2009年）4月から施行された「被疑者取調べ適正化のための監督に関する規則」（平成20年国家公安委員会規則4号）によれば，午後10時から翌日午前5時までの取調べ，1日8時間を超える取調べを行うときは，警視総監，道府県警察本部長若しくは方面本部長又は警察署長の承認を受けることとされている。

述録取書面を作成することができる。その場合の取扱いも，被疑者の取調べと概ね同様であるが（223条2項による198条3項ないし5項の準用），被疑者以外の者には出頭滞留の義務がないことは当然であるから，これを明確にする趣旨で198条1項但し書が準用されている（223条2項）[29]。

なお，共犯者の場合には，お互いに相被疑者であるから，黙秘権を告知して取調べを行うのが通例であるが，共犯の疑いがある場合にも，念のため，黙秘権を告知して取調べを行うのが適当であろう[30]。

6.4.2 被疑者以外の者に対する第1回公判前の証人尋問

犯罪の捜査に欠くことができない知識を有すると明らかに認められる者が，取調べに対して，出頭又は供述を拒んだ場合には，検察官は，第1回公判期日前に限り，裁判官にその者の証人尋問を請求することができる（226条）。参考人の取調べは任意捜査であることから，参考人が取調べを拒否すると捜査目的を達成できない。そこで，これに代わる措置を強制処分として実施できるようにしたものである。

また，検察官等の面前で任意に供述した者が，公判期日においては，異なった供述[31]をする恐れがある場合にも，その者の供述が犯罪の証明に欠くことができないときには，第1回公判期日前に限り，検察官は，裁判官にその者の証人尋問を請求することができる（227条1項）。これは，裁判官面前調書の方が検察官面前調書よりも伝聞例外を緩やかに認めている（321条1項1号及び同項2号参照）ので，立証の容易性を考慮したものとされる。

このような証人尋問を請求するには，予めその必要性等を疎明しなければならない（227条2項）。請求を受けた裁判官は，裁判所又は裁判長と同一の権限を有するので（228条1項），143条以下の証人尋問に関する規定が準用される。ただし，強制捜査の一環であるから，被疑者及び弁護人の立会権はない。したがっ

---

[29] なお，198条1項但し書の準用について，身柄拘束中の被疑者を参考人として取り調べる場合にも準用があるから，逮捕・勾留中の被疑者には，参考人として取調べを受ける場合においても，逮捕・勾留中であることを理由として出頭滞留義務があるとする解釈も主張されている。

[30] なお，参考人として取り調べた場合でも，立件を視野に入れた取調べの場合には，実質的に黙秘権を侵害したとされることもある（東京高判平22・11・1判タ1367号251頁参照）。

[31] 裁判員制度の導入を伴う一連の司法改革の一環として，異なった供述をする理由として「圧迫を受け」が削除され（平成16年法律第62号），利用しやすくなったと言われている。

て，その限りでは157条は準用されない（もっとも，必要がある場合には，裁判官は，被疑者及び弁護人に立ち会わせることができる〔228条2項，規162条〕。なお，検察官にはそのまま準用されるので，立ち会うことができる）。このような証人尋問によって作成された証人尋問調書は，321条1項1号によって証拠能力が認められる。

6.4.3 外国人の取調べ
(1) 取調べ言語

　取調べには，意思疎通が不可欠である。特に微妙な感情を伴う心理状態などについては，母国語でなければ表現できない場合もあり得よう。そこで，母国語で取調べを行うことができれば，その方が望ましい。しかし，取調官が相手方の母国語で質問を行うことはできないのが通常であるから，通訳を介して取調べを行うこととなる。その場合，相手方の母国語と日本語との直接通訳であれば問題はないが，少数言語の場合には，通訳人が確保できないことも少なくない。そこで，相手方の母国語以外の外国語を通じて取調べを行うことが許されるであろうか。例えば，相手方が英語をある程度使える場合には，英語による取調べで良いであろうか。

　この場合，最も重要なことは意思の疎通であるから，意思が疎通できるのであれば，どのような言語であっても構わないであろう。それでは，どの程度の言語能力があれば，意思が疎通すると言えるであろうか。この点は，おそらく，犯罪によっても異なり得るであろう。複雑な知能犯罪であれば，ある程度専門的な言語能力を要する場合もあり得るかもしれないが，単なる暴行や傷害のような事案であれば，日常会話程度の言語能力があれば，自己の行動や心境等を述べることはできるように思われる。したがって，そのような場合であれば，母国語以外の言語であっても，その言語の通訳を介して取調べを行うことはできると言って良いであろう[32]。仮に，意思疎通が不十分であることが判明した場合には，原則として，証拠能力の問題としてではなく，単に証明力の問題として処理すれば良いように思われる。

(2) 日本語による供述録取書面

　通訳を介した取調べの場合には，通訳を介して翻訳された日本語の表現が取

---

[32] 東京高判平4・4・8判時1434号140頁。なお，市民的及び政治的権利に関する国際規約（人権B規約）14条3項(a)参照。

調べ結果であるから，これを日本語によって供述録取書面に録取すれば足りよう[33]。この場合，録取された供述調書は，日本語で読み聞かせて内容が間違いないかどうか確認させれば足りるであろうか。

　録取書面の記載は日本語であるから，その読み聞けは日本語で行わざるを得ず，これを通訳人がその場で逐語的に翻訳して相手方に伝えるという方法で行うことになるのが通例であるが，そうすると，必然的に翻訳の不正確さ，あるいは不完全さが残ったまま相手方に伝わることが少なくない。しかしながら，通訳制度というのは，そもそもそのようなリスクを含んだ制度であって，それ以外に適切な方法を見出すことは困難であるから，そのようなリスクは，証明力の問題として検討すれば良く，証拠能力には影響がないとすべきように思われる。この点，日本語の調書が原本となるのであれば，当該外国語による翻訳文を作成し，これに供述者の署名押印を求めるべきであるとの主張もあるが，通訳制度を前提とするのであれば，翻訳文添付までは必要がないように思われる[34]。

　しかし，仮に，外国語で直接供述が得られた場合にはどうであろうか。この場合，取調べ結果は外国語による供述であるから，外国語によって録取書面を作成するのが原則であろう。外国語によって録取書面が作成された場合には，これが原本であるから，別途，翻訳の手続を経て原本とともに証拠として保管することになろう。原本（訳文付き）として，一体として証拠化するのが望ましいであろう。

　これに対し，通訳を介した場合であっても，相手方の供述は外国語によるのであるから，これを直接録取して，供述録取書面に作成することは許されるであろうか。この場合，通訳を経た取調べではあるが，その実質は，通訳を参考として外国語によって取調べを行ったと評価すれば，外国語による供述を直接録取書面として作成することも許されて良いように思われる。特に，感情表現など翻訳が困難であるような場合には，翻訳による誤差を防ぐためにも，当該外国語による表現を直接記載することは，むしろ望ましいものと言えよう。

---

[33]　東京高判昭 51・11・24 高刑集 29 巻 4 号 639 頁。
[34]　前掲東京高判昭 51・11・24 高刑集 29 巻 4 号 639 頁。東京高判平 4・7・20 東高刑時報 43 巻 1~12 号 34 頁参照。

■第7章■

被疑者の権利

7.1 黙秘権

7.1.1 黙秘権の意義と存在理由

　黙秘権は，被疑者及び被告人の包括的な供述拒否権である。したがって，有利不利を問わず，供述したくなければ供述しなくても良い権利である。憲法38条1項は，「何人も，自己に不利益な供述を強要されない」と規定し，自己負罪拒否特権を規定している[1]。これは，被疑者，被告人に限らず，全ての者の特権であって，一般的供述義務を前提として，一定の場合に供述を拒否する特権を規定したとされている。これを受けて，刑訴法は，「被告人は，終始沈黙し，又は個々の質問に対し，供述を拒むことができる」と規定する（311条1項）とともに，公判廷における裁判官が黙秘権を告知する義務を規定している（291条3項，規197条1項）。

　また，被疑者については，このような積極的規定は存在しないが，「取調に際しては，被疑者に対し，あらかじめ，自己の意思に反して供述する必要がない旨を告げなければならない」と規定しており（198条2項），これは，被疑者についても包括的な黙秘権を前提としたものと解されている[2]。

　黙秘権は，17世紀の英国において，偽証の制裁の下で法律上の供述強制を受けない権利として成立し（神の前で告白する義務はあるが，法の前で告白する義

---

[1] 憲法38条1項は，米国憲法修正第5条（「何人も…刑事事件において自己に対する証人となることを強要されない」）に由来するとされている。

[2] 被疑者の供述拒否権につき，被告人と異なり「終始沈黙し」と規定されていないことから，自己負罪拒否特権に限られるとの立場もあるが，被疑者の自己決定権を認める以上，被告人の場合と同様に包括的黙秘権と解するのが相当であろう。

務はないとされた），その後，19世紀に至り，事実上の供述強制にも拡大された と言われている。

　ところで，このような黙秘権がなぜ認められるのであろうか。従来からいく つかの説明がなされてきた。第1は，良心の自由に由来するというものである。 すなわち，内心の思想や良心の表明の自由は，何人も犯すことができないが， 黙秘権はそのような自由に由来するというのである。しかし，供述は，外部的 な犯罪行為や経験的事実の表明であるから，良心の自由を直接の根拠とするこ とは相当ではなく，せいぜい，その表明時に心の痛みを感ずるとすれば，その 限度で関係があるというにとどまると言われる。第2は，黙秘権は人間の尊厳， すなわち，自尊心や人間としての誇りに基づくものであって，告白によって心 の痛みや恥を感ずるため人間の誇りを失うというのである。「黙秘権の本質は， 個人の人格の尊厳に対する刑事訴訟の譲歩にある」と言われるのもその趣旨で あろう。しかし，逮捕・勾留など強制捜査によるプライバシー侵害についても 尊厳が害される可能性はあるし，強制採尿のような場合にはなおさらである[3]。

　そこで，今日においては，さらにいくつかの根拠が主張されている。第1は， 供述強制を課せば，偽証の制裁によって，進退窮まることになる（告白すれば 犯人として処罰され，偽証すれば偽証罪で処罰される）ので，これを避けるために 供述拒否権を認めたと言われている。第2は，被告人には無罪推定の原則が働 くため，有罪立証の挙証責任は検察官にあるから，被告人が積極的に供述証拠 を提供する義務はないとされていることである。第3は，幸福追求の権利は犯 罪者にもあるから，自主自律の当事者として，自己決定の自由があり，一方当 事者が他方当事者に対して告白する義務はないとされている。これらの根拠は， 互いに排斥するものではく，むしろ複合的に併存するものと考えて良いように 思われる。

7.1.2　黙秘権の効果

　我が国において，黙秘権の効果は，次の3点にあると言われる。第1は，供 述すべき法的義務の禁止とその違反の処罰禁止，すなわち，供述しないことを

---

[3] 強制採尿につき，「人格の尊厳」を害するとした下級審の裁判例もある（名古屋高判昭54・2・14 判時939号128頁など）。もっとも，その侵害は消極的受忍義務であるのに対し，供述強制は積極的 提供義務という点で異なっているとは言えよう。

理由に制裁を加えてはならないことである。この点から、交通事故の報告義務等が問題とされる。第2は、証拠使用の禁止、すなわち、黙秘権を侵害した証拠を有罪の資料として使用してはならないことである。この点から、自白法則との関係が議論される。第3は、黙秘に基づき不利益事実の推認をしてはならないことである。この点から、量刑事情として用いることの可否等が議論される。

　ところで、黙秘権を放棄することができるであろうか。すなわち、被告人が黙秘権を放棄して証人になることができるか否かである。この点、憲法上は放棄可能であるが、刑訴法上は否定されるとするのが一般的である。その理由としては、①被告人質問についての規定（311条2項、3項）を設けながら、被告人を証人とする特別規定を設けていないこと、②当事者たる被告人の地位と証人の地位とはそもそも両立しないこと、③実質的にも黙秘権侵害のおそれがあることなどが挙げられている。

　なお、英国では次のような理由で、1994年から黙秘権の制限がなされ、一定の場合に不利益推認が許されるようになった（1994年刑事司法及び公共秩序法34条～37条）。すなわち、①黙秘権がプロの犯罪者によって悪用されていること、②捜査段階で秘匿し、公判で防御上の主張をすれば、検察側が十分な調査ができないので無罪になるという不都合が生じること、③無実なら弁解するのが本来であり、何も弁解しないのは犯人だからではないかと考えるのが一般人の感覚であることなどがその理由として挙げられている。黙秘権が十分浸透していないと言われる我が国において、黙秘権誕生の地である英国におけるこのような動きが直ちに影響するとは思われないが、英国におけるその後の検証によれば、さほど不都合は生じていないとのことである。将来の検討の課題であろう。

7.1.3　黙秘権の告知と対象

(1) 黙秘権の告知

　黙秘権の告知については、刑訴法において規定されているが（198条2項、291条3項）、告知が憲法上の保障と言えるか否かについては争いがある。判例は、告知は憲法上の義務ではないとする[4]。これに対し、学説の多くは、権利を

---

[4] 最判昭25・11・21刑集4巻11号2359頁、最判昭27・3・27刑集6巻3号520頁。

知らない以上行使することはできないから，黙秘権の告知も憲法38条1項によって要請されていると主張している。その効果の違いは，不告知の場合に，これが上告理由となるかどうかにある（405条参照）。

(2) 黙秘権の対象
　ア　氏　　名

次に，黙秘権の対象に氏名が含まれるかが問題とされた。判例[5]は，弁護人選任届の氏名欄に監房番号等を記載したにとどまり氏名を記載しなかった事案につき，憲法38条1項の趣旨は，「自己が刑事上の責任を問われる虞ある事項」について供述を強要されないことを保障したものであるから，氏名は，原則として，同項にいわゆる「不利益な供述」に該当しないとしたが，学説は，氏名も犯罪捜査の端緒となることを考慮し，反対する見解が多い。

　イ　法律上の報告義務

その後，法律上の報告義務をめぐって，いくつかの判例があるが，いずれも黙秘権侵害ではないとしている。代表的な事例は，交通事故の報告義務である。旧道路交通法24条1項を承けた旧同法施行令67条は，交通事故により人の殺傷又は物の損傷があったときは，交通の安全を図るために必要な措置を講じた上で，「事故の内容」及び「講じた措置」を管轄警察署の警察官に報告しなければならない旨を規定していたが，その報告義務が不利益な供述の強要に当たるのではないかが問題となった。最高裁は，報告すべき「事故の内容」とは，「発生した日時，場所，死傷者の数及び負傷の程度並に物の損壊及びその程度等，交通事故の態様に関する事項」を意味し，乗務員等は，警察官が事故処理をなす上で必要な限度で報告義務を負担するに過ぎず，それ以上に「刑事責任を問われる虞のある事故の原因」等は含まれないから，不利益な供述の強要に当たらないとした[6]。

その他，①麻薬取扱者の帳簿記帳義務を定めた旧麻薬取締法14条1項の規定について，麻薬は極めて危険な害悪を生じるおそれがあるという麻薬の性能に鑑み，取扱いの適正を確保するために必要な取締手続であるから，帳簿記入

---

[5] 最大判昭32・2・20刑集11巻2号802頁（なお，本件では，氏名の「開示が強要されたものであることを認むべき証跡」もないとした）。さらに，札幌高決昭27・9・9高刑集5巻10号1653頁。
[6] 最大判昭37・5・2刑集16巻5号495頁〔百選9版A8事件〕。なお，現行道路交通法72条1項，119条1項10号につき，合憲としたものとして，最判昭45・7・28刑集24巻7号569頁。

に関する規定は,「憲法38条1項の保障とは関係がなく」としたもの[7],②貨物を輸入する際,品名等を税関長に申告することを義務付けた関税法111条の規定につき,「刑事責任を追及する目的の手続」ではなく,「そのための資料の取得収集に直接結びつく作用を一般的に有するものでもない」上,輸入を禁じられた覚せい剤を輸入する際に適用しても,自ら輸入を企てた以上,強要には当たらないとしたもの[8],③外国人登録法3条の登録義務につき,②と同様に,「刑事責任の追及を目的とする手続」ではなく,「そのための資料収集に直接結びつく作用を一般的に有するものでもない」上,「行政目的を達成するために必要かつ合理的な制度」であるとしたもの[9],④医師が死体を検案した際に死因等に異状があれば警察署への報告する義務を定めた医師法21条の規定につき,単に異状を届けるだけで,「犯罪行為を構成する事項の供述までも強要されるものではない」上,医師の資格の特質と公益上の高度の必要性にかんがみれば,「捜査機関に対し自己の犯罪が発覚する端緒を与えることにもなり得るなどの点で,一定の不利益を負う可能性があっても,それは,医師免許に付随する合理的根拠のある負担として許容される」としたもの[10] などがある。

このうち④は,犯罪発覚の端緒を与える可能性があったとしても,従来の判例(特に,前掲最大判昭37・5・2)に従えば,不利益な事実に当たらないとすれば足りるところ,敢えて合理的根拠がある負担であるから許容されるとしていることに照らし,端緒に当たる可能性がある事実についても不利益な供述に当たる余地を認めた上で,合理的理由による黙秘権の制限を合憲としたものと見ることもできよう[11]。

ウ　その他

次に,ポリグラフ検査が黙秘権を侵害しないかについても,争われている。

---

[7]　最大判昭31・7・18刑集10巻7号1173頁。さらに,最判昭29・7・16刑集8巻7号1151頁参照(発覚の端緒となるから記帳を期待できないとした原判決〔東京高判昭27・5・30東高刑時報2巻7号183頁〕を破棄し,自ら申請して免許を受けた以上,麻薬取締法上の一切の義務に服することを受諾しているとした)。

[8]　最判昭54・5・10刑集33巻4号275頁(輸入断念の不利益を受けたとしても,特段保護に値する利益を奪うことにならないとする)。

[9]　最判昭56・11・26刑集35巻8号896頁。

[10]　最判平16・4・13刑集58巻4号247頁。

[11]　自己負罪拒否特権が合理的理由によって制約されたと見る立場が有力であるが,そもそもそのような制約は理論的に正当とは言えないとの批判もある。

侵害しないとする見解は，生理的変化の検査であって，質問との関係で生理的変化を解釈しているに過ぎないから，黙秘権とは関係がないと主張する。これに対し，侵害するとの見解は，質問との関係で供述の真偽を判断する以上，供述内容が問題となっているから，黙秘権侵害に当たると主張する。この点，ポリグラフ検査は，心理検査の結果を非供述証拠として利用するに過ぎないから供述拒否権の侵害に当たらないとした裁判例がある[12]。後説も傾聴に値するが，そもそも被験者が任意に応じなければ成立し得ない検査であって，その限りでは供述を義務付けるわけではないから，必ずしも黙秘権侵害とは言えないように思われる。

さらに，最高裁は，酒気帯び運転等の疑いがある場合に行われる呼気検査を拒否した者を処罰する呼気検査拒否の罪についても，アルコール保有の程度を調査するものであって供述を得ようとするものではないから，黙秘権を侵害するものではないとしている[13]。

なお，憲法38条1項の保障は，「純然たる刑事手続」のみならず，行政手続等においても，「実質上，刑事責任追及のための資料の取得収集に直接結びつく作用を一般的に有する手続」には及ぶものと解されている[14]。

7.2 弁護人依頼権

7.2.1 弁護人依頼権の意義

被疑者・被告人（以下，この章では「被疑者」と総称する）が，法律専門家たる検察官に対抗して，自らに保障された権利を行使し，自らの正当な利益を守るためには，法律専門家としての弁護士の援助が不可欠である。そこで，憲法34条は，抑留・拘禁される場合には，「直ちに弁護人に依頼する権利」を与えられると規定し，これを受けて，刑訴法30条1項は，さらに「被告人又は被疑者は，何時でも弁護人を選任することができる」と規定している。これが**弁護人依頼権**である。その趣旨は，単に弁護人に依頼するという形式的な権利

---

[12] 東京高決昭41・6・30高刑集19巻4号447頁。なお，最決昭43・2・8刑集22巻2号55頁参照。
[13] 最判平9・1・30刑集51巻1号335頁〔百選9版A7事件〕。
[14] 最大判昭47・11・22刑集26巻9号554頁（川崎民商事件）。

にとどまらず,「弁護人に相談し, その助言を受けるなど弁護人から援助を受ける機会を持つことを実質的に保障している」[15]とされている。これによって, 被疑者は, 初めて, 相手方当事者たる検察官に対抗する他方当事者としての実質的地位を確保することができる。その実質的保障は, 当事者主義の命運を決すると言っても過言ではない。

なお, 拘束中の被疑者が, 弁護人を依頼するには, 刑事施設又は留置施設の長若しくはその代理人に弁護士, 弁護士法人又は弁護士会を指定して弁護人の選任を申し出れば良い (78条1項〔逮捕中の被疑者につき, 209条, 211条, 216条で準用。勾留中の被疑者につき, 207条1項で準用〕)。この申し出を受けた上記施設の長又は代理人は, 被疑者が指定した弁護士等に通知を行うこととされている (78条2項)[16]。

7.2.2 被疑者の国選弁護

憲法37条3項が,「刑事被告人は, いかなる場合にも, 資格を有する弁護人を依頼することができる」とした上,「被告人が自らこれを依頼することができないときは, 国でこれを附する」と規定している。ここで「刑事被告人」とは, 公訴提起された被告人であって, 被疑者を含まないとされている[17]。そこで, 従来, 刑訴法は, 被告人の国選弁護についてのみ規定していた。したがって, 被疑者が弁護人を選任するには, 私選弁護しか想定されていなかった。

しかし, 現実には, 被疑者の多くは私選弁護人を選任せず又はできない状況が一般的であったことから, 被疑者国選弁護の必要性が強く主張されていた。このような中で, 平成13年 (2001年) 6月12日, 司法制度改革審議会は, その意見書において,「被疑者に対する公的弁護制度を導入し, 被疑者段階と被告人段階とを通じた一貫した弁護体制を整備すべきである」との提言を行った。これを承けて, 平成16年 (2004年) 5月21日,「刑事訴訟法等の一部を改正する法律」が成立した。

---

[15] 最大判平11・3・24民集53巻3号514頁〔百選9版36事件〕。
[16] 弁護士等には受忍義務はないが, 委任契約の申込みに当たると思われるので, 39条1項の「弁護人になろうとする者」に当たると解されよう。
[17] 前掲最大判平11・3・24民集53巻5号514頁。もっとも, 政策的に憲法を越えて法律で保障することは可能である。

(1) 請求による選任の場合

　対象事件は，必要的弁護事件（289条1項「死刑又は無期若しくは長期3年を超える懲役若しくは禁錮にあたる事件」）で，被疑者に勾留状が発せられている場合において，貧困その他の事由で弁護人を選任することができないとき，裁判官は請求により弁護人を付するというものである（37条の2第1項）。対象者は，勾留状が発せられた被疑者に限られる。逮捕段階で付するかどうかも検討されたが，貧困要件の審査に時間がかかるため，逮捕段階で終えることができるかどうか疑問とされたこと，勾留審査の段階で貧困審査を併せて行うことが現実的選択であったと考えられたことなどにより対象とされないこととなった。また，在宅被疑者については，どの段階で付するべきか不明確であるとして見送られた。

　私選弁護の原則に基づき，**私選弁護申出前置制度**（私選弁護人前置主義）が採られている。そこで，国選弁護を請求する被疑者は，「**資力申告書**」（37条の3第1項，36条の2。現金，預金等の合計額とその内訳を申告する書面）を提出しなければならないところ，この資力が政令で定める一定の基準額[18]以上であって貧困要件を充たさない場合には，予め弁護士会に弁護人選任を申し出て，それにもかかわらず弁護人が選任されなかったことが要件とされている（37条3第2項，3項）。その趣旨は，税金を投入するのであるから，貧困であれば私選弁護人選任の可能性はないから直ちに請求できるが，そうでなければまず私選の努力をしたのにだめだったという状態が必要であるとの立場に立ったものである（「その他の事由により弁護人を選任することができない」（37条の2第1項）という要件を充足することになる）。私選弁護人の選任ができないことを確認した裁判所は，**日本司法支援センター**（通称「法テラス」）に弁護人の候補者を指名して通知するよう求め，これを受けた支援センターでは，所属弁護士の中から裁判所に氏名を通知し，裁判所が任命することになる（総合法律支援法38条1項，2項）。報酬については，弁護士と支援センターとの契約に基づき，支援センターが支払うこととされている（同法36条，39条1項）。

　なお，捜査機関が逮捕状で逮捕したときは，対象事件について弁護人を選任できる旨を告げる際，①勾留請求された場合に自ら弁護人を選任できないときは裁判官に選任請求することができる旨，②請求の際には資力申告書を提出し

---

[18] 「刑事訴訟法第36条の2及び第36条の3第1項の基準額を定める政令」（平成18年政令287号）2条により，現在は50万円である。

なれければならない旨，③資力が基準額以上の場合には予め弁護士会に弁護人選任の申出をしておかなければならない旨を告げることとされている（203条3項。なお，現行犯逮捕につき216条，緊急逮捕につき211条により各準用）。身柄送致を受けた検察官（204条2項），勾留裁判官（207条2項，3項）も同様の告知が必要である。

(2) 職権による選任の場合

　国選弁護人請求権が認められる事件で，勾留状が発せられ，弁護人がいない場合において，「精神上の障害その他の事由」により弁護人の要否の判断困難であると裁判官が認めるときに，職権で選任することとした（37条の4）。必要的弁護と同様に「必要的選任制度」もあり得るが，選任まで手続が停止される可能性を懸念して職権選任制度を採用したものとされている。

7.2.3　弁護人の活動と機能

(1) 弁護人の活動

　弁護人は，被疑者の唯一の法的支援者である。法的とは，法律に基づいて選任された者であるとともに，法的権利について支援する者である。支援とは，法的意味での支援をのみならず，事実的意味での支援を含む。したがって，弁護人は，第1に，被疑者に対して法律的な情報を提供し，被疑者が正しい判断を行うための知識を供与する。第2に，被疑者と面会しその精神面における不安を除去するとともに，家族等関係者との連絡をとり，被疑者の安心のための支援を行う。第3に，捜査機関によって被疑者の正当な権利が侵害されないように捜査の監視を行うとともに，不当な取扱いがあった場合には不服を申し立てるなどして，被疑者の正当な権利を保護する。第4に，証拠保全活動など，将来の事件処理及びその後あり得るかもしれない公判に備えて，被疑者のために積極的な証拠収集活動を行う。

　このように，被疑者が，一方当事者である検察官に対し，他方当事者として行動することができるか否かは，全て弁護人の活動いかんにかかっていると言っても過言ではない。

(2) 弁護人の機能と権限

　このような弁護人の活動は，機能の面から見ると，第1に情報提供機能，第2に支援機能，第3に監視機能，第4に保護機能を有すると言えよう。また，

権限の面から見ると，第1に代理人として行動するための代理権，第2に保護者として行動するための保護権，第3に支援者として活動するための援助権に分けることができる。弁護人は，従来から代理人として行動してきており，その権限が中核であることは疑いないが，その機能との関係で，次第に，弱者である被疑者を保護する者から，当事者，取り分け自己決定の主体者としての被疑者を援助する者へと移りつつあるように思われる。刑訴法の想定する被疑者・被告人が，刑事事件における対等当事者として，自己の責任において自らの方向を決定し，これに従った行動をすることができる自律的主体者であるとするならば，弁護人の機能と権限も，そのような方向に純化していくべきであるように思われる。弁護人は，被疑者と対等な援助者としての機能と権限を一層拡充するように努めるべきであろう。

7.3 接見交通権

7.3.1 接見交通権の意義

　逮捕・勾留された被疑者は，刑事施設又は留置施設に拘束される（施設法3条，15条1項参照）。したがって，接見禁止の処分がなされていない限り，外部者が留置された場所に赴いて面接することはできるものの，それ以外は閉ざされた空間に留め置かれ，その間，捜査機関による取調べを受けるのが通常である。それ故，一般には捜査機関の圧倒的な力の下に置かれざるを得ない。そのような状況に置かれた被疑者は，自らの権利を主張し行使することができるとは限らない。むしろ，自らの権利さえ知らない者も少なくない。したがって，弁護人の援助は非常に重要となる。

　しかし，その弁護人も，被疑者に正当な権利を行使させるためには，被疑者と面会して事情を聴くことが不可欠である。そのような接見の機会の保障が，弁護権の保障とも言える。このような被疑者と接見する権利を「接見交通権」と言う。また，この接見は，自らの防御権を有効に行使するためのものであるから，捜査機関の立会人なく行われてこそ意味がある。それ故，「秘密交通権」とも言われている。

　憲法34条は，弁護人選任権を規定するが，この権利は，前述のとおり，弁

護人を選任した上で，弁護人に相談し，その助言を受けるなど，弁護人から援助を受ける機会を持つことを実質的に保障したものであるとされ，これを承けて，刑訴法は，「立会人なくして接見し，又は書類若しくは物の授受をすることができる」(39条1項）と規定している。しかし，他方では，身柄拘束期間の制限などに照らし，常に接見のみが優先されたのでは，十分な捜査ができない可能性もあるので，捜査との調整を行う必要がある。そこで，刑訴法は，「捜査のため必要があるときは，公訴の提起前に限り，第1項の接見又は授受に関し，その日時，場所及び時間を指定することができる」(39条3項）と規定した。これが接見指定権である。その趣旨について，最高裁は，「接見交通権」は弁護人等から援助を受ける機会を確保する目的で設けられたもので，憲法上の保障に由来するものであるが，他方，憲法は，刑罰権発動のための「捜査権」をも当然の前提とするから，接見交通権が捜査権に絶対的に優先するわけではないとし，接見指定権に関する39条3項の規定につき，「被疑者の取調べ等の捜査の必要と接見交通権の行使との調整を図る趣旨で置かれたものである」として，これを合憲としている[19]。

接見交通権は，被疑者と弁護人との相互交通の権利であるから，「身体の拘束を受けている被告人又は被疑者」の権利であるとともに，「弁護人又は…弁護人となろうとする者」(39条1項）の権利でもある。したがって，接見交通権の主体は，被疑者であるとともに，弁護人等でもある[20]。

7.3.2 接見指定の要件

刑訴法は，「捜査のため必要があるとき」(39条3項）と規定する。その意義につき，従来から激しく争われてきた。

(1) 学　説
ア　非限定説（捜査全般説）
この立場は，接見交通権 (39条1項）と指定権 (39条3項）とを同一レベルであると考える。罪証隠滅（捜索の前に接見させると証拠物を隠匿するなどの捜査

---
[19] 最大判平11・3・24民集53巻3号514頁〔百選9版36事件〕。
[20] それ故，接見交通が不当に妨害された場合には，通常，弁護人等が原告となって国家賠償請求を行っており，接見に関する判例の多くがこのような国家賠償請求事件である。

妨害に出るおそれ）の防止，共犯者等との通謀（接見を介して共犯者等との口裏合わせを行うおそれ）等，広く捜査遂行上の障害が予想される場合に，その防止のための接見指定ができるとする。裁量判断であるから，統一を図るため，監獄の長に対する「接見等の指定に関する通知書」が必要である。

その根拠は，①「捜査のため必要があるとき」と抽象的文言で規定しており，文言上，身柄利用の調整を図ったと限定できるわけではないこと，②刑訴法39条2項は，罪証隠滅があり得ることを前提としていること，③勾留要件として罪証隠滅のおそれがあるから，罪証隠滅を防止しないことは勾留の意義を減殺することになることなどである。

イ 限定説

この立場は，接見交通権は憲法34条前段の「弁護人に依頼する権利」に含まれているから，接見指定権に優越すると解する。したがって，原則として自由に接見できる。「捜査のため必要があるとき」とは，1つしかない被疑者の身柄利用の時間的調整を図ったものである。したがって，現に取調中である場合，被疑者を検証や実況見分に立ち会わせている場合など，捜査機関が身柄を利用しているため，接見が不可能又は困難な場合にのみ，捜査の必要性を認める。「罪証隠滅のおそれ」は身柄利用の調整と無関係であるから，これを理由とする接見指定は認められない。

その根拠は，①一般人の接見禁止でさえ，裁判官が「罪証隠滅のおそれ」があると認定して初めて禁止されるのに（81条），弁護士の接見が他方当事者たる捜査機関によって「罪証隠滅のおそれ」ありとして一方的に指定されるのは不合理であること，②「罪証隠滅のおそれ」ありとして指定されれば，身柄を拘束される理由の一つが「罪証隠滅のおそれ」であるから，常に接見指定され得ることになること，③「罪証隠滅のおそれ」がある場合でも「物の授受」の制限ができる（39条2項）だけで接見自体を禁止できないのは，「罪証隠滅のおそれ」があっても接見させることを前提としているのではないかと考えられることなどである。

ウ 物理的限定説

この立場は，限定説に立ってさらに制約を課する。被疑者が検証や実況見分に立会中であって，身柄が接見場所に不在であるため，物理的に接見不可能な場合にのみ，捜査の必要を認める。したがって，取調べ中の場合には中断して

接見させるべきであるとする。これに対しては、①刑訴法が身柄を拘束された被疑者の取調権を認めている点をどう考えるかが問題であり、その場合の身柄利用の調整はなぜ不要となるのか説明できないのではないか、②身柄不在の場合でも、被疑者は検証に立ち会う義務はないから、接見を希望した場合、直ちに中止して接見をさせるべきではないか、③被疑者には取調べ受忍義務がないから取調べを中断すると言うなら、検証立会義務がないことも同様ではないかなどの批判がある。

(2) 判　例

　最高裁は、大法廷判決において、次のように判示した。「刑訴法39条の立法趣旨、内容に照らすと、捜査機関は、弁護人等から被疑者との接見等の申出があったとは、原則としていつでも接見等の機会を与えなければならないのであり、…『捜査のため必要があるとき』とは、右接見等を認めると取調べの中断等により捜査に顕著な支障が生ずる場合に限られ、右要件が具備され、接見等の日時等の指定をする場合には、捜査機関は、弁護人等と協議してできる限り速やかな接見等のための日時等を指定し、被疑者が弁護人等と防御の準備をすることができるような措置を採らなければならないものと解すべきである」とした上、「捜査機関が現に被疑者を取調べ中である場合や実況見分、検証等に立ち会わせている場合、また、間近い時に右取調べ等をする確実な予定があって、弁護人等の申出に沿った接見等を認めたのでは、右取調べ等が予定どおり開始できなくなるおそれがある場合などは、原則として右にいう取調べの中断等により捜査に顕著な支障が生ずる場合に当たると解すべきである」と[21]。

　この立場は、中断支障説とも言われる。この点、従来の「捜査の中断による支障が顕著な場合」[22]から「取調べの中断等により捜査に顕著な支障が生ずる場合」に改めたことにつき、取調べが予定通り開始できなくなることによる不都合は、必ずしも捜査の中断による支障ではないと考える余地があるとして、この場合を含む趣旨で「より適切な表現」として用いられたと評価されている。

　他方、接見によって生じる「捜査の中断」で引き起こされるのは、身柄利用の捜査の支障であるが、「等」によって生じる捜査の支障は、身柄利用に限られないのではないかという見方もある。すなわち、接見によって「取調べの中

21　前掲最大判平11・3・24民集53巻3号514頁。
22　最判平3・5・10民集45巻5号919頁。さらに、最判昭53・7・10民集32巻5号820頁参照。

断」以外の不都合が生じ，それによって捜査の支障を生じる場合をも含む趣旨ではないかというのである。したがって，例えば，①被疑者がアリバイ供述をしたため，関係者の取調べを行おうとしている場合で，被疑者の供述内容が接見を通じて事前に関係者に伝わると裏付け捜査に支障を来すおそれがある場合，②被疑者が証拠物の所在を供述したため，押収手続をしようとした場合で，被疑者の供述内容が伝わると占有者等による証拠隠匿や破壊を招くおそれがある場合など，具体的な証拠隠滅のおそれが認められる場合には，身柄利用とは別に接見指定が許されるし，最高裁もこれを排斥する趣旨ではないとの見解も主張されている。

しかし，最高裁の判示に照らすと，接見指定制度の趣旨はあくまで身柄利用の調整にあり，身柄利用と関係のない罪証隠滅のおそれによって指定を正当化することはできないとの見解が圧倒的多数である。また，取調べ中等の場合，原則として指定できるが，その場合でも「顕著な支障」が生じない場合もあり得ることを前提としているので，その点の検討を行った上で，もし顕著な支障が生じないと判断される場合には，取調べを中断して接見させるべきことになる。例えば，取調べを一段落させ，再開の時期を遅らせる等の措置により，取調べが中断しても顕著な支障が生じないようにできるのであれば，取調べを中断して接見させるべきことになろう。

このような判例の立場に対し，身体を拘束された被疑者の取調べ受忍義務，実況見分・検証などへの立会義務を前提にしているが，取調べ受忍義務は否定すべきであるほか，実況見分は任意処分であるから立会義務はないはずであるとの批判もなされている。しかし，この大法廷判決によって，接見指定の在り方については実務上決着が付いたと言われており，長らく論争が続いた接見交通権の問題は，総論の時代を終え，今や各論の時代に入ったと言って良いように思われる。

7.3.3 接見指定の方法

昭和63年（1988年）までは，「一般的指定方式」が採られていた。すなわち，検察官は，監獄等の長に対し，接見の日時は追って発する指定書のとおり指定する旨の「一般的指定書」を交付し，追って指定がない限り接見することができない状態にした上で，弁護人に対しては，何月何日何時何分から何分間指定

するという旨の「**具体的指定書**」(俗に「面会切符」と呼ばれていた)を交付して改めて具体的日時を指定し,弁護人は具体的指定書を検察官まで取りに行き,これを持参して接見するものとされていた。

これに対し,弁護側は,一般的指定は接見の原則禁止であって,原則自由たるべき接見指定制度の原則と例外を逆転していると批判した上,一般的指定に対する準抗告で争った(430条1項参照)。そこで,この一般的指定に対して準抗告が認められるかが問題となった。すなわち,一般的指定によって,事実上,接見できない状態にはなるが,それは結果としてそのような状態になるだけで,一般的指定自体に「処分性」があったとまでは言えないので,準抗告の対象とならないのではないかが争われたのである。これに対し,下級審においては,昭和42年(1967年)以来「処分性」を肯定し,一般的指定は違法な処分であるとして,これを取り消す決定がなされるに至っていた[23]。

その後,法務省は,昭和63年に取扱いを変更し[24],一般的指定書を廃止するとともに,監獄等の長に対し,単なる事務連絡文書として,日時,場所及び時間を指定することがあるので通知する旨の「接見等の指定に関する通知書」を発することとし,弁護人の接見申出があれば,その都度必要性を判断し,接見日時を指定する場合には,「指定書」を発することに改めた。その結果,弁護人から接見の申出を受けた検察官は,弁護人と協議した上,書面で指定を行う場合には「指定書」によるものとしているが(事件事務規程29条),そのほかにも,口頭,電話,ファクシミリ等で個別に日時,場所を指定することができるようになった。

この通知書方式について,判例は,「本件の一般的指定の適否に関して,原審が捜査機関の内部的な事務連絡文書であると解して,それ自体は弁護人…又は被疑者に対し何らの法的な効果を与えるものではなく,違法でないとした判断は,正当として是認することができる」とし[25],また,指定の方法は,捜査機関の「合理的裁量」に委ねられているから,「弁護人等に対する書面(いわゆる接見指定書)の交付による方法も許される」としている[26]。

---

[23] 鳥取地決昭42・3・7下刑集9巻3号375頁を嚆矢とする。
[24] 昭和62年12月25日法務省刑総1061号刑事局長通達「事件事務規程の改正について」。
[25] 最判平3・5・31判時1390号33頁。
[26] 最判平3・5・10民集45巻5号919頁。

なお,「接見等の指定に関する通知書」が発せられている場合に,弁護人から接見の申出を受けた留置担当者が,検察官に対し,接見指定をするか否かの問合せを行う間,弁護人を待機させることができるか否かにつき,具体的措置について指示を受ける等の手続を採る必要があるから,待機が合理的な範囲にとどまる限り許容されているとした上で,通知書が発せられていないものと誤認して,即座に接見させた場合に中断させる措置を採ることについても,接見開始直後になされたものであるなど「社会通念上相当と認められるとき」は許されるとした判例がある[27]。

7.3.4 その後の裁判例

上記の大法廷判決によって,接見指定をめぐる大枠については,ほぼ決着が付いたとされており,その後の争いは,具体的な各論に移ったと言われている。そこで,その後の動向について見ておくことにしよう。

(1) 逮捕直後の初回接見

被疑者が逮捕された直後の初回の接見は,被疑者にとって極めて重要である。突然の身柄拘束によって動揺し,動転している被疑者が,冷静に自らの正当な権利を行使できるか否かは,最大の援助者である弁護人と接見できるか否かにかかっていると考えられるからである。

そこで,最高裁は,「接見指定の要件が具備された場合」であっても,その指定に当たっては,「弁護人となろうとする者と協議して,即時又は近接した時点での接見を認めても接見の時間を指定すれば捜査に顕著な支障が生じるのを避けることが可能かどうかを検討し,これが可能なときは,留置施設の管理運営上支障があるなど特段の事情のない限り,…所要の手続を終えた後において,たとい比較的短時間であっても,時間を指定した上で即時又は近接した時点での接見を認めるようにすべきであ」るとした[28]。この判例は,接見指定の要件があることが前提となっているから,まずその充足を検討した上で,さらに即時接見によって捜査に顕著な支障を生じるか否かを具体的に判断することになる。このような場合に,被疑者の取調べを理由として右時

---

[27] 最判平16・9・7判時1878号88頁。さらに,前掲最判平3・5・31判時1390号33頁参照。
[28] 最判平12・6・13民集54巻5号1635頁〔百選9版37事件〕。

点での接見を拒否するような指定を行い初回接見の機会を遅らせることは許されないことになる。

(2) 面 会 接 見

接見する場所は，留置施設又は刑事施設の接見室であるのが原則である。拘束された被疑者は，拘束されているという意味で監視下にあるから，その拘束を破るような接見はそもそも許されない。したがって，留置管理を維持するために必要がある場合には，接見が制限されてもやむを得ない。法は，「法令」によって，「逃亡，罪証の隠滅又は戒護に支障のある物の授受を防ぐため必要な措置を規定することができる」(39条2項) と規定しているが，これは，そのような趣旨と解される。したがって，接見設備がない場所で接見することはできないのが原則である。

この点，弁護人が検察庁に滞在中の被疑者との接見を申し出たのに対し，検察官が，接見設備がないことを理由に接見を拒否した事案につき，「弁護人等がなお検察庁の庁舎内における即時の接見を求め，即時に接見をする必要性が認められる場合」には，検察官は，「立会人の居る部屋での短時間の「接見」などのように，いわゆる秘密交通権が十分に保障されないような態様の短時間の「接見」(以下，便宜「面会接見」と言う。)」でも良いかどうか，弁護人等の意向を確かめ，弁護人等がそのような面会接見であっても差し支えないとの意向を示したときは，「面会接見ができるように特別の配慮をすべき義務」があるとした判例がある[29]。これは，立会人を付した上での接見であるから，秘密交通を本質とする本来の接見交通権の実現というわけではなく，したがって，厳密に言うと39条1項に基づく接見ではないが，さりとて80条に基づく一般接見というわけでもないから，弁護人選任権と接見交通権の趣旨を踏まえて，「面会接見」という新たな制度を創設したものと評価することができよう[30]。

(3) 任意出頭中の被疑者の接見

任意出頭した被疑者は，拘束されていないのであるから，何時でも退去する

---

[29] 最判平17・4・19民集59巻3号563頁〔百選9版A9事件〕。

[30] 接見方法や立会人等については，運用に委ねられるところ，検察官執務室における検察官，検察事務官，刑務官立会いの「面会接見」を適法とした裁判例がある（名古屋高判平19・7・12判時1997号66頁）。

ことができる（198条1項但し書）。しかし，取調べを受けている間は，そのことによって，事実上，弁護人と接見することは難しい状況にある。そこで，この場合にも接見交通権を認めるべきではないかという議論がなされている。肯定説は，①事実上退去は容易でなく，接見の必要性が高いこと，②弁護人の援助を受ける権利は接見交通権を含むが，この権利は身柄拘束とは関係がないこと，③面会と取調べのいずれを優先させるかを被疑者が任意に決定するために必要であることを挙げる。これに対し，否定説は，①刑訴法39条のような明文規定がないこと，②被疑者自ら取調べを拒否して弁護人の援助を受ければ良いことを理由とする。

　この点，刑訴法上の接見交通権は，拘束された被疑者の権利であり，任意出頭中は何時でも退去できるから，少なくとも刑訴法39条に基づく接見交通権を認める必要はないであろう。しかしながら，弁護人選任権の実質的内容として弁護を受ける権利を保障されるべきであるから[31]，捜査機関としては，少なくとも弁護人が接見の申出をしていることを被疑者に告げるべき義務があると言うべきであろう。この点に関する裁判例として，「弁護人等は，任意取調べ中の被疑者と直接連絡を取ることができないから，…捜査機関としては，弁護人等から右被疑者に対する面会の申出があった場合には，弁護人等との面会時間の調整が整うなど特段の事情がない限り，取調べを中断して，その旨を被疑者に伝え，被疑者が面会を希望するときは，その実現のための措置を執るべきである」としたものがある[32]。

(4) ビデオテープの再生を伴う接見

　弁護人は，接見に際し，証拠等を被疑者に見せて接見することが許されるであろうか。実質的に充実した防御を行うためには，事件の証拠や書類等を示し，あるいはこれについて質疑応答を繰り返して打合せを行うことが必要であるから[33]，原則として，口頭での打合せに付随して証拠等を示すことは許されるし，そのことを事前に留置施設の職員に告げる必要はないと考えられる。この点につき，証拠物として採用されているビデオテープを再生しながら接見すること

---

[31] この点につき，前掲最大判平11・3・24民集53巻3号514頁参照。
[32] 福岡高判平5・11・16判時1480号82頁〔百選9版38事件〕。さらに，その原審〔福岡地判平3・12・13判時1417号45頁〕も同旨。
[33] 接見の際にその内容をメモすることは通常行われているが，録音機を持ち込んで内容を録音して持ち帰ることについても，接見交通権の範囲内と解されている。

を申し入れたところ，職員が内容の検査を要求し，これに応じなければ接見を認めないとした事案につき，刑訴法39条1項の接見は，「口頭での打合せに限られるものではなく，口頭での打合せに付随する証拠書類等の提示をも含む打合せと解すべきである」とした上，「持ち込まれる書類等の内容にまでに及ぶ検査については，秘密接見交通権が保障された趣旨を没却する不合理な制限として許されない」とし，ビデオテープの内容の検査を要求する行為は，秘密交通権の侵害として違法であるとした裁判例がある[34]。

(5) 起訴後の接見指定

　接見指定は，「公訴の提起前に限り」(39条3項)と規定されているから，当該事件の公訴提起後に被告人に対して接見指定をすることはできない。しかし，余罪捜査がなされている場合はどうであろうか。この場合，公訴提起された事件については被告人であるが，捜査中の余罪については被疑者である。そこで，被疑者としての接見指定が許される余地はないかどうかが問題となる。

　第1に，余罪について勾留されていない場合には，拘束された被疑者ではないから，接見指定を行うことはできない[35]。

　第2に，余罪についても勾留されている場合，すなわち，二重勾留となっている場合はどうであろうか。この場合にも，起訴された被告事件のみならず余罪についても弁護人となっている場合と，被告事件についてのみの弁護人で余罪については弁護人となっていない場合とがあり得る。前者の場合には，被告事件についての接見と被疑事件についての接見とのいずれであるかが不明である上，仮に弁護人が被告事件についての接見であるとして接見を求めてきた場合にこれを拒否できないとすれば，そのような接見が続く限り，余罪の取調べは不可能となってしまう。これでは身柄利用の調整を行う余地はなく，法の趣旨に反すると言えよう。そこで，最高裁は，このような場合にも，「被告事件について防禦権の不当な制限にわたらない限り」指定権を行使できるとした[36]。

　そこで，さらに問題となったのは，被告事件の弁護人であるが，余罪である被疑事件の弁護人となっていない場合である。この場合，接見は被告事件につ

---

[34] 大阪地判平16・3・9判時1858号79頁。
[35] 最決昭41・7・26刑集20巻6号728頁。
[36] 最決昭55・4・28刑集34巻3号178頁〔百選9版39事件〕。

いての接見以外にはあり得ないことから，なおも接見指定することができるか否かが争われた。最高裁は，この場合についても，「被告事件について防御権の不当な制限にわたらない限り，被告事件についてだけ弁護人に選任された者に対しても，同法39条3項の接見等の指定権を行使することができる」として，これを肯定した[37]。確かに，事件単位の原則を貫けばそのような帰結は不当であるが，事件単位の原則はそもそも身柄拘束の原則であって接見の原則ではない上，接見指定が許される趣旨は，拘束された被疑者の身柄利用の調整にあるのであるから，被疑者が拘束されている限り，その必要がある（例えば，弁護人が被告事件の接見を求め続けた場合には，余罪について取調べが一切できない結果となる）。それ故，当該余罪の弁護人であるか否かを問わず，接見指定を行うことはできるというべきであろう。

7.3.5　弁護人以外の者との接見交通

　弁護人又は弁護人になろうとする者以外の者との接見交通（207条1項，80条）について，逮捕中の被疑者の場合には，接見に関する規定がないから（209条によっても準用されない），39条以外の者との接見はできないとされている。勾留中の被疑者との接見についても，新聞，図書等の閲覧は，憲法19条，21条の趣旨からみて憲法上保障されるべきであるが，「監獄内の規律及び秩序の維持のため」必要な限度で制約を付し得るとされている[38]。

　弁護人等以外の者との接見については，逃亡し又は罪証を隠滅すると疑うに足りる相当な理由があるときに，裁判所の決定（起訴前は裁判官の命令）によって，その接見を禁止し，あるいは，閲覧，授受の禁止などの制限を課することができる（207条1項，81条）。逃亡・罪証隠滅のおそれは，勾留によっても防止困難な程度のものであるから，一般的には，60条の場合より具体的かつ高度なものが要求される。実務的には，組織犯罪，選挙犯罪，贈収賄，薬物犯罪，暴力団犯罪など，ある程度類型的に罪証隠滅の蓋然性が高く，事件関係者への働きかけが高度に予想される場合に接見が禁止されている。

---

[37]　最決平13・2・7判時1737号148頁。
[38]　最大判昭58・6・22民集37巻5号793頁。なお，旧監獄法45条，同法施行規則120条参照。さらに，最判平15・9・5判時1850号61頁参照（弁護人との信書の発受の制限等につき，旧監獄法50条の規定を合憲とした）。

7.4 被疑者・弁護人の対抗措置

7.4.1 勾留理由開示請求

　勾留理由開示とは，被疑者・被告人がいかなる理由で勾留されているかを公判廷で明らかにする手続であって（207条1項，82条，280条1項，3項），憲法34条後段に基づく我が国独特の制度であるとされている。

　制度の参考にしたとされる英米の予備審問は，遅滞なく治安判事のもとに引致され，被疑事実を告げられ，一定の重さの犯罪については，検察側の証拠が公判に付するに足りるかどうかを示すべきものとされており，勾留の理由がなければ釈放される。

　これに対し，勾留理由開示は，検察側が証拠を示すのではなく，裁判官が勾留の理由を示すのみであるから，直ちに身柄の解放に至るわけではない。開示請求権が広く関係者に認められていることに照らすと，国家が私人を勾留する理由を民衆の前に明らかにする制度と考えられる。ただし，理由開示を踏まえて勾留に対する不服申立てや勾留取消請求が実を結ぶ余地もあり得るので，被疑者の解放と不可分の制度と考えることができるとの理解も示されている。

　開示は，公開の法廷でしなければならない（83条1項）。原則として，被疑者及びその弁護人が出廷しなければ開廷できない（83条3項）。法廷において，裁判官が勾留理由を告げるが（84条1項），告げるべき理由は，刑訴法60条1項各号に掲げる要件に該当することを告げれば足り，具体的事実を告げる必要はないとされている（実務の取扱い）。ただし，理由と必要を全て含むべきであり，その事由を具体的に告げるべきであるとの見解もある。なお，検察官，被疑者及び弁護人，その他の請求者は，意見を述べることができる（84条2項）。

7.4.2 勾留取消請求

　勾留による拘禁が不当に長くなった場合には，勾留取消しを請求することができる（91条1項）。被疑者段階の勾留については，保釈の規定が準用されない（207条1項但し書）。起訴前勾留は比較的短い上，罪証隠滅の防止等の要請が強いというのが立法理由である。そこで，勾留取消しの活用が考えられる。不当に長いとは，単なる時間的概念ではなく，勾留の必要等を考慮した上で相対的

に決すべきであるから，起訴前勾留においても，不当に長いことがあり得ないわけではない。

7.4.3 準抗告

勾留の裁判に対しては，準抗告を申し立てることができる（429条1項2号）。上訴と異なり，捜査段階での身柄をめぐる強制処分の問題を迅速に解決する簡易な不服申立て手続とされる。簡易裁判所裁判官がした勾留の裁判に対して管轄地方裁判所に，その他の裁判官がした場合はその裁判官所属の裁判所に，取消し又は変更を求めて請求できる。

準抗告審の性質については，見解が分かれている。

第1は，続審説である。すなわち，原裁判官がした手続を前提として，準抗告審が自ら審理を継続する手続であるとする。上級裁判所に対する不服申立てではないので上訴ではないが，上訴と類似するので，原裁判官がした手続を前提として，準抗告審が新たな資料を踏まえて自ら審理を継続すると考える。これに対し，勾留の裁判後の資料を考慮できるとすれば，却下されても事後の資料を整えて勾留を認めることになり，簡易迅速の要請を害すると批判される。

第2は，事後審説である。すなわち，原判断時の資料を基礎として，原判断の当否を審査するものであるとする。これに対しては，準抗告審段階で初めて住居や身柄引受人等が判明した場合，事後審査なら考慮できず勾留を継続することになり不当であると批判される。

第3は，原則事後審説である。原審当時の資料のみで判断するのが原則であるが，勾留の必要性については，必要性のない勾留まで認めるのは相当でないから，事後の事由を考慮できるとされる。第3の見解が妥当と思われる。

次に，嫌疑がないことを理由とする準抗告ができるかが問題とされる。429条2項で420条3項を準用していることをどう考えるかである。通説は消極説である。すなわち，429条2項により，わざわざ420条3項が準用されているから，嫌疑がないことを理由に準抗告をすることはできない。嫌疑の有無は公判審理で争うべきであって，派生的手続で争うのは相当でないとする。

これに対し，積極説は，起訴されていないから公判審理と重複するおそれはない上，嫌疑の有無は勾留要件中最も重要な基礎をなすから，準抗告で争う余地を認めるべきであると主張する。この点，実務においては，準抗告申立権を

認める取扱い，あるいは申立権は認めないが職権による判断は許されるとする取扱いが多いようであるが，理論的根拠は必ずしも明らかではないと言われている。可能な理論構成として，起訴前勾留には420条3項は準用されないと解すべきこと，起訴後と異なり嫌疑について本案の裁判で審理されるかどうか確定的でないことなどが考慮されているようである[39]。

さらに，勾留請求却下に対して準抗告を申し立てた場合，執行停止の効力はどうなっているのであろうか。この点，検察官が制限時間内に勾留を請求すると，裁判官は「速やかに」勾留状を発するか「勾留状を発しないで，直ちに被疑者の釈放を命じなければならない」こととなるが（207条4項），「速やかに」には時間的制限はなく，1日や2日遅れてもその間適法に留置することができる。勾留請求却下に対して不服がある場合，検察官は準抗告を申し立てることができるが（429条1項2号），準抗告を申し立てても却下の裁判の執行は停止されないから，申立てのみによっては釈放を止めることができない。しかし，釈放されてしまえば後日却下が取り消されても再度拘束することは極めて困難となるので，実質上無意味となりかねない。そこで，勾留請求却下に対しては，準抗告とともに釈放命令の執行停止を求める申立てを併せて行うのが通例である。これに対し，請求却下という消極的裁判には停止すべき効力がないから執行停止はできないとの見解もあるが，勾留請求の却下は釈放命令を伴いこれと「一体不可分」であるから停止の対象となり得ると解されている。

問題は，釈放命令が出た後これが停止されるまでの間の拘束の根拠である。法の欠缺であって，立法による手当てが必要であるとの見解もある。準抗告を許す以上，停止決定が出たときには既に釈放されているのでは，およそ実効性がないことになるであろう。したがって，その決定に必要な時間は当然に拘束が予定されているものと解される。

なお，逮捕に対して準抗告ができるであろうか。旧法では逮捕は現行犯人についてのみ認められる予備的処分であったが，現行法では逮捕は勾留に似た独立の拘束処分となった。したがって，準抗告の実益もあるが，明文の規定がない。判例は消極である[40]。429条1項各号には「逮捕に関する裁判」が挙げられ

---

[39] 起訴前勾留には420条3項が準用されないとして申立てを適法と認めた裁判例として，大阪地決昭46・6・1判タ264号347頁。

[40] 最決昭57・8・27刑集36巻6号726頁。

ていない文理解釈を理由とする。多数説も逮捕に対する準抗告は認められないとする。その理由は，①429条1項2号は，明文上「勾留に関する裁判」であって，「逮捕に関する裁判」ではないこと，②逮捕の身体拘束期間は比較的短時間であって不服申立てを認めらなくても人権上不都合はないこと，③この段階で不服申立てを認めると手続が煩瑣となるから，後の勾留請求の段階で規制するのが法の趣旨であること，④逮捕という緊急処分は不服申立てに馴染まず，不服申立手続を設けることは法技術的に不可能であること，⑤本来は，引き続く身柄拘束（勾留）が必要か否かを判断するだけのごく短時間の処分に過ぎないから法は不服申立には馴染まないとしたことなどである。

これに対し，逮捕状発付について429条1項2号を準用して肯定する見解もある。逮捕は，出頭確保の手段としての勾留と等質であり，勾留請求のための引致手続と考えて，逮捕は「勾留に関する裁判」と考えることにより，準抗告を認めるのである。しかし，逮捕と勾留を明確に使い分けている刑訴法が，ここだけ同視したと見るのは文理上かなり無理があるように思われる。

7.4.4 証 拠 保 全

捜査機関による捜査に対抗して，被疑者・弁護人にも，将来の公判に備え，予め自己に有利な証拠を保全しておくことが必要となる場合もある。弁護士法23条の2に基づく照会を行うことも可能であるが，それは任意的手段であるから，強制的に行うことはできない。しかし，被疑者・弁護人は捜査機関ではないから，自ら強制的に証拠を保全することはできない。そのため，裁判所を介して被疑者・弁護人が証拠を保全する手続を設けた。すなわち，予め証拠を保全しておかなければその証拠を使用することが困難となるおそれがある場合，被疑者，被告人又は弁護人は，第1回公判期日前に限り，裁判官に対して，押収，捜索，検証，証人の尋問又は鑑定の処分を請求することができる（179条）。例えば，書証が滅失するおそれがある場合，証人予定者が病気で死亡するおそれがあり，あるいは海外に移住する予定であるような場合である。

なお，捜査機関である警察が収集保管している証拠について，特段の事情がない限り，証拠保全手続の対象にはならないとした判例[41]がある。

---

41 最決平17・11・25刑集59巻9号1831頁。

■第8章■

捜査の終了

8.1 警察における捜査の終了

　警察は，刑事事件における第1次的捜査機関である（189条2項。なお，191条参照）。しかし，事件の起訴・不起訴の決定権限は検察官にある（247条，248条）。捜査は，起訴・不起訴の決定を目指して証拠の収集等を行う活動であるから，警察において事件の捜査を行った場合には，然るべきときに検察官に事件を委ねなければならない。そこで，刑訴法は，警察において「捜査をしたとき」は，「特別の定のある場合」を除き，「速やかに書類及び証拠物とともに事件を検察官に送致しなければならない」と規定している（246条本文）。
　事件の送致は「送検」とも呼ばれる。原則として，全ての事件を送致するので，全件送致主義と言われる。一般には，「送致書」と題する書面にそれまで作成した書類を取りまとめて一件記録として，警察署長から地方検察庁検事正宛てに送られる。
　事件を受理した検察庁では，事件番号を付して，証拠物を確認して受領し，一件記録は，上司による検討を経て，担当検事に配点され，証拠物は検察庁において保管することとなる。「捜査をしたとき」とは，捜査の目的を達し，あるいは捜査が完了したときに限らず，警察において相当期間内になし得る（あるいはなすべき）捜査を行ったときである。したがって，捜査の結果，犯罪の嫌疑が消滅したとき，相当期間捜査したが，これ以上十分な証拠が収集できないときなどにおいても，送致しなければならない。「特別の定」とは，例えば，通常逮捕（203条），緊急逮捕（211条）及び現行犯逮捕（216条）である。身柄拘束を伴う場合には，厳格な時間的制約があるからである。また，告訴，告発

(242条)及び自首（245条）についても「送付しなければならない」（242条）とあるので，これに当たるとされている。

　全件送致主義の例外として，「検察官が指定した事件については，この限りでない」とされている（246条但し書）。検事正から管内司法警察員に対し，一般的指示権（193条1項）に基づいて，極めて軽微な「微罪事件」を指定し，送致に代えて，1か月毎に一括してその内容を検察官に報告すべきものとされている。いわゆる「微罪処分」である。被害額が僅少で犯情軽微な窃盗，詐欺，横領，贓物，賭博等で，刑罰を必要としないと明らかに認められるときに行われる。起訴猶予の権限を司法警察員に委ねたものと解されている。なお，少年事件のうち，極めて軽微で刑事処分又は保護処分を要しないことが明らかな事件で，家庭裁判所が予め指定したものについては，毎月一括して検察官に送致することとされている。これは「簡易送致」と呼ばれており，送致の方式を取り決めたものであって，送致がないわけではない。

　なお，検察庁において捜査を終了した場合には，終局処分（起訴・不起訴）を行うのが原則であるが，中間処分もないわけではない（移送処分など。ただし，中止処分はそもそも捜査を終了していない）。

8.2　起訴後の捜査

　一般には，捜査が終了したことを前提として，起訴・不起訴の決定がなされるのであるから，起訴された場合には，原則として，捜査は終了している。しかし，起訴された後には公判が開かれ，検察官は有罪立証の責任を負うことになるのであるから，既に収集された証拠に基づいて立証活動に努めるのはもとより，公判の推移に応じて，立証方法を工夫するとともに，新たな弁解に対しては，新たな証拠収集活動が必要となることもある。そこで，起訴後の捜査ができるか否かが問題とされる。

　この点，起訴後は公判中心主義ではあるが，公判維持の責任を負う検察官としては，公判の進展に応じた補充立証が必要となることは当然にあり得るから，少なくとも任意捜査については，原則として許されるというべきであろう。

　これに対し，強制捜査については，いわゆる起訴前の証人尋問（226条）は，

第1回公判前であれば起訴後も可能とされているから，他の強制捜査についても，少なくとも同様に解することができ，また，差押え等の令状の方式につき，「被疑者若しくは被告人の氏名」を記載することが規定されている（219条1項）から，起訴後も可能であることを示唆する。また，「被告人，被疑者又は弁護人」は「第1回の公判期日前に限り」裁判官に押収，捜索等の請求をすることができるから（179条1項），捜査機関も少なくともこれに対応して許されるというべきであろう。しかし，第1回公判期日後は，証拠調べを公判で施行することが予定されているので，証人尋問を捜査に関連して行うことはできず，その他の強制捜査についても裁判所が行うべきであろうと言われている。この点，証拠調べ開始後（第12回公判期日後）に，検察官の請求により令状裁判官が発した捜索差押許可状に基づく差押え処分が実施された事案において，もし受訴裁判所に捜索・差押えの請求をしたとすれば被告人らによる罪証隠滅のおそれがあったとした上で，捜査機関による本件差押えを適法とした判例がある[1]。なお，身柄の確保については，起訴後は，裁判所による召喚（57条）を行うほかないであろう。

　次に，起訴された被告人の取調べについて，これを認めることができるであろうか。この点，否定説は，198条1項が被疑者に限定していることを理由に否定している。もっとも，全面的に否定する見解は少なく，対等当事者として十全な防御権が保障された場合，弁護人が立ち会った場合など，一定の場合にはこれを認める限定肯定説が少なくない。他方，肯定説は，197条の任意捜査として許されるとする。最高裁も，「被告人の当事者たる地位にかんがみ，捜査官が当該公訴事実について被告人を取り調べることはなるべく避けなければならない」としつつも，「198条の「被疑者」という文字にかかわりなく」，起訴後においても，「公訴を維持するために必要」がある場合には，被告人の取調べもできるとしている[2]。判例の立場を相当としよう。

---

[1] 最決平14・12・17裁判集刑282号1041頁.

[2] 最決昭36・11・21刑集15巻10号1764頁〔百選9版A14事件〕。ただし，公訴提起後第1回公判期日前に取り調べられて作成された供述調書につき，弁護人が同意した場合に関するものであったので，証拠能力を制限したのではないかとの疑問も提起されたが，その後，最決昭57・3・2裁判集刑255号689頁で，36年決定はそのような制限をしたものではないとした。第1回公判期日後に取調べを受けて作成された供述調書の証拠能力を肯定した裁判例として，東京高判平8・5・29高刑集49巻2号272頁。

■第9章■

公訴の提起

9.1 公訴の意義

9.1.1 公訴提起に関する諸原則

　公訴とは，刑事事件について裁判所の審判を求める意思表示たる訴訟行為である。民事訴訟では訴えの提起と言われるが，刑事事件は国家機関が訴追するので公訴の提起と呼ばれている。

　我が国の公訴には，いくつかの原則がある。第1の原則は，国家訴追主義である（247条）。公訴の提起は，国家機関のみがこれを行うこととされている。したがって，私人訴追は排斥される[1]。

　第2の原則は，起訴独占主義である（247条）。訴追権限は検察官のみに独占されている。したがって，検察官以外の国家機関は訴追することができない。しかし，起訴独占主義には2つの例外がある。その1は，準起訴手続に基づく公訴提起の擬制である（267条）。特別公務員暴行陵虐（刑法195条）のように，職権濫用にかかる犯罪については，不正な隠蔽等を防止し公平な事件処理を期するため，特別の規定が設けられたものである。その2は，検察審査会による起訴決議である（検審41条の6，41条の9）。検察官が不起訴にした事件について検察審査会に申立てがあり，二度にわたって起訴相当の決議がなされた場合には，その意思を尊重して起訴が強制されるのである。

---

[1] 他の諸国においては，国家機関（検察官）のみが訴追を行う方式ではなく，私人が訴追を行う方式（私人訴追主義〔英国では，現在でも純然たる私人訴追主義の理念が維持されている〕ないし被害者訴追主義〔ドイツでは，一部軽微な犯罪について被害者自ら訴追できる〕）や陪審が訴追を行う方式（民衆訴追主義〔米国における大陪審など〕）もある。

第3の原則は，起訴便宜主義である（248条）。公訴を提起するに足りる証拠があっても，検察官は，諸般の事情を考慮して起訴しないことができる。その意味で起訴裁量主義と言っても良い。なお，起訴後になって不起訴とすべき事由が判明した場合には，第一審判決があるまで公訴を取り消すことができる（257条）。これを起訴変更主義と言うが，起訴便宜主義の趣旨に沿った取扱いと言えよう。

9.1.2 公訴提起の方式

(1) 訴因の特定と起訴状一本主義

公訴提起は，起訴状を裁判所に提出して行う（256条1項）。要式行為であるから，口頭による公訴提起，電報や電子メールによる公訴提起はできない。起訴状には，公訴事実，罪名及び罰条を記載する（256条2項）。公訴事実は，訴因を明示しなければならず，訴因を明示するには，できる限り日時，場所及び方法をもって罪となるべき事実を特定しなければならない（256条3項）。他方，起訴状には，裁判官に予断を生じさせるような書類等を添付したり，その内容を引用することができない（256条6項）。これを起訴状一本主義と言う。これは，捜査と公判とを切断し，裁判官の予断を排除するためである。刑訴法は，事実の特定のために詳細な記述を要求し，同時に，証拠の内容を引用するような詳細な記述を排斥している。そこで，事実の特定と予断排除との相克が生じることがある。

判例は，概ね，事実の特定を優先させて，詳細な記載を許容する傾向にあるが，極端な場合には違法とされている。256条6項違反ではないとした裁判例として，例えば，①恐喝罪の公訴事実につき，恐喝の手段として用いられた内容証明郵便の内容を要約摘示しても，詳細にわたらなければ趣旨が判明し難いような場合に，当該脅迫文書の全文と殆ど同様の記載をした事案[2]，②名誉毀損罪の公訴事実に，当該文書の一部約3500字分を抽出して記載した事案[3]，③傷害罪の公訴事実に，被告人が所属する暴力団の名前を具体的に記載した事案[4]，④恐喝罪の公訴事実に，一般人を怖れさせる被告人の経歴，素行，性格等を記

---

[2] 最判昭33・5・20刑集12巻7号1398頁。
[3] 最決昭44・10・2刑集23巻10号1199頁。
[4] 大阪高判昭57・9・27判タ481号146頁〔百選9版43事件〕。

載した事案[5]などがある。他方，256条6項違反としたものとして，詐欺罪の公訴事実に，被告人に2度の詐欺前科があることを記載した事案について，予断を生じさせるとした判例[6]がある。

公訴事実の記載が256条6項違反とされた場合には，公訴提起が無効であったことになるので，公訴棄却の判決が言い渡される（338条4号）。そこまで至らない程度の余事記載と判断された場合には，公訴棄却とするまではないので，当該余事記載を削除し，訴因を補正して，瑕疵の治癒を認めることができるとされている（訴訟行為の追完）[7]。

(2) 被告人の特定

公訴提起は，特定の被告人に対する訴追であるから，起訴状には，被告人を特定して明記しなければならない。被告人とは，刑事事件において公訴を提起された者である。被告人を特定するためには，氏名のほか被告人を特定するに足りる事項（256条2項1号）として，年齢，職業，住居，本籍による（規164条1項）。氏名等が不詳の場合には，その旨を記載した上（規164条2項），人相，体格，留置番号等によって特定し，あるいは写真と貼付するなどして特定する。

氏名冒用などによって，検察官が起訴しようとした者と起訴状に記載された者との食い違いが生じるような場合にはどうすれば良いのであろうか。また，この点に不一致がないとしても，実際に法廷に出廷して審理を受けた者が起訴状記載の被告人とは別人であったという場合もあり得る。これらの場合には，誰に対して訴追の効力が及び，誰に対して訴訟係属が生じるのかが問題となるので，ここでまとめて検討しておこう。

問題は，そのような場合に真の被告人は誰かということである。この点，(ⅰ) 起訴状の表示を基準とする形式的表示説，(ⅱ) 公訴の提起は検察官の意思表示であるから，検察官の意思によって決めるべきであるとする意思説，さらに，(ⅲ) 検察官の意思，被告人の行動，身柄拘束状態などを総合して，起訴状の記載を実質的・合理的に解釈すべきであるとする実質的表示説（通説）が主張されている。確かに，公訴提起は検察官の意思表示であるから，その合理的に解釈によって決するのが相当ではあるが，検察官の意思は，起訴状に表

---

[5] 最判昭26・12・18刑集5巻13号2527頁。
[6] 最大判昭27・3・5刑集6巻3号351頁。
[7] なお，無効とするほどではない場合には，公訴提起は有効であるから，訴因の訂正で足りる。

示された要式行為としてのみ意味があると解されるので，基本的には実質的表示説が妥当であろう。判例[8]も同旨と思われる。この点，起訴状に現れた固有名詞の解釈はあり得ないのではないか，実質的判断の手順・内容が不明確であるとの批判がなされている。しかしながら，固有名詞であっても，誰をその固有名詞で表示したかについては解釈の余地があり得ると思われるし，判断の手順が不明確であるとしても，意思内容を裏付ける資料の総合による合理的判断を行う点において，意思説とも格段の隔たりがあるとは思われないので，意思説に比べて判断が困難であるとまでは言えないように思われる。むしろ，判断のための客観的資料を，意思を推認するためではなく客観的資料として直接評価できる点において，優れているように思われる。

　通常の公判手続においては，このようにして特定された被告人が真の被告人であるから，仮に他の者が法廷に出廷して審理を受けたとしても，その者には訴訟係属は生じない。したがって，例えば，人定質問の段階で人違いであることが判明した場合には，その時点で退廷させ，真の被告人を再度召還して審理を行うことになる。

　しかし，その段階で判明せず審理に入った場合にはどうか。この場合，出廷した者が事実上審理を受けているから，何らかの法的措置が必要ではないかとの疑問があるが，審理によって訴訟係属が生じたとも言い難いので，退廷させた上，真の審理をやり直すことになろう。さらに，判決が言い渡された後に判明した場合にはどうか。この場合，判決が存在する以上，その判決を全く無効とすることも相当ではないので，控訴して上訴審において公訴棄却を類推適用するのが相当と思われる。仮に，判決が確定した場合には，再審ないし非常上告の適用を考慮することになろう。なお，真の被告人は，未だ審理を受けていないのであるから，新たに召還して審理を行えば足りよう。

　これに対し，略式手続の場合にはやや様相が異なる。通常の略式手続においては，被告人が公判廷に出廷しないため，起訴状に記載された被告人以外の者が審理を受けることがない。しかし，逮捕されている被疑者に対して逮捕中に略式手続が行われる場合[9]には，起訴状の表示にかかわらず，被告人として検察官が起訴する意思で指定した者が裁判所に在庁し，その場で送達を受けるこ

---

[8] 最決昭60・11・29刑集39巻7号532頁〔百選9版53事件〕。

[9] このような場合を実務上「逮捕中在庁」と称している。

とになるので，現実に送達を受けた者が被告人であると解される[10]。この場合，検察官の訴追意思の対象者は現実にその場にいる者であることは明らかであって，彼こそが被告人である。

しかし，被告人が出頭しないで書面のみで審理が行われ，後日被告人の住居宛てに送達がなされる場合[11]，あるいは，被告人を呼び出し，出頭した被告人に裁判所で送達を受けさせる場合[12]には，起訴状記載の被告人であるか否かの正確な確認ができず，したがって，表示された被告人が真の被告人であることを覆すに足りる特段の事情は認められないので，起訴状記載の者が被告人であると解されている。もっとも，呼出在庁の場合には，出頭した者が在庁しているのであるから，身上関係の確認を行う余地はあるのではないかとも思われるので，起訴状の形式的な表示を越えて実質的に判断するのが相当と考えられる。

9.2 公訴権論

9.2.1 公訴権の意義

(1) 公 訴 権 論

検察官は，公訴を提起する権限を有している（247条）。このような権限を公訴権と言う。すなわち，公訴権とは，公訴を提起し，これを維持する検察官の権限である。これは，国家機関の「権能」であって「権利」ではない。

公訴権の意義をめぐっては，古くから学説の対立がある。第1は，実体的公訴権説である。公訴権とは，刑罰権を裁判上確定するための権能であるとする。これに対し，刑罰権は公訴を提起し審理して初めて確定されるから，これを前提とすることはできないとの批判がある。第2は，抽象的公訴権説である。公訴を提起し何らかの裁判を受ける権能であるとする。これに対しては，単に検察官の一般的権限を述べたに過ぎないとの批判がある。第3は，具体的公訴権説（有罪判決請求権説）である。有罪判決を請求する権能であるとする。これに

---

[10] 大阪高決昭52・3・17刑裁月報9巻3~4号212頁，東京高決昭61・9・19高検速報（昭61）139頁。
[11] このような場合を実務上「通常略式」と称している。
[12] このような場合を実務上「呼出在庁」と称している。この場合につき，最決昭50・5・30刑集29巻5号360頁は，被冒用者を被告人とした（形式的表示説）と解されている。

対しては，有罪判決を請求できないときでも公訴維持は可能であって，無罪求刑も可能ではないかとの批判がある。第4は，実体的審判請求権説である。有罪か無罪かの実体判決を請求する権能であるとされる。

実体的審判請求権説が通説とされているが，これによると，検察官は，審理の途中で人違い等によって被告人が犯人ではないことを確信した場合には，無罪を求める訴訟活動を行い，無罪判決を求めることもできる。しかし，当初から無罪を求めて公訴提起することは許されるのであろうか。この点を明らかにするためには，そもそも，公訴提起に嫌疑を必要とするか否かを検討する必要がある。そこで，まず，この点を検討しておこう。

(2) 公訴権と嫌疑との関係

実体的審判請求権説に立つ限り，理論的には，嫌疑を要しないと解することも十分可能である。むしろ，その方が論理的であるように思われる。それにもかかわらず，多くの見解が公訴提起に嫌疑を要求する理由は，適正手続の要求である。何らの嫌疑もなく起訴され応訴強制されるのはアンフェアという考え方である。その意味で，公訴提起には一定程度の嫌疑（有罪の蓋然性）が必要とされている。

(3) 嫌疑なき起訴の有効性

それでは，嫌疑のない起訴は有効であろうか。すなわち，嫌疑は訴訟条件であろうか。見解が分かれる。

第1は，嫌疑は訴訟条件ではないとして，いわゆる「あっさり起訴」を認める見解である。嫌疑がないことが判明すれば無罪にすれば良いから，嫌疑がない起訴かどうかについては司法審査をする必要がないとする。これに対しては，①嫌疑がないのに訴訟係属を強制されるのは不当ではないか，②起訴による事実上の社会的不利益も無視できないなどと批判される。

第2は，嫌疑のない起訴は公訴棄却とすべきであるとして，いわゆる「慎重な起訴」を求める見解である。当初から客観的嫌疑のない起訴は無効であり，実体審理の過程で犯罪の嫌疑を欠く起訴であったことが判明すれば，その段階で手続を打ち切ることも考えられるとする。これに対しては，①冒頭で嫌疑があると認めた上で実体審理に入るので，嫌疑につき二重の審査をすることになり，不自然である（嫌疑の有無の審査は実体審理それ自体とも言い得る），②冒頭で嫌疑ありと認めると，予断を抱いて実体審理をすることになる，③嫌疑がなけ

れば無罪で良いし、その方が一事不再理効があるから一層良い、④確実な嫌疑を求めれば捜査が精密化し糾問化する、⑤嫌疑なき起訴の制裁は、懲戒や損害賠償の方が妥当であるなどと批判される。

第3は、特殊な訴訟条件説である。被告人の申立てを待って初めて審理すれば良い特殊な訴訟条件であって、応訴の負担から早期に解放するため、犯罪の嫌疑の不存在が訴訟障碍になるとする。

第2の見解が多数説である。理論的には第1の見解が優れているが、適正手続を踏まえ、被告人の不当な負担を考慮すれば、第2の見解に傾かざるを得ないように思われる。なお、第3の見解は極めて巧妙な説明であるが、そのような特殊性の根拠の理論的説明が明確でないように思われる。

次に、仮に嫌疑が必要としても、どの程度の嫌疑が必要かについては、見解が分かれる。「確実な嫌疑」（確信に近い嫌疑）として、精密起訴＝精密司法を肯定する見解、「高度の嫌疑」とする見解、「犯罪の客観的嫌疑」とする見解などである。判例[13]は「合理的な判断過程により有罪と認められる嫌疑」としている。

なお、実務の運用においては、「確信に近い嫌疑」が要求されており、起訴すれば有罪になって当然であるという認識を前提に運用がなされている。現実の社会では、起訴は、社会的には有罪の刻印であるから、慎重の上にも慎重に起訴することが望まれるように思われる。

(4) 嫌疑なき起訴の違法性

それでは、仮に公訴提起に嫌疑が必要であるとした場合、嫌疑のない起訴は違法となるのであろうか。仮に違法になるとした場合、違法かどうかの判断は何を基準にするのか。判決結果を基準とするのであろうか、起訴（職務行為）を基準とするのであろうか[14]。

判例は、職務行為基準説に立っている[15]。すなわち、根室本線の芦別・平岸間の線路が爆破された事件において、最終的に無罪となった被告人が国家賠償

---

[13] 最判昭53・10・20民集32巻7号1367頁〔百選9版40事件〕（芦別国賠事件）。さらに、最判平1・6・29民集43巻6号664頁。

[14] 嫌疑の要否は、公訴提起の「有効性」の問題であるが、適正手続の要請は公訴提起の「違法性」の問題である。前者は法律効果の発生要件の有無の問題だが、後者は損害賠償、懲戒、証拠排除等の問題である。

[15] 前掲最判昭53・10・20民集32巻7号1367頁。

を請求した事案につき，最高裁は，「公訴の提起は，検察官が裁判所に対して犯罪の成否，刑罰権の存否につき審判を求める意思表示にほかならないのであるから，起訴時あるいは公訴追行時における検察官の心証は，その性質上，判決時における裁判官の心証と異なり，起訴時あるいは公訴追行時における各種の証拠資料を総合勘案して合理的な判断過程により有罪と認められる嫌疑があれば足りるものと解するのが相当である」と判示し，公訴提起時の合理的判断で良いものとした。

他方，学説は，いくつかに分かれる。

第1は，結果違法説である。結果的に起訴は妥当でなかったのであるから，当然違法とすべきであるとする。その理由は，①違法・無過失を定める刑事補償法との統一的理解が必要であること，②故意過失と違法性との理論的な区別をすべきであること，③被告人の救済目的と適合性を持つべきであることなどである。

第2は，職務行為基準説である。客観的に犯罪の嫌疑が十分にあり，有罪判決を期待し得る合理的根拠があれば，たとえ無罪となっても起訴は適法とする。その理由は，①無罪にも法解釈の違いや身代わりなど多様な場合があり，一概に違法とは言えないこと，②公訴提起はもともと当事者の主張に過ぎないから，結果で判断すべきでないこと，③訴訟の動態的性格から訴訟追行中に証拠評価にも変化が生じ得ることなどである。その上でさらに，(ⅰ) 不当目的を持った起訴のみ違法とする見解，(ⅱ) 一見明白に経験則違背の重大な瑕疵がある場合のみ違法とする見解，(ⅲ) 合理的根拠が欠如しているのに敢えて起訴した場合のみ違法とする見解などが主張されている。

この点，公訴提起であるからといって直ちに原則適法とまでは言い難いであろうから，一般の行政行為と同様に，公訴提起時点の合理的根拠があれば良いと考えられるので，職務行為基準に従って上記（ⅲ）の立場から判断すれば足りるように思われる。

9.2.2 起訴便宜主義（訴追裁量主義）の運用

起訴便宜主義[16]とは，有罪判決を得るに足りるだけの証拠が揃っていても，

---

[16] 「便宜」というのは，Opportunitätであるから，「臨機応変」と言った方が誤解が少ないかもしれない。

諸般の事情を考慮して公訴を提起しないことができるとする考え方である。検察官の裁量によることから，起訴裁量主義とも言われる。

起訴便宜主義のメリットとしては，①柔軟な運用で具体的正義の実現に資すること，②社会政策的にも，偶発的な微罪を訴追しないことで，犯罪者の烙印を押さずに行為者の社会復帰・更生の機会を与えることができること，③効率性の面で，重大事件のみを起訴することで刑事司法上の社会的資源を有効活用できることなどが挙げられる。

他方，起訴便宜主義のデメリットとしては，①同種犯罪で起訴・不起訴が分かれ，不公平を助長するおそれがあること，②訴追裁量権が濫用されるおそれがあること，③裁量権行使のための情状調査の徹底は，捜査の糾問化・長期化を招くおそれがあること，④綿密捜査の結果，起訴・不起訴処分が裁判同様になり，公判中心主義に反すること，⑤検察官を「司法官的」とすることになり，当事者主義に反すること，⑥起訴・不起訴の基準が不明確で，その逸脱を正当化する危険があることなどが挙げられる。

しかしながら，①不公平かどうかは，情状全体の詳細な調査比較が必要であり，一概には言えないこと，②検察官同一体の原則と慣行的尺度で，個人差，地域差の調整が行われており，むやみな濫用はないこと，③情状捜査のために長時間を費やすことは通常あり得ないこと，④精密司法を前提とする以上，捜査の長期化肥大化はある程度やむを得ないことなどの反論がなされている。

そこで，新たな構成として，（ⅰ）限られた捜査に基づく「起訴放棄」処分と構成しようとする見解，（ⅱ）微罪処分的なものとし，起訴便宜主義を検察官による早期釈放という消極的処分とする見解などが主張されているが，妥当な方向と思われる。

起訴猶予に関する考慮要素としては，①犯行自体（犯罪軽微，法定刑軽微，実被害軽微，共犯中の役割軽微，利得僅少，偶発的犯行，動機酌量余地，被害者の落ち度，社会的影響の軽微性など），②犯行後の情況（改悛の情，被害回復，謝罪，示談成立，被害者宥恕，法令の改廃，身元引き受けなど），③本人の事情（素行良好，低知能，精薄，高齢，病弱，前科・前歴，若年，定職，交友関係など）などである。

また，起訴猶予の判断が総合的判断，全人格的判断となる点に対しても批判がある。しかし，この点は裁判における量刑も全く同様であろう。事案によって1件1件全て異なるから，数量化できない。慣行的尺度と決裁制度，検察官

同一体原則（指揮監督）によって，全国的均衡を保つほかないであろう。

　なお，起訴猶予処分は，裁判のような既判力を生じないから，必要があればいつでも再起して起訴することができる[17]。そこで，一部の地方検察庁では，いったん起訴猶予処分とした後，被疑者の更生態度を観察し，再び犯罪を犯したような場合には，更生が不十分であるとして，既に起訴猶予処分とした事件を再起し，併せて起訴するという運用が行われているようである。

9.2.3　一罪の一部起訴

　一罪の一部起訴とは，例えば，住居侵入・窃盗のような科刑上一罪につき，窃盗のみで起訴する場合，包括一罪のうち被害の一部のみを起訴する場合，あるいは，強盗のような結合犯につき暴行のみで起訴する場合，傷害致死のような結果的加重犯につき傷害のみで起訴する場合，さらには，加重収賄を単純収賄で起訴するように構成要件を縮減して起訴する場合，既遂を未遂で起訴する場合などである。

　これらの場合，実体法上の犯罪としては全体の犯罪が成立しているのであれば，実体法を実現すべき訴訟法としては，可能な限り実体法に沿った訴追をすべきであって，意図的にこれに反する訴追を敢えてすることは許されないのではないかという疑問が生じる。実体的真実の実現が可能である限り，その実現に尽力するのが公訴権行使の付託を受けた検察官の義務ではないかとも考えられる。

(1)　一罪の一部起訴の可否

　ところで，そもそも実体法上の一罪を分割して起訴することはできるのであろうか。分割は刑法（実体法）に反することになるのではないか，また，公訴権濫用となることはないのであろうか。

　かつては否定説もあった。その理由は，①実体的真実主義に反すること，②単一犯罪は不可分であって，「公訴不可分の原則」に反すること，③公訴事実が審判の対象であることに反することなどであった。しかし，②に対しては，訴因制度の導入により，「公訴不可分の原則」はなくなったとされており，また，③に対しては，訴因対象説が圧倒的である点で，否定説は前提を失ってい

---

[17]　最判昭32・5・24刑集11巻5号1540頁，東京高判昭55・10・15判夕440号151頁。

るとされている。

そこで，現在の学説は，肯定説が支配的である。その理由は，①実体的真実の発見は，起訴された訴因の枠内で行われれば足りること，②一罪であっても手続上は事実が分かれる場合が少なくないこと，③公訴提起の効力は一部に限られたとしても，二重起訴の禁止は公訴事実の同一性の範囲に及ぶから被告人に不利益はないこと，④当事者主義の原則から，裁判所は訴因について審判する権利義務があり，訴因から離れて事実を認定することは許されず，検察官は訴因の設定・変更の裁量権を有すること，したがってまた，検察官には訴訟物の処分権が認められることなどが挙げられる。

もっとも，濫用的起訴，例えば，親告罪の一部を非親告罪として起訴するような場合，重大犯罪について正当な理由がないのに一部だけを起訴するような場合，検察審査会の審査対象となるのを免れるため名目的に一部を起訴するような場合には，一部起訴は認められないと言われている。

確かに，合理的な理由もないのに，殴打暴行による傷害致死を極めて軽微な暴行として起訴するような場合や，大金の業務上横領を少額の単純横領として起訴するような場合を想定すれば，合理的裁量とは言い難いように思われる。したがって，訴追の実務において，特別な事情がないのにそのような起訴を行うことは，通常考えられない。

しかしながら，これを直ちに違法とすべきか否かは，さらに検討を要するように思われる。すなわち，このような場合，被告人側が重い全体犯罪について自ら主張することは通常あり得ないから，裁判所が全体像を把握するためには，裁判所自ら当該訴因を超えて訴因外事実を審理しなければならず，全体について詳細な事実認定をする必要に迫られることになる。したがって，単に入口の審査にとどまることができないのではないかとの疑問が残る。しかも，仮に違法として公訴棄却としても，検察官が改めて全体を起訴するとは思われないので，そうなると事案全体が刑事司法の外に放置されてしまうことになる。そうだとすれば，むしろ公訴提起それ自体は適法とした上で，訴因変更命令を検討する方が現実的であるようにも思われる。

ところで，判例[18]は，Xが選挙運動者であるYに対して金銭を渡したという

---

18 最決昭59・1・27刑集38巻1号136頁。

公職選挙法違反の事件につき，いわゆる交付罪（供与の準備段階として物品等の占有を相手方に移転する行為）が認められるときは，たとえXとYとで共謀してYがZに供与したという供与罪（相手方に物品等の利益を提供して取得させる行為）が成立する疑いがあったとしても，「検察官は，立証の難易等諸般の事情を考慮して，Xを交付罪のみで起訴することが許される」とし[19]，さらに「裁判所としては，訴因の制約のもとにおいて，Xについての交付罪の成否を判断すれば足り，訴因として掲げられていないYとの共謀による供与罪の成否につき審理したり，検察官に対し，右供与罪の訴因の追加・変更を促したりする義務はない」とした。この判例は，検察官の訴因構成権限を前提として，一部起訴ができることを認めたものと解されている。

(2) 強姦致傷を暴行罪で起訴する場合

一罪の一部起訴が許されるとしても，他の要因が考慮される場合には，異なった帰結に至ることもあり得るとされる。確かに，そもそも犯罪の全体について起訴猶予の裁量権がある以上，その一部について裁量的起訴が可能であることは当然であるとも言える。例えば，強盗致傷罪で傷害の程度が数日程度の場合，強盗のみで起訴することも許されて良いであろう。そうすると，強姦致傷を暴行で起訴することも可能であろうか。

この点，強姦致傷は確かに親告罪ではないが，被害者の名誉に十分留意すべき犯罪であるから，告訴がない（又は告訴が取り消された）場合には，そもそも訴追しないという選択が相当であるとも言えよう。そうすると，告訴のない強姦を暴行で起訴することができるかについても，なおのこと親告罪であることを尊重すべきであって，事実上親告罪の意味を無視するような起訴はできないと考えることもできよう。しかし，暴行・脅迫が数日前にあり，被疑者が極度に畏怖した結果，数日後に全く異なった場所で姦淫行為がなされたような場合，暴行・脅迫だけを独立して立証することが必ずしも不可能ではないかもしれない。仮にそうだとすれば，名誉に影響しないと解する余地が全くないわけではない。そして，そのような事案であれば，理論的には告訴なしでも暴行・脅迫

---

[19] なお，実体法の観点からは，仮に供与罪が成立すれば，その前提としての交付罪は吸収関係にあるとされる。それにもかかわらず，被吸収犯罪である交付罪によって起訴できることにつき，いわゆる犯罪吸収ではなく処罰吸収に過ぎないから，交付罪と供与罪とは両方とも成立しているとの説明がなされている。

で起訴することも可能と解する余地はあり得ると思われる。

　もっとも，実際の審理においては，当然ながら暴行・脅迫の程度，被害後の状況等も解明されることになるであろうから，そうなると必然的に姦淫行為についても審理されざるを得ず，被害者の名誉を害する可能性が高い。この意味において，事実上，そのような起訴は相当ではないというべきであろう。

　この点，判例は，当初，強姦の親告罪としての趣旨に鑑み，消極説に立ったが[20]，その後，共同暴行があっても必ずしも強姦罪の構成要素ではなく，ましてこれと不可分一体をなすものではないこと，姦淫の点に触れずに共同暴行だけで起訴したのに職権で姦淫についてまで審理するのは許されないとして，積極説を支持した[21]。

　被害者の感情・名誉を尊重し，親告罪としての趣旨を損なうとして，「親告罪の趣旨を潜脱した違法な起訴」と判断されれば，裁判所としては，その時点で刑訴法338条4号によって公訴棄却の判決を言い渡すことになろう。ただし，この場合には，被告人は，強姦の一部であること（したがって，自分は単なる暴行より重大な犯罪を犯したこと）を自ら主張することになるので，極めて不自然な防御活動を行うことになるし，また，裁判所も強姦致傷全体の実体に踏み込んで審理を行う必要があるという問題が残されている。

(3) 業務上過失致死を業務上過失傷害で起訴した場合

　死亡と傷害との間には法益侵害の程度に重大な違いがあること，傷害と死亡とが論理必然的に両立しないとは言えない（死亡したからと言って，死亡に至るまでの傷害が消滅するわけではない）から，傷害が常に死亡に吸収されるわけではない。したがって，因果関係の立証の難易や訴訟経済等の諸般の事情を考慮して，その合理的裁量に基づき，傷害の事実のみを訴因として構成し，その限度で起訴することができると言って良いであろう。

　もっとも，構成要件としては死傷を一体として規定しており，死と傷とを同等の要素としているとも考え得る点で問題はある。しかし，結合犯でも，強盗のように暴行と財物奪取とに分離して起訴可能であれば，後者のみを窃盗で起

---

[20] 最判昭27・7・11刑集6巻7号896頁。
[21] 最大判昭28・12・16刑集7巻12号2550頁。ただし，昭和33年刑法改正で刑法180条2項が追加され，2人以上共同の場合には非親告となったことから，やや特殊なケースであってどこまで先例的価値を持つかは疑わしいとの見解が有力である。

訴することも可能であろう。また，数回の連続した同一人に対する殺人未遂の後に既遂になった場合でも，吸収されるはずの未遂部分を復活させた上で分離して未遂のみで起訴することも可能と思われる。このように見てくれば，死傷のうち傷のみを取り出して起訴することも可能であると考えられる。

　そこで，裁判所の採るべき措置としては，検察官が訴因変更勧告に応じない以上，当初訴因の範囲で審判すべきであって，これを越えた判断をすることはできないから，業務上過失傷害の限度で有罪を言い渡すべきであって，無罪を言い渡すことはできないというべきであろう[22]。死亡している以上，別罪たる過失致死罪に訴因変更しない限りは無罪であるというのであれば，弁護人としては，より重い死亡事実を立証すれば無罪になるという不自然な結果となり，明らかに不都合である。

(4) その他

　判例によれば，既に抵当権設定行為により横領罪が成立した不動産について，改めてこれを売却した場合，その売却を新たな横領罪で起訴することができるとされ[23]，さらに，窃盗罪（単純窃盗）で確定した裁判より以前に犯された窃盗行為について，全体として常習性が認められ，常習一罪が成立する場合であっても，これを単純窃盗として起訴することができるとされている[24]。

9.3　訴訟条件

9.3.1　訴訟条件の意義，機能

(1) 意　義

　訴訟条件とは，訴訟を有効に係属させ，これを継続させるための条件である。訴訟を係属させるための要件であるから，単に実体判決を言い渡すための条件に過ぎないわけではない。したがって，公訴提起の際に条件を具備していなければならず，条件を欠く公訴提起は無効となるから，判決で公訴棄却とされる

---

[22] 名古屋高判昭 62・9・7 判タ 653 号 228 頁。なお，原審岐阜簡判昭 62・5・1（判タ 653 号 232 頁参照）は無罪とした。
[23] 最大判平 15・4・23 刑集 57 巻 4 号 467 頁〔百選 9 版 42 事件〕。
[24] 最判平 15・10・7 刑集 57 巻 9 号 1002 頁〔百選 9 版 100 事件〕。

(338条4号)。

審理の途中において訴訟条件を欠くことが明らかとなった場合には，その段階で公訴棄却となる[25]。仮に，結審した段階で訴訟条件の欠缺が明らかとなった場合には，実体判決を言い渡すことができない。訴訟条件は，審理継続の要件であるとともに，実体判決の要件でもある。

訴訟条件は，一般には，裁判所の職権調査事項とされている。したがって，当事者に申立権はないとされている。事実上申し立てることができるが，それは，裁判所の職権発動を促す申出に過ぎない。

これに対し，訴訟条件は，当事者が応訴を拒否することの条件であって，当事者の申立てによって公訴棄却とすることができる当事者の申立事項であるとの見解も主張されている。この立場によると，公訴提起を受けた当事者は，訴訟条件の欠缺を主張して応訴を拒否することができるので（応訴拒否権），申立権があるとされ，申立てを受けた裁判所は，これに対する判断の義務があることになる。しかしながら，例えば，親告罪で告訴が欠如している場合，客観的に告訴の欠如が明らかであっても，当事者の主張がない限り公訴棄却にすることができないことになると，訴訟係属それ自体を被告人の意思に委ねることとなり，ひいては公訴権の行使を被告人の意向に委ねることになりかねない点で疑問が残る。

訴訟条件の存否については，自由な証明によることができるから，裁判所は，「適宜の方法」で認定することができるとされている[26]。

(2) 訴訟条件欠如の場合の処理

訴訟条件が欠けている場合には，欠如事由に応じて，①管轄違い（329条～331条），②公訴棄却（338，339条），③免訴（337条）のいずれかの形式裁判によって，手続が打ち切られることになる。そもそも実体裁判を行うことができないのであるから，仮に当事者が無罪を主張しても，裁判所は，直ちに形式裁判で手続を打ち切らなければならない。判例においても，免訴事由がある場合には，被告人は無罪を求めることができないとされている[27]。複数の訴訟条件

---

[25] 場合によっては，その段階において訴訟条件を追完することによって訴訟を維持できるのではないかが議論されている。
[26] 最決平23・10・26刑集65巻7号1107頁。
[27] 最大判昭23・5・26刑集2巻6号529頁〔百選9版A41事件〕。

欠如事由が競合した場合，例えば，管轄違いと時効完成とが競合した場合，いずれによって処理すれば良いか。この場合，瑕疵の事由によって処理すべきものとされているが，事由の論理的優劣関係はないと考えられるので，最も明白な事由によって形式裁判を行うのが相当であると思われる。したがって，認定が容易な事由によるべきであろうから，時効期間の起算点等の問題が残る時効完成より，訴因事実から直ちに判断可能となる管轄違いを優先して検討するのが相当であると思われる。なお，実体的訴訟条件と手続的訴訟条件の欠如が競合する場合には，後者に基づいて形式裁判をするものとされている。

9.3.2 管轄違い

(1) 管　　轄

　刑事裁判権は，いずれかの裁判所に配分されるが，この配分を管轄と言う。管轄には，固有管轄と関連事件管轄がある。前者は，事物管轄，土地管轄及び審級管轄に分かれる。

　第一審裁判所の事物管轄は，事件の性質・軽重等に基づいて，簡易裁判所（裁33条1項2号），地方裁判所（裁24条2号），高等裁判所（裁16条4号）に分配される[28]。

　土地管轄は，地域的標準によって定められた管轄である。裁判所はそれぞれの管轄区域が定められており，犯罪地又は被告人の住所，居所若しくは現在地のいずれかがその地域内にあるとき，管轄権を有する（2条1項）。

　審級管轄は，上訴の関係で裁判所に分配された管轄である。通常は，高等裁判所（裁16条1号，2号），最高裁判所（裁7条）であるが，地方裁判所が簡易裁判所の判決に対する控訴審となることもある（裁24条3号）。

　関連事件管轄は，1人が数罪を犯し，数人が共に犯罪を犯すなどした場合，関連するものとして，1個の裁判所に事件をまとめることができるときの管轄を言う。

(2) 管轄違いの判決

　訴追された事件が裁判所の管轄に属しないときは，判決で管轄違いを言い渡す（329条）。ただし，付審判請求事件については，管轄違いにすると，改めて

---

[28]　なお，家庭裁判所は，少年の福祉に関する成人の犯罪についても管轄を有していたが，平成20年の少年法改正（旧37条の削除）によって地方裁判所に移された。

付審判手続を採ることになり，極めて煩瑣であることから，管轄違いの言渡しをすることができないこととした（329条但し書）。そこで，起訴があったものとみなされた当該地方裁判所は，管轄が創設されることとなる。

　もっとも，土地管轄については，そもそも被告人保護の側面をも有するので，被告人の申立てがなければ管轄違いの言渡しをすることができないこととされている（331条1項）。ただし，この申立ては，証拠調べを開始した後は，することができない（331条2項）。それまでに陳述を行うなどして，管轄の利益を放棄したものと言って良いからである。

9.3.3　免訴事由

　①確定判決を経たとき，②犯罪後の法令で刑が廃止されたとき，③大赦があったとき，又は④時効が完成したときには，免訴の判決がなされる（337条）。したがって，このような事由がある場合には，有効な公訴提起ができない。

　免訴とは，犯罪事実の存否を判断しないまま言い渡す形式裁判であるとするのが通説とされる。かつては，実体関係的な形式裁判であって，犯罪の成立は認められるが，刑罰権の消滅を理由として不処罰とするのであるから，実体的な認定を行うものであるとされ，実体裁判の実質を有する形式裁判であると言われたこともある。

　確かに，確定判決を経たときについては，当該起訴事実が確定判決の事実と公訴事実の同一性の範囲内であることを認定しなければならないので，当該起訴事実の認定を要するようにも見えるが，訴因対象説を前提とすれば，当該起訴にかかる検察官の主張である訴因事実と確定判決の事実とを比較検討すれば良いとも考えられるので，実体審理を行うべき必然性があるわけではない。

　また，刑の廃止や大赦については，それ自体で判断可能であるし，時効完成についても，訴因を基準に判断すれば足りるとすれば，実体審理を行うまでもないと言えよう。そうすると，いずれも実体審理に踏み込むことなく，いわば入口で判断ができるのであるから，単なる形式裁判と考えることができる。

　それでは，免訴事由は公訴棄却事由と何が異なるのであろうか。この点，免訴事由は，手続を補完してもおよそ再訴が不可能である事由であるから，訴訟追行条件であるのに対し，公訴棄却事由は，例えば告訴の欠缺のように，補完すれば再訴が可能な条件に過ぎないとする見解が主張された。しかし，公訴棄

却事由についても，例えば，被告人死亡のような事由は，およそ再訴不可能であって，免訴との違いはないのではないかとの批判があった。そこで，免訴事由と公訴棄却事由とは，実質的な差異はなく，刑訴法がこれを区別したのは，単に旧法以来の沿革を引き継いだに過ぎないと理解が有力となり，免訴も単なる形式裁判であるとの立場が通説とされるに至った。したがって，免訴事由がある場合には，犯罪事実の判断を要せず，そもそも無罪を求めることができないから，直ちに免訴判決によって手続を打ち切るものとされる。判例も，免訴事由がある場合には無罪を求めることができないとしている[29]。

免訴事由は 337 条で列挙されているが，ここでは，しばしば問題となる公訴時効について検討しておこう。

9.3.4 公訴時効
(1) 公訴時効の存在理由

公訴時効は，公訴権の消滅事由である。刑法にも刑の時効に関する規定（刑 31 条）があるが，これは，公訴権の消滅と異なり，確定した刑罰権，すなわち刑罰執行権の消滅を意味する。

公訴時効は，時間の経過を理由とする公訴権の消滅事由であるが，時間の経過によって公訴権が消滅する理由については，古くから議論がある。

第 1 は，実体法説である。すなわち，時間の経過によって，応報感情が薄れ，犯罪の社会的影響が微弱化し，処罰の必要性が減少するとともに，処罰感情が微弱化することによって，未確定の刑罰権が消滅すると述べる。これに対しては，刑罰権が消滅するのであれば，無罪とすべきではないかと批判されている。

第 2 は，訴訟法説である。すなわち，時間の経過によって証拠が散逸し，適正な裁判を行うことが困難となるとするのである。これに対しては，犯罪の軽重によって証拠の散逸が異なるとは言い難いのに，時効期間が犯罪の軽重によって定められているのはおかしいとの批判がある。

第 3 は，競合説である。すなわち，実体法的な理由と訴訟法的な理由とが競合するというのである。これに対しては，それぞれに対する批判も競合している。

---

[29] 前掲最大判昭 23・5・26 刑集 2 巻 6 号 529 頁。

第4は，新訴訟法説である。すなわち，時間の経過によって被疑者が訴追されないという事実状態が継続するので，その状態を尊重して国家刑罰権を制限することによって，当事者を訴訟負担から解放することによって，被疑者を保護するための制度であるとするのである。時効制度が事実状態を尊重する制度であることは間違いないが，被疑者保護の制度と割り切るべきか否か，疑問がないわけではない。

(2) 公訴時効の一部廃止

平成22年（2010年）の法改正により，「人を死亡させた罪であって禁錮以上の刑に当たるもの」（250条1項。殺人，傷害致死，危険運転致死，業務上過失致死，自動車運転過失致死など）のうち，「死刑に当たるもの」について公訴時効が廃止された[30]。このような重大犯罪については，あくまで責任追及すべきであるという国民感情を背景として，これに沿うような政策判断がなされたものである。実体法的に見ると，公訴時効が廃止された以上，その罪の刑罰権が消滅することはないことが確認され，また，訴訟法的にも訴追を断念するほど証拠が散逸することもないことを前提としているように思われるので，従来の実体法説ないし訴訟法説では，十分な説明が必ずしも容易でないかもしれないが，新訴訟法説によると，もともと被疑者保護のための政策的制度であったから，被害者保護の方向に国民感情が変化したのであれば，修正されることはあり得て良いであろう。

(3) 起算点

時効期間の起算点は，「犯罪行為が終つた時」（253条1項）である。その事件の全てについて起訴が可能な時点であるから，挙動犯については，犯罪行為がなされた時点であるが，結果犯については犯罪結果が発生した時点とされる。行為終了時との立場もあるが，1個の犯罪については一括して検討すべきであるし，また，結果発生によって処罰感情も高まるのであるから，その時点において初めて事態が安定したものと考えるのが適切であろう。

問題となるのは，例えば，業務上過失致死傷のように，傷害を経て死亡に至る場合である。加害行為がなされ傷害の結果が発生し，傷害状態が長引いて，最終的に死亡したという場合に，仮に傷害の結果発生時点を基準とすれば，死

---

[30] したがって，死刑に当たっても人を死亡させない場合には25年で時効が完成する（250条2項1号。内乱，外患誘致，現住建造物等放火，現住建造物等出水侵害など）。

亡した時点では既に時効が完成しているという事態になりかねない。そうすると，業務上過失致死で起訴することはできなくなってしまう。傷害の究極状態が死亡だとすれば，これは明らかに不合理であろう。そこで，傷害が継続している間は，日々重篤になっているのであるから，新たな結果が日々発生しているとか，過失致傷罪と過失致死罪とは別個の犯罪であって，前者の時効は完成しても後者のそれは未完成であるなどと説明がなされてきた。

最高裁は，いわゆる水俣病事件に関して，業務上過失致死の公訴時効は，死亡の時点から進行するのであって，「業務上過失傷害罪が成立したか否か，そして，その後同罪の公訴時効期間が経過したか否か」は，業務上過失致死罪の公訴時効の有無を判定するに当たっては「格別の意義を有しない」とした[31]。また，競争入札妨害罪（平成23年改正前の刑96条の3）について，虚偽の陳述等に基づく競売手続が進行している限り，犯罪行為が終わったとは言えないとして，公訴時効は進行しないとした[32]。これは，犯罪の既遂と犯罪の完成を区別したものとも言われている。

他方，科刑上の一罪については，実体法上数罪であることから，時効の起算点について見解が分かれている。

第1は，一体説である。訴訟的には一罪である以上，一体として観察すべきであるとする。観念的競合に関する判例[33]の立場でもある。

第2は，個別説である。実体法上は数罪であるから，それぞれに結果が発生する以上，個別に検討すべきであるとする。通説とされている。

第3は，時効連鎖説である。これは，例えば，私文書偽造・同行使のような牽連犯について，時効期間を一体的に考えると，偽造の公訴時効期間満了後に行使行為がなされた場合には，一体として時効完成となるので行使罪も処罰できなくなって不合理であることから，偽造の時効期間満了前に行使罪が実行された場合には，両者の公訴時効は，最も重い罪を標準に最終行為の時から起算するとするのである。したがって，偽造の公訴時効期間満了後に行使罪が実行された場合には個別的に考え，行使罪の時効期間が独立に起算されることにな

---

[31] 最決昭63・2・29刑集42巻2号314頁〔百選9版44事件〕（熊本水俣病事件）。
[32] 最決平18・12・13刑集60巻10号857頁。
[33] 最判昭41・4・21刑集20巻4号275頁，東京高判平14・12・10東高刑時報53巻1~12号110頁。

る。牽連犯について大審院以来の判例の立場とされる[34]。時効期間が連鎖する説明は，極めて巧妙で技巧的であるが，そのような技巧的説明をせざるを得ない点で，前提とする一体説の不合理性を露呈しているとも考えられる。

(4) 公訴時効の停止

公訴時効は，一定の事由が生じたときには，その進行を停止する。停止であって中断ではないから，一定の事由が解消したときには，その時点から残存期間が進行して時効完成に至る。

公訴時効の停止事由の第1は，公訴の提起である（254条1項）。訴訟係属中は，いくら審理が長引いても時効が完成することはない。しかし，管轄違い又は公訴棄却の裁判が確定したときは，その時点から再び進行する。起訴状謄本が不送達の場合には，公訴提起は遡って効力を失うが（271条2項），この場合でも時効の進行は停止するとされる[35]。

第2は，犯人が国外にいる場合である（255条1項）。単に国外にいれば足りるとされている[36]。また，判例は，一時的な海外渡航の場合でもその間は公訴時効が停止されるとする[37]。起訴状の送達は，被告人本人に対してなされなければならない上，捜査権の行使が著しく制約されることを考慮すれば，一時的渡航でも停止を認めて良いと思われる。

第3は，犯人が逃げ隠れしているため有効に起訴状謄本の送達等ができない場合である（255条1項）。公訴が提起されても，被告人の責めに帰すべき事情によって，被告人に起訴状謄本が送達できず，審理を進めることができないので，時効が停止することとしたものである。逃げ隠れすることが必要であるから，捜査対象となっていることを知らずに住居を移転するような場合は含まれない。逃げ隠れしているために送達ができなかったことを要するが，そうである限り，逃げ隠れしている全期間について時効が停止する。

公訴時効が停止する範囲は，「当該事件」（254条1項）である。公訴提起や起訴状謄本の送達に依拠して停止するのであるから，その客観的範囲は，それによって本来1回的解決を図ることができる範囲，すなわち，公訴事実の同一

---

[34] 大判大12・12・5刑集2巻922頁，最判昭47・5・30民集26巻4号826頁。
[35] 最決昭55・5・12刑集34巻3号185頁〔百選9版A10事件〕。
[36] 最判昭37・9・18刑集16巻9号1386頁。
[37] 最決平21・10・20刑集63巻8号1052頁。

性の範囲と一致するとされる。また，その主観的範囲は，公訴提起の相手方に限られるから，人違いの場合にはその効果は及ばないとされる。

9.3.5 公訴棄却事由

公訴棄却とは，実体審理に入ることなく手続を打ち切る形式裁判である。判決による場合（338条）と決定による場合（339条）とがある。

判決による場合は，①被告人に対して裁判権を有しないとき，②公訴取消しによる公訴棄却が確定したが新たな重要な証拠を発見しないまま公訴を提起したとき，③二重起訴がなされたとき，又は④公訴提起の手続がその規定に違反して無効であるときである。

他方，決定による場合は，①2か月内に起訴状謄本の送達がなく公訴提起が効力を失ったとき，②訴因事実が罪となるべき事実を包含していないとき，③公訴が取り消されたとき，④被告人が死亡し法人が存在しなくなったとき，又は⑤同一事件が数個の訴訟係属をしたため審判してはならないときである。決定による場合は，口頭弁論を開くまでもなく一見明白であるのに対し，判決による場合は，口頭弁論を開いて審理を要する程度の瑕疵である。

ここでは，最も重要な判決による場合の④として，親告罪の告訴の欠如について検討しておこう。

9.3.6 親告罪

(1) 意　義

親告罪とは，告訴がなければ公訴提起ができない犯罪を言う（刑209条2項，232条1項，244条2項，264条など）。そのうち，一定の身分関係の者との関係でのみ親告罪であるが，他の者との関係では非親告となっている場合を相対的親告罪と言う（刑244条3項参照）。

親告罪は，被害者の処罰意思を尊重して，被告人の処罰を被害者の意思に委ねたものであるから，告訴がなければ起訴することができず，実体審理を行うこともできないから，親告罪の告訴の欠如は訴訟条件とされている。なお，それ以外の場合には，告訴は単に捜査の端緒に過ぎない。

(2) 告訴期間

親告罪の被害者が告訴をすることができる期間は，犯人を知った日から6か

月以内である（235条1項本文）。親告罪の告訴は，訴訟条件であるから，国家刑罰権の発動をいつまでも私人である告訴権者の意思に委ねて浮動状態に置くことは相当でないので，一定の期間に限定したものである。しかし，被害者は，短期間で告訴意思を決定しなければならないことが，取り分け，強姦，強制わいせつなどの性犯罪の被害者には酷であることに配慮して，被害者保護の観点から，平成12年（2000年）に改正され，このような犯罪については告訴期間の制限が廃止された（235条1項但し書）。

「犯人を知った」とは，犯罪終了後，犯人が誰であるかを知った日であって，告訴するか否かの意思を決するに足りる程度の情報を知れば良いから，犯人の氏名，住所，年齢等を知ることまでは必要ではない[38]。また，服装，人相，風体，体格等を知って，面割りすれば確認できる程度に知った場合であれば，一般的には犯人との社会的繋がりや身分関係等について判明するのが通常であって，告訴の意思を決することができるから，この程度の認識であっても足りよう[39]。

さらに，相手方の氏名等は認識していたが，ひょっとして詐欺に遭ったかもしれないという程度の認識であった場合，氏名等を知っていた以上，詐欺に遭ったと確定的に知らなくても「犯人を知った」と言えるであろうか。犯罪事実を知らない以上，およそ告訴は期待できないから，犯罪事実を知ったときが時効期間の起算点となる。したがって，詐欺被害に遭ったことを確定的に知ったときが「犯人を知った」ときと言えよう[40]。

(3) 告訴の及ぶ範囲

告訴は，犯人と犯罪との関係で及ぶ範囲が定まる。犯人との関係では主観的不可分とされ，犯罪との関係では客観的不可分とされる。

ア　主観的不可分の原則

共犯者の一部に対する告訴は，共犯者全員に及ぶ（238条1項）。告訴は，犯罪事実に対して訴追を求める意思表示であるから，犯罪事実にかかわる共犯者全員に及ぶことになる。もっとも，相対的親告罪の場合において，非親族者に対する告訴の効力は，親族者である共犯者には及ばないとされている。この場

---

[38] 最決昭39・11・10刑集18巻9号547頁。
[39] もっとも，事案によってはこの程度でも，告訴の影響等を判断するに足りないから「犯人を知った」とは言えない場合もあり得る（東京高判平9・7・16高刑集50巻2号121頁参照）。
[40] 広島高判平2・12・18判時1394号161頁。

合，非親族のみを指定した告訴は，そもそも親告罪の告訴ではないとも考えられるので，そうすると親族者たる共犯者に及ばないのは当然というべきであろう。

イ 客観的不可分の原則

一罪の一部に対する告訴は，一罪全部に及ぶ（通説）。この点について明文規定はないが，犯罪事実は実体法上の概念であって，私人に犯罪の分割を許すことは相当でないので，客観的にも不可分とされる。窃盗と器物損壊とが観念的競合の場合，窃盗に対する告訴は器物損壊にも及ぶ[41]とされ，また，わいせつ誘拐と強制わいせつとが手段・結果の関係にある場合には，誘拐に係る告訴の効力は強制わいせつに及ぶ[42]とされている。

もっとも，科刑上の一罪については，実体法上数罪であるから，合理的な理由があれば例外が認められる。例えば，1通の文書で複数人の名誉を毀損した場合（観念的競合）のように被害者を異にする場合には，被害者の1人がした告訴の効力は，他の被害者の犯罪には及ばないとされる[43]。被害者の意思を尊重するためである。また，住居侵入・強姦の場合（牽連犯）に，住居侵入に限定して告訴した場合には，告訴の効力は強姦に及ばないとされている。親告罪の趣旨に照らし，告訴人の意思に委ねることが相当と考えられるためである。

9.4 公訴権濫用論

9.4.1 意義と問題点

公訴権濫用論は，昭和40年ころ，ある労働事件に関連して主張されたのが嚆矢とされている。そこでは，政治的意図に基づいた起訴は不当起訴であって公訴権の濫用であるから公訴を棄却すべきであると主張された。公訴権論それ自体は，訴訟条件論に解消されるべきであるとの理解が進んでいた状況下において，当事者の立場から改めて公訴権を取り上げ，しかも権利濫用という形で議論を展開した点にこの議論の特徴があると言えよう。

公訴権濫用とは，公訴提起に違法（ないし不当又は濫用）がある場合には訴訟

---

[41] 東京高判昭33・5・31高刑集11巻5号257頁。
[42] 東京高判昭45・12・3刑裁月報2巻12号1257頁。
[43] 名古屋高判昭30・6・21裁特2巻13号657頁。

を打ち切るべきであるとする理論とされる。打ち切りの方法としては，刑訴法338条4項に基づく公訴棄却の判決によるとするのが一般的である。

公訴権濫用論の理論的根拠は，第1に，公訴権の運用は検察官の自由裁量ではなく一定の限界を有する覊束裁量であるから，その限界を超えた場合には当然に違法となるという点である。これに対し，①裁判所は訴追の専門家ではないから，訴追機関の裁量逸脱を判断する能力がないのではないか，②裁量逸脱は実質的判断であって，本案に入らない限り判断できないから，本案前に判断することは予断排除の原則に反するのではないか，③訴追裁量はそもそも司法審査に馴染まないのではないかなどと批判されている。しかし，訴追裁量は通常の行政裁量と異なり，司法の分野に属するから裁判所には判断能力があるし，それこそが司法の役割ではないかとの反論もなされている。

第2に，公訴権濫用の起訴は公訴提起の手続に法令違反があるから，当然に公訴棄却となるという点である。これに対し，刑訴法338条4号は，「公訴提起の手続がその規定に違反したため無効」となる旨規定しているのであって，違法であっても当然に無効となるとは言えないのではないかとの批判がなされている。

9.4.2 公訴権濫用の類型

公訴権濫用は，概ね3つの類型が主張されている。第1は，嫌疑なき起訴，第2は，起訴猶予相当事案の起訴，第3は，違法捜査に基づく起訴の3類型である。

(1) 嫌疑なき起訴

起訴に嫌疑を要するかについて，近時，多くの見解は，被告人に応訴義務を課し負担を強いる以上，相応の嫌疑を要するとしている。したがって，全く嫌疑がない起訴は，公訴提起の手続に瑕疵があるから無効であって，公訴棄却とされるべきであるとされる（338条4号）。しかし，それは公訴権が濫用されたからと言うよりも，非類型的な訴訟条件が欠けたからと言うべきであって，権利の濫用と言うべきものとは異なっているように思われる。したがって，このような場合を公訴権濫用に分類することは，必ずしも相当ではないと考えられる。

(2) 起訴猶予相当事案の起訴

　これに対し，本来であれば，起訴猶予になるべき事案が不当に起訴されたような場合には，公訴権濫用として分類されるに相応しい場合と言えよう。その中には，軽微事件の不均衡起訴のほか，軽微事件の不当意図（悪意）に基づく起訴と言うべき場合も含まれている。このような公訴権濫用を認める根拠は，①訴追裁量権の行使は羈束裁量であって，その限界を超えた裁量は違法となること，②著しくバランスを欠く起訴は平等原則に違反すること，③悪意に基づく起訴は誠実な権利行使とは言えないことなどが上げられる。

　これに対し，①訴追裁量は専門裁量であって，裁判所の司法判断に馴染まないこと，②バランスを欠くかどうかは他事件との比較によるから，他事件の審理を待って判断することになるところ，受訴裁判所の審判対象は訴因に限られるから他事件と正確な比較はできないこと，③誠実な権利行使は当然としても，悪意があるから直ちに濫用とまでは言えないこと，さらには，④軽微かどうかは実体審理を待って得られる評価であるから，公訴そのものを批判する尺度ではないなどと批判されている。

　この点につき，最高裁は，いわゆる水俣病患者が，チッソとの補償交渉の際，チッソ従業員4名に対し，加療約1～2週間の傷害を負わせた事件において，「検察官の裁量権の逸脱が公訴の提起を無効ならしめる場合のありうることを否定することはできないが，それはたとえば公訴の提起自体が職務犯罪を構成するような極限的な場合に限られるものというべきである」と述べて，公訴権濫用を肯定して公訴棄却とした原判決を破棄した[44]。この判例は，公訴権濫用論について，理論上の可能性は留保しつつも，事実上殆どあり得ないとしており，この判例以降，公訴権濫用論は，少なくとも裁判実務において，急速にその勢いを失ったように思われる。

(3) 違法捜査に基づく起訴

　捜査活動に違法があった場合，これに依拠する起訴は不当であろうか。この点，最高裁は，「本件逮捕の手続に所論の違法があったとしても本件公訴提起の手続が憲法31条に違反し無効となるものとはいえない」としている[45]。捜査

---

[44] 最決昭55・12・17刑集34巻7号672頁〔百選9版41事件〕。原判決は，東京高判昭52・6・14判時853号3頁。

[45] 最判昭41・7・21刑集20巻6号696頁〔百選9版A13事件〕。

手続に違法があった場合，これに依拠して収集された証拠の証拠能力を欠く場合があることは，違法収集証拠排除法則として判例の認めるところであるが，そのためには，令状主義の精神を没却するような重大な違法があることが必要とされているので，逆に言えば，そのような重大な違法があっても公訴提起は有効であることを前提として議論がなされているとも考えられる。やはり，公訴提起の手続に違法があるかどうかと，それ以前の捜査活動に違法があるかどうかとは区別して論ずるのが相当であり，仮に，公訴提起に嫌疑を要しないとする見解に立つと，嫌疑を基礎付ける証拠収集活動に違法があったとしても，公訴提起とは無関係となるし，仮に，相当程度の嫌疑を要するとしても，証拠の違法性は嫌疑の存否に直結するわけではないので，直ちに公訴提起が無効となるわけではないであろう。そうすると，この場合には，証拠排除をどう考えるかという観点から検討すれば足り，公訴提起を無効とする必要はないように思われる。

9.5 不起訴に対するチェックシステム

検察官は，公益の代表であり（検4条），その公訴権行使は厳正公平になされることが予定されているが，証拠の見方は多様であり，常に検察官の見方のみが正しいというわけでもない。また，捜査機関内部の犯罪については，その処理にバイアスがかかっている可能性も一概に否定することはできない。そこで，法は，検察官の不起訴処分に対して，他の者ないし機関がこれをチェックする制度を設けた。すなわち，告訴人等への通知（260条），検察審査会による審査（検審2条1項），準起訴手続（付審判請求）（262〜269条），上級検察官の指揮監督権の発動（検7〜11条）などである。

9.5.1 告訴人等への通知

告訴人等への通知は，告訴人，告発人又は請求人に対する起訴，不起訴の処分の通知である（260条）。このうち，起訴通知は，起訴したという処分結果を通知すれば足りる。これに対し，不起訴通知は，不起訴のみで良いが，請求があれば理由を通知するとされている（261条）。現実には，「起訴猶予」「嫌疑不

十分」「嫌疑なし」等の裁定主文を通知しているが、それだけでは不起訴処分の妥当性を判断することができないから、不起訴と判断された理由についても可能な限り告知すべきであろうと言われている。

なお、平成11年（1999年）から「被害者等通知制度実施要領」に基づいて、被害者等に対する通知が統一的に運用されている。これは、被害者その他関係者（目撃者等）に対し、希望があれば、事件の処理結果、公判期日、裁判結果等を口頭又は文書その他適宜の方法で通知する制度である。

9.5.2 検察審査会制度

検察審査会は、検察審査会法によって設立された審査機関で、全国に165の審査会が設置されており、委員は11人で、有権者の中からくじで選定され、その任期は6か月となっている（検審4条, 14条）。

検察審査会の所掌事務は、①不起訴処分の当否の審査、②検察事務の改善に関する建議又は勧告である（同法2条1項）。審査開始は、告訴人、告発人、請求人又は犯罪被害者の申立てによるか、職権による。審査の結果、「起訴相当」・「不起訴不当」又は「不起訴相当」の決議がなされるが、「起訴相当」の決議を行うためには、8名以上の多数決が必要である（同法39条の5第1項, 2項）。

なお、不起訴不当、起訴相当の決議がなされた事件は、処分検察官より上位の検察官が主任となって再度捜査を行い、上級庁の決裁を受けた上で2度目の処分を行うことになっており、相当慎重な処理が行われているのが実情である。

ところで、従来、検察審査会の決議は検察官を拘束せず、再度の事件処理の参考にするのみであったが、司法制度改革審議会意見書において、「一定の決議に対し法的拘束力を付与する制度を導入すべきである」とされたことを承け、平成16年（2004年）に改正が行われた。重要な改正点は、以下のとおりである。

(1) 検察審査会の決議に基づき公訴が提起される制度

これは、起訴独占主義の例外とされる。すなわち、第1段階審査において、起訴相当決議がなされた場合には、検察官は、速やかに起訴か不起訴の処分を行うことになるが、再度不起訴となった場合（3か月以内に処分がなされない場合には、不起訴処分をしたものとみなされる）には、第2段階審査として、再度審査

を開始することができる（同法41条の2）。その上で，再度の起訴相当決議（8人以上の多数。41条の6条1項）がなされた場合には，決議書を地方裁判所に送付し（同法41条の7），送付を受けた裁判所は，指定弁護士を指定し，指定弁護士が起訴状を作成して裁判所に提出することとなった（同法41条の9）。指定弁護士による公訴提起・維持がなされることとなったので，検察官の起訴独占主義の例外と位置付けられている。

(2) 審査補助員制度の新設

審査会が必要と認めるとき，法令の解釈説明，問題点の整理，法的助言を行うために弁護士の中から審査補助員が委嘱される（同法39条の2）。権限強化に伴って，専門家の援助を受けることができるようにしたものである。そして，再度の起訴決議をする場合には，必要的委嘱の上（同法41条の4），決議書の作成（犯罪事実の記載が必要）を補助させることとなった（同法41条の7）。

9.5.3 準起訴手続（付審判請求）

準起訴手続は，付審判請求とも呼ばれる（262～269条）。検察審査会法の上記改正までは，起訴独占主義の唯一の例外であった。

その趣旨は，人権蹂躙事件は公務員犯罪であって，訴追裁量が適正に行使されないことがあれば重大な問題であるから，検察審査会とは別に，裁判所が直接審判を開始する制度を設けたものとされている。

付審判請求における審理手続は，「捜査に類似する性格をも有する公訴提起前における職権手続」であって，対審構造を有しないから，その審理については，裁判所の裁量によって必要な審理方式を採り得るものとされている[46]。なお，付審判請求事件において，被疑者である警察官に忌避申立権（21条1項）を認めた判例[47]がある。

ところで，付審判決定がなされた事件の訴因をその公判において訴因変更できるであろうか。例えば，特別公務員暴行陵虐致傷罪（刑196条，195条）で起訴された場合に，単なる暴行又は傷害に変更しようとする場合である。学説は分かれている。否定説は，付審判請求制度の趣旨に照らし，いわゆる人権蹂躙事件でなければ公訴棄却すべきであると主張する。これに対し，肯定説は，起

---

[46] 最決昭49・3・13刑集28巻2号1頁〔百選A12事件〕。
[47] 最決昭44・9・11刑集23巻9号1100頁。

訴がなされた以上は通常の取扱いで良いと主張している。この点，判例[48]は，付審判決定後は通常の手続と変わらないので，訴因変更することができるとし，積極説を採っている。

9.5.4　その他の措置

　その他，検察庁法において，上級検察官の指揮監督権が定められているので（検7〜11条），その発動を求めることも可能である。また，検察官同一体の原則による統一的指揮監督（同法12条）の発動を求めることもできるとされているので，これによって是正措置が講ぜられる余地もあり得る。

---

[48] 最決昭49・4・1刑集28巻3号17頁。

第 10 章

訴因の特定と変更

10.1 刑事訴訟の対象

　公訴の提起は，起訴状を提出して行う（256条1項）。起訴状には公訴事実が記載される（256条2項2号）。公訴提起を受けた裁判所は，この事実を対象として審判を行う。しかし，公訴事実は訴因を明示することとなっているので（256条3項），具体的に審判対象として取り上げるのは，訴因であるとも考えられる。公訴事実と訴因とに不一致がなければ問題はないが，両者は必ずしも一致しない。そこで，その場合には，いずれが審判の対象であるかを明らかにしておく必要がある。

10.1.1 審判対象——「公訴事実」と「訴因」
　公訴事実の概念は，大陸法に由来する。刑訴法256条2項は，起訴状に記載すべき事項として公訴事実を掲げ，同3項は「公訴事実は，訴因を明示してこれを記載しなければならない」と規定する。したがって，公訴事実は訴因として明示されたものである。その意味で，公訴提起の段階においては，訴因と公訴事実は実質的には同じものであることが想定されている。それでは，訴因とは何か。訴因の概念は，英米法に由来する。刑訴法256条3項は，「訴因を明示するには，できる限り日時，場所及び方法を以て罪となるべき事実を特定してこれをしなければならない」と規定するのみで，訴因の定義を掲げていない。しかし，このような方法で明示された罪となるべき事実が訴因であると想定されよう。
　ところで，訴因制度がなかった旧刑訴法においては，公訴事実とは「書かれ

るべき歴史的事実」であるとされ，審判の本来的対象であるから，仮に書かれていなくても当然に審判は及ぶとされていた。したがって，例えば，窃盗の公訴事実で起訴した場合であっても，牽連犯関係に立つ住居侵入が歴史的事実として存在していた場合には，裁判所はこれをも併せて審理することができ，かつ審理しなければならないと解されていた（公訴不可分の原則）。現行法の下においても，公訴事実は書かれるべき「歴史的事実」であって，公訴事実こそが実在するもので，訴因はこれに法律的加工を加えたシンボルに過ぎないとの見解もある（いわば「実在説」）。

　これに対し，訴因こそが訴訟の現実の審判対象であり実在するものであって，公訴事実は，訴因変更の限界を画する機能的概念であって「観念的事実」ないし観念的形象に過ぎないとの見解もある（いわば，「観念説」）。旧法を引き継いだ戦後の論争は，刑訴法の運用が積み重ねられるにつれて，次第に訴因対象説（通説・判例）に収斂されるようになり，これに伴って，公訴事実についても観念説が多数を占めるになったと言われている。

　訴因対象説によれば，刑事訴訟の本質は当事者主義にあるから，裁判所は検察官が提出した起訴状記載の訴因についてのみ審判する権利義務がある。裁判所が審判するのは訴因であって，訴因に拘束される。訴因制度は，単に被告人の防御のためだけではなく，審判の対象を指定する制度である。したがって，訴因外事実については，本来別訴で訴追されるべきであるが，一定の範囲の訴因外事実についての一括処理は，被告人側・訴追側双方に利益がある上，真実発見にも益することから，訴因変更にも合理性が認められるとされる。

　現行法は，起訴便宜主義（248条），起訴状一本主義（256条6項）など当事者主義の訴訟構造を採用しているから，審判の対象についてのみ職権主義を基礎とした公訴事実対象説に立つと解することは困難であると言われており，このような理解は概ね妥当と思われる。現行刑訴法が施行された当初はともかく，訴因制度に対する理解が定着した現在では，判例実務においても訴因対象説が定着するに至っており，学説上においても，両説の争いは，もはや過去のものと言って良いように思われる。

　そこで，以下では訴因対象説を基本として検討することとしよう。

> **公訴事実対象説の考え方**
> 　公訴事実対象説によれば，刑事訴訟の本質は職権主義にあるから，裁判所は訴因の背後にある犯罪事実すなわち公訴事実について審判する権利義務がある。裁判所が審判するのは公訴事実であって，訴因に拘束されない。しかし，被告人の防御権を保障するために訴因制度が設けられているから，訴因と異なる事実を認定するには訴因変更をする必要がある。その意味で，公訴事実は潜在的審判対象にとどまると言われている。

10.1.2 「訴因」と「公訴事実」との関係

　刑訴法256条3項は，「公訴事実は，訴因を明示してこれを記載しなければならない。訴因を明示するには，できる限り日時，場所及び方法を以て罪となるべき事実を特定してこれをしなければならない」と規定する。

　そこで，①「公訴事実」②「訴因」③「罪となるべき事実」の関係が問題となる。①は②を明示したものであるから，公訴提起当初は①＝②になっている。ところが，その後の立証によって①と②のずれが生じる場合があり，実は①＞②であったことが判明した場合，①の範囲内で②を変更できるとされた（訴因変更）。他方，③は有罪判決に示される理由（335条1項）であって，刑罰権の根拠となる事実そのものであって，訴訟の対象を示す概念ではない。

　そこで，訴因と公訴事実の関係については，次のように考えるのが簡明であろう。すなわち，訴因は，日時・場所・方法をもって罪となるべき事実として特定されたものであり，構成要件に当てはめて法律的に構成された具体的事実である。公訴事実は，公訴犯罪事実すなわち公訴提起された犯罪事実であるが，訴因として明示された事実である（256条3項）。したがって，公訴事実は，訴因として構成されてのみ訴訟の舞台に現れることができるのであって，それ自体が独自の存在意義を有するものではない。故に，審判の対象は，訴訟の舞台に現れたもの，すなわち訴因である。

　ところが，裁判所の審理が進むと，裁判所の心証が訴因とずれてくることがある。例えば，警察官による恐喝として審理していたところ，審理が進むにつれて警察官による収賄ではないかとの心証を抱く場合がある。その場合，訴因として構成される前の生の社会的事実としては，日時・場所・方法等が同じであるから，被告人の利益や訴訟経済を考慮すると，一回の裁判で処理するのが相当である。したがって，法は，その限度で審判の対象を変更して明示し直す

ことを認めている（312条1項）。その限界が「公訴事実の同一性」である。その意味で，公訴事実は訴因変更の限界を画する機能概念を構成すると言って良いであろう[1]。

　この点を比喩的に敷衍すると，例えば，恐喝の訴因として構成された公訴事実と，収賄の訴因として構成された公訴事実とが同一である場合，訴因の変更が許される。その意味で，公訴事実は，その同一性という面において，訴因変更を舞台裏で制御するという機能として働く。表舞台に出演している審判対象は，あくまで訴因それ自体であるから，訴訟という表舞台で実在するのは訴因である。公訴事実は，訴因へと構成されて初めて表に出てくる実在となり得る。訴因という舞台衣装をまとわない限り目に見えない透明人間のようなものである。訴訟法の目に見えるのは舞台衣装だけであり，透明人間は見えない。恐喝の衣装を着るか収賄の衣装を着るかの別はあっても，衣装を着ないと見えない。したがって，訴訟法は目に見える衣装を審判対象とするほかない。だからこそ，恐喝として審理し，収賄として審理するのである。

　公訴事実は，刑訴法という眼鏡をかけると見えないが，その眼鏡をはずすと社会的事実として見える。今は刑訴法の眼鏡をかけているので衣装しか見えない。眼鏡をはずせば，非法律的な生の社会的事実として存在しているように見える。非法律的であるから，法律的な衣装を着ないと訴訟の表舞台に出てくることができない。したがって，衣装なしでは審判の対象とはならない。

　要するに，公訴事実は，公訴提起段階では，訴因として構成されているのであるからそれ自体独自の意味はない。その後の訴因変更についてのみ意味を有する機能概念と言われゆえんである。実在しているようで実在していないように見えるのはその故である。

---

[1] 訴因変更の時点における公訴事実を「広義の公訴事実」と呼ぶとすれば，公訴提起の時点における公訴事実は「狭義の公訴事実」と言うことができよう。このような理解に立つと，訴因変更の限界は，「公訴事実の同一性」という機能的基準によるというより，「公訴事実」が同一か否かという規範的基準によると考える方が素直であろう。

10.2 訴因の特定

10.2.1 訴因の機能

　犯罪として訴追され審理されるためには，犯罪事実を必ず訴因として構成し公判廷に提出しなければならない。その意味において，訴因は，裁判所にとっては何を審理すべきかその対象を明示する機能を有している。他方，被告人としては，訴追された以上，これに対して応訴を強いられ，否応なしに防御しなければならない立場に立たされる。そこで，訴因は，検察官が何を処罰対象としているかを被告人に対して告知する機能を有している。こうして，訴因の機能は，第1に，審判対象を特定する機能，すなわち「識別機能」，第2に，被告人の防御の利益，具体的には不意打ち防止の機能，すなわち「防御機能」である。

　このような機能を果たすためには，訴因は特定の犯罪を明確に明示しておくことが不可欠であり，どの犯罪が起訴されているのかを犯罪ごとに区別して明示する必要がある。それ故，一罪について一訴因で構成することが求められる（一罪一訴因の原則）。なお，一罪について実体法上一罪のほか科刑上一罪を含むかは争いがある。例えば，住居侵入・窃盗のような牽連犯の場合，窃盗のみ起訴した後に住居侵入を起訴しようとしたときには，訴因の追加をすべきか変更をすべきか，あるいは，両罪で起訴された場合，住居侵入を無罪とするときには，理由中無罪で足りるか主文無罪であることを要するかという問題にかかわってくる。実務上，前者の問題については，科刑上一罪も実体法上は数罪であるから訴因も複数として取り扱われているが，判例は，後者の問題につき，理由中無罪で良いと解している[2]。

10.2.2 識別説と防御説

　刑訴法256条3項は，「公訴事実は，訴因を明示してこれを記載しなければならない」とした上，「訴因を明示するには，できる限り日時，場所及び方法を以て罪となるべき事実を特定してこれをしなければならない」とし，訴因の特

---

[2] 最判昭32・9・24裁判集刑120号507頁。

定を欠く場合には「公訴提起の手続がその規定に違反したため無効であるとき」(338条4号) に該当することになるので，公訴棄却の判決がなされる。したがって，訴因の特定は極めて重要であるが，その程度については争いがある。

訴因が審判の対象であるとすれば，審判対象特定のために必要な限度で日時，場所，方法等の特定が求められる。特定であるから，あれかこれかの区別がつくことが必要であるが，努力しても特定できない場合もあるから，その場合にはそれ以上の特定を求めることは不可能を強いることにもなりかねない。

他方，訴因の特定は被告人の防御の利益のためでもある。例えば，謀議行為の日時・場所が特定しない限り，アリバイを主張することはできないし，反論方法が無限定となり，およそ防御できないことにもなりかねない。したがって，防御のために必要な限度で特定を求めることになる。

かようにして，審判対象を特定するためには，最低限度，他との識別可能な限度であることが不可欠となり，同時に，被告人の防御のためには，防御の具体的内容に応じて，さらに具体的になされることが必要となる場合がある。

この点について，法は「できる限り」としているが，その解釈として，識別説は「知れる限り」で良いとする。すなわち，「できるだけ」[3]であるから，それ以上の特定が不可能であれば，その限度で特定されていればそれで足りるとする。他方，防御説は「できる限り厳格に」と解する。したがって，防御の観点からそこまで特定する必要がないという特段の事由がない限り，幅のある記載は許されないことになる。この点，訴因の機能は，審判対象の特定機能のみならず防御機能をも有する以上，最低限度前者の観点からの特定が不可欠であることは当然であるが，それのみならず，後者の観点も前提とするのであるから，防御説の方向が望ましいと言えよう。しかしながら，防御については，公判全体を通じて適切な防御が可能であれば足り，その方法は訴因の詳細な明示以外にもあり得るから，訴因の特定については多少緩やかに解する余地はあり得るように思われる[4]。

---

[3] 名古屋高金沢支判昭26・3・22判特30号41頁。

[4] 近時，性犯罪の被害者保護 (二次被害の防止等) の観点から，起訴状に被害者の氏名を明記しないケースが散見されるようである。防御の観点から問題があると言われているが，被害者の明示は犯罪事実の特定の中心部分であるから，審判対象の特定の観点からも検討を要するように思われる (なお，規196条の4参照)。

訴因と「罪となるべき事実」の関係

　裁判所において，審判対象である訴因を認定することができるとして有罪判決を言い渡す場合には，「罪となるべき事実」を摘示しなければならない（335条1項）。訴因事実を認定するのであるから，「罪となるべき事実」は，基本的には訴因と同じ内容となるのが通例である。もとより，訴因は，裁判所の審判の「対象」に過ぎないのであるから，審判の「結果」である「罪となるべき事実」とは理論的に異なっているのは当然であるし，その機能も，訴因が識別及び防御の機能であるのに対し，「罪となるべき事実」は，判決言渡しに伴う摘示事実であるから，被告人の防御とは関係がなく，逆に，心証を担保する機能，関係者を説得する機能など，裁判特有の機能を果たす必要があり，また，既判力との関係で他と区別して識別される必要があるので，識別といっても本質的には訴因とは異なった機能を有している。しかしながら，特定識別が不可欠であること，その実質的内容は殆ど共通することなどから，どの程度特定が必要かという判断においては，ほぼ共通の理解がなされていると言って良い。その意味において，「罪となるべき事実」の特定に関する判例は，訴因の特定にも援用することができる。

10.2.3　判例の立場

　判例は，「被告人は，昭和27年4月頃より同33年6月下旬までの間に，有効な旅券に出国の証印を受けないで，本邦より本邦外の地域たる中国に出国した」として起訴された事案において，訴因の特定の趣旨は，「裁判所に対し審判の対象を限定するとともに，被告人に対し防禦の範囲を示すことを目的とする」ところ，「犯罪の日時，場所及び方法は，これらの事項が，犯罪を構成する要素となっている場合を除き，本来は，罪となるべき事実そのものではなく，ただ訴因を特定する一手段として，できる限り具体的に表示すべきことを要請されているのであるから，犯罪の種類，性質等の如何により，これを詳らかにすることができない特殊事情がある場合には，前記法の目的を害さないかぎりの幅のある表示をしても，その一事のみを以て，罪となるべき事実を特定しない違法があるということはできない」とする[5]。

　また，被告人が覚せい剤の使用事実を否認している事案につき，「被告人は，法定の除外事由がないのに，昭和54年9月26日ころから同年10月3日までの間，広島県高田郡吉田町内及びその周辺において，覚せい剤であるフェニルメチルアミノプロパン塩類を含有するもの若干量を自己の身体に注射又は服用

---

[5]　最大判昭37・11・28刑集16巻11号1633頁〔百選9版A15事件〕（白山丸事件）。

して施用し，もって覚せい剤を使用したものである」として起訴された事案につき，「本件公訴事実の記載は，日時，場所の表示にある程度の幅があり，かつ，使用量，使用方法の表示にも明確を欠くところがあるとしても，検察官において起訴当時の証拠に基づきできる限り特定したものである以上，覚せい剤使用罪の訴因の特定に欠けるところはない」としている[6]。

さらに，傷害致死について，原判決が，「手段不明の暴行を加え，同人に頭蓋冠，頭蓋底骨折等の傷害を負わせ，…頭蓋冠，頭蓋底骨折に基づく外傷性脳障害又は何らかの傷害により死亡するに至らしめた」との第1次的予備的訴因を認定した事案につき，「検察官において，当時の証拠に基づき，できる限り日時，場所，方法等をもって傷害致死の罪となるべき事実を特定して訴因を明示したものと認められるから，訴因の特定に欠けるところはない」[7] としている。

10.2.4 特定についての具体例

(1) 人の死亡に関わる犯罪

人の死亡は歴史上絶対に唯一回しかないから，その人の殺人は日時，場所，方法の特定がなくても，死亡というだけで他の死亡と混同する可能性はない。しかし，日時，場所，方法を全く欠くことは不当である。日本国内で某人を殺害したというだけでは防御のしようがないであろう。そこで，可能な限り日時，場所，方法を特定して記載することになるが，不可能である場合にはどうするかというのが，ここでの問題である。

例えば，白骨死体が発見された場合を想定すると，日時，場所については，「ころ」「付近」の範囲についてかなり幅を持つにせよ，ある程度特定可能かもしれない。しかし，方法については「不詳の方法により」とせざるを得ないこともあり得よう[8]。もとより，その場合には起訴できないとするのも一つの見解であるが，被疑者以外の者が犯人であることはあり得ないであろうとの嫌疑が十分である場合に，犯行方法に関する証拠が収集できないからといって，およそ訴追できないとするのは相当ではあるまい。その犯人性について合理的な疑

---

[6] 最決昭56・4・25刑集35巻3号116頁〔百選9版45事件〕。
[7] 最決平14・7・18刑集56巻6号307頁。
[8] 京都地判平18・5・12判タ1253号312頁（殺害事実は1回限りである上，おおよその日時，場所は特定しているから，種々の弁解をして相応しい防御は可能とする）。さらに，札幌地判平13・5・30判時1772号144頁参照。

いがないのであれば，有罪と認定することが可能というべきであるから，有罪認定に足りる程度に事実を特定することができる限り，その程度の事実によって訴追することを認めることができよう。なお，判例によると，共謀による殺人において，実行行為者が明示されていないからといって，それだけで訴因の特定に欠けるところはないとされている[9]。

(2) 覚せい剤使用に関わる犯罪

　捜査不十分であれば，検察官の責任であるから起訴できなくてもやむを得ないが，捜査不能であれば検察官の責任はない。一般論としては，審判対象が特定している限り，防御に不当な不利益がない限り起訴を許すべきであろう。例えば，覚せい剤使用の場合には，尿から覚せい剤反応が検出された限り，いつかどこかで使用したことは間違いない。これに対し，防御方法として具体的に想定できるのは，①鑑定方法の誤り（鑑定機材の故障，試薬の不良など），②鑑定資料の誤り（自分の尿がすり替えられたなど），③故意がない（飲まされたジュースや薬に混入していたなど）という主張であって，仮に，アリバイの主張が成立し，不在証明がなされたとしても，必ずしも使用しなかったことにならないから，通常の場合にはアリバイと使用とは両立する関係にある。その意味で，アリバイは原則として意味がない。したがって，日時の厳密な特定は不要とさえ言える。もっとも，そうすると，日時，場所の記載が全くなくても良いことになりかねない。鑑定結果が出た以上，覚せい剤成分の体内残留期間は，過去2週間程度であるから，通常であれば，いつかどこかで使用したことを認定することができるはずである。しかし，密入国の場合と異なるのは，鑑定結果と使用事実とは1対1の対応関係にない点である。概ね過去2週間程度の多数回の使用と鑑定結果とが全て結び付く余地があり得るから，当該鑑定のみによってはどの使用であるかは特定できない。

　そこで，実務では，尿提出前の最後の使用の事実ということで特定しているのが実情である（最終使用説）。仮に，その間に複数回の使用があったとして，そのそれぞれの使用と鑑定結果とが結び付くとしても，少なくとも，最終使用と結び付くことは間違いないので，これのみを起訴したと考えれば，他と区別できる程度には特定しているし，上記のような防御方法を想定すれば，日

---

[9] 最決平13・4・11刑集55巻3号127頁〔百選9版46事件〕。

時,場所の特定が概括的であっても,原則としてさほど防御に影響はないと言えよう。それ故,覚せい剤の使用については,上記判例の程度の特定で足りると言って良いであろう。

(3) 業態犯としての犯罪

　麻薬特例法5条（規制薬物を譲渡するなどの行為を業とした場合には加重処罰がなされる旨の規定）に関し,被告人が営利目的でみだりに覚せい剤を譲渡したことが少なくとも4回あり,その日時・場所・相手方・譲渡量・譲渡代金は判明したものの,その他多数回にわたる譲渡については具体的な日時等が判明しなかった場合,上記4回について別表で記載した上,これに加えて,「薬物犯罪を犯す意思をもって,多数回にわたり,同市内において,上記Zほか氏名不詳の多数人に対し,覚せい剤様の結晶を覚せい剤として有償で譲り渡し,もって,…規制薬物として譲り渡す行為を…することを業とした」との公訴事実につき,訴因の特定はこの程度で足りるとした判例がある[10]。「業として…をした」ではなく「業とした」ことが構成要件であるから,幅のある期間内に多数回の譲渡を行っている事実を叙述することは,業態犯の罪質上是認せざるを得ないことに照らし,業態犯の訴因の記載方法の原則型を是認したものと評価されている。

(4) 集合犯ないし包括一罪としての犯罪

　包括一罪についても,例えば,多数回にわたる一連の業務上横領のような場合には,通常は別表一覧表によって日時,場所,方法等を特定して記載しているし,可能であればそうすべきであろう。しかし,必ずしも個別の領得行為を個々に特定しなくても,横領総額とおおよその日時,場所,方法を特定すれば,審判対象は特定しているし,同種態様の一連の横領行為であれば,種々の弁解に応じてそれなりに防御可能と考えられるので,必ずしも全てを別表で特定しなくても足りると考えられよう。

　判例も,罪となるべき事実についてであるが,いわゆる募金詐欺について,不特定多数の通行人に対する多数回の詐欺を包括一罪として,募金総額と募金期間,募金場所の概要を特定すれば,特定に欠けるところはないとしたもの[11],常習賭博につき,遊技場に賭博遊技機を設置し,多数の賭客を相手として多数

---

[10] 最決平17・10・12刑集59巻8号1425頁。
[11] 最決平22・3・17刑集64巻2号111頁。

回にわたり賭博をした場合には，個別の賭博行為を特定しなくても良いとしたもの[12]などがある。

(5) 共謀に関わる犯罪

さらに，「共謀の上」とのみ記載され，その具体的内容が不明な訴因についても争いがある。すなわち，「共謀」とは，「2人以上の者が，特定の犯罪を行うため，共同意思の下に一体となって互いに他人の行為を利用し，各自の意思を実行に移すことを内容とする謀議をな」すことであり，「罪となるべき事実」とされるが[13]，その特定について，(ⅰ)「共謀の上」で特定されているとの見解と，(ⅱ)「共謀の上」では特定されていないとの見解が主張されている。前者は，訴因の記載は他の犯罪事実からの識別にあるから（識別説），実行行為の日時，場所，方法などが明示され特定されている以上，共謀の日時，場所，方法等が記載されていなくても，訴因全体としては他の犯罪事実と識別され特定されていると主張する。他方，後者は，被告人の防御権の十分な行使を考慮すべきであり（防御説），共謀のみに関与した者の犯罪事実との結び付きは共謀の点にのみあるから，その点をめぐる防御がなされる。したがって，共謀の日時，場所，方法は訴因明示に必要であり，具体的に記載すべきであると主張する。実務の運用は，共謀の日時，場所，方法など共謀の形成過程は，共謀認定の間接事実に過ぎないから，その内容を訴因に記載して明示しなくても良く[14]，また，裁判所に釈明の義務はないとする。

この点，「共謀」は，必ずしも特定の日時，場所に集合し会話を通じてなされるとは限らず，むしろ阿吽の呼吸で逐次形成されることが多く，具体的な「謀議行為」を明らかにできない場合が少なくないことに照らすと，「共謀」とは，「謀議行為」それ自体ではなく，「謀議状態」という意思連絡こそが「共謀」であると考えられる。謀議経過が犯罪事実なのではなく，謀議結果たる意思連絡が犯罪事実であるから，前者はその前提事実（間接事実）に過ぎない[15]。そうだとすれば，犯行時点でそのような意思連絡状態にあったことを示せば足りる。したがって，訴因における「共謀の上」とは，犯行時に意思連絡状態が

---

[12] 最決昭61・10・28刑集40巻6号509頁。同旨，東京高判昭60・8・29高刑集38巻2号125頁。
[13] 最大判昭33・5・28刑集12巻8号1718頁〔百選9版A39事件〕（練馬事件）。
[14] なお，最決平13・4・11刑集55巻3号127頁〔百選9版46事件〕参照。
[15] これに対し，形成過程は確かに間接事実だとしても，日時・場所等は単なる形成過程以上の形成結果であって，罪となるべき事実の特定要素ではないかとの考え方もある。

あったという意味であり，その旨記載されている以上，訴因の特定に問題はなく，検察官はそれ以上の釈明に応じる義務もない。裁判所は，それ以上は釈明に拘泥すべきではなく，直ちに立証段階に入るべきであろう。

10.3 訴因変更の可否

10.3.1 訴因変更の趣旨

　当事者が，具体的犯罪事実の主張である訴因をめぐって行う攻撃防御の過程で，当初訴因とは異なる犯罪事実が明らかになることがある。その場合，訴因変更の手続がなかったとすれば，検察官は当初訴因以外の事実について審判を求めることができず，裁判所も，当初訴因の証明がないとして無罪を言い渡し，その後に別訴を提起することによって新たな犯罪事実として改めて審理することになる。そうなると，証拠関係が共通であるから，手続が煩瑣になるだけでなく，訴訟経済にも反する。しかも，裁判が長期化するなど，かえって被告人に不利ともなりかねない。そこで，訴因変更制度を設けて迅速な1回的解決を図ることとした。これが訴因変更の趣旨である。その意味で，1個の事件については，迅速な1回的解決を図ることが訴因変更制度の存在理由である。

　訴因変更の限界については，「公訴事実の同一性」（312条1項）という概念を用いて規定しているので，公訴事実の概念との関係をめぐって，その意味が問題となる。

　なお，訴因変更可能な範囲の画定は，要するに1回処罰の範囲の画定であるから，二重起訴の禁止の範囲（338条3号），一事不再理効の範囲（337条1号）を画定するとともに，公訴時効を停止する範囲（254条）を画定することを意味している。

10.3.2 公訴事実の「同一性」と「単一性」

(1) 見解の対立

　同一性と単一性との区別は，旧法以来，次のような論理的分析がなされてきた。すなわち，同一性とは，縦断的・動的に観察して前後同一であることを言う。例えば，窃盗で起訴したところ，審理の経過に応じて，同一財物の詐欺に

変更することができる場合のように，時間的な前後自己同一性の問題である。「ずれ」の問題とも言われる。これは，殺人さもなくば傷害致死のように事実が変動する場合の問題である。他方，単一性とは，横断的・静的に観察して1個であることを言う。例えば，窃盗の訴因を変更して，窃盗と住居侵入を同時に主張できる（牽連犯）場合のように，平面的な自己同一性の問題である。「はば」の問題とも言われる。この場合も訴因変更可能という意味で，「広義」の「公訴事実の同一性」の範囲内とも言える。

これに対し，以上のような分析は，公訴事実対象説による分析であって，訴因対象説による限り，住居侵入が住居侵入＋窃盗に変更された場合も，時間的に変化するから，静的観察では済まない。従来の説は，公訴事実が審判の対象として公訴提起の時点で訴訟係属が生じていたと解しない限り説明がつかないと批判されている。

そこで，訴因対象説の立場からは，同一性とは，両立し得ない訴因の関係であり，単一性とは，両立する訴因の関係であるとの見解が主張された。両立しない訴因が「基本的部分」で重なり合う場合に同一性が認められ，両立する訴因が1個の犯罪（一罪）である場合に単一性が認められるとするのである。この見解は，併合罪関係にある訴因の間では変更を許さず，一罪関係にある訴因の間では変更を許す伝統的な単一性概念の機能を踏まえて，従来の同一性・単一性概念を訴因対象説の枠組みの中に再構成する試みと評価されている。

(2) 単一性と同一性との関係

一罪の場合に訴因変更を許す理由は，実体法上一罪は1個の刑罰権が発生し，公判段階においてはこれを手続単位として審理され，判決が言い渡されるのであって，刑事手続全体にわたって，いわば一罪一手続とも言うべき原則が当てはまるからであると言われている。そうだとすれば，単一性について罪数と異なった独立の基準があるとは考えにくいし，単一性が訴訟法上の基準として独立の意味があるかどうかは疑わしいとも言えよう。このように見てくると，科刑上一罪の場合には単一性が肯定され，併合罪の場合には単一性が否定されることになるので，単一性については，実体法上の罪数が判断基準とされ，それ以上独立に議論がされることは少ないのが実情である。そこで，単一性は，罪数論上一罪とされるために同一性が肯定される場合であり，実体法上の罪数論で解決されるから，訴訟上の基準論は不要であるとも言われる。

しかしながら，例えば，犯行時間の近接した複数の窃盗の包括一罪について見ると，基本的事実としては重なり合ってはおらず，前後近接しているだけであるから，必ずしも狭義の同一性ということはできないようにも思われる。このような場合には，狭義の同一性を越えているとも評価できるので，訴因変更の限界を判断するためには，時間的前後自己同一性よりもむしろ端的に空間的単一性を考えた方が分かり易いように思われる。また，単一性概念を用いる方が，312条の規定に依拠しその解釈問題として対処できるので，より簡明であるとの指摘もある。このように見てくれば，単一性概念を訴訟法から完全に放逐してしまう必然性まではないように思われる。

そこで，単一性と同一性とが必要かつ有用であるとして，その関係はどうなるのであろうか。旧法では，「公訴不可分の原則」があり，起訴された公訴事実の及ぶ範囲を画定し，不可分の限界を定める必要があるため，公訴事実の単一性という概念を用いる必然性があった。この場合，前後自己同一性とは全く異なる範疇であるから，広義の同一性を肯定するためには，狭義の同一性があるのみならず，「かつ」単一であることが必要であった[16]。

ところが，訴因制度の採用により，公訴不可分の原則はなくなったので（一罪の一部起訴は可能であるとするのが判例・通説である），従来の意味における単一性を論じる実益は消滅した。したがって，残されたのは旧法上の狭義の同一性のみである。そして，狭義の同一性があるとして1回処罰によって事件を処理するためには，常に一罪である必要があるから，前後自己同一でありしかも一罪であるという意味において，同一「かつ」単一であると言っても誤りではないと言えよう。もっとも，その意味における単一は，単に一罪であること以上の意味はない。

単一性概念の現代的意義

空間的自己同一性という意味における単一性概念を維持するとすれば，次のような説明が有力である。すなわち，訴訟の進展に応じて変化する訴因の前後自己同一性を判断する場合でも，変更前の訴因と変更後の訴因とが全く重複しない場合と基本事実が重複する場合とがある。前者を単一性の問題と呼び，後者を同一性の問

16　「公訴不可分の原則」とは，1個の事件を分割して訴訟対象とすることは許されないという原則であり，1個の事件の一部を起訴しても裁判所はその全部について審判でき，一部について判決をしても全部について既判力が生じると解された。審判対象は公訴事実であることを前提としている。

題と呼べば，これらを併せて広義の同一性と呼ぶことも可能である。もっとも，ここでは旧訴因と新訴因とが重複するかしないかによる区別であるから，判断基準が異なるだけである。したがって，そのいずれかの判断を行えば足りる。このような単一性を想定すれば，狭義の同一性があるか「又は」単一性がある場合に，広義の同一性が肯定されることになる。

10.3.3 訴因変更の可否に関する学説

　訴因変更の可否をめぐる学説は，多岐にわたるが，概ね3つに分類できるように思われる。第1は，両訴因の事実的な共通性を重視する立場である。この立場は，公訴事実対象説を前提として，犯罪の罪質（①罪質同一説）ないしその構成要件（②構成要件共通説）を重視する。しかし，今日では，その前提において相当でないとされている。

　第2は，犯罪事実の法的，社会的評価の共通性を重視する立場である。この立場は，基本的には訴因対象説を前提として，訴因事実の評価を検討するが，重点の置き方によって，③訴因共通説，④社会的嫌疑同一説，⑤刑罰関心同一説，⑥処罰上非両立説などに分かれている。

　第3は，訴因対象説に立つ点は第2の立場と同様であるが，訴因変更による当事者の利益・不利益の均衡を重視する立場である。訴因の機能につき，防御機能を強調する立場から主張される（⑦総合評価説，⑧防御同一説）。

　この点，訴因変更の可否を決する場合には，やはり訴因変更の趣旨に沿って検討するのが相当と思われるが，その趣旨は，犯罪事実について1個の刑罰権を実現するために，その1回処罰によって一括して法的社会的解決を図るということにあるから，処罰の1回性を強調する立場が相当であるように思われる。確かに，訴因変更については訴因の防御機能が重視される必要があることはその通りであるが，訴因変更の可否については，もし変更が否定された場合には別罪として別訴提起が可能となるのであるから，むしろその特定機能（したがって，他の訴因と区別するという機能）が重視されても良いのではないかと思われる。その意味において，処罰の1回性を重視する上記⑤ないし⑥の立場が相当であるように思われる。

10.3.4 訴因変更の可否に関する判例

判例は,「基本的事実関係の同一」という基準を用いるとともに,他方では,事実上又は法律上の「択一関係」ないし「非両立」という基準を用いている。その両者はどのような関係にあるのであろうか。

この点,択一ないし非両立とする場合でも,基本的事実関係は同一であると判断していること,非両立といってもある程度事実面での共通性があることなどに照らすと,明白に事実の重要部分に共通性が認められれば択一関係を論じるまでもなく公訴事実の同一性を肯定し,日時・場所,態様等の共通性が必ずしも明白であるとは言えない場合に,基本的事実の同一性という枠付けのために補完的に択一関係ないし非両立関係を検討していると言われている。

(1) 基本的事実関係の同一

基準の第1は,両犯罪事実の「基本的事実関係の同一」である。社会通念上密接関連性(罪質等),近接性(日時,場所等),同一性(被害者,被害物等),共通性(態様,方法等)があるかどうか,また,法益侵害ないし結果の同一性・一体性を重視する。同一性が肯定された事例としては,①同一の財物の不法領得に被告人が関与した場合として,詐欺と占有離脱物横領[17],詐欺と贓物の無償譲受け[18],窃盗と横領[19],窃盗と贓物の運搬[20]などがある。また,②一定の法益侵害への関与形態の差がある場合として,単独犯と共同正犯[21],共同正犯と幇助犯[22]などがあり,さらに,③行為自体の事実的共通性がある場合として,日時,場所,金額が同一の恐喝と収賄[23]などがある。

他方,同一性が否定された事例として,窃盗幇助と盗品有償譲受けにつき併合罪関係としたもの[24]などがある。

ところで,訴因の順次変更がなされた場合に,結果として,当初訴因とは全く同一性がない訴因に変更されることになる場合があり得るかが問題とされて

---
17 最判昭28・5・29刑集7巻5号1158頁。
18 最判昭24・1・25刑集3巻1号58頁。
19 最決昭37・3・15刑集16巻3号274頁。
20 最決昭27・10・30刑集6巻9号1122頁。
21 最判昭28・11・10刑集7巻11号2089頁。
22 最判昭29・1・21刑集8巻1号71頁。
23 最判昭25・9・21刑集4巻9号1728頁。
24 最判昭33・2・21刑集12巻2号288頁。

いる。例えば，①窃盗教唆と②窃盗共同正犯とは，公訴事実の同一性が肯定され[25]，他方，②窃盗共同正犯と③盗品譲受けとは公訴事実の同一性が肯定される[26]。しかし，①窃盗教唆と③盗品譲受けは同一性なしとされる[27]。ところが，上記①②③を連結して順次変更すると，①と③では同一性がないという結果を回避できることになるが，それで良いかという問題である。

この点，当初訴因の機能に照らし，その基準性を曖昧にするもので許されないとの見解，中間訴因を介在させることで訴因変更の範囲は理論的には際限なく広がることになるから，この場合当初訴因たる①訴因を基準とし，③訴因への変更は認めるべきではないとの見解が有力である。

そこで検討するに，公訴事実の同一性の枠内で訴因のずれを認める以上，連結すればするほど当初訴因から離れてしまう。順次変更の場合には攻撃防御の混乱はないが，そもそも①から③への変更が認められないのが前提であるから，潜脱的な変更措置を正面から認めることは相当でないように思われる。

(2) 択一関係ないし非両立

第2の基準は，択一関係ないし非両立である。同一性が肯定されたものとして，次のような判例がある。すなわち，①10月14日に静岡県長岡温泉で甲所有の背広上下一着を窃取したとの訴因と，10月19日に東京で自称甲からその背広上下一着の処分を依頼されこれを質入れして処分したとの訴因につき，「その日時の先後及び場所の地理的関係とその双方の近接性に鑑みれば，一方の犯罪が認められるときは他方の犯罪の成立を認め得ない関係にあると認めざるを得ないから，かような場合には両訴因は基本的事実関係を同じくする」と判示している[28]。

また，②馬の代金の業務上横領の訴因と馬そのものの窃盗の訴因とにつき，横領は委託を前提とし窃盗はこれを前提としない占有奪取であるから両立しないとして，訴因変更を認めている[29]。

さらに，③公務員甲との共謀による枉法収賄の訴因と，乙との共謀による甲に対する贈賄の訴因につき，甲，乙の間に入った者が贈賄側につくか収賄側

---

[25] 前掲最判昭29・1・21刑集8巻1号71頁。
[26] 最判昭29・9・7刑集8巻9号1447頁。
[27] 前掲最判昭33・2・21刑集12巻2号288頁（ただし，贓物有償譲受け）。
[28] 最判昭29・5・14刑集8巻5号676頁。
[29] 最判昭34・12・11刑集13巻13号3195頁。

につくかによって分かれ，両立しない関係にあったところ，本位的訴因では被告人を収賄側の共犯者としたのに対し，予備的訴因では贈賄側の共犯者としたという場合につき，「収受したとされる賄賂と供与したされる賄賂との間に事実上の共通性がある場合には，両立しない関係にあり，かつ，一連の同一事象に対する法的評価を異にするに過ぎないものであって，基本的事実関係においては同一であるということができる」とした[30]。

また，④「10月26日午後5時30分ころ，栃木県…の被告人方において，右Xをして自己の左腕部に覚せい剤…を注射させ」から「10月26日午後6時30分ころ，茨城県…所在スナック…において，覚せい剤…を自己の左腕部に注射し」への変更の場合につき，「事実上の共通性があり，両立しない関係にある」として訴因変更を肯定している[31]。

これらは，いずれも基本的事実において必ずしも同一とまでは言いにくいものの，いずれか1回処罰という趣旨では共通していることから，訴因変更の趣旨に添うものと考えられよう。

10.4 訴因変更の要否

10.4.1 訴因変更の要否に関する考え方
(1) 学　説

訴因変更の要否については，訴因概念との関係で，次のような見解が唱えられてきた。

第1は，構成要件同一説（罰条同一説）である。審判対象は公訴事実であるが，訴因は被告人の防御の便宜のために公訴事実の法律的な構成を示したものであり，罰条が異なる場合に訴因変更が必要であるとする。

第2は，法律構成同一説（法律構成説）である。公訴事実対象説に立ち，もう少し広く，罰条が同じであっても法律的な構成が異なる場合に訴因変更を要するとする。

第3は，具体的事実記載説（事実記載説）である。審判対象は訴因であって，

---

[30] 最決昭53・3・6刑集32巻2号218頁〔百選9版47事件〕。
[31] 最決昭63・10・25刑集42巻8号1100頁〔百選9版48事件〕。

訴因は、審判を求める具体的事実の主張であるから、具体的事実の社会的・法律的意味が同一かどうかが訴因変更の要否の基準となるとされる。訴因対象説の定着とともに、訴因変更の要否も事実記載説に収束するに至ったとされている。もっとも、些細な事実の変化についてまで全て変更を要するとは言えないし、また、訴因は被告人の防御の対象を明示する機能を有するので、防御に不利益でなければ変更の要はないであろう。そこで、事実記載説の中で、「重要な」事実とは何かが問題とされた。

(2) 抽象的防御説と具体的防御説

（ⅰ）抽象的防御説（多数説・判例）は、訴因事実と認定事実とを類型的・抽象的に比較検討する。例えば、詐欺で起訴され、裁判所が横領の心証を得ている場合には、相手を騙して財物を詐取した事実と占有移転後の領得行為の事実は類型的に異なるので、一般的には不意打ちとなり訴因変更が必要である。

判例においても、収賄の共同正犯の訴因に対し、贈賄の共同正犯を主張して争った事案で、贈賄を認定するには訴因変更を要するとされ[32]、業務上横領の訴因が特別背任の訴因に変更された後、業務上横領の事実を認定するには再度訴因変更を必要とするとされている[33]。ただし、いわゆる縮小認定の場合には（例えば、強盗の訴因に対し恐喝、殺人未遂の訴因に対し傷害、強盗致死の訴因に対し傷害致死を認定するような場合）、縮小された事実も当初訴因において予備的訴因として黙示的に主張されていると考えられるので、訴因変更を要しないとするのが一般である。判例も、強盗の訴因について恐喝を認定する場合、「その態様及び限度において訴因たる事実よりもいわば縮少された事実を認定するについては、敢えて訴因罰条の変更手続を経る必要がない」としている[34]。

他方、(ⅱ) 具体的防御説は、審理経過や状況を考慮し、被告人の防御に不利益を与えない場合には訴因変更を不要とする。当該訴訟の経緯から、個別的・具体的に判断する。したがって、認定事実を予め自認していた場合には変更不要となる。例えば、詐欺で起訴されたが、横領であるとして争っている場合、横領につき自認しているので、訴因変更なく認定できることになる（自認

---

[32] 最判昭36・6・13刑集15巻6号961頁。ただし、争点として具体的に争われたかどうかという点には全く言及していない。
[33] 最判昭41・7・26刑集20巻6号711頁。
[34] 最判昭26・6・15刑集5巻7号1277頁。

していない場合には変更必要）。これに対しては，具体的審理経過を検討するので，事件ごとの個別判断となり，変更要否の基準が曖昧になると批判される。

しかし，両説の差は大きいものではなく，抽象的基準によってもその限界を画することは困難を生じ，具体的妥当性を欠くこともあるとも言われている。判例も，窃盗共同正犯の訴因に対し，窃盗幇助の弁解をしていたところ，訴因変更なく窃盗幇助の事実を認定したのを適法としたが，「裁判所は，審理の経過に鑑み被告人の防禦に実質的な不利益を生ずる虞れがないものと認めるときは，…訴因変更手続をしないで，訴因と異る事実を認定しても差支えないものと解する」と述べている[35]。

また，酒酔い運転で起訴したのに対し，正常な運転ができないおそれのある状態で運転したとは断定できないが，関係証拠によれば，政令で定める程度以上のアルコールを保有する状態で運転したことは経験則上認定できるとして，酒気帯び運転を認定し有罪とした事案において，「酒酔い運転も…酒気帯び運転も基本的には同法65条1項違反の行為である点で共通し，前者に対する被告人の防禦は通常の場合後者のそれを包含し，もとよりその法定刑も後者は前者より軽く，しかも本件においては運転開始前の飲酒量，飲酒の状況等ひいては運転当時の身体内のアルコール保有量の点につき被告人の防禦は尽されていること…から，前者の訴因に対し原判決が訴因変更手続を経ずに後者の罪を認定したからといって，これにより被告人の実質的防禦権を不当に制限したものとは認められず…違法はない」と述べている[36]。もっとも，これに対しては，具体的防御に言及しているのは，構成要件的には縮小ではないが，実質的には縮小関係にあるとも言える点を考慮した「犯罪の特殊性」に由来するものであろうと言われており，「基本的には抽象的防御説の枠内」と評価されるが，具体的防御という側面を無視することはできないことを浮き彫りにしたとも言われている。

(3) 判例の展開

判例は，従来，具体的防御説を考慮しつつも，抽象的防御説に立っていると言われてきた。そのような中で，最高裁は，平成13年に至り，共謀共同正犯による殺人の事件において，次のように判示するに至った。

---

[35] 前掲最判昭29・1・21刑集8巻1号71頁。
[36] 最決昭55・3・4刑集34巻3号89頁〔百選A17事件〕。

すなわち,「訴因と認定事実とを対比すると, …犯行の態様と結果に実質的な差異がない上, 共謀をした共犯者の範囲にも変わりはなく, そのうちのだれが実行行為者であるかという点が異なるのみである」ことを前提として,「そもそも, 殺人罪の共同正犯の訴因としては, その実行行為者がだれであるかが明示されていないからといって, それだけで直ちに訴因の記載として罪となるべき事実の特定に欠けるものとはいえないと考えられるから, 訴因において実行行為者が明示された場合にそれと異なる認定をするとしても, 審判対象の画定という見地からは, 訴因変更が必要となるとはいえない」とした上,「とはいえ, 実行行為者がだれであるかは, 一般的に, 被告人の防御にとって重要な事項であるから, 当該訴因の成否について争いがある場合等においては, 争点の明確化などのため, 検察官において実行行為者を明示するのが望ましいということができ, 検察官が訴因においてその実行行為者の明示をした以上, 判決においてそれと実質的に異なる認定をするには, 原則として, 訴因変更手続を要するものと解するのが相当である。しかしながら, 実行行為者の明示は, 前記のとおり訴因の記載として不可欠な事項ではないから, 少なくとも, 被告人の防御の具体的な状況等の審理の経過に照らし, 被告人に不意打ちを与えるものではないと認められ, かつ, 判決で認定される事実が訴因に記載された事実と比べて被告人にとってより不利益であるとはいえない場合には, 例外的に, 訴因変更手続を経ることなく訴因と異なる実行行為者を認定することも違法ではない」と判示した[37]。

これをまとめると, ①「審判対象の画定」のための訴因の記載部分, すなわち核心部分について変化がなければ, 訴因変更は不要であるが（核心部分の変化があれば訴因変更が必要であり, この点では抽象的防御説に徹したと見ることもできる）, ②「防御にとって重要な事項」については, 争点の明確化のためにも明示することが望ましく, これを明示した場合には訴因を構成する要素となるから, 原則として訴因変更が必要であるが（②-1）, 防御の具体的状況等審理の経過に照らし不意打ちを与えないで, かつ認定事実が不利益とは言えない場合には, 例外的に訴因変更が不要となる（②-2）としたのである（この点では, 具体的防御説に従ったと見ることもできる）。従来, 防御の観点のみが強調されて

---

[37] 最決平13・4・11刑集55巻3号127頁〔百選9版46事件〕。

きたところ，訴因の機能に関する判例の立場（「審判の対象を限定」し「防禦の範囲を示す」）[38]と符合するように，審判対象の画定の観点と防御の観点との双方を考慮した点で，訴因変更の要否について，判例の到達点を示したものと言われている。ただし，①については，従来の抽象的防御説よりも変更を要する範囲を限定するものと言われており，また，②については，具体的防御説の不明確さを拡散させるものと批判されている。

その後，この判断基準②-2を用いて，放火の手段について，「ガステーブルの点火スイッチを作動させて点火し」，台所に充満したガスに引火，爆発させたとの訴因に対し，訴因変更手続を経ることなく，「何らかの方法により」上記ガスに引火，爆発させたと認定したことは，引火，爆発の原因が上記スイッチの作動以外の行為であるとした場合の被告人の刑事責任について検察官の予備的な主張がなく，そのような行為に関し求釈明や証拠調べにおける発問等もされていなかったなどの審理経過の下では，「引火，爆発させた行為についての本件審理における攻防の範囲を越えて無限定な認定をした点において被告人に不意打ちを与えるものといわざるを得ない」とした判例[39]がある。

> **訴因逸脱認定**
>
> 訴因変更との関係で，「争点逸脱認定」が論じられることがある。これは，「不意打ち認定」ではあるが，審判対象それ自体の逸脱である「訴因逸脱認定」とは区別され，訴訟手続の法令違反（379条）がある場合とされており，その例として，証明力を争う機会を付与しない，新たな争点整理を行わない，適切な訴訟指揮を欠くなどが挙げられている。訴因変更とは観点が異なるので，必ずしも訴因変更を要するわけではない。

10.4.2 変更の要否に関する事例検討

(1) 客体の数量や犯行回数等が変化した場合

例えば，覚せい剤所持で9.09グラムを9.99グラムと認定する場合や，窃盗被害につき，腕時計ほか2点を腕時計ほか4点と認定する場合には，誤記，計算違いであれば訴因変更は不要であり，せいぜい訂正であろう。また，量刑上

---

[38] 最大判昭37・11・28刑集16巻11号1633頁〔百選9版A15事件〕（白山丸事件）。
[39] 最決平24・2・29刑集66巻4号589頁。なお，判断基準①には当たらない場合であることを前提として，②について判断したものと言われている。

もさほど影響がないときであれば，防御上不利益となる可能性も少ないので，訴因変更は不要と思われる。しかし，そうでない場合には訴因変更を要するであろう。

傷害期間を加療約1週間を約2週間と認定する場合についても，誤記に類するような場合には訴因変更不要であろう。加療期間はそもそも訴因それ自体ではないとすれば，訴因の同一性に問題はない。ただし，量刑に影響する余地があるから，いきなり認定しないで，釈明することが望ましい。これに対し，1週間を2か月と認定する場合はどうか。因果関係に問題もあり得るし，争う可能性が大きいから，明示する以上，不利益を与える認定になるというべきであり（罰金では収まらない可能性が大きい），変更手続を執るべきであろう。

他方，頭部2回，胸部3回殴打の訴因に，腰部2回足蹴による腰部打撲傷を加える場合には，別個の傷害部位，方法を加えて認定する以上，単なる量的拡大とは言えず，量刑上も無視できないのではないかとの疑問がある。足蹴の点で質的違いがあり，量刑上影響ありと見るかどうかによるであろう。この点，判例には，足を蹴り顔を殴打して加療1週間の傷害を負わせたとの訴因に対し，腰部を下駄履きで蹴ったと認定するのに変更不要とし，傷害を暴行に縮小認定したものがある[40]。

(2) 過失の態様等が変化した場合

例えば，降雨によって路面が湿潤し滑走し易い状況であったから予め減速すべき注意義務があったとの訴因に対し，石灰の粉塵が路面に堆積凝固したところに折からの降雨で路面が湿潤し滑走し易い状況であったから予め減速すべき注意義務があったとの認定する場合には，訴因の変更を要するであろうか。この場合，そもそも過失の態様に変化があったのであろうか。

過失の犯罪事実は，①義務違反発生根拠たる前提事実，②注意義務の内容，③義務違反の態様（過失行為）から構成されるところ，本件では③それ自体には変化がないように見える。しかし，この点については，2つの見方が主張されている。第1は，いずれも独立した訴因の要素であるから，①②についても訴因変更の要否を検討すべきであるとの見解であり，第2は，③のみが訴因であって，①及び②は③に影響する場合のみ③の内容として検討すれば足り，そ

---

[40] 最決昭30・10・19刑集9巻11号2268頁。

うでない限り独立して変更の要否を論ずる必要はないとの見解である。過失犯の本質は③にあることを踏まえれば、第2の見解が相当と思われるが、判例も、「注意義務を課す根拠となる具体的事実」については、「公訴事実中に記載されたとしても、訴因として拘束力が認められるものではない」として、訴因変更を不要とした[41]。

しかし、例えば、「足を滑らせてクラッチペダルから左足を踏みはずした」との訴因を「ブレーキをかけるのを遅れた」と認定する場合のように、過失の態様それ自体が変化する場合には、防御方法が大きく変化するおそれが大きいので、訴因変更を要するというべきであろう。判例も、このような事例において、過失の態様を追突回避義務というように類型化、抽象化して訴因の同一性の基準とすることは許されず、「別の態様の過失を認定するには、被告人に防禦の機会を与えるため訴因の変更手続を要する」としている[42]。

(3) 共謀共同正犯における実行者が変化した場合

「被告人は、Yと共謀の上、…被告人が、Bの頸部を締めつけるなどし…て殺害した」という訴因に対し、「被告人は、Y又は被告人あるいはその両名において、扼殺、絞殺又はこれに類する方法でBを殺害した」と認定する場合について、前掲最決平13・4・11は、前述②－2の基準を用い、本件については、被告人とYとの間で当初から事前共謀が成立していたか、殺害行為を行った者は誰かという点が主要な争点となり、多数回の公判が重ねられ、Yは、共謀を認めて被告人が実行行為を行った旨を証言し、自白調書も取り調べられ、弁護人はYの証言及び自白調書の信用性を争うなどしたのであって、「被告人に不意打ちを与えるものとはいえず、かつ、訴因に比べて被告人にとってより不利益なものとはいえないから」、訴因変更手続は不要であるとした。当初から争点として攻防がなされたことから不意打ちとはいえないとし、かつ、被告人の主張を一部容認し、実行者につき択一的認定にとどめた点で、訴因より不利益とは言えないとしたものであろう。

---

[41] 最決昭63・10・24刑集42巻8号1079頁。なお、過失の態様の変化であっても、単に「補充訂正」する場合であれば、訴因変更を要しないとされる（最決平15・2・20判タ1120号105頁）。
[42] 最判昭46・6・22刑集25巻4号588頁〔百選9版A16事件〕。

(4) 共謀の日時，場所，方法が変化した場合

　共謀の日時，場所，方法が訴因の内容でないとすれば，変更不要であろう[43]。判例[44]によると，共謀共同正犯における共謀（又は謀議）は，共謀のみに関与した者にとっては「罪となるべき事実」である。そうすると，仮に謀議行為それ自体が共謀であると解すれば，共謀の日時・場所等は，訴因の内容を構成するものと考えられるので，抽象的防御説ではもとより，具体的防御説でも，やはり訴因変更を要するように思われる。

　これに対し，共謀とは謀議の結果たる意思連絡を意味し，謀議の経過たる事実は単なる間接事実に過ぎないと考えれば，共謀の日時・場所等は「審判対象の画定」に関わらない事項であるから，訴因の内容を構成するものとは言えないことになる。共謀概念をこのように解すれば，前掲最決平13・4・11の趣旨に照らしても訴因変更は不要であろう。

(5) 実行共同正犯か共謀共同正犯かの釈明があった場合

　この点につき，実務では，訴因の特定としては不要だが，事実上釈明している場合が多いようである。前掲最決平13・4・11によれば，検察官の釈明があった以上，原則として訴因の内容となり，これと異なった認定を行うためには訴因変更を要することになると思われるので，被告人に不意打ちを与えるものか否かについて具体的な防御の状況を検討することが必要であろう。

(6) 氏名不詳者との共謀を認定する場合

　共謀の相手方を氏名不詳者と認定することは，訴訟の基本的枠組みを変更することになるのであろうか。共謀者が共謀のみに関与した場合，実行行為そのものに直結した主張内容の変更となるのではないかとも考えられる。この点，共謀の相手方が誰であるかが被告人の防御上重要な事実であるとき，相被告人との共謀による殺人の訴因に対し，氏名不詳者との共謀を認定する場合には，訴因変更を要するとして，一審が訴因変更をしないまま「氏名不詳者と共謀の上」と認定したのに対し，訴訟手続の法令違反とした裁判例[45]がある。

　この点につき，学説上も，共犯者がBか不詳者かは事実も防御方法も異なるから，両者は別個の訴因であるとの見解が主張されている。確かに，「Bと

---

[43] 東京高判平10・7・1高刑集51巻2号129頁参照。
[44] 最大判昭33・5・28刑集12巻8号1718頁〔百選A39事件〕。
[45] 前掲東京高判平10・7・1高刑集51巻2号129頁。

共謀の上」の場合には，Bとの間で直接会ったり電話して連絡を取ったことがないこと，また，仮に連絡したのであればその内容が本件謀議ではないことを主張し反証することが防御活動となるのに対し，「氏名不詳者と共謀の上」の場合には，B以外の者との連絡がなかったことを主張することになり，Bと会ったことや連絡したことは，その時間にそれ以外の者と連絡していなかったことになるので，むしろ有利になる。その意味で，主張立証が逆転さえすることになるから，訴因変更を要するとの主張はもっともである。

▶氏名不詳者と訴因の特定◀
そもそも「氏名不詳者と共謀の上」という記載で，訴因は特定しているのであろうか。この点，「氏名不詳者」とは，「特定の誰か」であって，単なる不特定ではないとすれば，要するにその特定の者の氏名が分からないに過ぎない。そうだとすれば，訴因の特定に問題はないであろう。これに対し，およそ共謀の相手方が不明という場合であれば，世の中の誰かと共謀があったというに等しいから，特定していると言えるかどうか疑問もある。

10.4.3　罪数の変化と訴因変更の要否
(1) 一罪から数罪に変化する場合
　事実に変化がなく，単に罪数のみが変化する場合，例えば，包括一罪で起訴したところ，併合罪であると判断する場合に，訴因の変更を要するであろうか。そもそも，訴因は検察官による事実の主張であって，その事実に変化がないのであれば，訴因変更の要はないとも考えられる。この点，罪数判断は裁判所の職権判断事項であるとすれば，事実に変化がない以上，訴因変更の要はなく，数罪を認定すれば足りよう。判例[46]も，包括一罪の起訴を数罪の起訴と解釈できる場合には，訴因の変更を要せず数罪を認定できるとしている。もっとも，包括一罪として起訴された児童福祉法違反を数罪として認定する場合に，被告人の防御のため訴因変更を要するとした裁判例[47]もある。
　これに対し，事実が変化した場合には，被告人の防御を害するときは，訴因変更を要する。けん銃所持の包括一罪の起訴に対し，途中に中断があるとして2罪を認定する場合に，被告人に防御の機会を与えるべきであるから，訴因変

---

[46] 最判昭29・3・2刑集8巻3号217頁。
[47] 東京高判昭31・2・22高刑集9巻1号103頁。

更を要するとした裁判例[48]がある。もっとも，3名共謀による11俵の落綿を窃取したとの起訴に対し，3名共謀による6俵の窃盗と1名共謀による5俵の窃盗の2罪を認定したとした場合に，「被告人の防禦に実質的不利益を生ずる虞がない」と言えるので，訴因変更を要しないとした判例[49]がある。

(2) 数罪から一罪に変化する場合

併合罪として起訴されたところ，一罪であると判明した場合には，複数の起訴があったのであるから，有罪とされるべき一罪以外の訴因については，公訴棄却の裁判をするのが筋だとも言える（338条3号）。併合決定がなされなかった場合を想定すれば，一層明らかであろう[50]。しかし，そもそも338条3号の趣旨は，二重起訴による被告人の不利益を避けるとともに裁判の抵触を回避するためと考えられるので，その趣旨に反しなければ，訴訟経済に沿った対応を執ることも許されて良いであう。そこで，判例[51]は，兇器準備集合罪の起訴後に，兇器準備結集罪が追起訴された事案につき，前者が後者に吸収されるとして結集罪の単純一罪と認定する場合にも，公訴棄却の必要はなく，訴因変更手続も不要であるとした。

10.5 訴因変更命令

当事者主義に立つと，訴因は，当事者たる検察官がその設定及び維持に責任を負う「審判の対象」であるから，訴因を変更するかどうかは検察官の権限であって，裁判所に訴因変更命令の義務はない。しかし，裁判所において，訴因を変更すれば有罪にできるが，現訴因のままでは無罪とせざるを得ないという心証に至る場合もある。この場合，裁判所としてはどうすれば良いであろうか。

通常の場合，裁判所は，まず検察官が訴因を変更するか否か釈明（規208条1項）を行う。しかし，検察官がこの釈明に応じて訴因変更をしない場合で

---

[48] 東京高判昭52・12・20高刑集30巻4号423頁〔百選9版A21事件〕。
[49] 最判昭32・10・8刑集11巻10号2487頁。
[50] もっとも，常習一罪を併合罪として起訴した場合，訴因構成に従って併合罪として判断すれば良いとの判例（最判平15・10・7刑集57巻9号1002頁〔百選9版100事件〕参照）もあるが，常習一罪の特殊性と言うべきであろうか。
[51] 最決昭35・11・15刑集14巻13号1677頁。

あっても，原則として変更命令を出す義務がない。ただし，証拠の明白性，犯罪の重大性から，訴因変更がなければ著しい不正義が生じるような場合，例えば，殺人のような重大事件で無罪とせざるを得ないような場合には，例外的に訴因変更命令義務が認められることがあるとされている。

判例[52]も，「重過失致死の訴因に変更すれば有罪であることが証拠上明らかであり，しかも，その罪が重過失によって人命を奪うという相当重大なものであるような場合」には，「例外的に，検察官に対し，訴因変更手続を促しまたはこれを命ずべき義務がある」とする。また，事案の性質・内容，被告人の犯行への関与の程度，共犯者の処分との均衡等の実体的要素，検察官の審理請求意思の内容，被告人の防御状況，裁判所の釈明権行使の有無等の具体的状況等の手続的要素をも考慮して，求釈明により事実上訴因変更を促すことによって訴訟法上の義務を尽くしたと言える場合もあれば，訴因変更を命じ又はこれを積極的に促すべき義務がある場合もあるとされている[53]。

もっとも，仮に裁判所が訴因変更命令を出しても，その命令には形成力がないとされているので[54]，裁判所は当初訴因の範囲内で裁判を行うほかない（裁判所は，自ら審判対象を設定することはできない）。したがって，検察官に釈明しても訴因変更をしなかった場合，当初訴因に拘束されて無罪等を言い渡すほかはない（多数説）。

10.6 訴因変更の時間的限界

訴因変更の時期につき，刑訴法には規定がない[55]。むしろ，刑訴法312条4項は，変更によって「被告人の防禦に実質的な不利益を生ずる虞がある」ときは，十分な防御の準備をさせるための必要な期間，「公判手続を停止しなければならない」としており，いつでも変更できることを前提としたかのような規定を置いている。それでも，被告人の防御にとって著しい不利益となるおそれがある場合には，訴因変更の時期の制約があると言えるのであろうか。

---

[52] 最決昭43・11・26刑集22巻12号1352頁。
[53] 最判昭58・9・6刑集37巻7号930頁〔百選9版50事件〕参照。
[54] 最大判昭40・4・28刑集19巻3号270頁〔百選9版A20事件〕。
[55] 民訴法143条1項但し書は，「著しく訴訟手続を遅延させることとなるとき」は変更できないとする。

学説は，概ね一定の時間的限界を肯定するが，多少ニュアンスの違いがある。
　第1は，防御の利益を重視する立場である。これまでの訴訟経過を具体的に検討し，検察官が変更しようとした訴因による訴追意思を実質的に放棄したと認められる段階での訴因変更は許されないとされる。したがって，長年月を経た公判の最終段階で訴因・罰条を実質的に変更し，被告人の防御を困難にするようなことは不適法であろうと言われる。その限界は，訴因変更の時期，その内容，犯罪の軽重，訴訟の経過，不意打ちのおそれ，訴因変更後の予想される被告人側の負担などの具体的事情に照らして判断される。
　第2は，信義に反し公正でないことを重視する立場である。「予備的訴因に掲げられている事実は，外形的事実としては，被告人が当初から弁解して主張していた事実そのものであり，検察官としては，それまでにこのような予備的訴因の追加請求をする機会はいくらもあったのにかかわらず，この段階に至って，はじめてそれをした」もので，「手続の初期段階におけるのとちがって，実体形成がここまで進んだ手続段階において，しかも弁護人の防御活動の結果を逆手にとるような訴因変更をみとめることは，公正な攻撃防御を主眼とする当事者主義の理念にもとるもの」とされる[56]。
　この点に関する判例として，警察官を襲って殺害した過激派の事件で，訴因に対する釈明において，殺意の発生時期は共犯者が警察官を殴打し足蹴にしているのを認めた時点であるとした上，被告人の行為は「炎の中から警察官を引きずり出し，顔面を2回踏みつけ脇腹を1回蹴った」ことと釈明して公判調書に記載され，冒頭陳述も行ったのに，約2年6か月後に至り，事前共謀とした上，従来の行為の前に，被告人自身も「足蹴にし転倒させた」行為を行っているとの訴因変更を申し立てた事案につき，「検察官が弁護人の求釈明によって自ら明瞭に訴因から除外することを確認した事実をあらためて復活させるに等しく…しかも2年6箇月の攻防を経て一貫して維持してきた訴因…の証明が成り立ち難い情勢になった結審段階のことであってみれば，…それはまさに，不意打ちであるのみならず，誠実な訴訟上の権利の行使（刑訴規則1条2項）とは言い難い」上，さらに長期化するので，「被告人の防禦に実質的な著しい不利

---

[56] 最判昭58・2・24判時1070号5頁における團藤裁判官補足意見。この事案は，盗品の故買の訴因に対し預かっただけという寄蔵の弁解をし，防御が功を奏した最終段階で寄蔵の訴因を予備的に追加したという事案である。

益を生ぜしめ，延いて公平な裁判の保障を損なうおそれが顕著である」として，訴因の変更を許可しなかった裁判例がある[57]。そのほか，検察官がその権利を濫用していると目される例外的な場合には，時期に遅れた訴因変更を許されなくなるとした裁判例[58]，訴訟終結間際になって，強盗致傷を強盗殺人未遂に変更することは，当初訴因を前提に証拠の全てに同意していた被告人の防御に実質的に不利益を及ぼし，誠実な権利の行使とは認められないので，権利の濫用として許されないとした裁判例[59]などがある。

10.7 訴因と訴訟条件

10.7.1 訴訟条件を欠く訴因

ここで，訴因変更を検討する前提として，訴訟条件を欠く訴因の取扱いについて見ておくことにしよう。

(1) 起訴時の基準

公訴提起によって訴訟が係属する。この場合，審判対象が訴因であるとすれば，訴訟条件は訴因を基準に判断されるが，公訴事実であるとすれば，これを基準に判断されることになる。一般には前者の見解が採られており，訴因を基準に訴訟条件の有無が判断されるのが通例である。

そこで，第1に，訴訟条件を欠く訴因について，その追完（瑕疵の治癒）が可能かどうかが問題となる。例えば，告訴がないのに強姦罪で起訴されたような場合，訴訟係属は適法であろうか。訴因について告訴がない以上，公訴棄却の判決（338条4号）が当然であるとも考えられる。しかし，そうすると検察官は告訴を得た上で再度起訴することも考えられ，その場合には，重複する手続が繰り返されることになるので，訴訟経済から見ても被告人の負担から見ても，適切とは言い難い。また，訴訟条件が実体審理の要件であることを強調すれば，実体審理に入るまでは追完を認める余地もあり得る。そこで，冒頭手続の段階

---

[57] 福岡高那覇支判昭51・4・5判タ345号321頁〔百選9版49事件〕。
[58] 東京高判平1・6・1判タ709号272頁。
[59] 大阪地判平10・4・16判タ992号283頁。

までであれば追完を認める見解も主張されている。

この点，告訴のないまま公訴提起するのは，例えば，時効完成が切迫しており，被害者が外国に居住するなどの事情のため告訴を得る余裕がないような場合に，取り敢えず時効停止を求めて公訴を提起し（254条1項参照），その後改めて告訴を得るというような特殊な事例であろうと思われるので，そのような場合であれば，告訴の追完を認める余地もないわけではない。しかし，無効の起訴でも時効は停止すること（254条1項参照）[60]，後日告訴がなされない可能性もあること，公訴提起の違法性は明確にしておく必要があることなどに照らすと，原則として追完を認めず，訴訟条件の欠如が判明した時点において公訴棄却の判決とするのが相当と思われる。

第2に，強姦致傷で告訴がないまま起訴されたが，後日，単なる強姦であることが判明したような場合である。この場合は，訴因を基準にすれば非親告罪であるから起訴は適法であり，公訴提起に瑕疵はなかったのであるから，追完の問題は生じない。致傷がないと判明した時点において初めて親告罪と判明したのであるから，この時点で告訴の有無を確認すれば足りよう。強姦致傷と強姦とは大小関係に立つので，いわば縮小された強姦についても予備的に検察官の主張があるものと考え，この時点で告訴がなされればそのまま審理を継続し，告訴がなされなければ公訴棄却とすれば良いであろう。なお，強姦致傷の訴因について無罪とする選択もあり得るが，縮小認定が可能である場合には，検察官が強姦の訴因に変更する意図はないと明言しない限り，公訴棄却とすれば足りるように思われる。

第3に，住居侵入・強姦の事件につき，住居侵入のみで起訴し，後日告訴を得て強姦を追加的に訴因変更する場合である。この場合，公訴事実を基準とすれば，起訴の時点において強姦についても訴訟係属が生じており，告訴がない以上，この部分については公訴棄却とする余地もないわけではない。しかし，訴因を基準とする限り，この場合にも起訴の時点では瑕疵はなかったのであるから，追完の問題は生じない。訴因の追加的変更の時点で強姦について告訴がある以上，訴因変更は有効である。

---

[60] 最決昭56・7・14刑集35巻5号497頁。

(2) 実体審理（及び判決）時の基準

　公訴提起の時点において，訴因を基準にすれば訴訟条件を充足していたが，審理の結果，心証においては訴訟条件を欠く事実を認定するのが相当であるとの確信に至った場合，裁判所は心証を基準に訴訟条件欠如として公訴棄却の判決をすべきであろうか，それともなお訴因を基準として無罪を言い渡すべきであろうか。

　例えば，犯行1年1か月後に名誉毀損として起訴された事件につき，審理の結果，裁判所が侮辱罪に当たると認めた場合，名誉毀損として無罪にすべきか，侮辱として公訴棄却にすべきか。名誉毀損は法定刑が拘留・科料（刑231条）であるから，その公訴時効は1年（250条7号）であるが，名誉毀損は法定刑が3年（刑230条）であるから，その公訴時効は3年（250条6号）である。したがって，心証を基準とすれば時効完成，訴因を基準とすれば時効未完成となる。

　判例は，一般には，少なくとも審理が進んだ段階においては心証を基準としていると言われており[61]，名誉毀損で有罪とした第一審判決を破棄し，訴因変更のないまま侮辱罪を認めて有罪とした控訴審に対し，裁判所が侮辱罪を認定した以上は時効完成であるとして免訴とした[62]。名誉毀損も侮辱もいずれも外部的名誉を毀損するが，事実摘示の有無によって区別されるとの見解に立てば，いわば縮小認定と解することもできるので，検察官が予備的に侮辱を主張していると見てこれに対する免訴と理解すれば，必ずしも心証基準という必要はないとも考えられる。

　そのほか，判例によると，道交法上の非反則行為として起訴された速度違反の罪につき，審理の結果，反則行為に当たると判明した場合，通告手続を経ていないことから公訴棄却とされ[63]，また，業務上横領で起訴されたところ，審理の結果，単純横領に当たると判明した場合，公訴提起の時点で既に時効完成であったとすれば免訴とすべき[64]とされている。

　次に，窃盗で起訴された場合に，審理の結果，裁判所が不法領得の意思がないから単なる器物損壊に過ぎないとの心証を得たとすれば，どのような判断をなす

---

[61] 判例は，かつては心証基準説に立つとされていたが（最決昭29・9・8刑集8巻9号1471頁），現在もなおこの見解を維持するものかどうか疑問の余地があると言われている。
[62] 最判昭31・4・12刑集10巻4号540頁。
[63] 最判昭48・3・15刑集27巻2号128頁。
[64] 最判平2・12・7判時1373号143頁。

べきであろうか（刑法264条，261条参照）。当初の起訴は窃盗であるから告訴の有無は問題とならなかった以上，公訴提起に問題はない。その後，器物損壊であるとの心証を得たのであるから，検察官に釈明を促し，この時点において被害者から告訴が得られた場合には，訴因変更を経た上で器物損壊罪を認定すれば良いが，検察官が訴因を変更しないときは窃盗で無罪とするほかないであろう。

他方，被害者から告訴が得られなかった場合にはどうすべきであろうか。検察官に訴因変更についての釈明を促した上で，訴因変更しない場合には，窃盗のままで無罪とすることになるであろうが，その場合であっても，なお心証を基準とすれば公訴棄却とする余地もあり得るように思われる（この場合，構成要件の重なり合いはないので，縮小認定は無理であろう）。

10.7.2 訴訟条件と訴因変更

現在の訴因としては訴訟条件が問題とならない場合に，新たに訴訟条件を欠く訴因に変更するすることが許されるのであろうか。例えば，公訴時効が7年の詐欺罪で犯行後6年目に起訴した場合に，公訴時効5年の横領罪に訴因変更することは許されるのであろうか。

この場合，そもそも訴因変更は実体裁判を可能にするための制度であるから，これを実現しない手続打ち切りのための訴因変更は許されないと理解に立って，不適法訴因への変更は許されないとの見解もある。しかし，訴因変更がなされると同時に訴訟条件を欠くことになるだけのことであって，そのような状態になれば，法の定めに従って手続を打ち切れば良いのであるから，直ちに違法状態は解消されることになる。したがって，敢えて違法状態を作出するための訴因変更であるから許されないと考える必要はないように思われる。その意味において，訴訟条件を欠く訴因への変更を認める余地はあり得るように思われる。

他方，当初訴因について訴訟条件を欠いている場合には，その補正が許されない限り直ちに公訴を棄却すべきであって，さらに訴訟条件を具備する訴因に変更することは，原則として許されないであろう。

10.7.3 管轄違いと訴因変更

例えば，簡易裁判所の専属管轄に属する失火罪（刑116条1項，裁33条1項2号参照）で簡易裁判所に起訴したところ，審理の結果，簡易裁判所に管轄がな

い放火罪であることが判明した場合，簡易裁判所はどうすべきであろうか。仮に検察官が放火罪に訴因の変更を請求し，裁判所がこれを許可したとすれば，管轄がない状態となるので，不適法訴因への変更を認めることになる。これを認めないとすれば，無罪となるが，そうなると公訴事実の同一の範囲内で一事不再理効が及ぶので，もはや放火罪についても別途地方裁判所に起訴することができなくなる。果たして，それで良いのであろうか。

この点，仮に放火への訴因変更を許した場合には，管轄違いが言い渡されるので，検察官は，地方裁判所へ放火罪で公訴提起する可能性が大きいことになる。それならば，332条に従っていっそのこと地方裁判所に移送することにした方が良いようにも思われる。ところが，同条は，簡易裁判所も地方裁判所も競合的に管轄権を有する場合の規定であって，簡易裁判所のみが管轄権を有する場合は移送ができないと解されている[65]。そこで，簡易裁判所としては，検察官の訴因変更請求を留保した上で，被告人の同意を得て，管轄権のない地方裁判所に移送し，同裁判所において訴因変更を許可して実体審理を行うという見解が主張されている[66]。形式的には違法な移送であるが，実質的には相当な取扱いと考えられるので，一概に不当とは言い難いように思われる。

10.8 控訴審における訴因変更

控訴審において，傷害の被害者が死亡した場合に，致傷罪を致死罪に訴因変更できるであろうか。審級の利益との関係で問題となる。この点，死亡を量刑上考慮して，原判決を量刑不当で破棄して差し戻し，差戻一審において訴因変更すれば，審級の利益も奪うことはないので，問題はあるまい。しかし，死亡事実だけを立証するのだから，敢えて差戻しをしなくても被告人に特段の不利益はないとすれば，控訴審で一審判決を破棄することを一種の停止条件として，破棄を予定した訴因変更を行うことも許されるとされている[67]。もっとも，死

---

[65] 最決昭39・12・25刑集18巻10号978頁参照。
[66] なお，簡易裁判所が訴因変更を許可したため，その事件が簡易裁判所の事物管轄に属さなくなった場合でも，移送を妨げないとするのが判例である（最判昭28・3・20刑集7巻3号597頁）。
[67] 最判昭42・5・22刑集21巻4号705頁参照。

亡の因果関係を争うような場合には，審級の利益を奪うことになりかねないので，差戻一審での変更が望ましいと思われる。

　この点につき，双方事実誤認で控訴し，控訴審で事実の取調べをした結果を踏まえ，検察官から予備的訴因の変更請求がなされた事案において，「被告人の防御上実質的利益を害しないと認められるときは，控訴審の段階であっても訴因変更を許すことができる（その訴因変更は原判決が破棄されることを条件とするものである。）と解するのが相当である」とした上，「本件審理の状況に照らし，本件訴因変更を許可しても，…被告人の防御を実質的に害するものとも認められないことから，本件訴因変更は許される」とした裁判例がある[68]。実質的な防御の利益を害しないのであれば，肯定して良いように思われる。

---

[68] 福岡高判平 12・12・26（高検速報（平 12）214 頁。前掲最決平 14・7・18 刑集 56 巻 6 号 307 頁の原審）。

■第11章■
公判準備と公判手続

11.1 公判手続とその構成

11.1.1 公判手続

　公訴提起によって管轄裁判所に係属した事件について，裁判によって訴訟が終結するまでの全体を公判手続と言う。適正・迅速な裁判を実現するため，公判手続には，いくつかの原則がある。
　第1は，**直接主義**である。すなわち，裁判所が直接取り調べた証拠だけを裁判の基礎とすることができるという原則である。直接主義には，判決裁判所が自ら証拠調べを実施した証拠のみを裁判の基礎とすることができるという**形式的直接主義**と，判決裁判所はオリジナルな証拠のみを用いることができるという**実質的直接主義**とがある。前者の考え方からは，公判手続の更新（315条），受命裁判官による証人尋問調書などの証拠調べ手続（321条2項参照）などが導かれる。後者の考え方からは，証人の供述録取書面があってもその証人の証言供述のみを証拠として用いることができるという帰結（日本では伝聞法則があるのでそのような説明をする必要がないと言われるが，伝聞法則のないドイツにおいて有益な原則である）が導かれるとされている。
　第2は，**口頭主義**である。証拠調べや弁論など訴訟の実質内容に関わる手続は口頭で行うという原則である。したがって，原則として，書面のみによって裁判を行うことはできない。その趣旨は，これによって当事者の主張・立証が効率化するとともに，裁判所が新鮮かつ直接的な印象を持つことで的確な判断を行うことができるようにするためである。いわゆる裁判員裁判の導入に伴い，裁判員が公判廷において直接心証を形成するための前提としても，極めて重要

である。また，傍聴人が裁判の内容を理解する上で不可欠であるから，裁判の公開の前提であるとされている。

　第3は，**当事者主義**である。訴訟の追行（審判対象の設定と証拠による立証）を当事者に委ねる方式である。したがって，証拠調べについては，特段の事情がない限り，裁判所が職権で行うことはできない。当事者主義は，このような「当事者追行主義」が本来の意味であるが，そのほか，被告人の防御能力を高め，検察官と対等の立場を実現すべきであるとする「実質的当事者主義」，手続上重要な事項についての当事者の処分権を認める「当事者処分権主義」があるとされる。前者は，例えば，国選弁護制度，証拠開示制度，違法収集証拠排除法則などがその例とされ，後者は，例えば，即決裁判手続に対する同意（350条の2第2項），証拠に対する同意（326条1項），上訴の放棄・取下げ（359条）などがその例とされている。

　第4は，**公開主義**である。審判を公開の法廷で行う原則である。したがって，原則として公開禁止の措置を執ることはできない。憲法は，「裁判の対審及び判決」（憲82条1項）及び「拘禁…の理由」の開示（憲34条）は，公開法廷で行うべきものと定めている。刑訴法は，「公判期日における取調」（282条1項），「判決」の「告知」（342条）は，公判廷で行うべきものと定めた。裁判の公開は，裁判を国民の監視と批判の下に置くことによって，裁判の公正を担保するものであるとともに，国民の知る権利をも保障することになる。したがって，被告人が非公開を希望したからと言って，直ちに非公開となるわけではない。しかし，「公の秩序又は善良の風俗を害する虞がある」場合には，非公開とすることができる（憲82条2項）。そこで，例えば，性被害の被害者に対する証人尋問などについては非公開とされることがある[1]。

11.1.2　公判廷

(1) 公判廷と公判期日

　公判廷とは，公判期日における審理を行う法廷であって（282条1項），裁判官及び裁判所書記官が列席し，かつ検察官が出席して開かれる（282条2項）。公判期日とは，訴訟関係人が公判廷において訴訟行為をするように定められた

---

[1] なお，証人尋問における遮蔽措置やビデオリンク方式は，憲法37条1項，82条1項に違反しない（最判平17・4・14刑集59巻3号259頁）〔百選9版72事件〕。

期日を言う。

　被告人が出頭しないと，原則として公判廷を開くことができない（286条）。被告人の出頭は，その権利保護のために必要であり，また，手続を適正に進めるためにも必要であるからである。したがって，被告人は，公判廷に出頭する権利を有し，かつ義務を負うのが原則である。そのため，被告人は，公判期日に召還される（273条2項）。被告人は，公判廷において身体を拘束されることはないが（287条1項），裁判長の許可がなければ退廷することはできない（288条1項）。

　以上の原則に対し，権利保護の観点からも裁判の適正の観点からも，例外的に被告人の出頭を要しない場合がある。

　第1は，50万円以下の罰金又は科料に当たるような軽微事件である（284条）。第2は，拘留に当たる事件について，判決を宣告する場合以外の公判期日で，裁判所が不出頭を許可した場合である（285条1項）。第3は，長期3年以下の懲役若しくは禁錮又は50万円を超える罰金に当たる事件で，冒頭手続及び判決宣告をする場合以外の公判期日で，裁判所が不出頭を許可した場合である（285条2項）。

　その他，被告人が適正な公判手続を阻害したような場合にも，その出頭なしで審理を行うことができる。すなわち，被告人が正当な理由なく出頭を拒否し，刑事施設職員による引致を著しく困難にしたときは，被告人の出頭なしでも公判手続を行うことができる（286条の2）。また，被告人が許可なく退廷し，又は秩序維持のため裁判長から退廷を命ぜられたときは，被告人の陳述を聞かないで判決することができるが（341条），この場合には，判決宣告だけではなく審理を行うこともできるとされている[2]。なお，法人が被告人の場合には，代理人を出頭させることができる（283条）。

　弁護人も，必要的弁護事件については，公判廷に出頭しなければらない（289条1項）[3]。必要的弁護事件とは，死刑又は無期若しくは長期3年を超える懲役若しくは禁錮に当たる事件である（同項）。また，必要的弁護事件でなくても，公判前整理手続又は期日間整理手続に付された事件（316条の29），即決裁判に

---

[2] 最決昭50・9・11判時793号106頁。
[3] 被告人が弁護人の出頭を固辞しても，弁護人の立会なくして開廷することはできないとされている。

よって審理する事件（350条の9）についても同様である。被告人の重要な権利の行使を保護する必要があるからである。このような事件の審理において，弁護人が出頭しないとき若しくは在廷しなくなったとき，又は弁護人がいないときは，裁判長は職権で弁護人を付さなければならず（289条2項），また，弁護人が出頭しないおそれがあるときは，裁判所は職権で弁護人を付することができる（289条3項）。この場合，十分な弁護活動を行うに足りる時間的余裕を置いて選任するべきではあるが，弁護人に異議がなく防御権行使に支障がない場合には，時間的余裕のない選任も許される[4]。

　ところで，必要的弁護事件について，例外を認める余地はないであろうか。例えば，被告人が訴訟の引き延ばしを狙って弁護人を脅迫するなどしたため，弁護人が出廷できない状態となり，その結果，公判廷を開くことができないという事態に陥るような場合にも，なお例外を認める余地はないのであろうか。この点，必要的弁護の例外を認めない見解もある。しかし，制度の趣旨に照らし，何らかの制約を設けるべきだとして，341条の類推適用を認める見解も主張されており，その旨の裁判例[5]もある。

　これに対し，最高裁は，289条1項の解釈として，一種の限定解釈によって解決しようとした（内在的制約説とも言われる）[6]。すなわち，①「裁判所が弁護人の出頭確保のための方策を尽くしたにもかかわらず」，②「被告人が，弁護人の公判期日への出頭を妨げるなど，弁護人が在廷しての公判審理ができない事態を生じさせ」，かつ，③「その事態を解消することが極めて困難な」場合には，同項の適用がないとしたのである。その理由について，「このような場合，被告人は，もはや必要的弁護制度による保護を受け得ないものというべきであるばかりでなく，実効ある弁護活動も期待できず，このような事態は，被告人の防御の利益の擁護のみならず，適正かつ迅速に公判審理を実現することをも目的とする刑訴法の本来想定しないところだからである」とする。したがって，このような場合には，弁護人の出頭がないまま公判廷を開くことができることになる。

---

[4] 最大判昭24・7・13刑集3巻8号1304頁（公判期日前日の国選弁護人の選任につき，直ちに不当とまでは言えないとした）。
[5] 東京地決昭48・6・6判時713号142頁，東京地決昭51・6・15判時824号125頁。
[6] 最決平7・3・27刑集49巻3号525頁〔百選9版55事件〕。

(2) 公判廷の用語

「裁判所では，日本語を用いる」とされている（裁74条）。したがって，公判廷においては，日本語を用いて裁判が行われる。日本語を解しない者に陳述させる場合には，「通訳人に通訳をさせなければならない」(175条)。さらに，国語でない文字又は符合は，翻訳させることができる(177条)。これらは，国語に通じない被告人や証人の陳述を裁判所が適正に理解するための制度であるとともに，傍聴人の理解を通じて裁判の公開を実質的保障する制度でもある。また，被告人にとっても，十分な防御を尽くすためには，自ら意思を適正に伝達するとともに，訴訟の手続を正しく理解することが不可欠である[7]。

かようにして，通訳等は，裁判所が正しく理解し認識するための制度であると同時に，被告人の権利実現のための制度でもある。その意味において，本来であれば，被告人の権利を保障するための実質的保護規定が整備されることが望ましいが，現行法の下では，裁判所法74条と刑訴法175条とがその機能を有していると言われている。

(3) 訴訟指揮権と法廷警察権

ア 訴訟指揮権 (294条)

円滑・迅速な訴訟運営のため，手続の進行をコントロールする裁判所の権限を訴訟指揮権と言う。当事者主義においては，当事者が自ら進んで訴訟行為を行うことが予定されているが，各当事者が無秩序に活動したのでは訴訟の目的を達することができなくなる。そこで，当事者の活動を統制し，適切な活動を実現するためにも，法廷の主催者である裁判官による適切な訴訟指揮が不可欠となる。その意味において，当事者主義を実現するための職権主義による補充と理解することができよう。裁判所は，訴訟の基本構造に反しない限り，個別の根拠に基づくことなく，適切な裁量によって訴訟指揮を行うことができ，「訴訟の合目的的進行をはかるべき権限と職責を有する」とされている[8]。

訴訟指揮は，決定又は命令という裁判の形式で行使されることもあるが，黙秘権の告知のような事実行為としてなされることもある。訴訟指揮権は，訴訟に関する指揮権であるから，その効力が及ぶのは訴訟関係人に限られる。訴訟

---

[7] 最判昭30・2・15刑集9巻2号282頁。175条は，「裁判等の趣旨を了解させるためにも通訳人を用いなければならない趣旨を含む」とする。

[8] 最決昭44・4・25刑集23巻4号248頁〔百選9版A24事件〕。

指揮が，仮に裁判の形式でなされたとしても，強制力はない。したがって，訴訟関係人がそれに従わなかったとしても，不利益を受けるに止まる。

重要な訴訟行為についての訴訟指揮権は，裁判所に属する。証拠調べの範囲・順序・方法の決定（297条1項），証拠の採否決定（298条2項，規190条1項），異議申立てに対する決定（309条3項），訴因変更の許可・命令（312条1項，2項）などは，裁判所の権限とされる。しかし，公判期日におけるその他の訴訟指揮は，迅速になされる必要があるから，一括して裁判長の権限とされている（294条）。

訴訟指揮に対しては，異議申立てができる。**異議申立て**には，「証拠調」に対するもの（309条1項）と，「裁判長の処分」に対するもの（309条2項）がある。前者は，裁判所の証拠調べに関する決定及び裁判長の証拠調べに関する処分を対象とし，法令違反又は相当でないことを理由にすることができる（規205条1項）。後者は，証拠調べに関する以外の裁判長の処分を対象とし，法令違反を理由とする場合に限られる（規205条2項）。異議申立てに対しては，裁判所が決定しなければならない（309条3項）。異議に理由がないときは決定で棄却し（規205条の5），理由があるときは申立てに対応する決定を行う（規205条の6第1項）。異議申立てに対する決定があったときは，重ねて異議を申し立てることはできない（規206条）。

イ　法廷警察権（裁71条）

法廷警察権は，法廷の秩序を維持する裁判所の権限である[9]。したがって，訴訟関係人以外であっても，秩序を維持するために必要である限り，在廷する全ての者に及ぶ。法廷警察権は迅速な行使が求められることから，裁判長又は開廷した一人の裁判官が行う（裁71条1項）。裁判所の職務の執行を妨げ，不当な行状をする者に対し，退廷を命じ，その他法廷の秩序を維持するために必要な事項を命じ，又は処置を執ることができる（裁71条2項）。

法廷警察権の権限行使に違反した場合には，制裁が科せられる。法廷等の秩序を維持するため裁判所が命じた事項を行わず若しくは執った措置に従わず，又は暴言，暴行，けん騒その他不穏当な言動で裁判所の職務の執行を妨害し若しくは裁判の威信を著しく害した者は，20日以下の監置若しくは3万円以下

9　法廷警察権が訴訟指揮権の一種であるか否かについては，争いがある。

の過料(又は併科)に処せられる(法廷等の秩序維持に関する法律2条)。この場合には,裁判長自身が自ら制裁を科する。また,裁判長又は裁判官の職務の執行を妨げたとして,審判妨害罪が成立すれば,1年以下の懲役若しくは禁錮又は2万円以下の罰金が科せられる(裁73条)。この場合には,通常の刑事手続に付される。

(4) 公平な裁判所

憲法37条1項は,被告人が「公平な裁判所」の「裁判を受ける権利」を有すると規定する。公平な裁判所とは,「偏頗や不公平のおそれのない組織と構成をもつた裁判所」を言うとされている[10]。刑訴法は,事件に対する予断を抱くおそれのある裁判官の関与を排除するため,除斥,忌避及び回避の制度を設けている。

除斥とは,裁判官が被害者等の事件関係者であるとき,事件について付審判請求や「前審の裁判」などの「基礎となった取調べ」に関与したときなど,一定の法定事由がある場合に,当該事件に関する職務の執行から排除される制度である(20条)。

議論があるのは,「前審の裁判」に関与したと言えるか否かである。「前審」であるから,審級制度を前提として上級審から見た下級審である。第一審において判決に関与した裁判官が控訴審において当該事件を担当するような場合にはこれに当たるが,それ以外の場合にはこれに当たらない。したがって,判例によれば,公訴棄却された事件の証拠調べに関与した裁判官が,再起訴された事件の裁判官として証拠調べに関与する場合には,これに当たらないとされている[11]。また,破棄差戻しの控訴審に関与した裁判官が第2次控訴審の審理に関与する場合[12],少年法20条に基づき検察官送致をした裁判官が当該事件の審理に関与する場合[13],再審の確定判決に関与した裁判官が再審請求事件の裁判に関与する場合[14]にも除斥されないとされている。予断排除の原則から見て疑問を呈する見解が多い。

忌避とは,裁判官に除斥事由があること又は「不公平な裁判をする虞がある

---

[10] 最大判昭23・5・26刑集2巻5号511頁。
[11] 最決平17・8・30刑集59巻6号726頁〔百選9版52事件〕。
[12] 最決昭28・5・7刑集7巻5号946頁。
[13] 最決昭29・2・26刑集8巻2号198頁。
[14] 最決昭34・2・19刑集13巻2号179頁。

とき」,申立てによって排除される制度である (21条1項)。「不公平な裁判をする虞」は,除斥事由に当たらない非類型的事由であるが,判例によれば,裁判官が事件当事者と特別な関係にあるとか[15],訴訟手続外において既に事件につき一定の判断を形成しているなど,「当該事件の手続外の要因」により,公平な裁判を期待できない場合であるから,「手続内における審理の方法,態度」などは忌避事由にならないとされる[16]。当事者が,忌避原因があることを知りながら請求又は陳述をした場合には,これを認容したものと見られるから忌避の権利を失う (22条)。

忌避の申立てに対しては,当該裁判官を除いて,当該裁判官の属する裁判所の裁判官による合議体が決定を行う (23条1項,2項,3項)。もっとも,訴訟遅延の目的のみでなされたことが明らかな場合には,申立てを受けた当該裁判官も関与する合議体が (合議体の裁判官に対する忌避申立ての場合) 又は当該裁判官が (単独裁判官に対する忌避申立ての場合),却下決定することができる (24条1項,2項)。これを簡易却下と言う。

回避は,忌避されるべき原因があると思料するとき,裁判官が自ら職務を避ける制度である (規13条)。

(5) 迅速な裁判

憲法37条1項は,被告人が「迅速な公開裁判を受ける権利」を有すると規定する。迅速な裁判とは,適正な裁判を確保するのに必要な期間を越えて不当に遅延した裁判でない裁判を言う。裁判の遅延は,被告人の社会的地位を不安定にするほか,証拠の散逸によってその防御に著しい障害をもたらし,ひいては,事案の真相を明らかにし刑罰法令を適正かつ迅速に適用実現するという刑事訴訟法の目的 (1条) に反することとなる。そこで,本来であれば,法律において然るべき規定を設けることが要請されているが,刑事訴訟法にはこれに相当する規定がない。

当初,裁判所は,裁判の遅延による違憲性を上告理由とすることができないとの立場であった[17]。この立場に立つと,同条項は,いわゆるプログラム規定

---

[15] 例えば,裁判官が事件関係者と親友関係であるとか金銭的利害関係がある場合などは,これに当たるであろう。
[16] 最決昭48・10・8刑集27巻9号1415頁〔百選9版A22事件〕。
[17] 最大判昭23・12・22刑集2巻14号1853頁。

と理解される。しかし，その後，他事件の審理を優先したため，当該事件の審理が途絶し，約15年余にわたって第一審裁判所の審理が中断された事件において，同条項は，「単に迅速な裁判を一般的に保障するために必要な立法上および司法行政上の措置をとるべきことを要請するにとどまらず，さらに個々の刑事事件について，現実に右の保障に明らかに反し，審理の著しい遅延の結果，迅速な裁判をうける被告人の権利が害せられたと認められる異常な事態が生じた場合には，これに対処すべき具体的規定がなくても，もはや当該被告人に対する手続の続行を許さず，その審理を打ち切るという非常救済手段がとられるべきことをも認めている趣旨の規定である」として，「審理を打ち切る方法については現行法上よるべき具体的な明文の規定はない」が，「これ以上実体的審理を進めることは適当でないから，判決で免訴の言渡をするのが相当である」とした[18]。もっとも，その後においては，最高裁は，訴訟促進を求める被告人の態度がなかったこと，訴訟遅延の原因が被告人側にもあったこと等を考慮し，憲法37条1項違反を認めていない[19]。

なお，審理の促進に関し，平成15年（2003年）には「裁判の迅速化に関する法律」が制定され，第一審の訴訟手続については，2年以内に終局させることが目標とされている（同法2条1項）。

11.2 被告人の出頭確保と保釈

11.2.1 被告人の召喚，勾引，勾留
(1) 召　喚

被告人の出頭を確保するため，裁判所は，被告人に対して出頭を命じる裁判を行う。これを召喚と言う（57条）。公判期日には，被告人を召喚しなければならない（273条2項）。被告人が出頭義務を免除されている場合にも召喚しなければならないが，それは，出頭の機会を付与するためである。

召喚のためには，原則として，召喚状を送達する（65条1項。召喚状の方式

---

[18] 最大判昭47・12・20刑集26巻10号631頁〔百選9版61事件〕（高田事件）。
[19] 最判昭50・8・6刑集29巻7号393頁，最決昭53・9・4刑集32巻6号1077頁，最判昭55・2・7刑集34巻2号15頁など。

につき，63条参照）。第1回公判期日と召喚状の送達との間には，少なくとも5日の猶予期間を置かなければならない（275条，規179条2項。ただし，簡易裁判所においては3日で足りる〔規179条3項〕）。その他の期日における召喚について，置くべき猶予期間は，少なくとも12時間とされている（規67条1項）。ただし，被告人に異議がないときには，猶予期間を置かなくても良い（規67条2項）。なお，出頭した被告人に対し，口頭で次回の出頭を命じたときは，召喚状を送達した場合と同一の効力を有する（65条2項）。第2回公判期日以降は，このような方法で召喚するのが通常である。

(2) 勾　　引

　被告人が召喚に応じない場合には，裁判所は，被告人を引致することができる。これを勾引と言う（58条）。勾引は，勾引状を発して行う（62条）。実際の勾引は，勾引状の執行によるが，その執行は，検察官の指揮により司法警察職員等が行う（70条1項，2項）。執行するには，被告人に勾引状を示し，速やかにかつ直接，指定された裁判所その他の場所に引致しなければならないが（73条1項），勾引状を所持していないため，これを被告人に示すことができない場合において，急速を要するときは，公訴事実の要旨と令状が発付されている旨を告げて執行することができる（73条3項。その後，できるだけ速やかに勾引状を示さなければならない）。これを**緊急執行**と言う。急速を要するときとは，令状の所持者に連絡して手元に入手するまで待てば，被告人が所在不明となって執行が著しく困難になる場合を言う[20]。

　被告人を勾引したときは，直ちに被告人に対し，公訴事実の要旨及び弁護人を選任することができる旨並びに国選弁護請求権を告知しなければならない（76条1項）。実務上，勾留を前提として，陳述の聴取（勾留質問〔61条〕）の冒頭に告知する取扱いが多いとされるが，このような取扱いが憲法34条前段及び同37条3項に違反しないかについて争いがある。勾引した被告人は，裁判所に引致したときから24時間以内に勾留状が発せられない場合には，釈放しなければならない（59条）。その間，必要がある場合には，刑事施設に留置することができる（75条）。

20　201条2項によって準用される逮捕状につき，最決昭31・3・9刑集10巻3号303頁参照。

(3) 勾　　留

　被告人を勾引した場合には，24時間以内に勾留するか釈放するかを決めなければならない。勾留とは，犯罪の嫌疑があり，かつ一定の理由があるときに認められる身柄拘束処分である。被告人の勾留を行うのは，受訴裁判所であるが，第1回公判期日前においては，予断排除との関係で，受訴裁判所を構成する裁判官以外の裁判官が行うこととされている（280条1項，規187条1項）。勾留するには，被告人に対し被告事件を告げ，これに関する陳述を聞かなければならない（61条〔勾留質問〕）。勾留の要件については，捜査段階における勾留の場合と同様である（60条1項）。

　他方，起訴された時点において勾留中であった場合には，既に勾留質問が履践されているので，起訴された日から自動的に被告人としての勾留が始まると解されている（60条2項）。これに対し，起訴された時点において逮捕中であった場合には，裁判官は，速やかに被告事件を告げ，これに関する被告人の陳述を聞き，勾留状を発しないときは直ちに釈放しなければならない（280条2項）。検察官は，公訴提起の時点において，裁判官の職権発動を促すため，起訴状に「逮捕中求令状」と朱書するのが通例である。なお，在宅被疑者が起訴された場合にも，裁判官は，勾留の要件がある限り，職権で被告人を勾留することができる（280条3項，60条）。この場合には，勾留質問及び弁護人選任権，国選弁護請求権の告知が必要である（77条1項）。なお，この場合にも，検察官は，起訴状に「求令状」と朱書して，裁判官の職権発動を促すことがある。

　勾留された被告人の勾留期間は，勾留中に起訴された場合，公訴提起の日から2か月（60条2項），起訴後に勾留された場合には，勾留状が執行された日（73条2項）から2か月とされる（期間につき，60条2項）。特に継続の必要がある場合には，具体的理由を付した決定で，1か月ごとに勾留を更新することができる（60条2項2文及び但し書）。

　なお，禁錮以上の刑に処する判決の宣告があった場合には，更新の制限がなくなる（344条）。有罪判決があったことにより無罪の推定が破れ，刑の執行に至る可能性が高まり，拘束の必要性が強まるからであるとされる。勾留の裁判に対しては，抗告することができるが（420条2項），犯罪の嫌疑がないことを理由に抗告することはできない（同条3項）。嫌疑の有無は，当該公判において審理され判決によって判断されるべきであるからである。

勾留の理由又は必要がなくなったときは，関係者の請求又は職権により，決定をもって勾留を取り消さなければならない（87条1項）。当初存在していた勾留の理由又は必要が，後になって消滅した場合のみならず，当初から勾留の理由又は必要が存在しなかったことが後になって判明した場合を含むとされているから，このような場合も取消しができる。勾留が不当に長くなったときも，勾留を取り消し又は保釈を許さなければならない（91条）。なお，無罪，免訴，刑の執行猶予，公訴棄却（338条4号を除く），罰金又は科料の裁判があったときは，勾留状は失効する（345条）。逃亡のおそれが減少し，身柄拘束の必要性も少なくなるからである。

11.2.2 保釈，勾留の執行停止

保釈とは，保釈保証金の納付を条件として勾留の執行を停止する裁判とその執行である。保釈保証金を納付させることによって，逃亡すれば保証金を没取するという心理的圧迫を加え，これによって被告人の逃亡を防止し，勾留という身柄拘束に代えてその出頭を確保する制度である。したがって，単純に勾留の執行を停止する場合（95条）とは異なる。しかし，一種の執行停止であるから，保釈が取り消された場合には，特段の手続を要せず，直ちに勾留が再開されることになる。

(1) 保釈の種類

保釈には3種類がある。第1は，**権利保釈（必要的保釈）**である。請求による保釈であり，一定の除外事由がある場合を除き，保釈を許さなければならない（89条）。請求権者は，被告人，弁護人等である（88条）。除外事由は，89条1号から6号に列挙されている。

保釈は，実質的には身柄を釈放するのであるから，いわば勾留の裏返しの関係にあると言って良い。すなわち，勾留の主な理由が，罪証隠滅のおそれと逃亡のおそれであるから，保釈する場合には，そのようなおそれはあるものの幾分か希薄化して，保証金没取による威嚇によって担保可能であると判断されることが必要である。

そこで，除外事由は，大きく分けてこの2つの事情に分類できると言って良い。1号は重大犯罪で起訴された場合，2号は前に重い判決を受けた場合で

あるから，いずれも逃亡のおそれがあると言って良い。3号は常習であるから，これも同様であろう。他方，4号は罪証隠滅のおそれがある場合であり，5号はその典型的な場合である「お礼参り」を類型化したものと考えられる。そして，6号は一種の逃亡のおそれと言って良いであろう。

　実務上，最も問題が多いのは，4号である。既に公訴が提起されている以上，当然ながら証拠は収集済みであって，罪証隠滅のおそれは低下しているはずであるから，勾留における罪証隠滅のおそれ以上の一層高度なおそれがない限り，保釈請求を却下することはできないとの見解も有力である。しかしながら，公判廷において証拠調べが終了したわけではなく，公判手続における立証はこれから行われるのであるから，罪証隠滅の可能性は決して低下しておらず，勾留における罪証隠滅のおそれと同様に解すべきであるとの見解も有力である。

　議論があるのは，①書証の不同意の場合と②否認の場合である。まず，①不同意の場合については，反対尋問権の行使を主張しているに過ぎないから，罪証隠滅のおそれとは関係がないとの主張もなされている。確かに，反対尋問権の行使は罪証隠滅のおそれとは直結しないとしても，不同意にしたことは，書面の内容に不満があり異なった内容を主張するのであるから，証人予定者に働きかけるおそれは極めて大きいものと考えることもできるので，やはり罪証隠滅のおそれを否定することはできないように思われる。

　次に，②否認を理由に罪証隠滅のおそれありと言えるのであろうか。この場合，自白している場合に比べ証拠収集が不十分であった可能性が大きく，その分，証拠隠滅の余地も大きくなっており，また，公訴事実と異なることを立証するためには，公訴事実の立証を支える証拠を破壊することが最も有効な方法とも考えられるので，罪証隠滅の可能性は高まっていると評価することができるように思われる。

　第2は，裁量保釈（職権保釈）である。これは，裁判所が適当と認めるときに，職権で保釈するものである（90条）。権利保釈が認められない場合，例えば，89条の除外事由に該当する場合であっても，なお保証金によって出頭を確保できると判断した場合には，保釈することができるのである。除外事由に該当する場合には，原則として保釈が相当でない場合であるから，それにもかかわらず保釈する以上，特段の事情が必要であるというべきであろう。裁判所の自由裁量によるが，合理的裁量であることが求められる。

なお，裁量保釈の相当性は，勾留状が発付されている訴因について検討すべきであるが，起訴事実のうち，勾留状が発せられていない事実についても，被告人の経歴，行状，性格等を判断する資料として考慮することはできるとされている[21]。

第3は，**義務的保釈**である。勾留が不当に長くなったときは，裁判所は，請求により又は職権で，保釈を許さなければならない（91条）。不当に長いとは，単に時間的概念ではなく，事案の性質・態様，審判の難易，被告人の健康状態その他諸般の事情を総合的に考慮して判断される[22]。

(2) 余罪と保釈

ところで，余罪を理由に保釈を拒否することができるであろうか。勾留は事件単位の原則に従うから，勾留中の当該事件以外の事件について勾留が必要であれば，別途勾留状を発付するのが原則であろう。保釈が，実質的に勾留の裏返しの関係にあるとすれば，別事件を理由に保釈請求を却下することはできないというべきであろう。

この点，被告人が甲，乙，丙の3個の公訴事実について起訴され，そのうち甲事実のみについて勾留状が発せられている場合において，裁量保釈の許否を審査するに当たり，「甲事実の事案の内容や性質，あるいは被告人の経歴，行状，性格等の事情をも考察することが必要であり，そのための一資料として，勾留状の発せられていない乙，丙各事実をも考慮することを禁ずべき理由はない」とした判例がある[23]。

(3) 保釈の決定と取消し

保釈に関する決定を行う際には，検察官の意見を聞かなければならない（92条1項）。公判廷において立証を担当する検察官は，被告人の勾留について最も深い利害関係を有するからである。保釈する場合には，保釈金額を定めなければならない（保釈保証金。93条1項）。保証金額は，犯罪の性質及び情状，証拠の証明力並びに被告人の性格及び資産を考慮して，出頭を保証するに足りる相当な金額でなければならない（93条2項）[24]。保釈許可決定があっても，保証

---

[21] 最決昭44・7・14刑集23巻8号1057頁〔百選9版A25事件〕。
[22] 名古屋高決昭34・4・30高刑集12巻4号456頁。
[23] 前掲最決昭44・7・14刑集23巻8号1057頁。
[24] ごく普通の単独事件の場合，150万円から200万円が最近の相場と言われている（『令状に関する理論と実務Ⅱ』別冊判タ35号（2013年）26頁）。

金の納付がなければ，許可決定を執行することができない。なお，裁判所は，関係者からの申出があった場合には，裁量により，被告人以外の者の差し出した保証書で保証金に代えることもできる（代納許可。94 条 3 項）。

　裁判所は，被告人が召喚を受けて出頭しなかったり，逃亡や罪証隠滅をすると疑うに足りる相当な理由があるとき，あるいは裁判所が定めた条件に違反したときには，検察官の請求又は職権により，保釈を取り消すことができる（96 条 1 項）。保釈を取り消す場合には，裁量により，保証金の全部又は一部を没取することができる（96 条 2 項）。保証金没取の裁判は，保釈取消の裁判と同時にしなければならないかについては争いがあるが，実務上，同時になされるのが通例である[25]。

　没取決定がなされた場合，保証書を差し入れて保証していた者は，保証書記載の金額を納付しなければならない。没取の裁判に対しては，保証した者も不服申立てをすることができる[26]。

　なお，保釈中に刑の言渡しを受けてその判決が確定した後，刑の執行のために呼出しを受け正当な理由なく出頭しないときは，保証金の全部又は一部を没取しなければならない（96 条 3 項）。保釈が取り消された場合には，勾留が復活するから，勾留状記載の勾留場所に留置されるが，その場合には，勾留状の謄本及び保釈取消決定の謄本を被告人に示して刑事施設に収容する（98 条 1 項）。

　保釈決定，保釈取消決定に関する不服申立ては，第 1 回公判手続前は準抗告（280 条 1 項，429 条 1 項），その後は抗告（419 条，420 条 2 項）である。

11.3　公判前整理手続

11.3.1　意義，目的等

　裁判所は，第 1 回公判期日前に，「争点及び証拠を整理するため」，公判準備を行う。これを公判前整理手続と言う（316 条の 2 第 1 項）。これは，裁判所が，「充実した公判の審理を継続的，計画的かつ迅速に行うため必要があると認め

---

[25]　保釈決定後に，さらに事情を調査し後日改めて没取の裁判をしても差し支えないとの裁判例がある（東京高決昭 52・8・31 高刑集 30 巻 3 号 399 頁）。
[26]　最大決昭 43・6・12 刑集 22 巻 6 号 462 頁。

るとき」に，裁量によって，決定で事件を公判前整理手続に付するものである（同項）。裁判員裁判においては，分かり易い裁判が必須であるから，公判前整理手続に付さなければならない（裁判員法49条）。

　公判前整理手続は，争点と証拠を整理するから，必然的に当事者の主張を精査し，請求証拠についてその必要性等を検討することになる。したがって，予断排除の原則に反するのではないかとのと疑問がある。この点については，裁判所は，証拠の内容それ自体を検討するわけではなく，主張と証拠との関係を検討し，当事者の主張に沿って証拠の必要性が合理的であるか否かを検討するにとどまるのであって，証拠によって心証を形成するわけではないから，予断排除の原則に反しないとされている。確かに，そのような説明は可能ではあろうが，そのような手続は，従来は第1回公判期日の後に実施していたのであって，これが前倒しされたと評価できるとすれば，予断排除の原則に反しないと断言して良いか，疑問がないわけではない。

　もっとも，従来のような手続を履践すれば予断排除の原則に反しないとしても，第1回公判期日前への前倒しが常に予断排除の原則に反するとまでは言えないので，公判前整理手続が，理論的に予断排除の原則に反するというわけではない。要は，その具体的内容によるのであって，現行法によって想定されている程度の主争点及び証拠の整理であれば，これに反しないと言って良いように思われる。

11.3.2　公判前整理手続の概要

　公判前整理手続は，訴訟関係人を出頭させて陳述させ，又は訴訟関係人に書面を提出させる方法によって行う（316条の2第2項）。訴訟関係人を出頭させる場合には，期日を定めて当事者に通知する（316条の6第1項，2項）。検察官，弁護人が出頭しないときには，公判前整理手続を行うことができない（316条の7）。したがって，必要的弁護であるから，弁護人が出頭しないとき，又は在席しなくなったときは，裁判長は，職権で弁護人を付さなければならない（316条の8）。

　被告人は，公判前整理手続に出頭する義務はないが，出頭することができる（316条の9第1項）。被告人が出頭した場合には，最初の公判前整理手続期日に黙秘権を告知しなければならない（316条の9第3項）。裁判所は，弁護人の陳

述，書面について，被告人の意思を確かめる必要があるときは，整理手続期日において，被告人に質問することができる（316条の10）。

　公判前整理手続では，争点の整理として，訴因・罰条の明確化，追加・撤回・変更の許可，当事者の主張の明示と争点の整理を行うことができる（316条の5第1～3号）。また，証拠整理として，証拠調べ請求，立証趣旨等の明示，証拠調べ請求に対する意見，326条の同意の有無の確認，証拠決定，証拠調べの順序・方法の決定，証拠調べに対する異議申立てに対する決定を行うことができ，さらに，証拠開示に関する裁定を行うことができる（同条第4～10号）。その他，被害者参加の申出に対する決定，公判期日の決定・変更等を行うことができる（同条11, 12号）。手続の結果は，公判前整理手続調書に記載され（規217条の14），公判期日において結果を明らかにするために用いられる（316条の31）。

11.4　証拠開示

11.4.1　証拠開示の必要性

　検察官が収集した証拠は，当然のことながら，「公判の開廷前には，これを公にしてはならない」（47条）。したがって，被告人・弁護人は，検察官がどのような証拠を収集しているかを事前に知ることができない。刑訴法は，従来，検察官が請求しようする証拠について，「あらかじめ，相手方にこれを閲覧する機会を与えなければならない」（299条1項）と規定するのみで，それ以上，被告人・弁護人が検察官の手持ち証拠を確かめる機会については規定しなかった。この点，旧刑訴法のもとでは，全ての一件記録が公訴提起とともに裁判所に提出されることとなっていたので，弁護人側は裁判所においてこれを閲覧することができた。それ故，公判準備のために証拠を閲覧する必要がある場合には，裁判所に赴けば良く，検察官から開示を受ける必要性は生じなかった。

　ところが，現行法においては，起訴状一本主義のもと，捜査と公判が切断された結果（256条6項），第1回公判期日までは，裁判所に証拠が全く存在していない。もちろん，第1回公判期日を経て，既に裁判所に提出された証拠については，裁判所においてこれを閲覧・謄写することができるが（40条1項），

弁護側が，公判開始前にその準備のために，予め証拠を閲覧することができなくなったのである。弁護側としては，検察官が証拠請求した証拠について閲覧するとともに，被告人と接見して事情を聴取し，事件の経緯を把握し，防御計画を立てて公判に臨むほかなかったのである。したがって，検察側が供述調書を請求することなく，直接その供述者を証人として請求してきた場合には，弁護側は，捜査段階における当該証人予定者の供述内容を予め知る術がないため，捜査段階の供述を踏まえた十分な反対尋問の準備を行うことは容易ではなかった[27]。また，検察側が捜査段階において，被告人に有利な目撃供述や鑑定結果等を収集していたとしても，これが証拠請求されない限り，弁護人に閲覧の可能性はなかった。

　このような法制度を前提として，検察側は，圧倒的な権力を背景に，強制捜査の権限を駆使して，あらゆる証拠を収集することが可能であるが，弁護側は，起訴された後に，徒手空拳で検察側の証拠を弾劾するほかなかったのである。検察側と弁護側の圧倒的な証拠収集能力の差を前提とした場合，弁護側としては，有効な反対尋問を実施するため，あるいは被告人に有利な証拠の活用を求めて，検察官が保有している証拠を開示してもらうことが，効果的な弁護活動を行うために必要とならざるを得なかったのである。

　他方，検察側が，その立証前の段階で弁護側に手持ち証拠を開示すれば，証人予定者に働きかけるなどして証拠隠滅を図り，あるいはこれを機に他の罪証隠滅を行う可能性も否定できない。とりわけ，証人尋問を行うのは被告人が否認している場合が通常であるところ，否認のために最も有効な活動は，検察側の証拠が虚偽であることを明らかにすることであるから，そのための活動は，証拠隠滅活動と紙一重とさえ言い得るように思われる。それ故，証拠開示に伴う罪証隠滅の可能性は，単なる可能性を超えた蓋然性を有するものとも考えられよう。

　このように見てくれば，証拠開示については，被告人の防御のための開示の必要性と，開示による罪証隠滅等の弊害との双方を考慮した上で，両者のバランスの上に適切な開示が検討されるべきであろう。しかるに，従来はこの点に

---

[27] 証人等予定者の氏名及び住居を知ることはできるから（299条1項），当該予定者に直接面談して事情を聴くことは可能であるが，敵性証人の場合には面談を断られることも少なくないし，また，仮に面談しても偽証教唆の疑いを抱かれる可能性も否定し難い。

関する規定が置かれていなかった。関連する法規定としては，前述した299条，40条のほか，300条，99条2項も考えられるが，300条はいわゆる2号書面についての請求義務にとどまり，99条2項は，証拠物に関する提出命令であって，直ちに証拠開示に繋がるものではない。そこで，裁判実務は，訴訟指揮権（294条）に基づく証拠開示命令という方法を創出したのである。

11.4.2　従来の判例・学説

　最高裁[28]は，公務執行妨害事件において，弁護側が，第1回公判期日から，目撃者ら5名の刑訴法226条による証人尋問調書を含む検察官手持ち証拠の開示を求めていたところ，第12回公判期日において，暴行事実の被害者の証人尋問が終了した段階で，裁判所から反証を促された弁護側が，5名の調書開示を要求したところ，裁判所がその閲覧を命じたので，検察官が特別抗告した事案について，被害者の証人尋問終了後，反対尋問に際して，目撃者らの刑訴法226条による証人尋問調書を弁護人に閲覧させるかどうかについて，次のように述べて原裁判所の判断を是認した。

　すなわち，「裁判所は，その訴訟上の地位にかんがみ，法規の明文ないし訴訟の基本構造に違背しないかぎり，適切な裁量により公正な訴訟指揮を行ない，訴訟の合目的的進行をはかるべき権限と職責を有するものであるから，本件のように証拠調の段階に入った後，弁護人から，具体的必要性を示して，一定の証拠を弁護人に閲覧させるよう検察官に命ぜられたい旨の申出がなされた場合，事案の性質，審理の状況，閲覧を求める証拠の種類および内容，閲覧の時期，程度および方法，その他諸般の事情を勘案し，その閲覧が被告人の防禦のため特に重要であり，かつこれにより罪証隠滅，証人威迫等の弊害を招来するおそれがなく，相当と認めるときは，その訴訟指揮権に基づき，検察官に対し，その所持する証拠を弁護人に閲覧させるよう命ずることができるものと解すべきである」としたのである。

　他方，最高裁は，同日付けの決定[29]で，威力業務妨害事件につき，紛糾のため2年余を経てようやく冒頭陳述が行われ証拠申請があったので，弁護側が，検察官申請証人10名につき警察官調書と検察官調書の開示を要求したのに対

---

[28]　最決昭44・4・25刑集23巻4号248頁〔百選9版A24事件〕。
[29]　最決昭44・4・25刑集23巻4号275頁。

し，裁判所が，検察官調書中，各証人の立証趣旨に沿う部分について，当該証人の「主尋問後反対尋問前」において閲覧を命じたところ，これに対して申し立てた異議が棄却されたので，特別抗告した事案において，開示命令は，証人の採否未決定の段階でなされており，採用決定さえないのであるから，その反対尋問のための閲覧の必要性はその前提を欠くこと，主尋問の結果，調書が取調べ請求されることもあり，その場合には防御の必要が感じられたときに閲覧させれば足りること，他に命令を発すべき特段の事情はないこと，証人採用決定もない段階で閲覧による弊害がないと判断するのは時期尚早であることを理由に，開示決定を取り消した。

これに対し，従来の学説はいくつかに分かれていたが，個別開示義務肯定説が多数説とされていた。すなわち，開示に親しみ易い証拠を類型化し，訴訟指揮権に基づく開示命令によって個別開示義務を認める見解である。ただし，運用にばらつきが生じ，安定性を欠く点に問題があるとされており，開示に親しみ易い証拠の種類・手続を類型化し，利益較量の解釈上の準則化を進め，究極的には立法化も視野に入れるべきであろうと言われていた。

このような状況を踏まえて，平成16年（2004年）の法改正によって，新たな証拠開示制度が設けられるに至った。

11.4.3 公判前整理手続における開示制度

(1) 制度の趣旨

裁判員制度の導入に伴って，裁判員の負担軽減のために「審理を迅速で分かりやすいものとすることに努めなければならない」（裁判員法51条）こととなり，そのためには，予め争点を明確にし，当事者の主張及び証拠について十分に整理しておくことが不可欠となった。

しかし，争点を整理するためには，まず当事者の主張と立証計画を明らかにする必要がある。そのためには，検察側の請求証拠に対して弁護側が反論し，その証明力を争うために必要な証拠についても開示を受ける必要がある。そして，これを受けた弁護側は，さらに主張を整理し，自らの反論を組み立て，当初の争点を修正し，あるいは順次争点を整理することになるので，そのために関連する証拠についてもその開示を受ける必要がある。このようにして，次第に当事者間の争点とこれをめぐる証拠が明確になって，整理された結果に基づ

いて,「継続的, 計画的かつ迅速に」公判審理が行われることが予定されているのである。その意味において, 裁判員裁判にとって証拠開示は不可欠の前提とされた。

ところが, 従来の証拠開示は, 運用によるものであって, 裁判所の裁量に委ねられていたので, 柔軟であるとともに開示が認められる限界は非常に曖昧であった。そこで, 新たに開示制度が明文で設けられることとなったのである。

(2) 制度の特徴

前提とされている証拠開示は, 争点と証拠の整理のために必要かどうかという観点で判断されるが, もとより, 被告人の防御という観点を踏まえた判断がなされるのであるから, 従来の判例の延長線上に, これを発展させる形で立法的措置が講ぜられたものと考えることができよう。そのような観点から見れば, 公判前整理手続における証拠開示の取扱いは, 次のような特徴を有している。

すなわち, 第1に, 従来は証拠調べの開始後にしか認められなかったが, 公判前の開示が認められるようになった。第2に, 従来の判例で認められていた範囲より広く, 鑑定書類や供述調書類等が開示されることとなった。第3に, 従来は裁判所の裁量による訴訟指揮権に基づいていたところ, 当事者の開示請求権が規定され, 権利としての開示が認められた。第4に, 裁判所の開示命令も明文で規定されるとともに, 当事者の不服申立制度が明文で認められることとなった。

以上のように, 法制度として明文化された以上, 証拠開示については, 常にこの制度に基づいてなされるべきであって, 従来の訴訟指揮権による開示命令は否定すべきであるとの見解も主張されている。しかし, 従来の開示とは微妙に視点が異なっていることに鑑みれば, 争点が簡単で敢えて事前整理の必要がないような場合にまで整理手続に乗せて開示を求めるのは, 必ずしも相当とは言えないように思われる。したがって, 整理手続の必要がない事件については, 従来の訴訟指揮権に基づく開示を敢えて否定する必要はないように思われる。

(3) 制度の概要

ア 請求証拠開示 (316条の14)

検察官が, 訴因を立証するために請求する証拠については, 従来も事前開示を行うことが必要とされていた (299条)。したがって, 書証及び証拠物についての証拠請求は従来通りであるが, 証人請求を行う場合には, 当該証人の供述

調書又はこれがない場合には証言予定内容を記載した書面を開示することが必要となった。また，従来は，証拠の閲覧のみが可能であって，その謄写は検察官の裁量に委ねられていたが，弁護人については，閲覧のみならず謄写も権利として認められた点で拡充された（316条の14）。

イ　類型証拠開示（316条の15）

弁護人は，検察官の開示証拠を検討した上で，弁護方針を立てることになるが，その際，検察官請求証拠の証明力を判断するために必要がある場合には，一定の類型証拠の開示を請求することができるようになった。これが第2段階の開示である。類型証拠としては，例えば，証拠物，検証調書，鑑定書など客観的な証拠はもとより，予定証人の供述録取書，被告人の供述調書，さらには取調状況報告書等である。これらの証拠に該当し，「特定の検察官請求証拠の証明力を判断するために重要であると認められるもの」について，「その重要性の程度その他の被告人の防御の準備のために当該開示をすることの必要性の程度」と「当該開示によって生じるおそれのある弊害の内容及び程度」とを考慮して，「相当と認めるとき」には，検察官は開示しなければならないとされた（316条の15第1項）。

ここで，第1に，316条の15第1項6号の「被告人以外の者の供述録取書等であって，検察官が特定の検察官請求証拠により直接証明しようとする事実の有無に関する供述を内容とするもの」につき，伝聞供述も含むか原供述に限るかについて争いがある。すなわち，「供述録取書等」とは，映像等の記録媒体のほか，「供述書，供述を録取した書面で供述者の署名若しくは押印のあるもの」（316条の14第2号）を言うのであるから，捜査報告書に記載された伝聞供述については，報告者の署名等はあっても供述者自身の署名等がないので，これを含まないと考えるのが文理に添った解釈であろう。また，このような報告書において，事実の有無について供述するのは原供述者であって，報告書等の供述者ではないから，これを含まないとするのが相当であろう[30]。

第2に，316条の15第1項5号に関し，「特定の検察官請求証拠の証明力を判断するために重要である」（同項柱書）か否かの点につき，当該調書の供述事項が公判廷で証言が予定されている事項と関連性がない場合には，証明力判断

---

[30] 大阪高決平18・10・6判時1945号166頁，東京高決平18・10・16判時1945号166頁。

に重要とは言えないかどうかが争われている。例えば，目撃証言が予定されている供述者についての請求証拠の証明力を争うために，これと関係のない前日の行動について述べた供述調書を開示請求した場合，これが証明力を争うために重要かどうかである。立法者の見解は，関連性がない場合には，重要ではないとしており，これと同様の裁判例[31]もあるが，直接の関連性はなくても，供述者の信用性に影響を及ぼすことはあり得るので，関連性が薄くても重要性がある場合はあり得るように思われる。

　ウ　主張関連証拠開示（316条の20）

　弁護人は，検察官の請求証拠について証拠意見を述べるとともに，公判期日において予定している事実上又は法律上の主張がある場合には，これを明らかにし，その証明に必要な証拠を請求しなければならないが（316条の17第1項，2項），そのようにして明らかにされた主張に関連する証拠について，検察官は一定の場合に開示しなければならないこととされている。これが第3段階の開示である。既に開示された証拠以外の証拠で，被告人・弁護人が明らかにした「主張に関連すると認められるもの」について，「関連性の程度その他の被告人の防御の準備のために当該開示をすることの必要性」と「当該開示によって生じるおそれのある弊害の内容及び程度」とを考慮し，「相当と認めるとき」には，検察官は開示しなければならないと規定されている（316条の20第1項）。これによって，争点や証拠の整理が一層深められ，場合によっては主張の変更や修正等が行われ，最終的な争点整理に至ることが想定されている。

　ここで，検察官の手持ち証拠以外の証拠も対象となる否かが争われていたが，最高裁は，警察官が取調べを行った際に作成した手控え（いわゆる「取調べメモ」）について，「証拠開示命令の対象となる証拠は，必ずしも検察官が現に保管している証拠に限られず，当該事件の捜査の過程で作成され，又は入手した書面等であって，公務員が職務上現に保管し，かつ，検察官において入手が容易なものを含むと解するのが相当である」とした上で，犯罪捜査規範13条を引用し，「警察官が被疑者の取調べを行った場合には，同条により備忘録を作成し，これを保管しておくべきものとしているのであるから，取調警察官が，同条に基づき作成した備忘録であって，取調べの経過その他参考となるべき事

---

[31]　大阪高決平18・6・26判時1940号164頁。

項が記録され，捜査機関において保管されている書面は，個人的メモの域を超え，捜査関係の公文書ということができる。これに該当する備忘録については，当該事件の公判審理において，当該取調べ状況に関する証拠調べが行われる場合には，証拠開示の対象となり得るものと解するのが相当である」とした[32]。その後，最高裁は，私費で購入し心覚えのために使用していたノートに記載された取調べ以外の捜査に関するメモ（「保護状況ないし採尿状況に関する記載のある警察官作成のメモ」）についても，犯罪捜査規範13条に基づき作成された備忘録であることを前提として証拠開示を認めた[33]。

　ところが，その後，最高裁は，私費で購入し自己の引出に保管していたが転勤に伴って自宅に持ち帰っていたノート（参考人の取調べの際に作成し，記憶喚起のために使用していたメモ）について，「本件メモは，B警察官が，警察官としての職務を執行するに際して，その職務の執行のために作成したものであり，その意味で公的な性質を有するものであって，職務上保管しているものというべきである。したがって，本件メモは，本件犯行の捜査の過程で作成され，公務員が職務上現に保管し，かつ，検察官において入手が容易なものに該当する」と述べて，犯罪捜査規範13条に触れることなく開示対象文書であることを認めるに至った[34]。また，この決定は，関連性，開示の必要性についても，「Aの供述の信用性判断については，当然，同人が従前の取調べで新規供述に係る事項についてどのように述べていたかが問題にされることになるから，Aの新規供述に関する検察官調書あるいは予定証言の信用性を争う旨の弁護人の主張と本件メモの記載の間には，一定の関連性を認めることができ，弁護人が，その主張に関連する証拠として，本件メモの証拠開示を求める必要性もこれを肯認することができないではない」と述べ，これを肯定した[35]。

　一連の判例の動きに照らすと，立法当時の想定に比べ，開示命令の対象は解釈によって拡大されていると考えられる（立法当時は，検察官が保管する証拠に限られていたと理解されていた）。この傾向がどこまで拡大されるのかについては，

---

[32] 最決平19・12・25刑集61巻9号895頁。
[33] 最決平20・6・25刑集62巻6号1886頁。
[34] 最決平20・9・30刑集62巻8号2753頁〔百選9版57事件〕。
[35] これに対し，弁護人の主張は，「本件メモとの関連性を明らかにしていない」との甲斐中裁判官の反対意見がある。

判例の集積を待つほかはないが，検察官作成の捜査メモ等についても開示を認めるのではないかとも言われている。

エ　裁判所の裁定

検察官が開示すべき証拠について，開示の時期，方法等について条件が必要であると考えた場合には，検察官の請求により，裁判所は，「開示の時期若しくは方法を指定し，又は条件を付する」ことができる（316条の25第1項）。さらに，検察官が開示を拒否した場合に，裁判所が開示すべきものと認めたときは，被告人・弁護人の申立てによって，「開示を命じ」なければならない（316条の26第1項）。そして，裁定のために必要がある場合には，請求にかかる証拠の提示を命じることができ，これによって開示の必要性を判断できる（316条の27第1項）。これは，いわゆるインカメラと同様の取扱いであるから，裁判所は，何人にも閲覧・謄写をさせることができない。なお，裁判所は，必要があれば，検察官に対し，「裁判所の指定する範囲に属するものの標目を記載した一覧表」の提出を命じることもできる（同条2項）。

当事者は，一般の例に従い，裁判所の決定に対し，即時抗告することができ（316条の25第3項，同条の26第3項，419条），さらには特別抗告することができる（433条1項）。

11.5　公判期日の手続

11.5.1　通常の手続

(1) 冒頭手続

公判廷における手続は，人定質問から始まる。裁判所が，出頭した被告人に対し，氏名，年齢，住居等を確認し，人違いでないことを確かめる（規196条）。

次に，起訴状朗読が行われる（291条1項）。通常は，公訴事実，罪名及び罰条が検察官によって朗読される。既に起訴状謄本は送達されているが，口頭主義に基づく告知手続と言って良いであろう。なお，被害者のプライバシーを保護するため，被害者の氏名等一定の事項について明らかにしない旨の決定があった場合（290条の2第1項，3項）には，これを秘匿し仮名を用いるなどの方法による（291条2項，規196条の4）。

次いで，裁判長が，黙秘権を告知する。すなわち，「終始沈黙し，又は個々の質問に対し陳述を拒むことができる旨」を告知するが（291条3項），さらに，質問に対して陳述することもできる旨，陳述した場合には自己に不利益な証拠ともなり利益な証拠ともなる旨をも併せて告げなければならない（規197条1項）。

引き続き，裁判長は，被告人及び弁護人に対し，被告事件について陳述する機会を与えなければならない（291条3項）。これを「罪状認否」と呼ぶ。これによって争点を明確化する。事件の実体についての陳述（犯人ではない〔犯罪構成要件不該当〕，正当防衛である〔阻却事由〕など），訴訟条件の存否に関する陳述（親告罪の告訴の欠如など）であるが，この機会に訴訟手続に関する請求や申立て（移送の請求，管轄違いの申立てなど）をすることもできるとされている。なお，被告人が「有罪である旨を陳述をしたとき」は，簡易公判手続による決定をすることができる（291条の2）。

(2) 証拠調べ手続

証拠調べは，狭義では，裁判所が公判期日において証拠方法を取り調べることを言うが，広義では，これに加えて，冒頭陳述，証拠調べの請求，証拠決定などを含む。

　ア　冒頭陳述

広義の証拠調べ手続は，検察官の冒頭陳述から始まる（296条）。これは，検察官が証拠によって証明しようとする事実について，犯罪に至る経過，犯行状況等を証拠に基づいて陳述する主張である。

審判の対象は訴因であるが，訴因を構成する具体的事実やこれに至る経緯を含めてその詳細を具体的に述べることによって，あるいは訴因事実を推認するための間接事実等を具体的に述べることによって，裁判所の審理を容易にし，その訴訟指揮や証拠決定に資するのみならず，被告人・弁護人の具体的な防御の準備を可能にするためである。

被告人・弁護人も，裁判所の許可を得て，冒頭陳述をすることができる（規198条1項）。ただし，公判前整理手続に付された事件については，被告人・弁護人の冒頭陳述も必要的である（316条の30）。

冒頭陳述では，証拠とすることができず，又は証拠として請求する意思がない資料に基づいて，裁判所に偏見又は予断を生じさせるおそれのある事項を述

べることはできない（296条但し書，316条の30）。そのような事項に対しては異議を申し立てることができる（309条1項，規205条1項）。削除・訂正されれば，その瑕疵は治癒されるのが一般的である[36]。

イ　証拠調べ請求

冒頭陳述に引き続き，まず，検察官の証拠調べ請求がなされる（298条1項，規193条1項）。当事者主義の下で，起訴状一本主義によって，裁判所は証拠から遮断されているので，証拠調べについては立証責任を負う検察官の請求に待つほかはない。裁判所も，必要と認めるときは，職権で証拠調べを行うことができるが，これはあくまで補充的な措置である（298条2項）。証拠請求は，公判前整理手続に付された場合には，その手続において行われるが，それ以外の場合には，予断排除との関係で第1回公判期日前に行うことはできない（規188条）。

証拠請求は，証拠等関係カードに証拠の標目と立証趣旨とを記載して請求するのが通例である。証拠の標目は，所定の略語表に従う。例えば，検察官面前調書であれば，「検」と表示し，供述者と作成日付けによって特定される。立証趣旨とは，証拠によって証明しようとする事実と当該証拠との関係を具体的に示したものである（規189条1項）。証明しようとする事実は，主要事実であると間接事実であるとを問わない。実際に直接立証の対象とする事実である。立証趣旨を明示する趣旨は，裁判所が証拠の採否を決定する際に参考とするためであるから，それに相応しい事実を示す必要がある。

立証趣旨については，その拘束力を認めるか否かについて争いがあった。例えば，①量刑事情を立証するためという立証趣旨で証拠請求した場合に，裁判所は，これを越えて犯罪事実それ自体の証拠として用いることができるか，②任意性立証のためという立証趣旨で請求された証拠を，犯罪事実を認定するために用いることができるか，③訴訟条件の立証のために告訴状が請求された場合，告訴対象として記載された犯罪事実の存在を認定するための証拠として用いることができるかなどである。

従来，当事者主義の立場から，立証趣旨の拘束力を認めるという見解も有力であった。しかし，証拠能力があるとして証拠採用された以上，その証明力に

---

[36] 東京高判昭35・4・21高刑集13巻4号271頁。

関する判断は、裁判所の自由心証に委ねられるべきものであるから、その証拠で何をどの程度立証できるかについては、裁判所の合理的な裁量に委ねるべく、その制限は自由心証主義に反するとも考えられる。そこで、現在では消極説が多数を占めるに至っている。

しかしながら、上記のような場合に、立証趣旨を越えて事実認定に用いることは、当事者の意思に反することは明らかである。そこで、①については量刑の範囲で、②については任意性立証の範囲で、③については訴訟条件の範囲で証拠能力を認めて証拠決定したのであるから、もともとそれを越えて用いることはできないと言うべきであろう。裁判所がこれを越えて用いる場合には、立証趣旨を拡大し、改めて当事者の意見を徴した上で、改めて証拠決定を行うことが必要である[37]。結局、立証趣旨の拘束力として議論されてきたことの本質は、証拠能力それ自体が限定されていたと言うに過ぎないように思われる。その限りでは、立証趣旨の拘束力を認めると言っても、用語の問題に過ぎないとも言えるかもしれない。

> **立証趣旨と要証事実の関係**
>
> 立証趣旨は、いわゆる要証事実は必ずしも一致しない。立証趣旨は、証拠と証明すべき事実との関係であり、この証拠によってどのような事実を立証したいかを具体的に示したものであって、当該証拠の取調べを請求する当事者が明示するものである。これに対し、要証事実は、その証拠によって立証されるべき証明対象事実それ自体であって、立証され得るか否かを裁判所が判断して定めるべき事項である。一般に、挙証責任は検察官にあるから、立証方針を定めるのは検察官である。したがって、立証趣旨に沿って要証事実が認定され得る限り、裁判所は、そのような要証事実を前提としてその証拠の証拠能力を判断することになる。
>
> 例えば、ある犯罪の犯行再現ビデオ（捜査機関が警察署の講堂等において、被疑者が供述する犯行状況を被疑者に再現させて、これをビデオ撮影したもの）を「犯行再現状況」という立証趣旨で証拠請求した場合、単に被告人がそのような動作を行ったこと自体を立証しても意味がないので、立証趣旨を踏まえた要証事実がそのようなものである限り、犯罪事実の立証には関連性がないことになってしまう。そこで、そのような場合には、検察官の立証趣旨は法的には意味がないものと評価できる。しかし、仮に別途犯行の事実が立証されたとすれば、被告人がそのような動作を実際に実現することが可能であるということを要証事実とする限りでは、関連性を認め得

---

[37] もっとも、相手方当事者が立証趣旨の拡大に同意すれば、当初から拡大された趣旨で証拠決定がなされたものとして取り扱うことは可能であろう。

るので，真の要証事実はこの点にあると認定して関連性を認める余地はあり得るであろう。その意味で，要証事実は必ずしも立証趣旨に沿ったものとは言えない場合がある。この点，判例においても，「立証趣旨が…『犯行再現状況』とされていても，実質においては，再現されたとおりの犯罪事実の存在が要証事実になる」として，犯行再現を内容とする写真撮影報告書の証拠能力を否定した判例がある[38]。

　被告人の公判廷外供述（自白調書）については，犯罪事実に関する他の証拠が取り調べられた後でなければ，その取調べを請求することができない（301条）。これは，自白に補強証拠を要するとした憲法38条3項を実効あらしめるため，取調べの順序を定めたものである。したがって，実際の取調べの時期を制限したものであって，証拠請求の時期を制限したものではないと解されている[39]。
　この趣旨を踏まえ，実務上，被告人の供述調書，身上，前科に関する証拠については「乙号証」とし，それ以外の犯罪事実等に関する証拠を「甲号証」として，両者を区別して証拠等関係カードに記載し請求している。事実関係に争いのない事件については，両者を同時に請求しているが，争いのある事件については，まず甲号証を請求し，その取調べを経た後，改めて乙号証を請求するのが通例である。
　ウ　証拠決定
　証拠請求に対し，裁判所は証拠決定を行わなければならない（規190条1項）。証拠採用の決定をするか，証拠請求却下の決定をするかいずれかであるが，採用決定を留保したまま審理を行うことも許される（その場合でも，結審までにはいずれか決定しなければならない）。証拠決定する場合，必要があれば，請求当事者に証拠の提示を命じることもできる（規192条〔提示命令〕）。証拠決定する場合には，請求によるときは相手方当事者の意見を，また職権によるときは当事者双方の意見を聴かなければならない（規190条2項）。当事者の意見は，「異議がない」「然るべく」「不同意」などとして述べられるのが通例である。
　なお，証拠意見は請求に対する意見であり，同意・不同意は，326条1項に基づく証拠能力に関する意思表明であるから，両者はその法的性質が異なるが，

---
[38] 最決平17・9・27刑集59巻7号753頁〔百選9版86事件〕。
[39] 最決昭26・6・1刑集5巻7号1232頁。

実務上，多くの場合，両者一体として意見を聴取するのが一般的であり，「同意」であれば，当然に証拠調べ請求に対しても異議がないものとして取り扱われる。

証拠請求却下に対しては，法令違反を理由として異議を申し立てることができる（309条1項，規205条1項但し書）。却下するのは，請求それ自体が不適法である場合，証拠請求が禁止されている場合，証拠能力がない場合，関連性がない場合などであるが，既に立証されていて証拠の必要がない場合にも却下される。証拠請求却下の判断は，合理的な自由裁量に委ねられているが，裁量を逸脱して不当に却下した場合には法令違反となるので，一種の覊束裁量と考えるのが相当であろう。

また，当事者主義の趣旨に照らすと，立証活動はできる限り当事者に委ねるべきである上，訴訟の推移は必ずしも十分に見通すことができるとも言い難いので，当事者が請求する証拠をむやみに却下することは許されないというべきであろう。その意味で，当事者の証拠請求権は，十分尊重する必要がある。例えば，現行犯逮捕の違法性が，重要な証拠を排除する理由となる可能性がある場合に，現行犯逮捕した警察官等の証人尋問請求を全て却下したようなときは，攻撃・防御を尽くさせたとは言えないとして，審理不尽を理由に原判決を破棄した裁判例もある[40]。なお，証拠決定に対して異議を申し立てなかった場合には，責問権の放棄として瑕疵が治癒され，事後に違法を主張できなくなる場合もある。

エ 証拠調べ

証拠採用決定がなされた場合には，証拠調べの手続が行われる。証拠調べの方法は，証拠方法によって異なる。人的証拠の場合には，尋問を行う。法は，裁判長又は陪席の裁判官が，まず尋問し（304条1項），当事者は，その後に尋問することができると規定するが（304条2項），当事者主義の趣旨に則り，証拠請求した当事者がまず主尋問を行い，反対当事者が反対尋問を行うという「交互尋問」による運用がなされている（304条3項，規199条の2）。起訴状一本主義の下で，初めに裁判所が尋問することは極めて困難である上，事情を熟知した当事者が尋問を始める交互尋問の方が遥かに効率的であって，当事者主義

---

[40] 東京高判平22・1・26判タ1326号280頁。

にも合致しているからである。

　主尋問は，証拠請求した当事者が，立証すべき事項及びこれに関連する事項について行う（規199条の3第1項）。主尋問では，答えを暗示するような誘導尋問を行うことは，原則として許されない（199条の3第3項）。しかし，証人の身分，経歴等実質的尋問に先立つ事項，争いがないことが明らかな事項，記憶が明らかでない事項について，あるいは証人が敵意や反感を示す場合など，一定の合理的理由がある場合には誘導尋問が許されている（規199条の3第3項但し書各号）。ただし，その場合でも書面の朗読その他証人に不当な影響を及ぼすおそれがある方法は避けなければならない（規199条の3第4項）。

　主尋問が終わった場合には，相手方は，主尋問に現れた事項及びこれに関連する事項並びに証人の供述の証明力を争う事項について，**反対尋問**をすることができる（規199条の4第1項）が，特段の事情がない限り，主尋問終了後直ちに行わなければならない（同条2項）。反対尋問に引き続き，**再主尋問**を行うことまでは当事者の権利であるから，当然に行うことができるが（規199条の2第1項），再反対尋問については，裁判長の許可を受けなければならない（同条2項）。裁判長又は陪席の裁判官は，補充尋問を行うことができる。なお，書面や物に関し，その同一性について尋問する場合には，これを証人に示すことができるが，原則として予め相手方に閲覧の機会を付与しておかなければならない（規199条の10第1項，2項）。

　そのほか，記憶喚起のため，契約書等の書面や証拠物を示すことができるが，裁判長の許可を要するし，不当な誘導を避けるために供述録取書面を示すことはできない（規199条の11第1項）。また，供述を明確にするため，裁判長の許可を受けて図面，写真，模型等を示して尋問することもできる（規199条の12）。この点で，被害者の証人尋問において，被害再現状況を撮影した写真を示した場合につき，具体的に十分な供述がなされた後に，その供述を明確化するために示したものであって，写真の内容は，既になされた供述と同趣旨であると認められるような事情があるとして，「証人に不当な影響を与えるものであったとはいえない」から適法であるとした判例がある[41]。

---

[41] 最決平23・9・14刑集65巻6号949頁。これに対し，公判調書中の被告人供述調書に添付されたのみで証拠として取り調べられていない電子メールについては，これを示して質問をした手続には違法はないが，被告人供述の一部にならないとされた（最決平25・2・26刑集67巻2号143頁）。

証人尋問の制限については，重複，関連性がない場合など相当でない場合の制限がある（295条1項）ほか，危害のおそれや畏怖するおそれがあり，あるいは住居，氏名等が明らかとされたならば十分な供述をすることができないと認めるときは，当該事項について尋問を制限することができる（295条2項）。また，被害者保護のため，一定の場合には，被告人と証人との間で「一方から又は相互に相手の状態を認識することができないようにするための措置」（いわゆる遮蔽措置）を講じたり（157条の3），訴訟関係人が在席する場所以外の場所（訴訟関係人が在席する場所と同一構内の別室）[42]に証人を在席させ，「映像と音声の送受信により相手の状態を相互に認識しながら通話をすることができる方式」（いわゆるビデオリンク方式）を講ずることができる（157条の4）。これらの方式について，「映像と音声の送受信を通じてであれ，証人の姿を見ながら供述を聞き，自ら尋問することができるのであるから，被告人の証人審問権は侵害されていない」として，憲法37条2項に違反しないとした判例[43]がある。

証拠書類の取調べは，その朗読による（305条1項）。文字で記載された内容のみが証拠となるからである。相当と認めるときは，朗読に代えて要旨の告知によることもできるが（規203条の2第1項），裁判員裁判においては，証拠書類を後日精査することができないので，一般には全文朗読の運用がなされている。

証拠物の取調べは，その展示による（306条1項）。証拠物は，その存在，形状等が証拠となるから，公判廷において関係者が認識できる必要があるからである。ビデオテープについては，展示のみでは内容が把握できないので，再生が行われている。

なお，書面の内容が証拠となるとともに，その存在，形状等も証拠となる場合には，証拠物たる書面であるから，展示と朗読とが併用される（307条）。例えば，契約書，手紙などである。

オ　被告人質問

被告人は，黙秘権が保証された訴訟主体である上，当該事件の証人になることができないとされているので[44]，被告人質問については，そもそも証拠調べ

---

[42] したがって，遠隔地にいる証人のビデオリンクは許されていない。
[43] 前掲最判平17・4・14刑集59巻3号259頁。
[44] 大阪高判昭27・7・18高刑集5巻7号1170頁。ただし，分離すれば証人となり得る（最判昭35・9・9刑集14巻11号1477頁）。

であるか否か疑問もある。しかし，供述した場合には有利にも不利にも証拠となることから（規197条1項），実務上，証人尋問に準じて実施されている。しかし，当事者の請求の有無にかかわらず，いつでも必要とする事項について供述を求めることができるので（311条2項），厳密には証拠調べではない。したがって，当事者の請求の有無にかかわらず，実務上，職権によって被告人質問を実施している。

カ　被害者の関与

被害者等から意見陳述の申出があるときは，公判期日においてその意見を陳述させなければならない（292条の2第1項）。ただし，証人としての陳述ではないから，その意見を事実認定の証拠とすることはできない（同条9項）。

また，被害者参加の手続が採られた場合には，被害者による証人尋問，被告人質問等がなされ得る（316条の36第1項，同条の37第1項）。

被害者参加制度

一定の事件の被害者が公判手続に参加する手続で，平成19年（2007年）に設けられた（316条の33〜39）。対象事件は，故意の犯罪行為によって人を死亡させた罪，業務上過失致死傷及び自動車運転過失致死傷の罪など，個人の尊厳の根幹をなす人の生命，身体又は自由を害する罪である。被害者等又はその委託を受けた弁護士から，参加の申出がなされた場合には，裁判所は，被告人側の意見を聴き，相当と認めるときは，被害者等又はその法定代理人の参加を許すものとされている（316条の33第1項）。参加を許された者を「被害者参加人」と言う（316条の33第3項）。被害者参加人は，公判期日に出廷して（316条の34第1項），証人尋問（316条の36第1項，2項），被告人質問（316条の37第1項，2項），意見陳述（316条の38第1項，2項）ができるほか，検察官の権限行使について意見を述べることができる（316条の35）。しかし，被害者参加人には，公判請求権，訴因設定権，証拠調べ請求権，上訴権等は認められておらず，現行刑訴法の基本構造の範囲内で被害者等の刑事裁判への参加を認めたものであるから，当事者主義に基づく訴訟構造を変更するものではないとされている。

なお，被害者参加人のための国選弁護制度が設けられている（国選による「被害者参加弁護士」の選定等につき，犯罪被害者等の権利利益の保護を図るための刑事手続に付随する措置に関する法律5〜12条参照）。

---

(3) 論告，弁論

証拠調べ手続が終結すると，検察官は事実及び法律の適用について意見を述

べなければならない（293条1項）。この意見を論告と言う。論告は、これまでの証拠調べ手続を踏まえて、検察官が事件の事実関係及び情状関係について述べる意見であり、最後に求刑を行うのが慣例となっている。被告人及び弁護人も、意見を述べることができる（293条2項）。このような意見陳述を全体として弁論と言う。弁論に当たって、争いがある事実については、その意見と証拠との関係を具体的に明示して行わなければならない（規211条の3）。

検察官の論告では、公訴事実に争いがない場合には、情状関係について詳細に述べ、争いがある場合には証拠によって認定できる事実及びこれから推認できる事実を具体的かつ詳細に述べるのが通例である。弁護人の弁論でも、争いがない場合には情状関係について述べ、争いがある場合には検察官の主張に対する反論を証拠に基づいて具体的に述べるのが通例である。

被告人は、最後に意見を述べることができる（規211条）。これを最終意見陳述と言う。

以上をもって、弁論が終結し、結審となる。

(4) 判 決 宣 告

弁論終結後に、判決言渡し期日が決められる。判決は、判決言渡し期日に公判廷において宣告によって告知される（342条）。

判決の宣告は、裁判長が行い、主文及び理由を朗読し、又は主文の朗読と同時に理由の要旨を告げなければならない（規35条1項、2項）。理由を朗読するか要旨を告げるかの選択は、裁判長の裁量に委ねられている。有罪の判決を宣告する場合には、被告人に対し、上訴期間及び上訴申立書を差し出すべき裁判所を告知しなければならない（規220条）。民事事件と異なり、刑事事件における判決宣告は、判決書原本による必要はないので（民訴法252条参照）[45]、判決書の原稿に基づいて宣告されるのが通例である。したがって、仮に後日作成された判決書原本と宣告された内容とが異なることがあったときは、宣告された内容が判決となる。

なお、国語に通じない者に対して判決を宣告する場合には、通訳を付さなければならない[46]。判決宣告に過誤があった場合には、宣告終了までであれば改めて言い直すことができるが、宣告終了は、公判期日が終了するまでと解され

---

[45] 最判昭25・11・17刑集4巻11号2328頁。
[46] 最判昭30・2・15刑集9巻2号282頁。

ている[47]。判決は宣告によって効果を生じるので，上訴期間は宣告の日から進行する（358条）。

(5) 手続のバリエーション

ア　弁論の分離・併合

裁判所は，適当と認めるときは，検察官，被告人若しくは弁護人の請求により又は職権で，弁論を分離し又は併合することができる（313条1項）。弁論とは，当事者の意見陳述という狭義のものではなく，公判の審理全体を意味する。弁論は，被告人1人ごとに，また公訴事実1個ごとに区分されるので，被告人が複数又は公訴事実が複数であれば，これらを一括して審理するためには，弁論を併合する必要がある。被告人の併合を主観的併合，公訴事実の併合を客観的併合と言う。

なお，一通の起訴状で複数の事件が起訴された場合には，改めて併合決定をしないで審理を行う場合もあるが，この場合でも黙示の併合決定がなされたものと解されている。併合を行うか否かは，裁判所の裁量による。主観的併合は，証拠の共通性があるから訴訟経済に役立ち，共犯の合一画定の利益がある。客観的併合は，現行刑法は併合罪について単一刑主義を採用しているので，被告人にとって手続的にも量刑上も有利となる。そこで，実務においては，いずれについても併合審理を行うのが通例である。

これに対し，共犯者の利益が相反する場合，追起訴まで極めて長時間を要し，その間の被告人の不利益が著しいような場合などには，併合しないで審理を行う。

弁論の分離は，共同被告人の証拠関係が一部異なり，あるいは被告人間で同意・不同意が分かれたため，一部被告人との関係のみで審理を行う必要があるような場合に行われる。例えば，共同被告人Xは証人甲の調書に同意し，同Yは不同意としたため甲の証人尋問が実施される場合には，弁論を分離してYとの関係でのみ証人尋問を実施し，終了後，再度併合されることが多い。また，XY共同被告人の一方Yを他方Xとの関係で証人尋問する必要がある場合には，被告人のまま自分の事件において証人となることはできないので，一旦弁論を分離して，Xの公判廷にYを証人として喚問し，証言終了後に再度併合する取

---

[47] 最判昭51・11・4刑集30巻10号1887頁。

扱いが行われている[48]。さらに、被告人の権利を保護するために必要があるときは、裁判所は弁論を分離しなければならない（必要的分離。313条2項）。例えば、共犯者間の防御が明らかに相反するような場合である。もっとも、当事者の主張が異なるからといって、直ちに分離しなければならないとまでは言えないとされている[49]。

裁判所は、適当と認めるときは、一旦終結した弁論を再開することができる（313条1項）。結審後に、示談が成立しあるいは被害者が死亡したような場合、あるいは新証拠が発見されたような場合には、従前の主張立証を補充する必要があるからである。

イ 公判手続の停止・再開

被告人が心神喪失の状態、すなわち、「被告人としての重要な利害を弁別し、これに従って相当な防御をすることのできる能力」（訴訟能力）を欠く状態[50]に陥った場合には、手続の公正が担保できないので、公判手続を停止しなければならない（314条1項）。停止する場合には医師の意見を聴かなければならない（314条4項）。そのほか、被告人が病気により出頭できない場合、犯罪事実の存否の証明に欠くことができない証人が病気のため、公判廷に出廷できない場合にも、公判手続を停止しなければならない（314条2項、3項）。なお、訴因・罰条の追加・変更によって被告人の防御に実質的に不利益が生じる場合も同様である（312条4項）。

停止の理由となった事情が消滅した場合でも、当然に停止が解除されるわけではない。手続を再開するためには、改めて停止決定を取り消す旨の決定を要すると解されている。

ウ 公判手続の更新

開廷後、裁判官が交替した場合には、公判手続を更新しなければならない（315条）。更新とは、公判手続をやり直すことである。口頭主義・直接主義の要請に基づく。したがって、更新を要するのは、心証形成に関わる実質的審理を行っている場合を想定したものと解すべきであろう。単独裁判官の交替のみ

---

[48] 最判昭35・9・9刑集14巻11号1477頁参照。
[49] 東京高判昭32・6・20裁特4巻14〜15号323頁。
[50] 最決平7・2・28刑集49巻2号481頁〔百選9版54事件〕。さらに、最判平10・3・12刑集52巻2号17頁参照。

ならず，合議体の一人の裁判官が交替した場合も更新を要する。

　更新の手続は，まず，検察官に起訴状に基づいて公訴事実の要旨の陳述をさせ，次に被告人，弁護人に対して陳述の機会を与え，公判期日の供述を録取した書面，公判期日において取り調べた書面及び物について，職権で取調べを行うことになるが，訴訟関係人が同意すれば，朗読又は展示に代えて「相当と認める方法」で取り調べることができる（規213条の2第4号）。実務においては，当事者に異議がない場合には，従前の証拠調べの結果を陳述させたり，裁判長が証拠の標目のみを告げるような極めて簡易な方法も採られているが，事件の種類や複雑性によって自ずからそのやり方も異なるので，いかに合目的的に行うかは，裁判長の裁量に委ねられている。

　なお，簡易公判手続，即決裁判手続による旨の決定が取り消されたとき（315条の2，350条の11第2項），被告人の心神喪失により停止した公判手続を再開するとき（規213条1項）にも，公判手続を更新しなければならない。

11.5.2　簡易な手続

(1) 簡易公判手続

　当事者間に争いがない事件について，簡易な方法で運営の効率化を図る手続が定められている。被告人が，訴因について有罪である旨の陳述をしたときは，**簡易公判手続**によって審判する旨の決定をすることができる（291条の2）。この決定がなされると，冒頭陳述，証拠調べの手続について「適当と認める方法」で行うことができ（307条の2），また，伝聞法則の適用がない（320条2項）。適当な方法がどの程度かについては，書証の展示や標目の告知程度で良いとする見解，証拠の最小限度の内容を口頭で明らかにする必要はあるとする見解などがあるが，実務の取扱いも必ずしも一致していない。しかし，証拠調べを一切省略して，直ちに量刑の手続に移ることはできない。このような，いわゆるアレインメント（有罪答弁制度）は，憲法38条3項との関係で採用されなかった（319条3項）。

(2) 即決裁判手続

　即決裁判手続は，簡易公判手続と同様に，当事者間に争いのない事件につき，被告人の同意を得て，簡易な方法で公判を行う手続である。罰金刑について略式命令手続が定められているが，懲役刑についても簡易な方法を採用すること

によって，限られた人的資源を集中的に重大事件に投入することを目的として，裁判員制度の導入と同時期に制定された制度である。

即決裁判手続は，検察官が，事件の軽微性等を考慮して相当と認めるときに，公訴提起と同時に申し立てるが（350条の2第1項），その際には，予め被疑者の同意が必要とされている（同条の2第2項）。被疑者の権利を保護するため，弁護人があるときは，同意について弁護人の意見を求めることが必要である（同条の2第4項）。裁判所は，要件を検討した上，即決裁判手続によって審判する旨の決定を行う（350条の8）。

審判については，手続の特例が定められており，証拠調べも「適当と認める方法」によって行うことができる（350条の10第1項，第2項）ほか，伝聞法則の適用もない（350条の12）。裁判所は，できる限り即日判決を言い渡すこととなっているほか（350条の13），簡易公判手続と異なり，懲役又は禁錮の執行猶予の言渡しが必要的とされ（科刑制限。350条の14），事実誤認は上訴理由とならない（上訴制限。403条の2第1項）。なお，上訴制限については，被告人の権利保障の手続と科刑制限を前提として制度を実効あらしめるためであるから憲法32条に違反しないとされている[51]。

(3) 略 式 手 続

略式手続は，簡易裁判所が，書面審理によって，100万円以下の罰金又は科料を科することができる簡易な手続である（461条）。公判請求ではないが，公訴提起の一方法である。被告人の同意があり，命令を受けた後に正式裁判の請求をすれば公判手続に移行するなど，被告人の利益に配慮した手続であるから，憲法には違反しないとされている[52]。

略式命令を請求しようとする場合には，検察官は，略式命令を理解させるために必要な制度の概要を説明し，通常の手続によって審判を受けることができる旨を告げた上で，被疑者に異議がないかどうかを確かめ，異議がないときは，被疑者がその旨を書面で明らかにしなければならない（461条の2第1項，2項）。通常は，その旨の書面に被疑者が署名・押印することになっており，その書面（この書面を実務上「略式請書」と称する）を略式命令請求書に添付する（462条）。

書面審理であるから，事実認定は全て自由な証明によって行われる。検察官

---

[51] 最判平21・7・14刑集63巻6号623頁〔百選9版62事件〕。
[52] 最判昭24・7・13刑集3巻8号1290頁。

が請求と同時に一件記録を提出するので，裁判所は，この記録に基づいて判断するのが通例であるが，必要があるときは自ら事実の取調べを行うこともできる（43条3項）。科刑制限を超えているとき，無罪を言い渡すべきとき，訴訟条件が欠如しているときなど，略式命令をすることが「できない」場合，あるいは，事件が複雑で略式命令による手続をすることが「相当でない」場合には，通常の規定に従って審判しなければならない（463条1項）。この場合には，直ちに検察官に通知するとともに，被告人に対して起訴状の送達が行われることになる（463条3項，4項）。

略式命令は，その告知を受けた日から14日以内に正式裁判の請求をすることができる（465条1項）。正式裁判の請求があったときは，請求手続が適法でない場合を除き，通常の規定に従って審判を行うが（468条2項），その際，当然ながら略式命令に拘束されることはない（同条3項）。

11.5.3 裁判員裁判

(1) 意義・目的

平成13年（2001年）6月12日「司法制度改革審議会」最終意見は，司法への国民参加として，裁判員裁判制度の導入を提案し，これを承けて立法が検討された結果，平成16年（2004年）5月28日に「裁判員の参加する刑事裁判に関する法律」が成立し，5年間の施行準備期間を経て，平成21年（2009年）5月21日から施行されるに至った。同法は，国家の主権者としての国民が司法に参加することによって（国民による裁判），司法に対する「国民の理解の増進とその信頼の向上」（裁判員法1条）（司法への協力）を目的として制定されたものである。

最高裁は，この点について，次のように述べている[53]。すなわち，「裁判員制度は，司法の国民的基盤の強化を目的とするものであるが，それは，国民の視点や感覚と法曹の専門性とが常に交流することによって，相互の理解を深め，それぞれの長所が生かされるような刑事裁判の実現を目指すものということができる。その目的を十全に達成するには相当の期間を必要とすることはいうまでもないが，その過程もまた，国民に根ざした司法を実現する上で，大きな意

---

[53] 最大判平23・11・16刑集65巻8号1285頁。

義を有するものと思われる。このような長期的な視点に立った努力の積み重ねによって，我が国の実情に最も適した国民の司法参加の制度を実現していくことができるものと考えられる」と。

(2) 対象事件

国民に参加を求めるものであるから，国民に最も関心の深い重大事件であって，しかも人の死亡に関わる事件を対象とする。すなわち，第1に，法定刑が死刑，無期懲役又は無期禁錮の事件，第2に，現行の法定合議事件（法定刑が短期1年以上の懲役又は禁錮に当たる罪〔裁26条2項2号〕）のうち故意に人を死亡させた事件である（裁判員法2条1項）。具体的には，殺人，強盗致死，強姦致死，現住建造物放火などのほか，身代金目的誘拐，航空機強取，営利目的覚せい剤輸入，化学兵器による毒物発散，サリン発散などである。なお，以上の対象事件以外でも，併合審理を適当と認めた場合には，合議体の決定で併合することができる（裁判員法4条1項）。

(3) 裁判体の構成と裁判員の職務

　ア　裁判体の構成

裁判員裁判では，裁判員は裁判官とともに合議体を構成する。原則として9人制（裁判官3名と裁判員6名）であるが，公訴事実について争いがなく，事件の内容その他の事情を考慮して適当と認められるときは，例外的に5人制（裁判官1名と裁判員4名）とすることができる（裁判員法2条2項，3項）。

　イ　裁判員の職務と義務

裁判員は，裁判官と同様，独立してその職務を行う（裁判員法8条）。その職務は，事実の認定，法令の適用及び刑の量定であり，その限りでは裁判官と同様の権限を有する（裁判員法6条1項）。したがって，証人への尋問や被告人質問等を自ら行うこともできる（裁判員法56条，57条，59条）。もっとも，法令解釈や訴訟手続に関する判断は，法律専門家が行うべきであるから，裁判官のみが行うこととされている（裁判員法6条2項）。

裁判員が職務上知り得た秘密を漏らした場合には，刑罰に処せられる（裁判員法70条1項，108条）。

裁判員裁判において，有罪・無罪の判断を行うためには，裁判官・裁判員の双方の意見を含む合議体の員数の過半数によらなければならない（裁判員法67条1項）。

裁判員の任務は，判決宣告への立会までであって（裁判員法 63 条），これによって任務は終了する（裁判員法 48 条）。

(4) 裁判員の資格と選任手続

　ア　裁判員の資格

衆議院議員の選挙権を有する者の中から，1 年ごとに無作為抽出で候補者名簿を作成し，その中から事件ごとに無作為に抽出される（裁判員法 13 条，21 条）。ただし，禁錮以上の刑に処せられた場合など，一定の場合については欠格事由が定められており（裁判員法 14 条），また，司法関係者等一定の場合については，就業制限事由が定められている（裁判員法 15 条 1 項）。

他方，裁判員への就業義務を課すことが相当でないと認められる場合には，辞退事由が認められており（70 歳以上の者，学生，5 年以内に裁判員であった者等），辞退可能となっているほか，重病人や要介護者の介護などの一定の「やむをえない事情」がある場合に，裁判所がその事情を認定すれば辞退が認められる（裁判員法 16 条）。

　イ　裁判員等（裁判員・補充裁判員）の候補者

候補者の選定については，次のように定められている。各地方裁判所は，次年度に必要な候補者の員数を管内市町村に割り当て，選挙管理委員会に通知する（裁判員法 20 条 1 項）。通知を受けた選挙管理委員会は，選挙人名簿からくじで選定し，裁判員候補者予定者名簿を地裁に送付する（裁判員法 21 条 1 項，22 条）。送付を受けた各地方裁判所は，裁判員候補者名簿を調製した後，候補者に通知することになる（裁判員法 25 条）。

　ウ　裁判員等選任手続

まず，受訴裁判所は，第 1 回公判期日決定後，呼び出すべき候補者の員数を定めて，裁判員等選任手続に呼び出す（裁判員法 26 条，27 条）。呼び出しを受けた裁判員候補者は，質問票に所定の必要事項を記載して，裁判所に返送又は持参する（裁判員法 30 条）。

こうして裁判所に出頭した裁判員候補者の中から，裁判官，書記官，検察官，弁護人が出席して（被告人も出席可），非公開で選任手続が行われる（裁判員法 32 条）。裁判長は，出頭した候補者に対し，辞退事由に理由があるかどうか，不公平な裁判をするおそれがないかなどの観点から，必要な質問を行い，適当でない者に対しては，不選任の決定を行う。

さらに、検察官、被告人は、候補者について、それぞれ 4 人を限度として、理由を示さない不選任の請求を行うことができる（裁判員法 36 条 1 項）。裁判所は、こうして不選任の決定のなされなかった者から、所定の員数の裁判員を選任する（裁判員法 37 条）。

(5) 審理の特例

裁判員裁判は、素人の裁判員が関与して裁判を行うのであるから、迅速かつ分かり易く行わなければならない。そこで、裁判員の負担を軽減するための配慮が求められる（裁判員法 51 条）。したがって、連日開廷、証拠の厳選、説明の視覚化などが求められることになる。

また、そのためにも、公判前の準備（争点及び証拠の整理）が極めて重要であるから、裁判員裁判については、公判前整理手続が不可欠とされている（裁判員法 49 条）。この点について、第 1 回公判期日の前に証拠の整理を行うことは、これによって事実上心証が形成されるおそれがあり、予断排除の原則に反しないかが問題とされた。しかし、ここでなされるのは単に主張と予定証拠の整理に過ぎず、内容の取調べが行われるわけではないから、予断排除の原則は反しないとされている。

また、裁判員が参加しないで手続が行われるので、裁判員と裁判官との情報格差が生まれ、その後の合議等において対等の合議ができなくなるのではないかとの議論もなされた。しかし、公判前整理手続において心証が形成されることはなく、白紙の状態で公判廷に臨むのであるから、その限りでは裁判官と裁判員とは全く対等であって、仮に情報格差があったとしても、それが裁判の結果に影響することはないと思われる。

なお、精神鑑定のように、その実施に長期間を要するような場合には、第 1 回公判手続を待っていては連続開廷ができないので、公判前整理手続の段階において、予め鑑定手続を実施することができるものとされている（裁判員法 50 条 1～3 項）。

(6) 区分事件の審判

同一被告人に対する複数の事件が裁判員裁判に付された場合、例えば、強盗殺人が数件係属したような場合に、同一裁判員がその全ての事件を審理することは、極めて負担が大きい。そこで、裁判員の負担軽減のため、併合事件の一部を複数事件に区分し、審理順序を決定し、順次審理する旨の決定をすること

ができる（裁判員法71条1項，73条1項）。

　区分された一部の事件については，部分判決を行うこととなる。すなわち，犯罪の証明があったときには，有罪の言渡しを行わなければならないが，部分判決においては，罪となるべき事実，証拠の標目，罰条の適用，刑の減免事由など，必要的記載事項を記載しなければならず，その他，情状に関する事項など任意的記載事項を示すことができるとされている（裁判員法78条2項，3項）。

　なお，部分判決は，その後，他の事件と一括して審理され，最終的に刑の言渡しがなされるから，個々の部分判決に対しては，控訴をすることができない（裁判員法80条）。

　併合事件の最後の一部事件については，当該部分について審理を行うほかに，それまでの部分判決全てを踏まえて，全事件について刑の量定を行って，最終的な判決を言い渡すことになる（裁判員法86条）。

　なお，部分判決をするための各裁判員を選任するため，予め「選任予定裁判員」を選任しておくものとされている（裁判員法90条）。

(7) 罰　　則

　裁判員等に対する請託罪（裁判員法106条）・威迫罪（裁判員法107条），裁判員等による秘密漏示罪（裁判員法108条），裁判員候補者の氏名等漏示罪（裁判員法109条）等（最高2年以下の懲役刑）が定められている。

第 12 章

証拠と証明

12.1 刑事訴訟における証明

12.1.1 証拠裁判主義
(1) 証明の方法

　一般に「証明」とは，事実の真偽を明らかにすることであるが，刑事訴訟においては，一定の事実の存否について，資料に基づき事実を推認し，確信を抱く程度の心証に達することを「証明」という。これに対し，確信までには至らず，一応もっともらしいとの心証に達することを「疎明」として，「証明」と区別されている。

　証明の資料を「証拠」という。証拠は，これを公判廷に持ち込む方法によって，人証，証拠書類，証拠物が区別される。証拠を公判廷に持ち込む媒体を「証拠方法」という。人証の場合には証人，証拠書類の場合には書面である。証拠方法の違いによって，証拠調べの方法が異なるので，区別する必要がある。すなわち，人証の場合には証人尋問（304条），証拠書類の場合には朗読（305条1項。ただし，要旨の告知も可能（規203条の2）），証拠物の場合には展示（306条1項）である。なお，証拠方法のうち，書面の内容のみならず，書面の存在も証拠となる場合を「証拠物たる書面」として区別されている。例えば，名誉毀損における毀損文書である。この場合の証拠調べの方法は，展示及び朗読による（307条）。

　公判廷に持ち込まれた証拠方法について証拠調べを行い，そこから得られる資料を「証拠資料」という。「証拠資料」とは，事実を推認する根拠となる資料であり，人証の場合には証言，書証の場合には書面の記載内容を言う。した

がって，例えば，証拠書類という書面の形式でその記載内容が公判廷に持ち込まれ，裁判所は，その記載内容を認識して心証形成の資料とするのである。

┏━その他の証拠の分類━┓
主要事実（犯罪事実）を直接推認する証拠を直接証拠，間接事実（主要事実を推認する機能を有する事実）を推認する証拠を間接証拠（ないし情況証拠）とする区別もある。また，主要事実又は間接事実を推認する証拠を実質証拠とし，実質証拠の信用性に関わる事実（補助事実）を推認する証拠を補助証拠とする区別もなされている。

(2) 厳格な証明と自由な証明

　証明には，「厳格な証明」と「自由な証明」とがあるとされる。前者は，適式な証拠調べを経た証拠能力のある証拠による証明であり，後者は，厳格な証明によらない証明とされる。刑事訴訟において証明すべき事実は，多岐にわたるが，それら全てについて厳格な証明を要求すると，資料が限定され過ぎることになりかねないことから，妥当な事実を認定できない場合が生じる。例えば，多様な情状事実について，全て厳格な証明を要求すれば，被告人に有利な情状の立証が著しく制限されることにもなりかねない[1]。そこで，被告人の罪責に直接影響する重大な事実についてのみ厳格な証明を要求し，その余の事実については，その拘束をはずした証明で足りるとするのが望ましいと言えよう。

　かようにして，厳格な証明の対象は，構成要件該当事実，違法・責任阻却事由の不存在，処罰条件，刑の加重減刑事由[2]，併合罪加重事由など，被告人の刑責の大きさに直接関わる事実であり，それ以外の「訴訟法上の事実」（証明力に関する事実，訴訟条件となる事実など）については，自由な証明で足りるとされている。判例も，「逆探知資料の送付嘱託を行うことの当否又は右逆探知に関する証人申請の採否等を判断するための資料」として，逆探知資料が存在しないということを立証するための電話局の「回答書」について，「これを取り調べた原審の措置に違法はない」としたが，その理由として，「訴訟法的事実につ

---

[1] 最判昭24・2・22刑集3巻2号221頁参照（刑の執行を猶予すべき情状に関する事実につき，法定の証拠調べを経た証拠のみによる必要はない）。
[2] 累犯加重となる前科の事実につき，最大決昭33・2・26刑集12巻2号316頁〔百選9版A28事件〕。

いては，いわゆる自由な証明で足りるから」と述べている[3]。
(3) 証拠裁判主義
　刑訴法は，「事実の認定は，証拠による」(317条) として，証拠のみに基づいて事実を認定することを宣言している。これを「証拠裁判主義」と言う。

　ここで言う「事実」とは，「犯罪事実」，すなわち「罪となるべき事実」を言うとされている。古くは，改定律例（1873年。太政官布告206号）318条において，「凡罪ヲ断スルハ口供結案ニ依ル」とされていたが，言うところの「罪」とは「犯罪」を指すものであったところ，これが旧刑訴法336条に承継され，これを承けて現行刑訴法317条が制定されたという沿革があること，刑訴法335条において，「罪となるべき事実」の認定には証拠を示すことが求められていることと符合することなどが理由とされている。

　他方，「証拠」とは，刑訴法が厳格な証拠に関する規定を置いていることを前提としていることから，刑訴法の定めた証拠調べの方法に従って証拠調べが行われた証拠能力のある証拠を意味するものとされている。そして，このような証拠調べに基づく証拠による証明を「厳格な証明」というので，刑訴法317条は，「犯罪事実」の認定は「厳格な証明」によるという趣旨を規定したものと解されている。しかし，「厳格な証明」の対象を「犯罪事実」それ自体に限定する趣旨ではなく，被告人を有罪として刑責を問うためには「厳格な証明」が必要であること述べていると考えられるから，「厳格な証明」の対象は，前述のように被告人の刑責に影響する重要な事実と考えることができる。

アリバイの立証
　アリバイの立証について，厳格な証明を要するか否かが争われている。アリバイは，犯罪当時に犯行現場以外の場所にいたから犯行現場にはいなかったという現場不在証明であるが，被告人は検察側の立証を弾劾すれば足りるから，アリバイ立証についても，厳格な証明でなくても良いという主張がなされている。しかしながら，弾劾すれば足りることと，そのために用いる証拠が証拠能力を有する適式な証拠調べを経た証拠であるか否かは，別の問題であろう。刑訴法は，証拠能力に関し，「犯罪事実の存否」（321条1項3号）としており，両者を区別していないこと，被告

---
[3] 最決昭58・12・19刑集37巻10号1753頁。さらに，最判昭28・10・9刑集7巻10号1904頁（任意性の調査について，「適当の方法」で良いとした），大阪高判平21・10・8刑集65巻9号1635頁〔最決平23・12・19刑集65巻9号1380頁（ウィニー事件）の原番として掲載〕(告訴の存在は，自由な証明で足りるとした)。

人に有利な供述についても「特に信用すべき情況」(322条1項)という要件を定めていることなどに照らし，被告人に有利な証拠にも証拠能力を要すると解するのが多数説である。以上を踏まえれば，アリバイ立証についても，同様に厳格な証明を要すると解するのが相当と思われる[4]。

(4) 証明の必要

　証拠によって証明するのは，証明する必要があるからである。証明を要するのは，正しい事実認定を行うためであり，また，当事者から見ても公正な裁判を行うためである。したがって，正しい事実認定が行われ，かつ公正さに疑いを生じなければ，証明する必要がない。証明の必要がない場合には証明は不要である。そのような場合として，公知の事実と裁判所に顕著な事実がある。

　公知の事実とは，一般人であればその存在に疑いを抱かないような事実である。判例においては，例えば，無免許で製造されたアルコール飲料にはメタノールなどを含有し有害危険であること[5]，被告人が市長選挙に立候補して当選したこと[6]，東京都内においては，道路標識によって最高速度が時速40kmと定められていること[7]などが認められている。

　裁判所に顕著な事実とは，裁判所が職務上で知り得た事実である。判例上，例えば，通称ヘロインが塩酸ヂアセチルモルヒネを指すものであることは，裁判所に顕著な事実とされている[8]。しかし，同一裁判所に起訴されている他事件（傷害致死及び暴行）について，起訴されたこと自体を除き，そのような態様の暴行行為が存在したこと等の事実については，被告人の防御の観点から見て，裁判所に顕著な事実とは言えないとした裁判例がある[9]。正しい事実認定の観点からは誤判のおそれがないとしても，当事者にとって必ずしも明白でない事実については，裁判の公正さという観点から問題が残るように思われる。

　なお，法律上推定される事実についても，相手方の反証がなければ，前提事

---

[4] なお，証明力を争う証拠についても，証拠の存在それ自体については，厳格な証明を要するとされている(最判平18・11・7刑集60巻9号561頁〔百選9版90事件〕)。
[5] 最判昭24・7・23刑集3巻8号1377頁。
[6] 最判昭31・5・17刑集10巻5号685頁。
[7] 最決昭41・6・10刑集20巻5号365頁。
[8] 最判昭30・9・13刑集9巻10号2059頁。
[9] 東京高判昭62・1・28東高刑時報38巻1~3号6頁。

実の証明がなされた限り，独立して証明する必要はない。しかし，相手方の反証があれば証明しなければならないのであるから，性質上，証明を要しない事実ではない。

12.1.2　挙証責任と推定
(1) 挙証責任の概念

挙証責任は，証明の負担である。その負担を果たさなければ，証明がないことになるので，負担を負う者の不利益に認定されることになる。すなわち，真偽不明の場合にどちらに不利益を負担させるかを予め定めた証明のルールである。最終的な負担のルールであるから，証明が尽きた場合における不利益の帰属ルールである。

挙証責任は，客観的挙証責任と主観的挙証責任とがある。**客観的挙証責任**は，実質的挙証責任とも言い，真偽不明時に不利益判断を受ける地位である。立証を尽くした結果，どうしても真偽が認定できないからといって，裁判所は裁判を放棄することはできない。そこで，真偽不明となった場合には，立証が成功しなかった以上，対象事実は存在しなかったものと認定することになるので，その不利益を受ける地位を言う。したがって，立証が尽きた段階において裁判所が判断のために用いる事実認定のルールである。

これに対し，**主観的挙証責任**は，形式的挙証責任とも言い，具体的訴訟の進行過程において敗訴の危険を負う当事者がこれを免れるためになすべき事実上の証明活動の負担である。したがって，ある立証がなされた場合に放置しておけばそのまま認定されてしまうので，これを回避するため，相手方が反証を行う負担を負うと言う場合の負担であるから，立証の推移に応じてその都度移動する。

そのほかに，**証拠提出責任**という概念も用いられている。これは，英米法において，陪審審理へと進むために「一応の証拠」を提出する負担であるが，我が国においては，疑いを生じさせるに足りる証拠を提出する負担の意味において用いられている。一応の証拠を提出すれば足りるから，その意味では，争点形成責任と類似の概念として用いられている。

(2) 挙証責任の転換

犯罪事実の認定について，真偽不明となった場合には，利益原則に従って，

犯罪事実は不存在と認定される。したがって，立証できなかった不利益は検察官が負担する。その意味で，刑事事件においては，挙証責任は検察官にある。違法・責任阻却事由についても，そもそも，違法・責任は犯罪の成立要素であるから，検察官がその存在を立証しなければならない。ところが，刑法は，構成要件を違法類型として規定し，特段の事情がなければ違法・有責が推認されることになっているから，被告人が正当化事由ないし責任阻却事由を主張しない場合には，検察官の立証を要しないようになっている。しかし，被告人が阻却事由を主張した場合には，検察官は，その不存在を立証しなければならないので，違法・責任についても検察官が挙証責任を負うことになる。

　これに対し，一部の犯罪については，被告人が挙証責任を負う場合がある。例えば，同時傷害の特例である（刑207条）。これは，複数の関係者が現場で暴行を実行した場合に，誰の暴行によって被害者の傷害結果が生じたのか証明ができなかったとき，共犯でないとしても共犯として取り扱うこととしたものである。共犯であれば，一部行為全部責任であるから（刑60条），全員が傷害結果に責任を負うが，そうでなければ，各人ごとに行為と結果との因果関係を立証しなければならない。ところが，その立証は容易でない上，各人は各人自らの行為については最も良く知るものであるから，自分は関係がないという立証も必ずしも困難とまでは言えない。そのような考慮から，因果関係の挙証責任が転換されたものである。そこで，被告人は，自らの行為と傷害結果との因果関係がないことを立証しなければ，傷害罪として処罰されることになる。

　このように，利益原則の特別な例外であるから，転換するだけの合理的理由が必要である。合理性の基準として，①検察官が挙証責任を負う事実（例えば，暴行）が，被告人が挙証責任を負う部分（例えば，傷害結果）と合理的関連性を有すること，②被告人の反証が容易であること，③被告人が挙証責任を負う部分を除いても犯罪として可罰性があること（例えば，暴行としての処罰）と言われている。

　そのほか，名誉毀損における摘示事実の真実性の証明（刑230条の2），児童福祉法60条4項における児童の年齢不知に関する無過失の証明，爆発物取締罰則6条における犯罪目的の不存在の証明などが挙げられている。さらに，両罰規定における法人・事業主処罰に関し，違反防止に必要な注意をしたことの証明も同様と解されている。

(3) 推　定

ア　推定の種類

　推定とは，ある事実（前提事実）が立証された場合には，他の事実（推定事実）が存在するものと推認することである。推認であるから，反証があれば推認されないが，反証がない限り，そのまま推定事実が認定されることになる。

　推定には，事実上の推定と法律上の推定がある。事実上の推定は，経験則に照らして推認するもので，合理性があれば認定されることになるから，要するに自由心証の問題であるに過ぎない。これに対し，法律上の推定は，法律に規定された推定であるから，法適用の問題である。反証を許す場合と許さない場合とがある。反証が許されない推定は「みなし」規定であるから，事実の存在を擬制することになり，単に推認されるにとどまらない。その意味で，法律上の推定は，通常の場合，反証を許す場合を言うとされる。この場合，反証がなければ事実が認定されることになるが，この点については，さらに議論がある。

イ　推定の意味

　推定の意味について，客観的挙証責任の転換であるとするのが従来の見解とされた。しかし，これに対しては，被告人は犯罪を犯したから処罰されるのではなく，立証に失敗したから処罰されることになり不合理であると批判された。そこで，証拠提出責任を負うものであるとの見解が主張されたが，これによると，何らかの証拠を提出しさえすれば推定を免れることになり，推定規定の意味がないと批判された。そこでさらに，単に証拠提出だけではなく，そこから推定事実に疑問を抱かせる程度の事実を呈示する必要があると主張されるに至っている。中間的見解とされるが，事実の内容によっては，実質的には挙証責任の転換となるのではないかとの疑問が提起されている。

　確かに，推定事実に疑いを抱かせる程度の事実が呈示されたのであれば，推定それ自体の合理性に疑問が生じるのであるから，規定の存在によって事実認定者に不合理な心証を強いることは相当とは思われないので，挙証責任の転換を認めないのであれば，中間的見解が妥当であろうと思われる。

ウ　推定の効果

　それでは，推定規定がある場合には，反証がなされない限り，推定しなければならないのであろうか。規定がある以上，これに従って推定する義務があるとするのが合理的とも思われる（義務的推定）。しかし，そうなると，事実認定

者の合理的な心証に反する推定をしなければならない場合も生じよう。みなし規定ではなく、あくまで推定規定であるから、心証の合理性と整合性を保つことが望ましいと言えよう[10]。そうすると、被告人が反証しない事実をも考慮し、合理的疑いを超える程度の心証が得られるときには推定事実を認定できるという見解の方が、どちらかと言えば相当であるように思われる（許容的推定）。

しかし、推定を覆すためは、推定の合理性に疑問を生じさせる程度の事実の呈示を求めたのである。そうだとすれば、そのような事実が呈示されない場合には、推定事実を認定することは合理的だということになるのであるから、そのような場合には、端的に義務的推定を認めても不合理とは言えないのではないかとの疑問も残る。

ところで、仮に許容的推定だとした場合には、裁判所は、被告人が反証を提出しない事実を加味して、合理的疑いを超える心証を抱いた場合に、初めて推定事実を認定できることになる。そうすると、反証の提出は、合理的疑いを抱かせる程度の反証で良いことになる。また、被告人が反証のための証拠を提出できない特段の事情がある場合には、反証がないことを加味することは相当でないから、そのような場合には推定は許容されないことになろう。

エ　具体的な推定規定

推定規定としては、例えば、人の健康に係る公害犯罪の処罰に関する法律5条がある[11]。同条は、「工場又は事業場における事業活動に伴い、当該排出のみによっても公衆の生命又は身体に危険が生じうる程度に人の健康を害する物質を排出した者がある場合において、その排出によりそのような危険が生じうる地域内に同種の物質による公衆の生命又は身体の危険が生じているときは、その危険は、その者の排出した物質によって生じたものと推定する」と規定する。

そこで、細部を捨象して概要を述べれば、検察官は、①当該排出のみで危険な程度の物資を排出したこと、及び②同種物質による危険が生じたことを立証すれば良く、被告人は、その危険は自ら排出した物質によるものではないという合理的疑いを生じさせる程度の反証ができない事情もないのに反証しないと

---

[10] 義務的推定は、①無罪の推定の原則に反する、②自由心証主義に反すると批判されているが、そもそも、一定の合理性を根拠に法律によって①②に反する規定を設けたとも考えられるから、合理性があれば①②に反することができるか否かを検討すべきであって、①②に反するというだけでは義務的推定を否定することは難しいとも考えられる。

[11] その他、麻薬特例法14条も推定規定である。

いう事実をも考慮して，被告人が排出したものによる危険と推定することができるようになる。

なお，推定が挙証責任の転換ではないとしても，被告人に事実上立証の負担を強いることにはなるから，少なくとも，前提事実と推定事実との合理的関連性の基準を要求するのが相当であるように思われる。

12.1.3 証明力
(1) 自由心証主義

証拠の証明力とは，その信用性の程度を言うが，刑訴法は，これを「裁判官の自由な判断に委ねる」と規定している（自由心証主義。318条）。その自由とは，信用性の有無・程度についての判断の自由のみならず，その証拠から何を推認するかという推認の自由をも含む。

歴史的に見ると，自由心証主義に至る以前は，法定証拠主義が採用されていた。法定証拠主義とは，一定の証拠がなければ有罪となし得ないとする考え方であるが（積極的法定証拠主義），その意味するところは，結局のところ，有罪のためには，自白又は2人以上の一致した目撃証言を要求するというものであった。ところが，2人以上の一致した目撃証言を得ることは極めて困難であって，そうなると勢い自白を得ることに精力を傾けることにならざるを得なかった。

自白を得るための最大の方法は，洋の東西を問わず拷問であった。中世ヨーロッパにおいてはもとより，17世紀以降，近代合理主義が席巻したヨーロッパ大陸においてさえ，自白を得るために，目に見えない内心を明らかにするために一定の物理力を加えて真相を究明することは，化学の実験と同様に，正しいこととされていたのである。したがって，一定のルールに従った拷問は正当な手段とされていた。

ところが，その後の人権思想の展開によって，拷問は不当であるとされるに至ったため，自白を得ることが困難となり，やがて，2人以上の一致した目撃証言がない場合においても，自白以外の情況証拠のみによって事実を認定することを認めるようになるとともに，絶対的真実の追及を断念し，合理的な疑いを超えた程度の確信を抱くことができれば，それで有罪とすることを認めるに至ったのである。しかし，そうなると，個々の事件に応じた情況証拠の多様性

と複雑性から，証拠評価について固定的なルールを作ることが極めて困難であったため，それに代わる方法として，裁判官の合理的裁量に委ねるに至ったものである。

もとより，その背景には，裁判官の理性に対する信頼があったものと思われるが，以上のような経過を踏まえると，自由心証主義にせざるを得なかったのもまた事実であった。したがって，その裁量は，経験則に従った合理的裁量であることが求められ，裁量を逸脱した場合には，上訴審において破棄されることとなる。

(2) 心証の程度

自由心証主義は，絶対的真実の追究を断念したが，できる限りこれに近付こうとした。その限界を画する概念として，「合理的な疑いを超えた程度の確信」を抱くことを要求している。それは，「高度の蓋然性」と言っても良い。合理的な疑いとは，何となくおかしいとか，漠然たる不安といった曖昧な疑念ではなく，確たる証拠に基づいて言葉で説明することができる疑いである[12]。

最高裁は，この点につき，「反対事実の存在の可能性を許さないほどの確実性を志向したうえでの『犯罪の証明は十分』であるという確信的な判断に基づくものでなければならない」[13]と述べ，さらに「抽象的な可能性としては反対事実が存在するとの疑いをいれる余地があっても，健全な社会常識に照らして，その疑いに合理性がないと一般的に判断される場合には，有罪認定を可能とする趣旨である」[14]と述べる。

その後，最高裁は，「情況証拠によって事実認定をすべき場合であっても，直接証拠によって事実認定をする場合と比べて立証の程度に差があるわけではない」としながらも，「情況証拠によって認められる間接事実中に，被告人が犯人でないとしたならば合理的に説明することができない（あるいは，少なくとも説明が極めて困難である）事実関係が含まれていることを要するものというべきである」[15]と判示した。これは，仮に被告人が犯人であると仮定した

---

[12] 最判平21・4・14刑集63巻4号331頁における那須裁判官補足意見参照（合理的な疑いとは，「単なる直感による疑わしさの表明（「何となく変だ」「おかしい」）の域にとどまらず，論理的に筋の通った明確な言葉によって表示され，事実によって裏づけられたもの」とされる）。

[13] 最判昭48・12・13判時725号104頁。

[14] 最決平19・10・16刑集61巻7号667頁〔百選9版63事件〕。

[15] 最判平22・4・27刑集64巻3巻233頁。

場合に全ての情況証拠が整合的に説明できるとしても，仮に被告人が犯人でなかったとしても同様に説明できるとすれば，被告人が犯人であることにつき合理的な疑いが残ることになるので，この点を改めて確認し，事実認定の在り方の基本を示したものであって，新たな認定基準を設けたものとまでは言えないとする見方が有力である。

　合理的な疑いを超えた程度の確信が要求される根拠は，「疑わしきは被告人の利益に」(in dubio pro reo) という刑事裁判の鉄則（利益原則）と，無罪推定の原則とに裏付けられると言われている。前者は，刑訴法336条に根拠を有し[16]，後者は，憲法31条，世界人権宣言11条，人権B規約14条2項に根拠を有するとされている。

　なお，厳格な証明の場合には，合理的な疑いを超える程度を要するが，自由な証明及び疎明の場合には，証明の優越の程度で足りるとされるのが一般的であるが，反対の見解も主張されている。

(3) 証明の方法及び証明の程度と利益原則との関係

　利益原則は，犯罪事実の存在が疑わしい場合には，被告人の有利に認定することを言うが，それは，この点に関する挙証責任が検察官にあることを意味している。そして，犯罪事実についての立証は，厳格な証明を要し，かつ合理的な疑いを越えた程度であることを要する。したがって，この三者の対象とする事項は，ほぼ共通している。すなわち，その対象は，刑罰権の存否及びその程度に直接関係する事実（実体法的事実ないし実体法上の要件事実），したがって，犯罪構成要素（違法及び責任阻却事由を含む），処罰条件及び加重減軽事由である。

　何故，このように考えられるのであろうか。その根拠は，刑罰権の発動が，国民に極めて重大な，場合によって生命を剥奪し，あるいは一生を左右する法的効果を発生させるから，極めて慎重かつ明確に，そして積極的に証明がなされなければならないことにある。峻厳な刑罰は，できるだけ謙抑的に運用されるべきであるから，その実現手続も，慎重かつ謙抑的になされるべきであろう。そして，そのような慎重な手続こそが適正手続（憲31条）であり，その根拠は，憲法が基本的人権の基盤として措定した国民の幸福追求権（憲13条）に遡ることができる。それ故，刑罰権の根拠となる犯罪構成要素はもとより，処罰の有

---

[16] 最判昭43・10・25刑集22巻11号961頁（八海事件）。

無を決する処罰条件に関する事実，さらには，刑罰権の程度を直接決定する加重減軽事由に関する事実については，厳格な証明によって合理的な疑いを越えた程度に立証されなければならず，これが果たされなかった場合には，その不利益は，刑罰権発動を求めた国家の側において負担されなければならないのである（検察官の挙証責任）。

これに対し，それ以外の事実は，「訴訟法上の事実」（訴訟法的事実ないし訴訟法上の要件事実）であって，刑罰権の発動を直接根拠付ける事実ではないから，自由な証明で足りる。証明の程度も優越の程度に立証されれば良く，これが果たされなかった場合には，その不利益は，訴訟法の一般原則に従って，そのような法的効果の発動を求めた当事者が負担することになるのである。例えば，自白の任意性を基礎付ける事実，違法収集証拠排除法則の違法性を基礎付ける事実などは，これに当たるし，情状に関する事実も（少なくとも一般情状については）これに当たると言って良いであろう。

任意性を基礎付ける事実は，それが立証されたからといって直ちに犯罪事実が認定される関係にはなく，そのためには，改めて自白内容の信用性を自由心証に従って判断する必要がある。任意性を基礎付ける事実は，信用性評価の前提を形成するのであって，そこから直ちに犯罪事実の認定に直結することはない。それ故，刑罰権発動を直接根拠付ける事実とは言い難いように思われる。また同様に，手続の違法性を基礎付ける事実についても，証拠能力の前提となる事実であって，そこから直ちに犯罪事実を推認するわけではないから，刑罰権を直接根拠付ける事実とは言い難い。

他方，情状に関する事実については，犯罪事実それ自体の態様や経緯については実体法上の事実と表裏一体であるから，仮に量刑のために用いるとしても，訴訟法上の事実と割り切ることは相当ではないが，示談の成立や被害弁償のような一般的な情状事実については，裁量の幅の大きい総合判断において考慮すべき一事情に過ぎないから，直ちに刑罰権の程度を直接基礎付ける事実とは言い難いように思われる。

12.2 証拠能力

12.2.1 証拠能力の要件

　証拠能力とは，公判廷において証拠となり得る法的資格である。そのような資格がない限り，公判廷において事実認定のための資料となることができない。その意味で，証拠の許容性と言うことができる。証拠能力があると言うためには，一般に，関連性があり，かつ証拠禁止に該当しないことが必要とされる。

　関連性とは，自然的関連性と法律的関連性とに区別される。まず，自然的関連性は，論理的関連性とも言われ，経験則に照らして要証事実の存否を推認し得る蓋然性があることであり，平たく言えば，およそ事実の存在又は不存在の推認に影響がない場合に自然的関連性がないことになる。例えば，乙が「Xは賄賂をもらったという噂がある」という証言をしたとしても，それのみでXの収賄事実の存在を推認することはできないので，このような噂の証人は自然的関連性がないとされる。また，証拠物についても，現場に遺留されていた血の付いた包丁が領置され，警察で保管され，その同一物が法廷に証拠として顕出されたのであれば自然的関連性があるが，そのためには，領置調書等によって対象物の同一性を証明する必要がある。これを「保管の連続性」と言うが，これも自然的関連性の問題である。

　次に，法律的関連性は，自然的関連性があること，したがって，事実を推認し得る蓋然性はあることを前提として，裁判官に証明力評価を誤らせ（予断偏見を抱かせる）おそれが高い場合に，そのような推認は相当とは言えないので，証明政策の見地から関連性を否定すべき場合があり得る[17]。このような見地から関連性を否定することを法律的関連性がないと言う。例えば，後の章で説明するように，伝聞法則や自白法則によって証拠が排除されるのは，法律的関連性がないとされるためである。

　最後に，証拠禁止に触れないことと言うのは，証明政策とは無関係に，これ

---

[17] 最判平24・9・7刑集66巻9号907頁参照（「前科証拠は，単に証拠としての価値があるかどうか，言い換えれば自然的関連性があるかどうかのみによって証拠能力の有無が決せられるものではなく，前科証拠によって証明しようとする事実について，実証的根拠の乏しい人格評価によって誤った事実認定に至るおそれがないと認められるときに初めて証拠とすることが許される」）。

とは別の観点，すなわち一定の優越的利益（自己負罪特権，適正手続など）を守る必要から，関連性はあるのに証拠利用を禁ずることに触れないことである。例えば，証言拒否権や違法収集証拠排除法則は，証人の利益の保護や適正手続を守るために，証拠としての使用を拒否することとしたのである。

以上のように，自然的関連性と法律的関連性があり，証拠禁止に触れないことが，証拠能力の要件とされている。

12.2.2 多元的許容性

証拠の許容性は，ある面では関連性がないが，他の面では関連性があると言うように，多面性を有している。例えば，前科については，犯人性の認定のためには許容されないが，量刑資料としては許容されると言う場合がある。また，類似事実による立証についても同様の側面が見られる。これらは，予断や偏見をもたらす可能性もあることから，いずれも法律的関連性の問題として検討されているので，ここで検討しておくこととする。

(1) 前科による事実認定

被告人の前科は，被告人がかつてそのような犯罪を犯すような者であったことを示すことになるので，一種の悪性格立証となる。悪性格の立証は，彼には犯罪性向があることを前科によって立証し，次いでそのような性向を有する者であれば今回の公訴事実についても彼が犯人であろうという推認を働かせることによって犯人性を認定するものである。しかし，このような二段階の推認は，いずれも曖昧で不正確であることから，二重の意味で，原則として許容性がないとされている。

しかし，いくつかの例外がある。第1は，主観的要素の認定資料として用いる場合である。例えば，同種詐欺の前科がある場合には，今回も同類型の詐欺の外形的事実を実行したことが立証されたとすれば，特段の事情がない限り，原則として，今回も前回同様の犯意の下に実行したであろうと推認されて良いであろう。判例[18] も，犯罪の客観的要素が他の証拠によって認められる場合には，故意のような主観的要素は同種前科で認定しても構わないとしている。

---

[18] 最決昭41・11・22刑集20巻9号1035頁〔百選9版66事件〕。

第2は，構成要件要素たる前科を認定する資料として用いる場合である。例えば，常習累犯窃盗や常習特殊窃盗のような場合である。盗犯等の防止及び処分に関する法律3条は，常習累犯強窃盗として，窃盗，強盗等により懲役6月以上の刑を受けるなどしたことを構成要件としている。

　第3は，公訴事実が特殊手口による犯罪の場合に，同種前科も同様の特殊手口であれば，犯人性認定の資料として用いることができるとされる。例えば，スリのような特殊技能を要する犯罪は，ごく限られた者のみが実行可能な犯罪であって，被害発生現場に多数存在することは想定できないから，犯行可能な場所にいた者が同種のスリ前科を有していたとすれば，彼が犯人である確率が極めて高くなるであろう。判例も，前科による犯人同一性の立証について，「前科に係る犯罪事実が顕著な特徴を有し，かつ，それが起訴に係る犯罪事実と相当程度類似することから，それ自体で両者の犯人が同一であることを合理的に推認させるようなものであって，初めて証拠として採用できる」として，例外的ながら肯定する余地を認めた[19]。

　第4は，量刑資料としての許容性である。例えば，同種前科がある場合には，同種犯罪の反復傾向を示しているから，量刑上重くなることは避けられないであろう。

(2) 類似事実による立証

　起訴されていない余罪によって被告人の犯罪事実を立証することは，裁判所に不当な偏見を与えるとともに，争点の混乱を引き起こすおそれもあるから，安易に許されるべきではない。

　しかし，当該起訴にかかる犯罪事実と類似の余罪について，仮に彼がこの余罪を実行したことが認定できるのであれば，当該起訴にかかる犯罪事実についても彼が犯人であることを推認することができる可能性が高まる。その意味で同種前科による立証と同様の構造を有していると考えられる。異なるのは，余罪は前科と異なり，事実が確定的に認定されていない点である。そこで，この点がクリアーできるのであれば，同種前科と同様の取扱いをすることが許されて良いであろう。

---

[19] 前掲最判平24・9・7刑集66巻9号907頁。ただし，窃盗に入って欲する金品が得られなかった腹立ち紛れに放火したという前科がある被告人につき，今回の放火も同種手口であると認めて前科による犯人の同一性立証を肯定した原審（東京高判平23・3・29判タ1354号250頁）を破棄した。

この点について，判例は，「被告人の他の犯罪事実を被告人と犯人の同一性の間接事実とすることは，これらの犯罪事実が顕著な特徴を有し，かつ，その特徴が証明対象の犯罪事実と相当程度類似していない限りは，被告人に対してこれらの犯罪事実と同種の犯罪を行う犯罪性向があるという実証的根拠に乏しい人格評価を加え，これをもとに犯人が被告人であるという合理性に乏しい推論をすることに等しく，許されない」としたが[20]，顕著な特長がある場合には許容する余地を残した。

その他，下級審の裁判例として，「特殊な手段，方法による犯罪について，同一ないし類似する態様の他の犯罪事実の立証を通じて被告人の犯人性を立証する場合など，その立証の必要性や合理性が認められ，かつ，事案の性質，審理の状況，被告人の受ける不利益の程度等に照らし相当と認められる場合には，許容される」としたもの[21]，「特殊な手口等により犯罪事実の犯人と被告人との同一性を証明する場合」「犯罪事実についての目的，動機等の主観的要件を証明する場合」などにつき，類似事実による犯罪事実の立証が許容される場合があるとしたもの[22]，同一列車内のスリにつき，9号車におけるスリ未遂が証明された場合には，約10分前に発生した7号車のスリ既遂についても，これを「必然的に推理する蓋然性があり，右窃盗の事実も被告人等の犯行であるとする関連性が認められる」し，「それは情況証拠として，高い証拠価値がある」としたもの[23]などがある。

12.3 科学的証拠

ここで，科学的証拠と言われるいくつかの証拠について検討しておこう。一般には，「自然的関連性」の問題として検討されているが，「法律的関連性」の

---

[20] 最決平25・2・20刑集67巻2号1頁。被告人が自認している犯罪事実と本件犯罪とは特異な犯罪傾向（色情盗とこれに関連する放火の傾向）が一致するとして，前者の事実について後者を認定する間接事実の一つとした原判決を破棄した。
[21] 大阪高判平17・6・28判タ1192号186頁（和歌山カレー事件。上告棄却〔最決平21・4・21裁判集刑296号391頁〕）。
[22] 和歌山地決平12・12・20判タ1098号101頁（和歌山カレー事件第一審証拠決定）。
[23] 静岡地判昭40・4・22下刑集7巻4号623頁。

問題とする立場もある。要証事実の存否に対する最低限度の推認力があることが自然的関連性とすれば，科学的証拠についても，まずこの点から検討されるべきであろう。

12.3.1 証拠能力の考え方
(1) 一般的承認の要否
　近時，科学の進歩は日進月歩で止まるところを知らない状況にあるが，逆に言うと，それ故にこそ多くの市民にとって未知の科学が増え続けている。そのような現状に鑑みると，可能な限り「似非科学」（ジャンクサイエンス）を排除しつつ，同時に最新の研究成果を利用して，できる限り正しい事実認定に達したいと考えるのはもっともであろう。

　しかし，最先端の研究成果は，未だ何人にも理解されていないのが通常であるから，最先端であればあるほど認知されにくい。そこで，裁判において，これをどのように利用するかが問題となる。基礎となる科学的原理が確かなものであって，その分野の多くの専門家がこれを承認していることが必要であるかどうかが検討されることとなったのである。そのような「一般的承認」を要するとする考え方を「フライ法則」[24]と呼んで，米国においては長い間この考え方に依拠していた。しかし，そうなると当然のことながら，最先端の科学を利用することはできない。そこで，一般的承認までは必要ではなく，「信頼性（reliability）」と「有効性（validity）」を基準とすれば足りるという見解が主張され，米国ではこれが採用されるに至っている。

(2) 証拠能力の考え方
　これに対し，日本においては，逆に，何らの証明力をも有しないことが専門分野で一般的に認められている場合のみ自然的関連性が排除されるとする見解がむしろ多数を占めているようである。これは，陪審裁判を採用しない日本においては，事実認定の専門家である裁判官にできるだけ多くの証拠を提示して，当該証拠が信頼できるかどうかの一般的判断をも含めて証明力判断に委ねれば足りるという発想によると言われてきた。

---

[24] 1923年コロンビア特別区控訴裁判所判決（フライ判決）に由来する。同判決は，「依拠すべき原理や発見は十分に信頼できるものであって，その属する特定の分野で一般に承認されていることが必要である」と述べていた。

一般的承認を要しないとしても，個別事件における個別の鑑定等については，対象資料の保管や検査方法等について，最低限度の信頼を維持するための条件が満たされる必要があり，これを欠く場合には，やはり自然的関連性を欠くとして証拠から排除するのが相当であろう。そして，そのためには，①検査に適した資料を用いていること，②性能を有する機器が正しく作動していること，③検査手順が適正であること，④検査者（分析者）が必要な資格を備えていることなどが要求されると言われている。

12.3.2 DNA 鑑定

DNA 鑑定とは，細胞内のデオキシリボ核酸を形成している塩基配列を分析する個人識別鑑定である。DNA の塩基配列のうち，同じ塩基配列が繰り返して存在する特殊な「縦列反復配列」と呼ばれる部分を検査し，その繰り返し回数が人によって異なることを利用して個人識別を行う手法が最も一般的とされており，世界的に共通した検査法が確立していると言われる。2009 年現在，同じ型の別人が現れる確率は 4 兆 7000 億人に 1 人とされている。

犯罪捜査において，同一性識別のために利用されるようになったのは，1980年代と言われるが，平成 2 年（1990 年）に発生した，いわゆる足利事件において，最高裁は，「いわゆる MCT118DNA 型鑑定は，その科学的原理が理論的正確性を有し，具体的な実施の方法も，その技術を習得した者により，科学的に信頼される方法で行われたと認められる。したがって，右鑑定の証拠価値については，その後の科学技術の発展により新たに解明された事項等も加味して慎重に検討されるべきであるが，なお，これを証拠として用いることが許されるとした原判断は相当である」[25] と述べて，その証拠能力を肯定した。問題が生じるのは，鑑定資料を全量費消したため，当該結果について，その追試を行うことができなくなった場合である。再鑑定の途を残しておくことが相当であることは言うまでもないが，やむを得ず全量費消したからといって，直ちに適正手続に反するとするとまでは言えないよう思われる。

---

[25] 最決平 12・7・17 刑集 54 巻 6 号 550 頁〔百選 9 版 67 事件〕。なお，その後，同事件については再審開始決定がなされ，再審公判において，本件鑑定は，「前記最高裁判所決定にいう『具体的な実施の方法も，その技術を習得した者により，科学的に信頼される方法で行われた』と認めるにはなお疑いが残る」から，「現段階においては証拠能力を認めることができない」として排除された（宇都宮地判平 22・3・26 判時 2084 号 157 頁）。

仮に証拠能力が認められたとしても，その信用性判断は別論である。例えば，鑑定作業の過程において，資料に他の資料が混入するなど，不適切と思われる方法が採られた可能性がある場合には，その信用性が否定されることがあり得ることは，むしろ当然というべきであろう[26]。

12.3.3 ポリグラフ検査

ポリグラフは，呼吸，脈拍，血圧など複数の生理現象を電気的又は物理的な信号として同時に計測，記録する装置である。ポリグラフ検査は，被験者に事件に関係する質問をして，その時の呼吸，脈拍，皮膚電気反応の変化を測定し，その内容を分析することによって，被験者が事件に関係しているか否かを識別するものである。機器によって記録された物理的変化を分析官が適切に分析する限り，事件と無関係の人間が関係していると判断される確率はかなり低いと言われる。また，仮に妄想によって真実だと思いこんでいたとしても，その思いこみによって「変化」が歪められないよう質問内容にかなり工夫が加えられているから，一律に信頼性が低いわけではないとも言われている[27]。その限りにおいて，最低限度の関連性は認められ，証拠能力を認めることができるように思われる。

なお，ポリグラフ検査は，質問とこれに対する回答（供述）を前提としているが，被験者に供述を義務付けるわけではないし，そもそも検査に応じるか否か，当該質問に対して答えるか否かは，全く被験者の任意に委ねられている。供述内容からこれに沿った事実を認定する資料とするものではなく，質問との関係を踏まえて供述がなされたこと自体を分析することによって一定の判断を行うものに過ぎない。したがって，その限りにおいて，黙秘権侵害の問題は生じないと考えられる[28]。

---

[26] 例えば，福岡高判平7・6・30判時1543号181頁参照（鑑定作業の過程で過誤が生じた疑いあり，塩基配列測定に際して不正確な測定がなされているとして信用性が否定された）。
[27] 日本では，対照質問法（被疑事実について尋ねる「関係質問」，被疑者が心理的抵抗なく返答できる「対照質問」，全く関連性のない「無関係質問」を織り交ぜて質問し，被疑者の有罪意識の有無を判定する方法）ではなく，緊張最高点質問法（犯人しか知らない事実に関する「裁決質問」とその他の「非裁決質問」を織り交ぜて質問し，被疑者の特定事実の認識・記憶の有無を判定する方法）を用いて実施されるから，科学的で実証的であると評価されている。
[28] 東京高決昭41・6・30高刑集19巻4号447頁（「非供述証拠として使用する」から，黙秘権侵害はないとする）。

12.3.4　警察犬による臭気選別

　犬の臭気選別能力は，人間の1万倍とも言われている。この能力を利用して，犯人の残した臭気を選別する捜査方法が用いられている。しかしながら，犬の臭気選別能力については，未だ科学的に解明されていない部分も多く，問題も指摘されている。この点，①メカニズムについて科学的に解明されていない，②指紋や血液型のように終生不変とは言えず混同消失し易い，③警察犬の識別能力も明らかでなく，個体によって能力差がある上，季節，時間，体調，気温，雰囲気等によって影響を受け易い，④指導手に対する迎合的傾向がある，⑤科学的検証や追試が著しく困難であること等を理由に，一般的に正確性・信頼性を欠くとして，証拠能力を否定する見解も有力である。

　しかしながら，科学的原理が証明されていないことが直ちに証拠能力を否定する理由にはならないであろうから，経験的にかなりの正確性を有することが相当な範囲の者に承認されていれば足りるとも考えられる。また，個体差や他から影響を受け易いことも，信用性判断の資料として考慮されるべき事情ではあるが，およそ証明力がないという問題ではないから，少なくとも自然的関連性は肯定して良いように思われる。

　判例[29]も，一定の条件が維持された場合には，その証拠能力を肯定している。もっとも，その証明力については，必ずしも十分ではないとされた事案も散見され[30]，他の証拠を補強するための証拠としてのみ用い得るとした裁判例[31]もある。

12.3.5　声紋鑑定

　声紋は，指紋と同様に個人識別が可能であると言われており，指紋に次いで高い価値があると言われている。米国においても，その証拠能力については争いがあったが，今日では，概ね積極に解されているとされている。我が国では，米国のベル研究所で開発された「サウンドスペクトログラフ」（ソナグラフ）という声紋書き出し装置が，1954年ころに輸入され，警察関係者や大学関係者

---

[29]　最決昭62・3・3刑集41巻2号60頁〔百選9版70事件〕。

[30]　例えば，広島高判昭56・7・10判タ450号157頁は，「本件臭気選別は，原臭の保管，警察犬の体調，選別の実施方法等，いずれの点においても通常要請される厳格な手段，方法がとられていたとは認め難い」と述べて，「その証明力が相当に高度であるとまでは認められない」としている。

[31]　東京高判昭60・6・26判時1180号141頁。

によって利用されるようになり，現在では，音声を周波数分析して紋様化した声紋をコンピュータで分析し，専門技術者が解析するという方法が行われている。デジタル解析技術の発展によって，その解析方法が次第に客観化され，解析者の技量に依存しない解析が可能となりつつあり，今日ではその信頼性が大きく向上している。

とはいえ，全く無条件で認められるわけではなく，「その検査の実施者が必要な技術と経験を有する適格者であり，使用した器具の性能，作動も正確でその検定結果は信頼性あるものと認められるとき」[32]には，証拠能力を認めることができるとするのが相当であろう。

12.3.6 筆跡鑑定

筆跡鑑定は，従来，伝統的筆跡鑑定法が行われてきた。これは，文字の一部又は数か所の特徴を指摘するもので，鑑定人の勘と経験によって，一致，類似，相違を指摘するものであるため，鑑定人の個人差が大きいと言われていた。そこで，個人差を排斥して客観化する研究が進められ，人の書字行動の個性を検査し筆者識別を判定する方法が開発された。いわゆる科捜研において開発された科学的解析法で，一般的に科捜研鑑定と呼ばれる。その後，コンピュータの発展に伴い，文字の画像を多変量解析する方法が開発され，誰が解析しても同じ結果になるようになりつつあり，近代統計学に裏打ちされた数値解析法と呼ばれる数学的な鑑定方法が利用されるようになって，その精度は格段に高度となっていると言われる（3文字で99.99％の精度を持つ解析が可能とされる）。

もっとも，同一人が書く同一書体についても，経年変化，書字意識，書字環境等によって，個人内変動があることから，異同識別には一定の限界があると言われる。その意味において，仮に鑑定方法が科学的に客観化されたとしても，鑑定資料それ自体の個人内変動を無視することができない点に，他の科学的鑑定と異なった側面があると考えられ，自然的関連性を十分に検討する必要があると思われる。

この点，最高裁は，伝統的鑑定法について，「ことの性質上，その証明力には自ら限界があるとしても，そのことから直ちに，この鑑定方法が非科学的で，

---

[32] 東京高判昭55・2・1判時960号8頁。

不合理であるということはできないのであって，筆跡鑑定におけるこれまでの経験の集積と，その経験によって裏付けられた判断は，鑑定人の単なる主観にすぎないもの，といえない」[33] として，その証拠能力を肯定している[34]。

12.4 違法収集証拠排除法則

12.4.1 意　義

　例えば，覚せい剤の押収が無令状捜索に基づくものであったとしても，覚せい剤としての性質には全く影響がない。したがって，これを証拠とすることができる限り，被押収者が覚せい剤を所持していた事実は優に認定できよう。すなわち，証拠物の収集に人権侵害があったとしても，その証明力に影響が生じるわけではない。
　しかしながら，そのような捜索は，明らかに適正手続に反している。もしこれを放置したとすれば，さらに同様の捜査活動が繰り返される可能性が高い。そうなると，適正手続は画餅に帰することにもなりかねない。したがって，適正手続の実効性を確保するためにも，違法な手続によって得られた証拠の使用を拒否する必要がある。こうして，違法に収集された証拠の使用を否定する原則が生まれてくる。これを**違法収集証拠排除法則**という。本来は，米国憲法修正4条[35] に違反して得られた証拠は，有罪立証の証拠から排除されるという原則である[36]。すなわち，不合理な捜索・押収によって入手した証拠を有罪証拠から排除することを通じて法執行と捜査活動を規律する憲法原則であると言わ

---

[33] 最決昭41・2・21判時450号60頁。

[34] 民事事件であるが，東京高判平12・10・26判タ1094号242頁参照（それまで警察内で行われていた「伝統的筆跡鑑定法」と決別し，調査や実験データなどを利用する客観的な鑑定法へ移行するきっかけとなったと言われている）。

[35] 米国憲法修正4条は，「不合理な逮捕捜索，もしくは押収に対し，身体，住居，書類および所有物の安全を保障される人民の権利は，これを侵害してはならない。令状はすべて，宣誓もしくは確約によって支持される，信頼するに足る理由にもとづいてのみ発せられること，かつ捜索さるべき場所および逮捕押収せらるべき人または物件を明示していなければならない」と規定する。

[36] 米国連邦最高裁において初めて排除法則を創設したのはウィークス事件（232 U.S. 384（1914））とされているが，その狙いは，米国では伝統的に権力が分散しており，法執行につき他の監督を受けないことが非常に多かったため，その法執行を統一して監督することであったと言われている。

れている[37]。

12.4.2 排除の根拠
(1) 学　　説
　排除の根拠については，次のように3つの見解が主張されている。
　第1は，規範説である。すなわち，適正手続の保障の観点を強調し，憲法の基本権保障の要求自体が証拠排除を予定していると主張する。憲法の権利章典規定の基礎にある社会契約を守るという約束違反から，政府が一切の利益を得るべきではないという規範的，原理的な結論が引き出される。近代市民社会を構成する「構成原理」に反する政府の活動は，単に個人の権利の侵害にとどまらず，自由社会の「構成原理」を破るものであるから，政策以前のものとして排除されるべきであるとされる。これに対しては，①憲法38条2項は任意性のない自白を明文で排除しているが，35条等には排除の規定がないので，憲法自体が直ちに排除を予定しているとは言えないのではないか，②排除は不釣合いに過剰な制裁であり，他の方法によるべきではないか，③憲法を守るために犯人を釈放するのは筋違いではないかなどの批判がなされている。
　第2は，司法の廉潔性説である。すなわち，司法の廉潔性（無瑕疵性）の観点を強調し，裁判所が違法収集証拠の証拠能力を認めれば，裁判所が違法を容認することになり，裁判所に対する信頼性が損なわれるから，裁判所が違法を知った以上，これを見逃すことはできないと主張する。これに対しては，①証拠上明白な犯人を処罰しないことになり，かえって裁判所に対する信頼を損なうのではないか，②裁判所が法執行機関を監督することになるので，三権分立の原理に違反しているのではないかなどと批判される。
　第3は，抑止効説である。すなわち，違法捜査の抑止の観点を強調し，違法捜査を将来にわたって抑止するためには排除法則が適しているという政策的配慮であると主張する。これに対しては，①抑止の効果は論証されておらず，その実効性には疑問があるのではないか，②仮に効果があったとしても，過大な犠牲に過ぎ，コストが実益を凌駕するなどと批判される。

---

[37] したがって，①捜査活動の規律であって，事実認定の合理性を確保するための証拠則とは異なり，②裁判時ではなく，捜査時を基準にして判断され，③免責特権による証拠禁止とは無関係であると言われる。

第4は，司法の廉潔性ないし抑止効説であり，多数説とされている。すなわち，司法の廉潔性（無瑕性）の維持ないし違法捜査の抑止という観点から，憲法の趣旨を受けて政策的に裁判所が創設する証拠法則であるとする[38]。

(2) 判例の展開

　他方，最高裁は，昭和53年（1978年）に至って，初めてこの原則を認めた[39]。すなわち，「違法に収集された証拠物の証拠能力については，憲法及び刑訴法になんらの規定もおかれていないので，この問題は，刑訴法の解釈に委ねられているものと解するのが相当である」とした上，「証拠物は押収手続が違法であっても，物それ自体の性質・形状に変異をきたすことはなく，その存在・形状等に関する価値に変りのないことなど証拠物の証拠としての性格にかんがみると，その押収手続に違法があるとして直ちにその証拠能力を否定することは，事案の真相の究明に資するゆえんではなく，相当でないというべきである」とし，「証拠物の押収等の手続に，憲法35条及びこれを受けた刑訴法218条1項等の所期する令状主義の精神を没却するような重大な違法があり，これを証拠として許容することが，将来における違法な捜査の抑制の見地からして相当でないと認められる場合においては，その証拠能力は否定されるものと解すべきである」とした（ただし，本件事案については証拠を排除しなかった）。

　この判例は，排除法則は刑訴法の解釈に委ねられるとしており，憲法の各本条から直接導かれるものではないことを前提としているから，いわゆる規範説には依拠しないものと考えられ，その判旨に照らして，抑止効説に親和性があると言われ，その後の判例のリーディング・ケースとされた。

　この判例によって，一般論として初めて認められた排除法則は，その後，①警察官が被疑者宅寝室内に承諾なく立ち入り，明確な承諾なく任意同行した上，退去の申出に応ぜず警察署に留め置くなど，任意捜査の域を逸脱した一連

---

[38] 米国では，当初ウィークス事件で規範説に立っていたが，功利主義的傾向の前で次第に政策的配慮が前面に押し出されるようになり，やがて1961年のマップ事件で抑止効説に立つことによって，修正4条から修正14条（適正手続条項）の内容へと変容していったと言われる。捜査官の違法抑止を通して修正4条や同5条の権利保護を実効あらしめるため連邦最高裁判所によって創案された「救済手段」ないし「予防準則」であるから，違法抑止が期待できない場合には適用されないし，抑止が期待できても「利害得失」の比較衡量により排除の弊害が大きいときには適用を否定する途が開かれたと言われる。

[39] 最判昭53・9・7刑集32巻6号1672頁〔百選9版94事件〕。

の手続に引き続いて尿の提出がなされた事案[40]，②警察官が被疑者をその意に反して警察署に連行し，その状況を直接利用して所持品検査及び採尿を行った事案[41]，③覚せい剤使用の嫌疑がある被疑者に対し，自動車のエンジンキーを取り上げるなどして運転を阻止し，任意同行を求めて約6時間半以上にわたり職務質問の現場に留め置いた事案[42]，④警察官が職務質問に付随する所持品検査として，被疑者が運転していた自動車内を承諾なく調べた上，これに基づいて発見された覚せい剤の所持を被疑事実として現行犯逮捕した事案[43]等において適用された[44]。しかし，いずれも，手続は違法ではあるが重大ではないとして，証拠能力が肯定されてきた。

ところが，平成15年（2003年）に至り，初めて，手続が違法でありかつ重大であるとして，証拠能力が否定された[45]。すなわち，窃盗容疑で逮捕状が発付されていた被疑者の身柄を拘束するため，その住居地に赴いたが，逮捕状を持参しなかったにもかかわらず逮捕状を呈示して逮捕したと報告するなどした事案につき，逮捕状の呈示がないという「手続的な違法」にとどまらず，「警察官は，その手続的な違法を糊塗するため，…逮捕状へ虚偽事項を記入し，内容虚偽の捜査報告書を作成し，更には，公判廷において事実と反する証言をしているのであって，本件の経緯全体を通して表れたこのような警察官の態度を総合的に考慮すれば，本件逮捕手続の違法の程度は，令状主義の精神を潜脱し，没却するような重大なものであると評価されてもやむを得ないものといわざるを得ない。そして，このような違法な逮捕に密接に関連する証拠を許容することは，将来における違法捜査抑制の見地からも相当でないと認められるから，その証拠能力を否定すべきである」としたのである。

この判例では，令状主義の精神を「没却」するのみならず「潜脱し」としており，また，証拠収集手続後の「警察官の態度」を重視していることなどから，客観的違法の程度はもとより，捜査機関の主観的意図を重視したものと評価さ

---

[40] 最判昭61・4・25刑集40巻3号215頁〔百選9版95事件〕。
[41] 最決昭63・9・16刑集42巻7号1051頁。
[42] 最決平6・9・16刑集48巻6号420頁〔百選9版32事件〕。
[43] 最決平7・5・30刑集49巻5号703頁。
[44] なお，最決平8・10・29刑集50巻9号683頁は，被告人の言動に触発されて捜査官が暴行を加えた事案において，覚せい剤を発見した後の暴行であるとして，排除法則の適用を認めなかった。
[45] 最判平15・2・14刑集57巻2号121頁〔百選9版96事件〕。

れている[46]。

12.4.3 排除判断の基準

　判断の基準について，絶対的排除説と相対的排除説とが主張されている。前者は，憲法の保障する基本権侵害が認められれば，刑訴法上，証拠は直ちに排除されると主張する。

　これに対し，後者は，適正手続の観点から，その後の訴訟手続全体を無効とするほどの重大な違法が存在し，被告人を処罰することが基本的な正義の観念に反すると認められる場合には排除され，また，司法の廉潔性ないし違法捜査抑止の観点から，①手続違反の程度（適法性からの逸脱の程度，法益侵害の程度），②手続違反がなされた状況（違法行為の困難性，緊急性），③手続違反の有意性（潜脱の意図，計画性，認識性），④手続違反の頻発性，⑤手続違反と証拠獲得との因果関係の程度，⑥証拠の重要性，⑦事件の重大性などの事情を総合し，証拠排除の結果生じるであろう不利益と対比して排除の必要性を較量し，その間に適正な権衡が保たれるよう配慮した結果，証拠排除の必要性が肯定される場合に排除されると主張する。後者が多数説である。

　他方，判例は，令状主義の精神を没却するような重大な違法があり，これを証拠として許容することが，将来における違法な捜査の抑止の観点からして相当でないと認められる場合には証拠能力を否定する。判例の解釈として，「重大な違法」と「排除の相当性」との関係については，重大な違法であって初めて違法捜査抑止の対象となるとする重畳説と，いずれか一方のみで良いとする競合説とがあるが，これまで判例は重大な違法であって排除が相当でないとした事例はないから，実際上は違法の重大性が認められれば排除も相当としているように思われる。その意味では，重畳説と言っても良いであろう[47]。このような観点から見ると，上記①〜③は重大性に，④〜⑦は相当性に関わる要素と評価することができるように思われる。

---

[46] 逮捕状の呈示がない点について，令状の緊急執行が可能であるから（201条2項，73条3項），仮に令状執行の方法を誤っただけであれば，重大とまでは言えないとの評価もある。なお，その後，最高裁が違法収集証拠として排除した事例はない。

[47] ただし，重大でない違法でも多数回意図的に反復しているような場合には排除相当と考えられる余地もあり得るので，競合説を全面的に否定して良いかどうかは疑問もある。

12.4.4　排除法則の例外

　違法収集証拠排除法則が抑止効に基づくとすれば，基本的な発想は利益のバランスである。捜査機関から違法行為による利益を奪い，それが行われなかった場合と同じ地位に置くことで，抑止効果と証拠を利用できないことのコストのバランスをとるとされている。このような観点から，次のような例外が主張されている。

　第1は，善意の例外である。すなわち，捜査官が善意で令状の有効性を信じたことが客観的に見て合理的である場合には，抑止効がそれほど働かないから，例外が認められる。排除法則は，裁判官ではなく捜査官の違法行為を抑止するための手段であることが大きな理由である。そのほか，制定法の有効性を善意で信頼した場合，裁判所の事務処理上のミスで執行した令状を有効と信じた場合にも，善意の例外が認められるとされている。

　第2は，弾劾例外である。罪責に関する事実認定のためには許容されないとしても，信用性を弾劾するための証拠としては許容され得る。米国では，ミランダ準則[48]違反の自白について，ミランダ準則の目的は，違法な証拠を有罪立証の目的で使用するのを禁止することにより十分達成され，また，ミランダ準則は被告人に偽証の免罪符を与えるものではないから，ミランダ準則で求められる告知が不完全な供述を弾劾証拠として使用することができるとされる。この点で，ミランダ準則違反の自白以外の不任意自白や強要自白については，いかなる目的でも使用できないとしていることと一線を画していると言われている。我が国においては，①米国同様に許容する見解のほか，②証拠収集能力の実質的平等を確保するため，被告人が検察側の証拠を弾劾する目的で違法収集証拠を用いることは許されるとする片面的許容説，③弾劾として用いても，間接的に心証形成に影響を与えるおそれがあるので否定されるべきであるとする否定説が主張されている。この点，政策の問題であるとするならば，弾劾例外を認める余地はあり得るように思われる。

---

[48]　ミランダ準則とは，被疑者の取調べに際し，米国連邦最高裁判所が Miranda v. Arizona 事件（1966年）において定立した準則で，被疑者尋問に先立って，①黙秘する権利があること，②供述すれば不利益な証拠となり得ること，③弁護人の立会いを求める権利があること，④資力がなければ弁護人を付してもらうことができることを告知しなければならず，これに反した供述は証拠とすることができないというものである。

12.4.5　違法性承継の判断方法

　違法収集証拠排除法則は，違法な手続によって収集された証拠を排除するものであるが，それは違法な手続に「よって」という因果関係があることが決定的に重要である。そうだとすれば，当該収集手続それ自体が違法ではなく，それ以前の手続が違法であった場合にも，因果関係がある限り，違法な手続によって収集された証拠として排除される必要がある。

　そこで，押収手続自体は適法に見えるが，先行する一連の手続が違法である場合に，その違法を後行手続である押収手続が承継するかどうかについて検討する必要がある。この点について，判例は，「同一目的」「直接利用」の基準を用いて判断していた。すなわち，前掲最判昭61・4・25は，「被告人宅への立ち入り，同所からの任意同行及び警察署への留め置きの一連の手続と採尿手続は，被告人に対する覚せい剤事犯の捜査という同一目的に向けられたものであるうえ，採尿手続は右一連の手続によりもたらされた状態を直接利用してなされていることにかんがみると，右採尿手続の適法違法については，採尿手続前の右一連の手続における違法の有無，程度をも十分考慮してこれを判断するのが相当である」とした。

　その後，前掲最判平15・2・14は，これをやや緩和し，「密接な関連」の基準を用い，「本件採尿は，本件逮捕の当日にされたものであり，その尿は，上記のとおり重大な違法があると評価される本件逮捕と密接な関連を有する証拠というべきである」として，尿の鑑定書を排除した一方で，「本件覚せい剤の差押えは，司法審査を経て発付された捜索差押許可状によってされたものであること，逮捕前に適法に発付されていた被告人に対する窃盗事件についての捜索差押許可状の執行と併せて行われたものであることなど，本件の諸事情にかんがみると，本件覚せい剤の差押えと上記（2）の鑑定書〔注：尿の鑑定書〕との関連性は密接なものではないというべきである」として，差し押さえられた覚せい剤の証拠能力を肯定している。これは，従来の判断基準についても，厳格な同一目的・直接利用の関係を要求したものではなく，一定の関連性があれば良いと考えられていたことから，その基準を実質的に変更したものではないと言って良いであろう。

12.4.6 派生証拠の排除
(1) 排除の原則
　違法の承継は，先行手続の違法が，それ自体は適法であった後行手続に引き継がれ，その結果，後行手続も違法となり，これによって得られた証拠も排除されるという問題であった。これとやや異なるのは，違法な先行手続によって得られた証拠を用いて新たな証拠が得られた場合である。この場合には，先行手続の違法が後行手続に引き継がれるわけではない。したがって，後行手続それ自体は適法であるが，違法な先行手続によって得られた証拠を用いた点において，後行手続によって得られた新たな証拠もそれ自体が違法収集証拠となるかという問題である。違法の承継は，手続と手続との関係を検討するのに対し，派生証拠の排除は，証拠と証拠との関係を検討するものである。
　この点，米国においては「毒樹の果実（fruit of the poisonous tree）」の法理として論じられている[49]。すなわち，違法に収集された証拠の証拠能力が否定される場合，これに基づいて発見・収集された派生（二次）証拠も証拠能力が否定されるとの法理である。例えば，自白に基づいて証拠物の所在が判明したので，令状を得て捜索したところ，供述した場所から証拠物を発見し差し押さえたが，自白がミランダ準則違反として証拠能力を欠くものであった場合には，押収物の証拠能力も否定されるとするものである。

(2) 排除の例外
　米国では，毒樹の果実についても概ね3つの例外（証拠が許容される場合）が認められている。
　第1は，「独立源の法理」である。訴追側が違法行為とは完全に「独立の源泉」からその証拠を得た場合には許容される。例えば，ある一定の場所に違法に立ち入って捜索を行った捜査官が証拠を発見したが，現認しただけで手を触れなかったところ，その後同所に立ち戻り，捜索令状によってその証拠を押収した場合，捜索令状を支持する「相当な理由」が，違法な立入りを行う前に捜査官が入手していた情報（「独立の源泉」）に基づくものであったときは，その証拠は排除されないとされる。
　第2は，「希釈法理」である。違法行為と証拠との間に被疑者又は第三者の

---
[49] この問題は，ドイツにおいては「波及効（Fernwirkung）」の理論として論じられている。

行為が介在することによって，当該違法行為を利用して証拠を入手したと言えず，違法行為の毒性が十分に「希釈」された場合には許容される。当初の汚れを消失させるほどに，因果関係が希釈されている場合に排除されない根拠は，因果関係がこじつけのような場合には，捜査官が当該違法行為によって当該証拠を獲得できることを予見することが困難であるから，排除しても将来の違法捜査を抑止できないからであるとされる。

第3は，「不可避的発見の法理」である。その証拠が捜査機関の違法行為と関わりなく，適法な捜査活動から不可避的に発見されたであろう場合（他の合法的な方法でも発見収集に必ず到達し得た場合）には排除されない。すなわち，適法な捜査を仮定し，それによっても当該証拠が必然的に獲得されたであろう場合には，それが現実には違法に獲得された証拠であっても排除されないのである。例えば，弁護権を侵害して得られた負罪的供述によって明らかとなった物的証拠につき，適法な手段によっても不可避的に発見されたであろうことを検察官が「証拠の優越」によって立証するならば，その証拠は許容されるとされる。

(3) 例外の考え方

我が国の学説は，派生証拠の証拠能力否定が多数説であるが，その例外をどこまで認めるかについて，①独立源の法理，希釈法理，不可避的発見の法理により，例外を認める見解，②1次証拠の収集方法の違法性の程度，2次証拠との関連性の程度，2次証拠の重要性，捜査機関の意図などを総合的に判断して決定する見解，③適正手続の保障の観点から排除するときは因果性のみで足りるが，司法の廉潔性や違法捜査抑止の観点からの排除は，違法の程度，有意性，頻発性，因果性の程度，2次証拠の重要性，事件の重大性などを衡量して決すべきであるとの見解などが主張されている。

他方，裁判実務においては，違法逮捕によって得られた自白の反復自白について，質問を行った機関，質問の目的が異なれば証拠能力は否定されないとして，第1次自白は警察官調書，第2次自白は裁判官の勾留質問調書の場合，勾留質問手続では自由な弁解の機会が与えられているという理由で，証拠能力を肯定した判例がある[50]。下級審では，違法性の程度，犯罪事実の解明という公

---

[50] 最判昭58・7・12刑集37巻6号791頁。なお，同判決における伊藤裁判官補足意見は，「第1次的証拠の収集方法の違法の程度，収集された第2次的証拠の重要さの程度，第1次的証拠と第2次的証拠との関連性の程度等を考慮して総合的に判断すべきものである」としている。

共の利益，証拠の重要性，違法捜査が2次証拠の獲得を狙って行われたものであるかどうかなどを衡量して決すべきであるとした裁判例[51]などがある。

この問題は，結局のところ，先の違法がどこまで影響するかという因果性の問題であるから，第2次証拠を排除するに相応しい程度の因果関係があるか否かを検討すべきであって，上記②又は③の見解が妥当であるように思われる。

12.4.7　排除の申立適格

違法な証拠として排除されるべきであると主張するためには，自ら違法な侵害を受けた者である必要があるであろうか。換言すれば，第三者に対する侵害を理由に証拠排除の申立てをすることができるであろうか。

この点，米国では，証拠排除を主張するためには，被告人自身が修正4条の権利を実際に侵害されたことを立証する必要があるとされており，第三者が違法な捜索を受けて発見された証拠を，被告人の事件において証拠として用いる場合などには，排除の申立てができないとされている。その趣旨は，そもそも適正手続は，利益主体との関係で違法が相対化され，当の被告人の処罰が正義の観念に反するかどうかによるのであるから，被告人がその行為により自己の権利・利益を侵害された者であるときに限り申し立てることができることになると言われている。

他方，我が国においては，申立適格を要求しない立場が多数であると思われる。規範説によると，規範が市民社会の「構成原理」であるという理解に立つのであるから，その侵害は単なる個人的利益の侵害に止まらないのであって，政策以前の問題として当然に排除されることになろう。また，違法捜査抑止の観点からは，違法捜査それ自体の抑止を目指すのであるから，侵害を受けた者に限らず，申立適格に制限はないと考えられるし，さらに，司法の廉潔性維持ないし違法捜査抑止の観点から排除されるとする場合には，より広い政策的見地から証拠を排除するものであるから，当事者の訴訟活動によって適用の有無が左右されることはないと考えられている。

確かに，他人の権利が侵害されたことによって証拠排除され，その侵害と関係のない被告人が無罪となるのは不当であるとも考えられるが，政策的観点か

---

[51]　大阪高判昭52・6・28刑裁月報9巻5~6号334頁〔百選9版79事件〕。

ら証拠が排除されるのであれば，どこまで排除するかはまさに政策的判断によるのであるから，広く排除したとしても，整合性を欠くことにならないように思われる。

12.4.8　違法な証拠に対する同意

　違法収集証拠に対して被告人が同意することによって，その違法の瑕疵は治癒されるのであろうか。排除法則の根拠にも関わる問題ではあるが，違法が被告人に放棄可能な権利や利益に関する場合には，同意によって証拠能力が付与されると言って良いであろう。しかし，放棄を許さないような社会公共の利害に関係する場合や，容認し難いような不公正な態様で権利侵害が行われた場合には，同意によっても治癒されないと言われている。放棄を許さないような利益がどのような利益を意味するかは争いがあるとしても，そもそも排除されるような重大な違法がある場合であるから，容易に同意を認めるのは相当ではないように思われる。

　この点，「当事者が放棄することを許されない憲法上の権利の侵害を伴う，前叙の重大な違法が存するのであり，このような場合に右同意等によって右各証拠を証拠として許容することは，手続の基本的公正に反することになるから，右同意書があっても右各証拠が証拠能力を取得することはないといわなければならない」とした裁判例がある[52]。

　なお，同意の法的性質としては，当事者主義に基づく一般的制度であって，積極的に証拠能力を付与する訴訟行為とされている[53]。したがって，伝聞例外に関する刑訴法326条の同意とはその趣旨が異なるので，せいぜい326条の準用であり，326条そのものではないと言って良いであろう。

12.4.9　排除法則の適用領域
(1) 私人による違法収集証拠

　違法収集証拠排除法則の根拠が，捜査機関の違法捜査抑止であるならば，私人の違法行為抑止とは関係がない。捜査機関による人権侵害も違法捜査の抑止

---

[52]　福岡高判平7・8・30判時1551号44頁。これに対し，最大判昭36・6・7刑集15巻6号915頁参照。
[53]　証拠能力の積極的な付与ではなく，責問権の消極的な放棄によって，結果的に証拠能力が肯定されたに過ぎないと見ることも可能と思われる。

も，公的機関の問題であり，私人の違法が直接問題となるものではない。米国においても，私人による捜索については排除法則は適用されないとされている。しかし，違法の程度が著しく重大で，適正手続の観点から到底容認できないという場合には別論であるとする見解が主張されている。なお，私人による違法行為に適用がないとしても，捜査機関が私人に依頼するなどして，私人が実質的に捜査機関の手足として活動しているような場合は別論である。

(2) 大陪審における排除

米国では，排除法則の抑止効は，有罪認定の証拠から排除することをもってほぼ確保され，これを大陪審で適用することの抑止効の増大はわずかであって，大陪審の適正な運用という重要な利益に比べて小さ過ぎるから，大陪審では排除法則は適用がないとされている。

(3) 刑事訴訟以外の手続における排除

米国では，連邦民事手続，国外退去審査手続，パロール（保護観察）取消手続などには適用がないとされている。しかし，司法の廉潔性を問題にするなら，司法が違法を受け容れることになるので，司法が汚染されると言えなくもない。

第 13 章

自 白 法 則

13.1 自 白 総 説

13.1.1 自白法則の位置付け

　自白の証拠能力をめぐる議論の核心は，「任意」（319条1項）にある。
　「任意」とは，自己決定の自由を前提とする。その意味で，黙秘権とも深く関係する。また，自白は，取調べによって獲得されるものであるから，「任意」は取調べのやり方によって左右されざるを得ない。その意味で，任意捜査の限界とも密接に関連している。したがって，自白法則は，証拠法における取調べ規制という側面を有している。自白法則と任意捜査の限界とは，自白をめぐる規制の盾の両面を構成するので，その点を十分に意識することが重要である。取調べについては既に検討したので，この章では，証拠としての許容性の面から検討する。
　そこでまず，「任意」でない自白に証拠能力を認めない根拠を検討する。次に，裁判例において「任意」が争われた場合を順次検討することによって，「任意」の限界を検討する。その上で，任意性の立証方法，派生証拠の取扱いなどを瞥見した後，補強法則を検討し，最後に，共犯者の自白である共犯供述について検討しておくこととする。

13.1.2 自白の意義

　「自白」とは，自分の犯罪事実の全部又はその重要部分を認める被告人の供述である。自分の犯罪事実（その全部又は重要部分）を認める供述であるから，正当防衛等の阻却事由を主張する場合も，構成要件該当事実を認める限度にお

いて自白である。

これに対し，類似の概念が2つある。第1は，「不利益な事実の承認」（322条1項）である。自己に不利益な被告人の供述であって，自白よりも広く，間接事実の供述などを含む。自分に不利益な供述なら，全てこれに当たる。例えば，現場に居合わせたこと，被害者が面識があることなどもこれに当たる[1]。自白との差は，補強証拠の要否にある。

第2は，「有罪であること」の「自認」（319条3項）である。自分の罪責を承認する陳述，すなわち，当該訴因に記載された犯罪事実の存在の全てを認め，かつ，違法性阻却事由及び責任阻却事由の不存在を認めることで，自白より狭く，「有罪である旨の陳述」（291条の2）もこれに当たる。なお，自認は，本来は「証拠資料」ではなく，訴訟対象の処分たる本質を有するが，証拠的側面があるので補強証拠を要求した（319条3項）とされる。

13.2 自白法則の意義と根拠

13.2.1 自白法則の意義

自白法則とは，自白の証拠能力の制限（不任意自白の証拠能力の否定）を言う。これを狭義の自白法則と言う。他方，広義の自白法則とは，狭義の自白法則のみならず，証明力の制限（補強証拠の要求）をも含まれる。

自白法則の根拠は，憲法38条2項と刑訴法319条1項である。憲法38条2項「強制，拷問若しくは脅迫による自白又は不当に長く抑留若しくは拘禁された後の自白は，これを証拠とすることができない」と規定するが，刑訴法は，不任意自白一般を排除するため，排除の対象を不任意の疑いのある自白全部に拡張したとされる（拡張説）。しかし，憲法は典型的な場合を規定したものであって，それ以外の刑訴法が規定するような場合を含まないとする趣旨ではないと考えることもでき，むしろ両者の規定領域は同じであるとの見方も主張

---

[1] 最決昭32・9・30刑集11巻9号2403頁参照（船舶の焼失沈没による保険金詐欺事件において，沈没事故があったという外形的事実を認め，犯罪によるものであることを否認する内容の被告人の供述調書も，不利益な事実の承認を内容とする調書に当たるとした）。

されている（同一説）。判例もかつては拡張説[2]であったが、その後、同一説[3]をとるに至ったとも言われている（もっとも、いずれにしても自白法則が適用されるので、議論の実益は殆どない）。

13.2.2　自白法則の根拠
(1) 自白法則の理論的根拠

　　Ⅰ　虚偽排除説（供述結果の真偽）　⎫
　　Ⅱ　人権擁護説（供述の自由）　　　⎬ 任意性説‥視点＝被告人側
　　Ⅲ　違法排除説（捜査方法の違法）‥‥‥‥‥視点＝捜査機関側

　Ⅲ 方法　　　　Ⅱ 内心　　　　Ⅰ 結果
　　圧 力　　→　自己決定　→　供 述

ア　虚偽排除説（信憑性説）
　自白法則は真実発見のための証拠法則であって、事実認定の正確性に奉仕する証拠法則である。不任意になされた自白は虚偽である蓋然性が高く、供述内容の信用性が乏しいので、誤判を招くおそれがあるとして、その証拠能力を否定する。虚偽誘発の外形的なおそれ（誘発の蓋然性）があるから排除されるのであって、個々の自白が虚偽である必要はない（抽象的類型的虚偽排除説）。

　これに対しては、次のような批判がある。①虚偽でなければ強制されても良いことになり（具体的現実的虚偽排除説に立つと、証拠能力の回復を認めるから）、憲法38条2項の明文に反する。②虚偽誘発の類型的おそれであり個々の自白が虚偽である必要はないと言うが、類型化が難しく、いきおい自白内容を検討することになる。③嘘を言うような状況の認定が困難であって、自白内容が真実なら良いとされ易いから、証明力判断が先行しがちである。④個別自白の内容に立ち入って検討することになり、信用性判断に行き着くから、実質的には証明力判断が先行し、任意性と信用性の区別が失われる。

イ　人権擁護説
　自白法則は人権擁護のための証拠法則である。「黙秘権」あるいは「供述の

---
[2]　最判昭24・10・13刑集3巻10号1650頁。
[3]　最大判昭45・11・25刑集24巻12号1670頁。

自由」（自由権であって黙秘権とは以て非なるもの）を中心とした被告人の人権保障を目的とし，不利益供述の強要を防止する。拷問・脅迫による自白は，不任意の自白を擬制されたものとする。供述の自由を破る違法な圧迫があれば任意性のない自白となる。そして，憲法38条2項は同1項の担保規定と解し，黙秘権を中心とする人権保障のために強制自白などが排除される。供述内容が真実であっても，供述をめぐる意思決定の自由という人権を保障するために排除する。したがって，特別な事情があって供述の自由を害しない場合には排除されない。

これに対しては，次のような批判がある。①黙秘権と自白法則とを混同している。②意思決定の自由に影響しなければ排除されないのは，明文規定に反する。③証拠能力を信用性と切り離した点では正しいが，供述するかしないかの決意に影響したかどうかであるから「被疑者の心理状態」が基準となり，判断が微妙で任意性が安易に肯定される。したがって，現実に機能し得ない。

なお，虚偽排除説も人権擁護説も，被告人の供述を基準とする点で共通するから，「任意性説」（ないし「競合説」）と呼ばれ，従来の通説であった。すなわち，虚偽排除と人権擁護のいずれかに割り切るのは相当でなく，双方を理由とするが，同時に，双方に対する批判が当てはまることになる。

ウ　違法排除説

多数説と言われている。任意性担保のための予防法則であるとする。捜査側の自白採取過程における手続の適正・合法を担保するために，自白採取過程に違法のある自白を排除する。視点を被疑者側から取り調べる側に移し，任意性の枠を越えた点に意義があるとされる。その論拠は違法収集証拠排除法則に求められ，違法な手続を抑制するため，違法手続に基づく自白は排除され，審査対象も客観的な自白採取手続とされる。そのため，証拠能力の標準が客観化されるというメリットが生じる。適正手続を担保するために排除するのであるから，自白採取過程（方法）の違法性を問題とする（それ故，違法と不任意との因果関係は不要である[4]）。消極的真実主義に基づく。積極的真実主義は否定されるから，自白は真実でも排除される。黙秘権侵害の有無は関係がない。

これに対しては，以下の批判がある。

4　この点については，違法排除説の中でもむしろ因果関係を要するとする立場が少なくない。

①任意性を越えて違法性を取り込んだ点に意義があるが，まさにそれ故に違法性と任意性との区別がつかなくなっている。不任意を違法と解するのは，通常の用語例からは無理がある。峻別されたはずの黙秘権がこのような形で自白法則の中に入り込むことになる。

　②取調べ方法の規制は，供述者の権利に対する制約の有無・程度に拠り所を求めざるを得ないから，心理状態に立ち入らざるを得ない。したがって客観的な違法判断をしようとしても，そもそも困難ではないか。

　③取調べが違法であればなぜ任意性がなくなるのか説明がつかない。違法であっても常に任意でないとは言えないのではないか。

　④刑訴法を経由せず憲法（特に31条）を直接根拠として違法を判断するため，抽象的で曖昧な基準となり，必ずしも客観化されないのではないか。内心を問題としない点で客観化されるように見えるが，違法かどうかの基準が明確でない。

　⑤仮に違法収集証拠排除法則の自白版だとしても，我が国で一般に主張されている相対的排除説に従う限り，令状主義の精神を没却するような重大な違法でなければ排除されないが，任意性に疑いがある場合を全て重大な違法とは言い難いように思われる。この点で，自白は心理的に微妙かつ繊細な構造を有するから，任意性に疑いがある場合は原則として重大な違法であるとの見解も主張されているが，疑問が残る。

　⑥違法捜査と得られる証拠との因果関係不要という立場については，違法収集証拠排除法則について違法捜査の抑止という観点に立つ以上，因果関係不要とすればそもそも抑止効果がないことになってしまうのではないかとの疑問もある。少なくとも，当該証拠を排除すれば違法捜査がなくなるという関係は不可欠であるから，その限度で因果関係を前提とせざるを得ないのではなかろうか。

(2) その他の見解

　以上の他，総合説と言われるいくつかの見解が主張されている。その1は，虚偽排除，証拠禁止としての黙秘権侵害（憲38条1項），その他の違法行為の防圧（憲31条）の3つの趣旨が刑訴法319条1項の中に競合的に含まれているとする。欺罔手段によって黙秘権を侵害して得られた自白は，黙秘権侵害の観点から，また重大な違法行為によって得られた自白は違法排除の観点から，そして約束による自白や私人による違法収集自白は虚偽排除の観点から最も良く

説明できると言われる。違法排除の観点からは，ある程度重大な違法に限られるであろうから，必ずしも十分に排除を説明し得ないが，虚偽排除の観点を考慮に入れれば排除の結果を導き出せる場合も考えられようと評価されている。

その2は，不任意自白の排除という伝統的理解を維持しつつ，それに収まらない部分について違法収集証拠排除の一般原則を適用するという考え方である。このような理解の方が明文に合致し，無理のない考え方であるように思われる。自白獲得の方法が「不適当」とは言えても「違法」とは言いにくい場合もあり，その場合には違法排除説のみでは無理があることから，統一的に説明する法則を立てることは不可能とする（二元説ないし競合説）。

その3は，憲法レベルの不任意自白の排除（重大な違法を伴う不任意自白の排除），刑訴法レベルの不任意自白の排除（不任意自白一般の排除），違法収集証拠排除法則による自白排除（例えば，拷問等の重大な違法がなく，任意性に問題がないときでも，違法な逮捕・勾留中の自白は排除される）の3つの排除原理が併存するとの見解である。これに対しては，3つの排除原理の関係が明らかでないと批判される。しかし，不任意な自白をもたらすような取調べは，多くの場合，違法なものと評価されるとし，違法でない場合が留保されているので，おそらく，違法収集証拠排除法則だけでは説明できず，排除の本質は「不任意」であるとしたのであろう。

その4は，自白排除の原理は適正自白の確保であり，虚偽自白・人権侵害・違法取調べを不適正の内容を示す基準とするが，自白の内容に触れるのをなるべく避けながら段階的に判断するべきであるとされる（段階的総合説）。

その他，事情の総合説と言われる見解も主張されている。すなわち，任意になされたものでない疑いのある自白は証拠能力ないから，虚偽排除の観点から証拠能力を制限する（狭義の自白法則）とともに，捜索押収に関する法則である排除法則（違法な捜査活動の結果得られた証拠は排除される）に基づいて排除された捜索押収物に依拠する供述や「供述の自由」という基本権を侵害する供述の証拠能力が制限され，さらに自己負罪拒否特権侵害を侵害する自白の証拠能力が制限されるとする。事情に応じて自白が排除される点で，単なる総合説とは異なっている。

(3) 自白法則の考え方

近時，実務においては，従来の任意性説を一応の前提として自白法則を理解

した上で，これを越える場合については，自白に対しても違法収集証拠排除法則を直接適用することによって妥当な結論を得ようとする立場（総合説その2〔二元説ないし競合説〕）が有力である。違法排除説は，捜査手法それ自体の違法性を判断するから客観的かつ簡明であると主張するが，判断対象から内心の心理状態を除外して外部的な捜査手法のみを対象としたからといって，結局は情況証拠によって判断し認定することに変わりはないのであるから，判断方法それ自体に変更があったとは言えないし，そもそも条文上の「任意性」の文言を無視する点において，全面的には受け容れ難いように思われる。自白法則の歴史的経緯[5]に照らしても，その本質は，やはり任意性説によらざるを得ないのではあるまいか。しかしながら，供述証拠に対して違法収集証拠排除法則を適用することを拒否する理由もないと考えられるので[6]，その観点をも考慮するとすれば，結局のところ，総合説のその2ないし3の見解が妥当であるように思われる。

　なお，二元説ないし競合説に従った場合，自白法則と排除法則のいずれを優先的に検討するべきかについて議論があるが，条文上の明文規定がある前者を優先させるのが相当と思われる[7]。

13.3 自白の証拠能力の限界

13.3.1 強制，拷問又は脅迫による自白

　「強制，拷問若しくは脅迫」とは，肉体的又は精神的苦痛を与える強制行為の全てを含む。自白との因果関係を要するが，強制と自白とが時間的に近接していれば，推認されることが多いであろう。このような場合には，当該取扱い

---

[5] 自白法則は，18世紀に英国において虚偽排除を根拠として生まれ，その後，米国において人権擁護の立場から展開を遂げたと言われている。

[6] 供述証拠の収集手続は，供述者の内心の決意という独立した心理過程を経て初めて証拠化されるのに対し，証拠物の収集は，そのような内心の決意を経ないで直接収集される点で，両者には構造的な差異がある。それ故，供述証拠には違法収集証拠排除法則を適用できないという議論もあるが，収集手続と供述との間に因果関係が認められる限り，同法則の適用を否定する理由はないというべきであろう。

[7] 千葉地判平11・9・8判時1713号143頁。なお，同判決の控訴審である東京高判平14・9・4判時1808号144頁〔百選9版77事件〕は，一般原則である排除法則を優先している。

が，強制や拷問等に当たるか否かという事実認定の問題を別にすれば，それらに当たると認定される限り，虚偽排除ないし人権擁護の観点にせよ，違法排除の観点にせよ，いずれの見方に従っても排除されることは明らかであろう。例えば，警察署における「暴行による肉体的苦痛を伴う取調」に基づく自白[8]，「大要被告人が述べるような暴行（拷問）」の「影響下」に得られた自白[9] などがある。

13.3.2　不当に長く抑留又は拘禁された後の自白

　この場合についても，自白法則の根拠についていかなる立場をとっても，任意性が否定されることに争いはないであろう。文理上，因果関係を不要とする見解もあるが，判例は必要としている[10]。不当に長いか否かは，個々の事件の具体的事情に応じて判断されることになるが，少なくとも，法律上の拘束期間を超過した場合には，不当に長いと言わざるを得ない。また，逮捕・勾留が反復されるような場合にも，全体としてあまりに長期に及んだときには不当に長いと言えよう。また，事案の性質からくる拘束の必要性という面から不当に長いとされる場合もあり得よう。例えば，勾留の必要性がない被告人を簡単な窃盗事件1件で109日勾留した後の自白[11]，単純な2件の窃盗事件で病身の被告人を6か月10日勾留した後の自白[12] などがある。

13.3.3　その他任意性に疑いのある自白
(1) 手錠をかけたままの取調べによる自白

　取調べにおいて，両手錠を施されたままで得られた自白は，「その心身になんらかの圧迫を受け，任意の供述は期待できないものと推定せられ」るから，反証がない限り任意性に疑いを差し挟むべきであるとした判例がある[13]。判例

---

[8]　最判昭32・7・19刑集11巻7号1882頁。
[9]　大阪地決昭59・3・9刑裁月報16巻3~4号344頁（首を絞める，みぞおちを蹴る，太股を踏みつける，壁に頭をぶつけるなどの暴行が加えられたとされる）。
[10]　最大判昭23・6・30刑集2巻7号715頁。
[11]　最大判昭23・7・19刑集2巻8号944頁（控訴審第1回公判期日の被告人尋問で初めて自白（旧法事件））。
[12]　最大判昭24・11・2刑集3巻11号1732頁（控訴審第1回期日に病舎から出頭して自白。その後，病状が悪化したので保釈）。
[13]　最判昭38・9・13刑集17巻8号1703頁〔百選9版A29事件〕。もっとも，反証があったとして任意性が肯定されている。

は，虚偽排除ないし人権擁護の立場に立っているものと思われるが，違法排除からの説明も可能であろう。なお，片手錠の場合には，両手錠に比べて心理的圧迫の程度が軽く，任意性を疑う事情に当たらないとした判例もある[14]。

(2) 約束による自白

起訴猶予にするとか，共犯者を検挙しないとか，保釈するなどのように，一定の利益提供を約束して自白を得る場合には，虚偽自白おそれが大きいとされ，古くから証拠能力を否定されてきた。その意味で，虚偽排除の観点から最も良く説明できる類型と言われている。ただ，誘惑に誘われて正しい自己決定を阻害されて自白するに至るとも考えられるので，人権擁護の観点からも説明可能であう。これに対し，違法排除説からは，約束が直ちに違法であるとまでは言い難いことから，説明が容易ではないとされてきた。

判例[15]は，「被疑者が，起訴不起訴の決定権をもつ検察官の，自白をすれば起訴猶予にする旨のことばを信じ，起訴猶予になることを期待してした自白は，任意性に疑いがあるものとして，証拠能力を欠くものと解するのが相当である」としたが，これは正面から約束があったというよりも，被疑者が有利な取扱いを受けられることを期待して行った供述によって得られた自白の任意性を否定したものと言われている。しかし，最高裁は，任意性を肯定した本件の原判決が，いわゆる約束自白について任意性を否定した高裁判例に相反する[16]ことを認めているので，判例としては，約束自白の任意性を否定したものと評価してもあながち間違いとは言えないように思われる。

(3) 偽計による自白

取調べにおいて偽計を用い，相手方を錯誤に陥れて自白を得ることは，それ自体違法とも考えられるので，違法排除の観点から説明することもできる。しかし，判例[17]は，いわゆる切り違え尋問の事案について，「偽計によって被疑者が心理的強制を受け，その結果虚偽の自白が誘発されるおそれのある場合に

---

[14] 最決昭52・8・9刑集31巻5号821頁（狭山事件）。

[15] 最判昭41・7・1刑集20巻6号537頁〔百選9版74事件〕。

[16] 最高裁の判例がない場合には，控訴裁判所である高裁判例に相反することが判例違反に当たる（405条3号）。

[17] 最大判昭45・11・25刑集24巻12号1670頁。なお，「偽計を用いて被疑者を錯誤に陥れ自白を獲得するような尋問方法を厳に避けるべきである」とも述べているので，違法排除の方向を示唆したとも評価されている。

は，右の自白はその任意性に疑いがあるものとして，証拠能力を否定すべき」であるとしているので，やはり虚偽排除の立場をとっているものと思われる。その他，警察官が「現場遺留品である証拠物の分泌物がお前のと一致した」旨，あたかもXの分泌物がその遺留品から検出されたかのような嘘を告げて取り調べ，Xが抵抗の気力を失って自白した事案につき，「強い心理的強制を与える性質の分泌物検出云々のあざとい虚言を述べて自白を引き出した点のみで既に許されざる偽計を用いたものとして，その影響下になされた被告人の自白調書等はすべてその任意性を肯定できないと解すべき」であるとした裁判例[18]もある。

13.3.4 その他問題となった自白

(1) 黙秘権を告知しないで得た自白

黙秘権は，憲法上の権利であるから，これを告知しないことは，憲法違反でないとしても明らかに刑訴法違反であり（198条2項），その違法の程度も決して軽いものではない。しかしながら，それが直ちに不任意に至るか否かは，必ずしも明らかではない。黙秘権を知らないままに，事実上任意に供述することもあり得ないわけではない。とはいえ，仮に供述義務があると思いながら供述したのであれば，心理的圧迫を受けていると考えられるであろうから，そのような事情は，任意性に影響がある事情として考慮する必要があるように思われる。古くは，黙秘権の不告知は供述の任意性に関係がないとの判例[19]もあったが，近時，下級審においては，任意性の有無に重要な影響を及ぼす事情の一つとして考慮し，その他の事情を併せて総合判断を行う場合が少なくないように思われる[20]。

(2) 弁護人の接見交通権を侵害して得た自白

接見交通権も，被疑者・被告人の憲法上の権利に由来する重要な権利である。

---

18 東京地判昭62・12・16判時1275号35頁〔百選9版75事件〕。
19 最判昭28・4・14刑集7巻4号841頁。1回目の取調時に黙秘権を告知した後，8日後の2回目の取調時に告知しなかったとしても，供述を拒み得ることを知っていたと認められ，このような場合には198条2項に違反しないとした事案である。
20 例えば，浦和地判平3・3・25判タ760号261頁〔百選9版76事件〕。「黙秘権不告知の事実は，取調べにあたる警察官に，被疑者の黙秘権を尊重しようとする基本的態度がなかったことを象徴するものとして，また，黙秘権告知を受けることによる被疑者の心理的圧迫の解放がなかったことを推認させる事情として，供述の任意性判断に重大な影響を及ぼすもの」としている。

したがって，その侵害が違法であることは明らかであろう。しかし，接見交通権を妨害している間に得られた自白が，直ちに虚偽に至るおそれないし黙秘権の侵害があるとまでは言えないであろうから，任意性説による限り，任意性に疑いがあるか否かは，必ずしも一概には言い難い。

判例[21]は，違法な接見制限がなされた間に得られた自白であっても，前日4名の弁護人が接見した上，当日自白の直前に別の弁護人が接見している事案につき，「接見交通権の制限を含めて検討しても，右自白の任意性に疑いがないとした原判断は相当」としており，接見交通権を侵害して得た自白につき，直ちに不任意とはしていない。なお，古い判例[22]として，弁護人の接見の際に警察官が立ち会ったという事案につき，自白の任意性はそのような事情と関わりなく，自白をした当時の状況に照らして判断すべきであって，直ちに自白の任意性に疑いがあるとは言えないとしたものがある。

(3) 宿泊を伴う取調べによる自白

判例によれば，取調べは任意捜査とされているが，その場合にも，「社会通念上相当と認められる方法ないし態様及び限度において，許容されるもの」とされている[23]。したがって，その限界を超えた場合には，任意捜査であっても違法とされる。違法排除説に従えば，そのような状態で得られた自白は証拠能力を有しないことになろう。しかし，任意性説によると，そのことから直ちに不任意のおそれが生じるわけではなから，改めて任意性に影響を及ぼした事情について確認した上で，判断することになろう。前掲最決昭59・2・29も，4泊5日の宿泊を伴う取調べにつき，「任意捜査として許容される限度を超えた違法なものであったとまでは断じ難い」とした上で，「他に特段の任意性を疑うべき事情も認め難い」として，自白の証拠能力を肯定している。

(4) 任意同行に引き続く長時間の取調べによる自白

徹夜を伴うような長時間の取調べは，心身に多大の苦痛，疲労を与えるものであるから，その影響により虚偽の自白をするおそれがあることは否定できない。それ故，このような取調べによって得られた自白は，原則として任意性が否定されるものと言えよう。

---

[21] 最決平1・1・23判時1301号155頁〔百選9版78事件〕。
[22] 最判昭28・7・10刑集7巻7号1474頁。
[23] 最決昭59・2・29刑集38巻3号479頁〔百選9版7事件〕。

この点，任意同行した後，徹夜で取調べを行い，その間，ポリグラフテストも実施して，約22時間にわたって被疑者を追及した上で得られた自白につき，特段の事情がない限り証拠能力は否定されるとしながらも，「特殊な事情」があったとして，「社会通念上任意捜査として許容される限度を逸脱したものであったとまでは断ずることができず，その際になされた被告人の自白の任意性に疑いを生じさせるようなものであったとも認められない」とした判例[24]がある。しかしながら，いかに捜査の必要があったとしても，本来就寝すべき時間を利用した徹夜にわたる取調べは，想像以上に多大の疲労と苦痛を与えるものであるから，その影響は虚偽の供述のおそれがあるのみならず，人権侵害とも言い得るから，任意性に疑いがあると評価するべきように思われる。

(5) 違法な身柄拘束中の自白

　適法な身柄拘束中の取調べは，任意捜査として適法とされている。したがって，特段の事情がない限り，その間に得られた自白の任意性に疑いはない。しかし，身柄拘束が違法であった場合には，その間に得られた自白は不任意となるのであろうか。この点，自白法則とは別に，違法排除法則によって自白を排除することはあり得るとしても，任意性説に立つ限り，直ちに不任意となることはないように思われる。

　それでは，どのような場合に不任意となるのであろうか。例えば，別件逮捕が繰り返されたような場合であれば，不当に長い抑留，拘禁と言えるであろうから，その間の自白は不任意とされよう。また，拘束の違法が有形力を伴うような場合であれば，それ故に不任意とする余地はあり得よう。

　しかし，そうではなく，逮捕・勾留の要件を一部欠くために違法拘束となった場合，時間的制約を逸脱しために違法となった場合，あるいは単に手続的な瑕疵故に違法となった場合などはどうであろうか。任意性説に従ったとしても，全く無令状で無理矢理拘束したような場合には，被拘束者がその違法性を意識しているとすれば，その限りにおいて，その間の供述に影響を及ぼすことはあり得るとしても，被拘束者がその拘束は適法であると信じていた場合には，その違法が供述に影響を及ぼすものとは考えられないので，直ちに任意性に疑いがあるとは言い難いように思われる。

---

[24] 最決平1・7・4刑集43巻7号581頁〔百選9版8事件〕。なお，坂上裁判官反対意見参照。

なお、この点に関し、「憲法およびこれを承けた刑事訴訟法上の規定の精神を全く没却するに至るほどに重大である」場合には、任意になされた自白であっても証拠能力を否定すべきであるが、「その違法が右の程度に至らない瑕疵に止まる場合においては、その供述の証拠としての許容性は違法拘束中になされたことの一事をもって直ちに否定されるものではない」とした裁判例[25]がある。

(6) 反復された自白

例えば、脅迫等によって自白がなされた後に、新たに取調べを行う機関が変更し、あるいは一旦解放されるなど事情が変更し、その後、再び先の自白と同じ内容の自白が繰り返されたような場合に、再度の自白は証拠能力を有するのであろうか。確かに、当初の自白が得られた後、これと再度の自白との間の因果関係が切断されたと評価できるような場合であれば、再度の自白は、前の自白の影響を受けていないのであるから、全く新たに評価することも可能であろう。しかしながら、前の自白の影響を完全に切断することはかなり困難であろう。そこで、仮にこれを肯定するとすれば、先の自白に至った事情、例えば脅迫という事情を取調べ担当者が十分に確認した上で、これを除去するような説明を行い、取調べ環境を全く変更して、供述者が真に影響なく自白できるような環境を確立することが必要であろう。

また、そのような環境の変更を確立しないのであれば、単に取調べ担当者が変更したのみでは足りず、例えば、警察担当者から検察官に変更しても、捜査機関である限りやはり不十分であって、例えば、裁判官に変更するなど、捜査から全く独立した新たな機関によることが必要であろう。この点、違法な別件逮捕中の自白を資料として逮捕状が発せられ勾留された場合について、他に特段の事情がない限り、勾留質問の陳述を録取した調書の証拠能力を肯定し、さらに、違法勾留中に消防機関による質問調査の結果として得られた供述調書についても、捜査機関とは別個独立の機関であって調査の目的も異なるから、「消防職員が捜査機関による捜査の違法を知ってこれに協力するなど特段の事情のない限り」、消防機関に対する供述調書は証拠能力があるとした判例[26]が

25　福岡高那覇支判昭49・5・13刑裁月報6巻5号533頁。
26　最判昭58・7・12刑集37巻6号791頁。なお、伊藤補足意見において、1次証拠が違法収集証拠である場合の2次証拠につき、一律に排除すべきではないとして、「第1次的証拠の収集方法の違法の程度、収集された第2次証拠の重要さの程度、第1次証拠と第2次証拠との関連性の程度等を考慮して総合的に判断すべきもの」とされた点で注目されている。

ある。

13.4 任意性をめぐるその他の問題

13.4.1 任意性の立証
(1) 挙証責任
　犯罪事実の立証責任は検察側にある。しかし、自白の任意性は訴訟法上の事実であるから、自白を提出する当事者が挙証責任を負担する。その結果、検察側が負担することになるのであって、必ずしも利益原則に従った結果というわけではない。また、刑訴法319条1項は「疑いのある自白」を排除しているが、それは、立証の困難を想定して、疑いがあれば証拠能力を否定することとしたものである。

(2) 証明の方式
　自白の任意性に関する証明は、自由な証明で足りるであろうか。判例[27]は、自白の任意性の調査は適当と認める方法で行えば足りるとする。実務の扱いも、一般的には、被告人側の具体的主張を待って、検察側から被告人質問で任意性があることを明らかにする方法（取調状況につき反対質問のように質問した上で、最後に署名・押印を確認する）が採られることが多い。なお、弁護人がまず被告人質問で任意性がないことを立証する方式もあるが、被告人に形式的挙証責任を負わせることになり適当ではないと言われている。

　学説も、自由な証明で足りるとするのが通説であると言われている。これに対し、①自白は罪責に直結する重要性があり、任意性は信用性に影響を与えるから、厳格な証明を要するとする見解、②任意性がある自白は被告人の不利益に機能するから、自白の任意性を証明する方向では厳格な証明を、任意性を争う方向では自由な証明で足りるとの見解（片面説）もある。しかし、任意性は証拠能力の要件であって、これが立証された後に改めてその信用性が判断されて事実認定がなされるのであるから、厳格な証明を要する犯罪事実それ自体の立証と同視する必要はないように思われる。その意味において、任意性の立証

---
[27] 最判昭28・2・12刑集7巻2号204頁、最判昭28・10・9刑集7巻10号1904頁。

は自由な証明で足りると言って良いであろう。

(3) 実務における立証の在り方

　任意性の立証は，一般に，被告人側の主張によって始まる。例えば，「取調べにおいて暴行を加えられた」「取調べにおいて脅された」「余罪を立件しないと約束したのに裏切られた」等の主張がなされ，通常の場合には，被告人質問が実施される。その結果，被告人の供述が前後矛盾し，あるいは荒唐無稽の様相を呈するような場合には，それだけで被告人の供述は信用できないとして，不任意の主張が排斥されることもあり得る。

　しかしながら，被告人の主張が必ずしも虚偽とまでは言い難く，それなりの合理性があった場合には，一概に排斥することはできず，通常は，取調べを担当した捜査官の証人尋問が実施されることになる。捜査官は，多くの場合，被告人の主張と真っ向から対立する証言をし，あるいは記憶にない旨を証言する。その結果，いわば「水掛け論」になってしまい，いずれとも決し難い状態に陥ることが少なくない。この場合，自由な証明で足りるとすれば，概ね証明の優越の程度で足りるから，捜査官の証言の信用性が被告人の供述のそれより優越していれば良い。しかし，実際にはなかなかそのように割り切ることは困難であった。任意性判断は，既に述べたように，実務上，任意性が疑わしい事情の積み重ねによる総合判断であるから，微妙な事例判断とならざるを得ないのである。

　そこで，取調べ状況をできる限り客観化するため，取調べ経過一覧表の提出を求め，あるいは取調べ時間を明確にするために留置施設の出入簿等の提出を求める運用がなされたことがあった。しかし，捜査機関側の協力が必ずしも十分でなかったこともあり，また，仮に記録された時刻や経過の概要が明らかとなっても，それによって，被告人の主張する状況があったかどうかを直ちに判断することは必ずしも容易ではなかった。

　このような状況を踏まえ，平成12年（2000年）の「司法制度改革審議会意見書」の提言に従って，平成15年（2003年）から，取調べを行った日ごとに「取調べ状況報告書」の作成が義務付けられたところ（捜査規範182条の2）[28]，裁判員制度導入に伴う平成16年（2004年）の刑訴法改正によって，これが証拠開示

---

[28] 検察官については，平成15年11月5日付け法務大臣訓令により，同様に取り扱われている。

の対象文書とされ（316条の15第1項8号），他方において，取調べ状況の立証に際しては，「できる限り，取調べの状況を記録した書面その他の取調べ状況に関する資料を用いるなどして，迅速かつ的確な立証に努めなければならない」（規198条の4）と規定されるに至った。そこで，近時，取調べ状況の一部をDVDに録画し，これを任意性立証のために利用する運用が始められている[29]。

このような客観的資料が提出されない場合には，逆に任意性に疑いが残るとして，自白調書の証拠請求を却下する運用が増加するのではないかと予想されているが，実際の録画は必ずしも取調べ過程全てではなく，調書の読み聞け（録取した内容を読んで聞かせる）状況などごく一部の録画に限られていることなどに照らすと，なお従来の立証方法も維持されざる得ないであろう。したがって，録画の提出がないことから直ちに任意性に疑いがあると判断することは適切とは思われない。今後，一層適切な録画がなされ，任意性立証の客観化・合理化が一層促進されることが期待される[30]。

13.4.2 不任意自白に基づいた捜索の結果発見された証拠物

任意性説に従う限り，自白が不任意であるからといって，直ちに違法となるわけではない。そうだとすれば，そのような自白によってその存在が発覚し，これによって発見された証拠物も，直ちに違法収集証拠として排斥されるわけではない。そこで，不任意自白がどのような原因によって任意性に疑いがあるとされたのか，その原因を探り，その自白採取過程において違法とされるような要素があるか否かを検討し，その結果，違法があるとされた場合には，その違法の程度が重大であるか否かを検討し，仮に重大な違法であるとされた場合に，初めてその重大な違法が波及し，証拠物も排除されることになるものと言うべきであろう。

この点，原審が，任意性を欠く自白に直接由来する証拠物たる爆弾及びその

---

[29] 東京高判平20・6・30高検速報平20年100頁（任意性を認めるべき証拠と認めた）。これに対し，東京地判平19・10・10判タ1255号134頁参照（任意性を肯定する捜査官の証言の信用性を支える資料に止まるとした）。

[30] 取調べ状況報告書，DVD録画のほか，留置人出入簿，留置人診療録，看守勤務日誌（被疑者留置規則5条）などの利用が想定されていると言われる。なお，仮に，全面的なDVD録画が実施されるようになると，場合によっては，供述録音と同様に実質証拠として取り扱う可能性もあり得るであろう。

検証調書・鑑定書は証拠能力がないとして排除し，公判廷の自白は補強証拠がないので無罪とした事案につき，「『不任意自白なかりせば派生的第二次証拠なかりし』という条件関係がありさえすればその証拠は排除されるという考え方は広きにすぎるのであって，自白採取の違法が当該自白を証拠排除させるだけでなく，派生的第二次証拠をも証拠排除へと導くほどの重大なものか否かが問われなければならない」とした上で，「自白獲得手段の違法性が直接的人権侵害を伴うなどの乱暴な方法によるものではなく，虚偽自白を招来するおそれがある手段や，適正手続の保障に違反する手段によって自白が採取された場合」には，その「不任意自白に基因する派生的第二次証拠については，犯罪事実の解明という公共の利益と比較衡量のうえ，排除効を及ぼさせる範囲を定めるのが相当と考えられ，派生的第二次証拠が重大な法益を侵害するような重大な犯罪行為の解明にとって必要不可欠な証拠である場合には，これに対しては証拠排除の波及効は及ばないと解するのが相当である」とした裁判例[31]がある。

13.4.3 自白の信用性

　証拠能力が認められた自白は，事実認定の証拠となるが，その評価は，裁判官の自由な心証に委ねられる（318条）。しかし，その自由は恣意ではなく，論理則・経験則に従った合理的評価を前提とする。そこで，実務においては，信用性評価の注意則を導くために地道な努力が重ねられてきており，これに沿って自白の信用性判断が行われているのが実情である。そこで，信用性を判断する際の留意点について，その概要を確認しておこう。
　第1は，客観的証拠との整合性である。この場合にも，①供述はあるが裏付け証拠がない場合と，②客観的証拠はあるがその説明がない場合とがあり得る。①については，自白の内容に従えば当然あり得べき物が発見されないとすれば，供述の信用性は疑わしい。発見されないことに合理的な理由がなければ，その信用性に疑問が残る。例えば，血液が多量に付着した手袋をはめたまま物色した旨自白したのに，現場にそれを示す痕跡がない場合，刀で刺した旨自白した

---

[31] 大阪高判昭52・6・28刑裁月報9巻5-6号334頁〔百選9版79事件〕。しかし，「不任意自白という毒樹をソースとして得られた派生的第二次証拠に証拠の排除効が及ぶ場合にあっても，その後，これとは別個に任意自白という適法なソースと右派生的第二次証拠との間に新たなパイプが通じた場合には派生的第二次証拠は犯罪事実認定の証拠とし得る状態を回復する」として，公判廷自白によって証拠能力を回復するとした。

のに，刀に血液反応がない場合などである。

次に，②については，容易に説明できる重要事実について説明が欠落している場合には，供述の信用性は疑わしい。例えば，学校に放火したとの自白において，放火直後に校内で鳴った衝撃的・印象的な非常ベルの音について語っていない場合，強姦殺人の自白において，被害者が高度に酩酊していたという特異な状況を述べていない場合などである。

もちろん，①にせよ②にせよ，同一事実を見ても人によって差があり得るから，矛盾があるからといって直ちに全体の信用性が否定されるわけではない。不一致は，許容範囲である限り，むしろ自然であるとも言える。しかし，そのためには，犯人自身が錯覚していたとか，恥を隠すために偽りを述べたとか，後日自白を覆す目的で虚偽を述べたなど，合理的に説明ができる必要がある。また，重要部分ではない周辺の背景的細部にわたる供述については，むしろ記憶違いがあっても当然であるから，一概に信用性に影響するとは言えない。なお，概括的自白は，捜査官にとって既知の事実を述べるに止まる場合が多く，一般には信用性がないと言えよう。

第2は，客観的証拠との整合性である。自白の裏付けが備わっている場合には信用性が増すが，取り分け，「秘密の暴露」がある場合には，高度の信用性が認められるとされる。「秘密の暴露」とは，「あらかじめ捜査官の知りえなかった事項で捜査の結果客観的事実であると確認されたというもの」[32]である。例えば，死体を遺棄した場所を供述したところ，その場所から死体が発見された場合，川に兇器を捨てたと供述したところ，川浚えによって兇器を発見した場合，盗品を入質したと供述したところ，処分先から盗品を発見した場合などがそれに当たる。

この場合，①秘密（捜査官が知らない）であること，②供述後に真実性の裏付けがなされたこと，③それが犯行内容と関連することが必要とされている。①につき，秘密性を確保するために，事前に図面を書かせるとか，兇器や死体の発見に本人を立ち会わせて指示させるなどの措置が執られることが多い。ただし，捜査が進展すればするほど捜査官の不知の事実は少なくなるし，仮に捜査官が知っていても，被疑者が示唆も強制もなく自発的に供述を始めるような場

---

[32] 最判昭57・1・28刑集36巻1号67頁（鹿児島夫婦殺し事件）。

合には，なお信用性があるものと判断できるので，不知であることを絶対の要件とするかどうかは議論がある。②につき，川浚いなどによっても兇器が発見できなかった場合には，逆に供述の信用性が減殺されることになるが，潮流が激しく川底の物が容易に移動する場所であったなど，発見できないことを合理的に説明できる場合には，必ずしも信用性を減殺しないとされる。③につき，当該犯行と関連性の低い事項については，そもそも信用性に占める比重が小さいので，犯罪の自白の信用性への影響は小さいとされる。問題となるのは，いわゆる「疑似秘密」である。これは，生育上，職業上，日常生活上などで得た経験に基づく推測的供述であって，捜査当局が経験上知り得るような事項であるが，これについては，一見すると秘密の暴露のように見えながら，実は秘密とは言えないことが多いと言われている。なお，秘密の暴露がないとしても，それだけで信用性が減殺されるわけではない点にも留意を要する。

　第3は，自白それ自体の信用性の有無である。例えば，ストーリー自体が不自然で現実性が乏しい場合，不自然なまでに詳細な場合，理屈っぽさ，ちぐはぐさ，くどい反復などがある場合などは，信用性が疑われる。また，主要部分も些細な部分も同じような詳細さを備えている場合，変遷があるのにその合理的理由の説明がない場合，見当違いで取って付けたような説明の場合，犯人ならば間違えるはずのない事項について訂正や取消しをしている場合などには，信用性が疑われる。

　これに対し，臨場感を伴った迫真性のある体験供述は，信用性があるとされる。例えば，自己の心理状態，仲間との会話の詳細，特異なエピソードなどがあれば迫真性に富む。しかし，追求を免れるための思いつきや想像に基づく供述，報道で得た知識に基づく供述もあるから，そのような「疑似体験」の供述を区別して検討することが必要であるとされる。

13.5　補 強 法 則

13.5.1　補強法則の意義と根拠
(1) 意　　義
　自白法則は，狭義の自白法則（任意性の原則）と補強法則とを含めて，広義

の自白法則と称されている。

補強法則とは、有罪認定のためには補強証拠を必要とするという証拠法則である。補強証拠とは、有罪認定のために必要とされる自白以外の証拠を言う。自白は過度に信用され易いので、自白を安易に信用して誤った事実認定に至ることがないよう、仮に十分信用できる場合であったとしても、なおそれだけで有罪を認定することがないようにしたのである。その意味において、自白の証明力に制限が付されているので、「自由心証主義の例外」と言われる。

(2) 根　　拠

補強法則の実定法上の根拠は、憲法38条3項と刑訴法319条2項である。その実質上の根拠は、第1に、誤判の防止（虚偽排除の側面）である。自白は任意であっても真実とは限らないから、その真実性を担保し、誤判を防止するためである。その意味で、自由心証主義の制約とされる。もっともその制約については、①自白は80％に割り引くべきであるから、補強として20％が必要であるとの考え方と、②100％完全証拠であっても万一の誤りを避けるため＋アルファが必要とする考え方がある。自白の証明力が十分でもなお補強が要求される点に補強法則に独自の意味を認めることができることに照らすと、②が妥当であろう[33]。

第2に、自白偏重から生じる危険防止（人権擁護の側面）である。自白獲得のために手段を選ばなくなる危険を防止する。不当な取調べの防止、間接的な自白強要の防止である。刑訴法301条は、自白を証拠として取り調べる時期は、他の証拠を取り調べた後とするのもその趣旨であろう。

なお、一般に誤判は犯人との結び付きについて生じるのが通例であるが、この点について補強を要しない（判例・通説）とされた結果、補強法則によって誤判防止の効果がどれほどあるか疑問との指摘もある。また、英米でも補強の問題は重要性を失いつつあり、補強法則をめぐる学説・判例も次第に下火になり、現在では証拠能力と信用性の問題に移行しているというのは決して偶然ではないとの指摘もなされている。

(3) 公判廷自白の取扱い

憲法上の自白は公判廷の自白を含むか。この点、刑訴法上は明文で公判廷自

---

[33] 仮に前者に立つと、補強が必要なのは当然であって、いわば自由心証主義の範囲内であるから、疑似補強法則と言われる。

白にも補強証拠を要求したので（319条2項），実質的な議論の意味はあまりないと言われる。

判例[34]は，不要説である。学説は両説ある。不要説は，①母法の米国法では，裁判上の自白には補強証拠を要しない原則が確立していること，②裁判上の自白には強要のおそれがないことを挙げる。その結果，その違反は単なる訴訟手続の法令違反（刑訴法411条1号）となり，アレインメント[35]は立法可能となる。他方，必要説は，自白偏重の危険は裁判上であっても変わりないことを挙げる。その結果，その違反は憲法違反（405条1号）となり，アレインメントは憲法違反となる。

13.5.2　補強の範囲

補強の範囲は犯罪事実に限る。したがって，累犯前科については不要であり[36]，没収，追徴の原由も自白だけで認定できる[37]。主観的側面（故意・過失，営利目的，共同加工の意思，贓物性の知情など）に補強不要の点では，学説上も異説はないとされている。自白のほかに証拠がないのが通常であるからである。判例も，営利目的[38]，故意及び知情[39]，共同加功の意思[40]につき，いずれも補強証拠不要とする。

補強が必要な犯罪事実とは何か。第1は，罪体説（形式説）である。客観的側面（行為，結果，客体など外形的事実）の全部又は少なくともその重要な部分について必要であるとの見解である。罪体とは，①客観的な法益侵害の事実（死体があること），②何人かの行為によって法益侵害が生じたことを示す事実（他殺であること）及び③被告人の行為によって法益侵害が生じたことを示す事実（被告人の殺人行為による他殺死体であること）である。通説は①②につき補強必要とする。③について必要との立場もあるが，③を要求すれば，有罪が困難

---

[34] 最大判昭23・7・29刑集2巻9号1012頁〔百選9版A30事件〕，最判昭42・12・21刑集21巻10号1476頁〔百選9版81事件〕。
[35] アレインメントとは，公判廷において被告人に有罪・無罪の答弁を求め，有罪の答弁が行われた場合には，証拠調べ手続を省略して有罪の言渡しを行う手続をいう。
[36] 最決昭29・12・24刑集8巻13号2343頁。
[37] 最判昭26・3・6刑集5巻4号486頁。
[38] 最判昭23・3・30刑集2巻3号277頁（刑訴応急措置法10条3項に関するもの）。
[39] 最判昭24・4・7刑集3巻4号489頁。
[40] 最判昭22・12・16刑集1巻1号88頁（刑訴応急措置法10条3項に関するもの）。

となり，偶然に左右される弊害も生ずると指摘されている。例えば，白骨死体が発見され，鈍器による頭蓋骨骨折があって他殺死体と裏付けできた場合，検挙された犯人が自白しても，これを除いて彼が犯人であることを一応立証する程度の補強証拠を収集することは，実際上は極めて困難であろう。

　第2は，実質説である。判例[41]は，「必ずしも自白にかかる犯罪組成事実の全部に亘って，もれなく，これを裏付けするものでなければならぬことはなく，自白にかかる事実の真実性を保障し得るものであれば足る」とする。これに対し，①301条は補強証拠が取り調べられた後に自白を取り調べることになっている，②自白から生じる予断を防止するのが補強法則の趣旨であるから，自白から切り離して判断できなければならない，③自白が高度の信用性があり，自白のみで有罪とできる場合でも補強証拠を要するのであるから，真実性の担保としてしまうと補強法則の趣旨に反する[42]などと批判される。

　第3は，公判廷外の自白は形式説とすべきだが，公判廷の自白は実質説で良いとする見解である。公判廷外の自白と公判廷自白との区別を重視すれば，この見解も理解できるが，十分信用できる自白であっても補強を要するのが補強法則であるとすれば，両者を敢えて区別するべき必要はないように思われる。

13.5.3　具体的事例

(1) 盗品等有償譲受けで有罪とする場合

　この場合，自白のほかに被害届だけで足りるか。罪体説では，①盗品であることと②買ったことの2点について補強を要するが，被害届では①のみの補強であるから，②の補強がない点で有罪となし得ない。実質説では，①のみの補強で良いから，被害届だけで有罪となし得る。窃盗について見れば，罪体は，①物がなくなったこと，②それが窃盗によることの2点であって，窃盗被害届によって①②の双方を支えることができるので，罪体の全部につき補強がなさ

---

[41] 最判昭23・10・30刑集2巻11号1427頁。
[42] 実質説に立つと，結局のところ，自白の証明力と補強証拠の程度とは相関関係になってしまう。その意味で，判例の立場は「証明力相関論」とも呼ばれている。これに対しては，補強証拠は，自白の証明力が十分な場合であってもなお自由心証に枠をはめる制度であるから，信用性が乏しい場合を念頭において補強証拠の証明力との相関関係を認めるのは「背理」であるとの批判がなされている。

れている。これに対し，盗品等有償譲受けの場合には，客観的側面は，①物を買ったこと，②その物が盗品であることであり，被害届は②の補強にはなるが，①の補強にはならない。もっとも，②があれば真実性は担保されていると考えられるから，判例[43]によれば補強は十分とされる。

(2) 覚せい剤の所持で有罪とする場合

この場合，自白のほかに，当該所持にかかる覚せい剤の差押調書及び鑑定書だけで足りるか。覚せい剤所持の場合，客観的側面は，①覚せい剤を所持したこと，②法定の除外事由がないことであるが[44]，裁判例[45]によれば，①のみ補強を要する。②は，「同法違反の積極的犯罪構成要件要素ではなく，覚せい剤を自己使用し，所持し又はこれを譲り渡すという事実があれば直ちに同法違反罪を構成し，法定の除外事由があるということは，その犯罪の成立を阻却する事由であるにすぎない」からとされている。したがって，補強がなくても真実性を担保することはできる。所持しているということ自体が犯罪的行為であるから，許可がないことが通常であることと相まって，自白だけで所持罪の成立につき合理的疑いはないということであろう。なお，実務上は，県知事等の許可がないことについて照会回答書を証拠として提出しているのが通例である。

(3) 無免許運転で有罪にする場合

この場合，自白のほかに運転したことを現認する同乗者の供述だけで足りるか。無免許運転の場合，客観的側面は，①車両を運転したこと，②免許を受けていなかったことであり，①②ともに補強証拠を必要とするのが判例[46]である。この判例は，公判廷における自白は，憲法38条3項の「本人の自白」に含まれないとした上，括弧書きで，刑訴法319条2項の解釈について，「無免許運転の罪においては，運転行為のみならず，運転免許を受けていなかったという事実についても，被告人の自白のほかに，補強証拠の存在することを要するも

---

[43] 最決昭29・5・4刑集8巻5号627頁。「贓物故買の事実についての被告人の公判廷における自白は，被害者の盗難被害届によつて，これを補強することができるから，所論刑訴319条1項2項違反もない」とする。

[44] 平成3年法律第93号によって，「みだりに」と改正された（覚せい剤取締法41条の2参照）。

[45] 東京高判昭56・6・29判時1020号136頁。さらに，東京高判平17・3・25東高刑時報56巻1~12号30頁。

[46] 最判昭42・12・21刑集21巻10号1476頁〔百選9版81事件〕。

のといわなければならない」と述べている[47]。

　無免許運転は、免許がないと犯罪にならないのであって、運転行為それ自体が直ちに犯罪となるわけではない。通常の者は免許を有して運転しており、無免許の方が例外である。その意味でも犯罪の成立を阻却する事由というより、積極的構成要件要素と言うべきであるから、罪体説に立つと補強を要すると解すべきであろう。また、実質説に立っても、運転行為は、覚せい剤の所持と異なり無色透明であるから、無免許である旨の自白のみによって直ちに無免許運転の真実性の担保を得ることができないので、無免許の点についても補強を要すると解すべきように思われる。

(4) 覚せい剤事犯と無免許運転事犯との相違

　上記裁判例を見る限り、覚せい剤の場合と無免許運転の場合とでは、必ずしも整合的とは言えないようにも見える。しかし、無免許運転は無色透明な行為だが、覚せい剤の所持はそれ自体犯罪行為である。無色透明な行為に犯罪的色彩を与える要素には補強が必要だが、阻却する事由には補強は不要と解されるのであるから、必ずしも整合性がないわけではないと言われている。また、そもそも「法定の除外事由」は、検察官が初めから不存在を立証してかかる必要はないとされているから、特段の事情がなければ立証自体が不要とも考えられる。

　これに対し、阻却事由も犯罪要素として検察官が立証責任を負うのであるから、犯罪の客観的範囲と言うべく、補強証拠が必要ではないかとの批判もある。前掲東京高判昭56・6・29につき、少なくとも、自白の証明力との相関において補強証拠の必要な範囲、さらには補強の程度の問題を一括的、競合的に解決しようというのは「逆の論理」であるとの厳しい批判もなされている。補強法則の存在意義に関わる問題でもあるが、自由心証主義の例外と解する限り、この批判には理由があるように思われる。

13.5.4　補強証拠の証明力

　補強証拠の補強程度（証明力）については、絶対説、相対説、折衷説がある。

---

[47] もっとも、本件については、「Bの司法巡査に対する供述調書に、同人が被告人と同じ職場の同僚として、被告人が運転免許を受けていなかった事実を知っていたと思われる趣旨の供述が記載されており、この供述は、被告人の公判廷における自白を補強するに足りるものと認められる」として、結論に影響を及ぼさないとした。

絶対説は，補強証拠だけ一応の心証を抱かせる程度の証明力が必要とする。その理由は，①個々の自白の証明力いかんとはかかわりなく要求されていること，②法定外自白につき301条により自白は他の証拠の取調べ後に取り調べる必要があることである。これに対し，相対説は，自白と相まって事実を証明できる程度で足りるとする。また，折衷説は，公判廷外は絶対，公判廷自白は相対とする。判例[48]は相対説である。

　この点，あくまで補強であることを考慮すれば，それだけで心証を抱かせる必要まではないであろう。自白を他の証拠調べの後に取り調べることになっている（301条）のは，自白の偏重とこれに伴う誤判の危険を防止する趣旨であるから，直ちに絶対説に至るとまでは言えないように思われる。また，補強だけで心証形成できるのであれば，自白は不要であって，補強としてではなく独立証拠としてそれだけで認定すれば良いことになるが，そのようなことは多くの事件では不可能であって，法がそこまで要求しているとは思われない。

13.5.5　補強証拠の証拠適格

　第1に，被告人の供述は補強証拠とならない。自白は積み重ねても自白に過ぎない。したがって，公判廷自白と公判廷外自白とで有罪を認定することはできない[49]。しかし，脅迫状，帳簿のように自白としての実質を備えていないものは良いとされる。例えば，「未集金控帳」につき，「未収金控帳は原判決説示の如く，被告人が犯罪の嫌疑を受ける前にこれと関係なく，自らその販売未収金関係を備忘のため，闇米と配給米とを問わず，その都度記入したものと認められ，その記載内容は被告人の自白と目すべきものではなく，右帳面はこれを刑訴323条2号の書面として証拠能力を有し，被告人の第一審公判廷の自白に対する補強証拠たりうるものと認めるべきである」とした判例[50]がある。

　この点，判例は，323条2号書面の証拠能力が認められる場合であるからとするが，時期態様を問わず自白であることは変わりないから疑問ではある。しかし，利益・不利益を問わずルーティン・ワークとして作成された書面という

---

[48] 最判昭28・5・29刑集7巻5号1132頁。したがって，「被告人の自白の各部分について一々補強証拠を要するものではない」とする。さらに，最決昭40・10・19刑集19巻7号765頁参照。
[49] 最大判昭25・7・12刑集4巻7号1298頁。
[50] 最決昭32・11・2刑集11巻12号3047頁〔百選9版A31事件〕。

特徴があること，犯罪と関係なくなされた記述であって業務文書であれば，機械的に継続して記入が行われ，虚偽の入り込むおそれは極めて小さいから，それ自体信用性が高く，客観的証拠に近い性質を有することなどを考慮すれば，単なる自白から例外的に区別しても良いように思われる。

第2に，第三者の供述でも被告人の自白を繰り返したに過ぎない場合は適格がない。例えば，窃盗事件で被告人が自白していると聞いた被害者が数量等も警察の言うとおり記載した盗難届につき否定した裁判例[51]がある。なお，盗難の事実を知らなかった被害者が警察から注意を受けて被告人の言うとおりに盗まれたものと認めて提出した始末書についても，同様とされる[52]。

13.6 共犯供述

13.6.1 共犯者の公判廷供述

X・Yが共謀してAを殺害し，共同被告人として同一裁判所に併合審理されている場合において，Xは自白し，Yは否認したとする。Yの有罪を立証するために，Xの供述を証拠として用いるにはどうすれば良いであろうか。そのためには，いくつかの問題を検討する必要がある。第1に，共同被告人Xを，併合のままで証人尋問することができるか，第2に，共同被告人Xの公判廷供述を，Yとの関係で証拠とすることができるか，第3に，手続を分離した場合には，Yとの関係でXを証人にできるかなどである。

(1) 共同被告人の証人適格

X供述は，X自身との関係では自白であり，Yとの関係では，Y以外の第三者の供述であるから，Xは被告人以外の者という関係にある。法は，被告人の供述かそれ以外の者の供述か，いずれかの場合しか規定していないので，両者の性質を兼ね備えた（ように見える）者の供述の取扱いをどうするかは，必ずしも明らかではない。Yとの関係でXの供述を証拠とするためには，Xが公判廷において証言する必要があるが，そのためには，共同被告人のままでXが

---

51 東京高判昭31・5・21裁特3巻11号586頁。
52 東京高判昭26・1・30高刑集4巻6号561頁。

証人になることができるのであろうか。すなわち，黙秘権を有する被告人の立場と証言義務を負う証人の立場とは相容れるかという問題が生じる。

この点，肯定説は，自由な意思で証人になることを決断し，自らの黙秘権を放棄することは認められるべきではないか，専らYに関する事実についてのみ供述する場合は証人となれるのではないかと主張する。しかし，多数説によれば，被告人は包括的黙秘権を有し供述義務がないから，供述義務を負う証人の地位とはそもそも相容れないという理由で否定される。実務の取扱いも否定説で固まっていると言って良い[53]。確かに，黙秘権の放棄も考慮すべきではあるが，被告人としての供述には311条の明文規定がありながら，証人としての被告人の証言には，尋問の時期，範囲などについて明文の規定がないことに照らすと，やはり否定説が相当であるように思われる[54]。

(2) 共同被告人の公判廷供述

次に，証人尋問ではなく被告人質問を実施する場合はどうか。YのXに対する反対質問は，実質的に反対尋問として，証人に対する反対尋問と同様に取り扱うことができるであろうか。仮に，Xが供述拒否権を行使したとすれば，YのXに対する反対尋問権はどうなるのであろうか。Xの黙秘権とYの証人審問権との抵触をどうすべきであろうか。

証拠能力否定説は，反対質問（311条3項）に答えても，反対尋問権の保障ではないから，分離しない限りXの供述に証拠能力を認められないと主張する。しかし，XがYの反対質問に対し供述することにより，実質上，Yの反対尋問権が確保されているとすれば，その限りで，X供述に証拠能力を認めて良いとも考えられる。この意味において，証拠能力肯定説が多数説・判例[55]である。ただし，Xの黙秘権との関係でYの反対尋問権が制約されることは間違いない。伝聞ではないが反対尋問を経ていない点で伝聞証拠排除の実質的根拠と同じ問題が残る。したがって，黙秘権を行使した場合には，信用性を慎重に判断することが必要であると言われている。

この点，黙秘権を行使した場合にはその限度で証拠能力がないという両者の

---

[53] 大阪高判昭27・7・18高刑集5巻7号1170頁。
[54] それ故，黙秘権の放棄を前提として明文規定を設ければ，証人適格を認めることは可能と思われる。
[55] 最判昭28・10・27刑集7巻10号1971頁。共同被告人に対し「任意に供述を求めうる機会が与えられている」から証拠能力を否定すべきものではないとする。

中間説もある。そのような場合には分離して証人として尋問しても供述を拒否するであろうから，実質的に変わりはないが，証人尋問の場合にはその部分を排除できる余地がある点で意味がある。Yに不利な供述をしたが，X自身に関わる部分については供述拒否した場合であるから，主尋問に答えたが反対尋問に拒否したということになり，反対尋問を経ていない供述であるからである。そうすると，信用性の問題というより証拠能力の問題とすべきであるように思われる。その意味で，単に，証拠の信用性を慎重に評価すれば足りるというわけではないであろう。この意味において，中間説の考え方が相当であると思われる。

(3) 手続分離後の共同被告人の証人適格

それでは，手続を分離し，共同被告人ではなくそれぞれ単独被告人の事件とした場合には，Xを証人としてYの法廷に呼び出し宣誓させて証言を求め得るであろうか。

否定説もある。証言拒否により自分が有罪であることを暗示するか，偽証の制裁の下に供述を強制されるので，憲法38条1項の趣旨に照らし，被告人の意に反して証人として喚問することはできないか，又はその証言を供述者自身の犯罪事実との関係で証拠とすることはできないからであるとする。しかし，肯定説が多数説・判例[56]である。現行法上は何人でも証人となり得るから (143条)，当該事件の被告人たる地位を離れた場合には証人となるのに差し支えない。有罪判決を受けるおそれがあると思料すれば証言を拒否すれば良いから（146条），防御権の侵害はない。したがって，憲法38条1項に違反しない[57]。もっとも，分離して証人尋問した後，直ちに再度併合するのは疑問があるから，裁判官を異にした「真の分離」を前提にした共同被告人の証人尋問であれば許されて良いとの見解が有力である。形式的な分離によって，被告人の黙秘権を剥奪するのと同様の結果となることを防止する趣旨であろうが，証人となった以上，黙秘権がないのは当然であって，このような危惧を抱くのであれば，そもそも証人適格を認めない方向で対処するのが正当であるように思われる。

13.6.2 共同被告人の公判廷外の供述

Xが，捜査機関に対しては素直に供述していたが，公判において否認した場

---

[56] 最判昭35・9・9刑集14巻11号1477頁。
[57] 最決昭29・6・3刑集8巻6号802頁。

合，捜査段階の供述をYとの関係で証拠とすることができるか。できるとすればその要件はどうなるのであろうか。

　第1は，刑訴法322条説である。その根拠は，①共同被告人は純粋な第三者ではなく，自己の犯罪とYの犯罪とを不可分に供述しているから，第三者の供述録取書と異なること，②事実の合一確定の要請が強いこと，③共同被告人は供述拒否権を有するから，これに対する他の被告人の反対尋問権をそれほど重く見る必要はないことなどである。これに対し，共同被告人が第三者であり，反対尋問権の行使の必要がある場合もあるのに，その点を考慮していないのは不当と批判される。

　第2は，刑訴法322条・321条1項競合説である。Xは，Yとの関係では第三者であり，Xの反対尋問権を保障するため321条を適用するとともに，X自身も被告人であるから，任意性が要求されるとして322条を適用する。これに対し，任意性は319条の適用で足りるから，322条を適用する実益はあまりないのではないかと批判される。

　そこで第3に，刑訴法321条1項説が主張される。多数説・判例[58]の立場である。Xは，Yから見れば第三者であるから，通常の伝聞法則が適用されるべきである。共同被告人が黙秘権を行使すれば，公判廷での供述が不能な場合に該当するので，321条の他の要件を充たせば証拠となり得るとする。第三者の供述として割り切る点で明快ではあるが，任意性の取扱いについては，どう考えるべきであろうか。

　まず，共犯の法廷外供述を参考人供述と見たとしても，その場合，脅迫されて無理矢理に調書を作成されたというのであれば，違法収集証拠として共犯者との関係でも利用できない可能性はあろう（その場合，根拠条文は319条の類推適用であろう）。次に，任意性に疑いのある供述は2号書面としても使えないかという問題がある。共同被告人なら被告人でもあるから，先にまず319条の要件のクリアを要求する余地もあるが，第三者の供述として利用する以上，純粋な第三者の供述として，違法収集証拠と評価し，その面から任意性を要求する余地はあろう。

　ただし，違法収集証拠の問題とすれば，Yに主張適格があるかという問題

---

[58] 最決昭27・12・11刑集6巻11号1297頁。

(「申立適格」の問題）が生じる上，違法収集証拠排除法則の適用は，相対的排除説に立つのが判例であるから，重大な違法である必要があり，任意性に疑いがあることをもって直ちにその要件を充足すると言えるかについては疑問も残る。

以上に加え，2号書面において条文上任意性が要求されていないことをも考慮すれば，結局のところ，2号書面における任意性の問題は，当該供述の特信性ないし信用性の問題として処理するのが相当であるように思われる。

13.6.3　共犯供述と補強証拠

共犯自白も自白という性質があるなら，補強証拠が必要ではないか。特に，自白偏重のほか，巻き込みの危険が大きく，この点をどう考えるかという問題である。しかし，Xは，Yとの関係では，同時に被告人以外の第三者であるから，その自白は参考人供述という側面もある。この側面から見れば，およそ補強証拠という問題は生じない。ここでも問題は，「両面性」をどう評価するかである。例えば，X否認，Y自白の場合，Y自白を自白以外の独立の証拠として使えるのであろうか。Y自白をYに対して使う場合は補強が必要であるが，Xに対して使うときもこれに「準じて」補強証拠が必要かという問題である。

第1は，補強証拠不要説である。Y自白のみでXを有罪とし得るとする。共犯者は被告人以外の第三者であり，刑訴法319条2項の「その自白」は当該被告人本人の自白に限るから，共犯者の自白は含まない。その根拠は，①共犯者に対しては反対尋問をなし得るから，本人自白と同一視できないこと，②本人自白は信用されるが，共犯自白は疑いの目で見られるから，証拠評価にも差があること，③補強法則は自由心証主義の例外であるから，安易な拡張するのは相当でないこと，④自白したYが無罪，否認したXが有罪となるのは，Y自白はY自身の反対尋問を経ておらず自白としては証明力が弱いが，Xの反対尋問を経ているからXに対するY供述としては証明力が強いと考えれば当然であり，不合理ではない。さらに，⑤補強証拠を要求しても，罪体に関するもので良いとするなら，第三者引込みの危険は防止できないから同じことであること，などである。判例[59]も，共犯者の自白は，憲法38条3項にいう「本人の自白」と同一視し又はこれに準じるものとすることはできないとするが，その

---

[59] 最大判昭33・5・28刑集12巻8号1718頁。

理由は、「共同審理を受けていない単なる共犯者は勿論、共同審理を受けている共犯者（共同被告人）であっても、被告人本人との関係においては、被告人以外の者であって、被害者その他の純然たる証人とその本質を異にするものでないからである」とする。

これに対し、巻き込み、責任転嫁のおそれを考慮しないものとの批判がある。また、共犯者は事情に通じているから虚実取り混ぜて供述することができ、切り崩すのが困難であるとも批判される。

第2は、補強証拠必要説である。Y自白のみでXを有罪とし得ないとする。その根拠は、①共犯者供述は、憲法38条3項の「本人の自白」、刑訴法319条2項の「被告人の自白」に含まれること、②自白偏重防止という補強法則からすれば本人自白と共犯自白を区別する理由はないこと、③誤判の危険は共犯者供述の方が強いこと、④不要説だと、自白したYが無罪、否認したXが有罪という非常識な結論になり、事実の合一的確定が破れることになること、などである。これに対し、補強証拠を要求しても、引き込みの危険という共犯自白の危険は防止できないとの批判がある。

第3は、限定補強証拠必要説である。公判廷外の供述ではY自白のみではXを有罪とし得ないが、公判廷供述であればY自白のみでXを有罪とし得るとする。公判廷供述は第三者性が明白となるが、公判廷外では自白の色彩が強く、捜査官の自白獲得意欲を促進する意味では自白と異ならないとする。その根拠は、①被告人の自白と共犯者の自白とでは補強を要する理由がもともと異なるし、法制度上も別々のものとして発展してきたこと、②法定外の供述は、被告人の自白に近いものと言えることである。これに対し、公判廷供述につき、反対尋問を過信し過ぎている、公判廷外の供述について伝聞例外として許容される以上、公判廷供述と区別するのは解釈論として無理があると批判される。

この点につき、規定の文言上からは、「本人」「被告人」に共犯者を含むのは無理であろうと思われる。また、補強法則は自由心証主義の制限であるから、むやみな拡大は不当である。他人を陥れる危険は共犯自白に限らず、第三者が恨みを抱く場合もあり得る。しかも、反対尋問も一応できる。確かに、責任転嫁の危険は非常に高い上、分離して証人としても供述拒否権を行使され、反対尋問も実効性を挙げないおそれが高い。この点を考慮して、その供述を特に信用させる情況的保障がある場合に限って証拠能力を肯定すべきであるとする見

解も主張される。

　しかしながら，第三者の供述として評価する以上，証拠能力の問題として，新たに特別な法定外の要件を付加することは必ずしも相当ではないと思われるので，補強証拠を不要とした上で，その信用性について慎重に判断すれば良いのではあるまいか。責任転嫁の危険性は，証明力評価の問題として処理すれば足りるように思われる。

13.6.4　共犯自白による相互補強

　まず，X自白，Y自白の場合，Y自白がX自白の補強となるか。消極説もある。共犯自白は本人自白と同視できるから，補強証拠たり得ないとする。しかし，積極説が多数説・判例[60]である。共犯自白は「本人の自白」ではなく，少なくともXとの関係では第三者の供述であるから，補強証拠とすることができるとされる。

　次に，共犯供述が「本人の供述」に当たるとしても，Y自白でZ自白を補強し，Z自白でY自白を補強して，ともに独立証拠として，否認するXの有罪を認定することはできるか。この点，そもそも共犯自白が「本人の供述」に当たらなければ，Y自白もZ自白も，いずれも相互補強なしで使える独立証拠であるから，そもそも問題にならない。しかし，共犯供述が「本人の供述」に当たると仮定しても，Y自白でZ自白を補強し，Z自白でY自白を補強すれば，ともに補強証拠を備えた独立の証拠となるから，これらによって否認するXの有罪を認定することはできるかという問題は残り得る。

　判例[61]は，被告人が，ほか3名と共謀の上，自動車事故を偽装して保険金を詐欺した事案において，ほか3名は自白し被告人が否認していた場合，共犯者3名の自白で被告人の共謀を認定して有罪とした場合につき，「共犯者2名以上の自白によって被告人を有罪と認定しても憲法38条3項に違反しないことが明らかであるから，共犯者3名の自白によって本件被告人を有罪と認定したことは，違憲ではない」とした。ただし，自白以外に補強証拠のあった事案であるから，共犯自白の部分は傍論であると言われている。

　なお，最高裁は，もともと共犯自白は「本人の自白」に含まれないとしてお

---

[60]　最大判昭23・7・14刑集2巻8号876頁。
[61]　最判昭51・10・28刑集30巻9号1859頁〔百選9版82事件〕。

り，X否認Y自白の場合でさえXを有罪とし得るから，X否認Y自白Z自白であればXを有罪とし得るのは当然であろう。むしろ，団藤補足意見において，共犯自白は「本人の自白」に当たるから補強証拠を要するとした上，2人以上の共犯者の自白が一致する場合には誤判の危険は薄らぐから「相互に補強証拠となりうる」とされた点で注目されている。

学説は両説ある。消極説は，他人の自白であろうと本人の自白であろうと，自白偏重による誤判の危険は変わりがないから，いかなる場合にも共犯者の自白には補強証拠が必要であるとする。責任転嫁，細部の虚偽供述など共犯自白特有の危険は，反対尋問でも除去できないからである。他方，積極説は，共犯供述を「本人の自白」に当たるとしても，Y自白とZ自白とが一致していれば誤判の危険は薄らぐから，相互補強により，否認するXを有罪とし得るとする。

この点，そもそも，共犯者の自白を「本人の自白」に含めなければ，Y自白のみでXを有罪とし得るのであるから，2名以上の自白がある場合，当然に有罪とし得るはずである。仮に，共犯自白を「本人の自白」に入れる（したがって，補強証拠が必要）としても，複数の共犯者が，通謀もなく一致して供述するのは，かなりの確率で真実と言えることを考慮すれば，引き込みの危険性はかなり減少すると言えるから，自白以外に補強証拠がなくても相互補強できると解する余地はあり得るようには思われる。もっとも，自白を自白で補強するという自家撞着をどうするかという疑問は残る。本人自白は，共犯者の一致した自白によって，自白性を薄めることができるのであろうか。そもそも補強法則は，100％信用できる自白であってもなお補強が必要であるという原則だとすれば，一致した供述が信用できるか否かは無関係であるとも言える。そうだとすれば，仮に共犯自白を「本人の自白」に入れるのであれば，むしろ消極説の方が相当であるように思われる。

■第14章■

伝聞法則

14.1 伝聞法則の意義

　伝聞法則で最も議論が分かれるのは，当該供述がそもそも伝聞に当たるか否かである。そこで，まず，この点を検討することによって伝聞法則の射程を確認する。

14.1.1 伝聞の意義

　証人は，自ら直接経験した事実を証言する（なお，156条1項参照）。したがって，例えば，証人Yが，「XがVを刺すのを見た」と証言した場合，その証言の真偽は，法廷におけるYの態度やYに対する尋問によって確かめることができる。

　これに対し，証人Aが，「私は，Yが『XがVをナイフで刺すのを見た』と話していたのを聞きました」と証言したとしよう。この場合，Aが直接経験した事実は，Yから話を聞いたことである。AがYから聞いたこと自体については，法廷におけるAの態度やAに対する尋問によって真偽を確かめることができる。

　しかし，Yの話の中味，すなわち，「XがVをナイフで刺した」かどうかについては，Aに質問しても真偽を確かめることができない。Aにとっては，Yの供述を通じた間接体験であるから，その内容の真偽を確かめるためには，Yを法廷に喚問しYに対して直接尋問するほかない。

　このように，Yが述べることを聞いたというAの供述によって，Yが述べる内容の真実性を立証しようとする場合に用いられるA供述のような証拠を伝

聞証拠と言う。すなわち伝聞証拠とは，証人尋問によって内容の真偽を確かめることができない間接体験を述べる供述証拠（いわば，「伝え聞き」）である。このような伝聞証拠を原則として用いることができないというルールを伝聞法則と言う。

なお，この場合，仮にAがYから話を聞いた内容を問題とせず，聞いたこと自体を立証するのであれば，聞いたこと自体は直接体験であるから，伝聞ではない。伝聞かどうかは，証明しようとする事項（要証事実）によって相対的に決まることに留意しなければならない。

> **要証事実**
>
> 要証事実とは，当該証拠によって証明しようとする事実であって，必ずしも主要事実（訴訟の対象となっている犯罪事実）とは限らない。訴訟における証拠は，最終的には主要事実の立証に役立つべきものではあるが（そうでなければ自然的関連性ないし論理的関連性がない），証拠の許容性との関係では，直接立証しようとする事実を要証事実として検討すれば足りよう。なお，要証事実という用語より「立証事項」という用語の方が良いとの指摘もあるが，ここでは通常の用語例に従っておく。

14.1.2　伝聞証拠の定義
(1) 反対尋問との関係

伝聞証拠とは，反対尋問によって内容の真偽を確かめることができない供述証拠であるから，これを実体に即して述べると，裁判所の面前で反対尋問を経ない供述証拠である。これは，実質的定義と言って良い。

他方，刑訴法は，「公判期日外における他の者の供述を内容とする供述」又は「公判期日における供述に代えて」用いられる「書面」を証拠とすることができないと規定している（320条1項）。書面についても，公判廷でその内容について反対尋問できないので伝聞証拠と言って良い。法は，供述と書面とに分けて形式面から定義したと考えることもできる。その意味において，刑訴法320条1項の規定は，一般に伝聞法則の形式的定義を規定したものと理解されている。

両者の定義は，概ね表裏をなすと考えても良いが，相違が生じる場合がある。第1は，主尋問に応じて証言した証人が反対尋問前に死亡した場合である。この場合，反対尋問が未了であるから，実質的定義に従えば伝聞となる。しかし，

公判期日における証言がなされていることは間違いないから，形式的定義に従えば伝聞とは言えない。第2は，共犯供述の場合である。共犯者が法廷で供述した場合，共犯者は被告人としての黙秘権があるから，反対質問に対して供述義務はない。したがって，必ずしも反対尋問を経たものとは言い難い。それ故，実質的定義に従えば伝聞である。しかし，公判期日における供述を行ったことは間違いないので，形式的定義に従えば伝聞ではない。このように，両者の定義には若干のずれが生じる場合がある[1]。

この点，伝聞法則の根拠に照らすと，その核心部分はやはり反対尋問であること，憲法37条2項は，刑事被告人に「すべての証人に対して審問する機会」を保障しているところ，反対尋問権は，憲法上の証人審問権に由来し，憲法上の保障を実質的に実現する趣旨であることなどに照らすと，伝聞証拠の定義としては，実質的定義を核心に据えておくのが妥当であろう。しかし，伝聞の本来の趣旨は，いわゆる「伝え聞き」を排斥するものであるから，逆に，そもそも「伝え聞き」に当たらない場合には，およそ伝聞の範疇の限界を超えているとも考えられる。それ故，仮に反対尋問を経ていないとしても，「伝え聞き」とは言えない場合にまで排除理由を拡大してこれを伝聞とするのは，本末転倒とも思われる。その意味で，反対尋問前の死亡の場合や共犯供述の場合には，原供述者に対して直接その真偽を確かめることができないからと言って，それのみを理由として直ちに伝聞とするのは相当でないように思われる。

(2) 直接主義との関係

直接主義とは，事実認定者である裁判所は，供給源から直接入手した証拠によって心証を得るべきであるから供述代用書面は禁止すべきだ[2]と言う「実質的直接主義」（ないし「客観的直接主義」）と，裁判所自らが証拠を取り調べるべきだ[3]と言う「形式的直接主義」（ないし「主観的直接主義」）とが含まれる。

ところで，刑訴法320条1項は，「321条乃至328条に規定する場合を除いては」としており，322条の被告人の自白も伝聞例外として許容する規定と

---

[1] なお，実質的定義に従うと，本文のY供述のみが伝聞証拠であるが，形式的定義に従うと，本文のA供述全体が伝聞証拠となることにも留意する必要がある。
[2] したがって，伝聞を述べる証人は，裁判所が自ら取り調べて心証を得るので直接主義には反しないが，伝聞法則には反するとされる。
[3] したがって，他の者の証拠調べの結果を引き継ぐことができない。手続更新はその例外とされる。その意味で，「直接審理主義」とも言えよう。

なっている．しかし，被告人自身に対して被告人が反対尋問を行うことは不可能であるから，少なくとも同条については伝聞法則とは関係がないとも考えられる．また，条文に即した形式的定義に従うと，上述のとおり，反対尋問を経ていない供述でも許容する余地がある．したがって，そもそも320条は伝聞法則を規定したものではなく，直接主義を規定したものではないかとの見解も主張されていた．ここで主張されている直接主義は，実質的直接主義の意味であるが，裁判所との関係を示したものであって，ドイツ法に由来する職権主義の産物であると言われている．伝聞法則が当事者との関係で検討されるのに対し，直接主義は裁判所との関係で検討されるのである．

　この点，被告人の自白の許容性について伝聞法則では説明しにくいことは事実であるが，米国の圧倒的影響の下に制定された現行刑訴法が，320条1項の規定についてのみドイツ法由来の規定を設けたとは考えにくいこと，全体として当事者主義構造を採用する現行刑訴法が，ここだけ職権主義を採用したとは考えにくいこと，323条は明らかに伝聞法則に基づく規定であることなどに照らすと，やはり320条は伝聞法則を採用したものと解する通説が相当であろう．

14.1.3　伝聞法則の存在理由

　伝聞法則は，事実認定者が真実に到達するために，用いることができる証拠を予め規制するルールである．例えば，事実認定者は，公判廷における証人尋問において，当該証人に対して質問し，その表情や反応を観察しながら供述内容の信用性を判断することができる．

　しかし，例えば，前述のAの証言を例にとると，Aを法廷で尋問しても，Yの話の内容については，その真偽を確認することができないし，裁判所もYの態度を観察することができない．公判廷において，法の予定する確認手段は，①宣誓，②反対尋問，③供述態度の観察の3点であって，とりわけ，確認の中心は②の反対尋問であると言われているが，Yが法廷に出廷しない以上，いずれの手段も実施することができない．

　ところで，証言は，一般に，知覚（Perception），記憶（Memory），表現（Expression）（及び叙述〔Narration〕）の経過を辿って事実認定者の心証に影響を及ぼすところ，そのいずれについても誤りが混入するおそれがある．したがって，その過程の全てについて反対尋問によってその正確性を確かめる必要がある．

そのようなチェックができないと，事実認定を誤る可能性が高い上，当事者の実質的な証人審問権を奪うことにもなりかねない。それ故，伝聞証拠を用いることができないのである。逆に言うと，そのような弊害のおそれがない場合には，伝聞証拠として排斥する必要はないから，証拠能力を認める余地もある。そこで，このような観点から，伝聞と非伝聞とが区別されている。

14.1.4 非伝聞と伝聞例外

　伝聞法則は供述証拠についてのルールであるから，非供述証拠については問題とならない。また，供述証拠の中でも，そもそも伝聞でない非伝聞の場合にも問題とならない。

　伝聞証拠についても，伝聞法則の例外として許容される場合（伝聞例外）と，伝聞法則が適用されない場合（伝聞不適用）とがある。後者の例として，①同意書面（326条）及び合意書面（327条），②被告人供述（322条），③証人尋問調書（321条2項）が挙げられるが，法はいずれも伝聞例外として規定しているので，これらも伝聞例外として取り扱われることが多い。しかし，少なくとも①については，伝聞不適用とするのが相当であるとされている（②及び③については，争いがある）。なお，伝聞例外は，一定の要件（必要性及び信用性の情況的保障）の下に例外として証拠として許容されるものであるが，伝聞不適用は，そもそも伝聞法則が適用されないので，関連性さえあれば無条件で証拠として用いることができる点で，両者は異なっている。

　また，伝聞例外の合憲性について，憲法37条2項は，法廷に出廷した証人に対して反対尋問権を保障しただけであるとされており[4]，法廷に出廷しない証人に対しては保障しないので，伝聞例外を認めることは憲法に違反しないとされる。すなわち，伝聞法則は，法廷に出廷した証人との関係で憲法上の保障としたものであり，伝聞法則はその限度で，憲法上の要求である[5]。

▎証人審問権と反対尋問権
　証人審問権と反対尋問権との関係につき，反対尋問権は，当事者による真実発見

---

[4] 最大判昭24・5・18刑集3巻6号789頁。
[5] これに対し，憲法上の証人審問権は，およそ供述証拠を提供する者一般に対して反対尋問権を保障したものと解し，伝聞禁止の原則は憲法に由来する原則とする見解も主張されている。

の担保制度であるのに対し，証人審問権は，反対尋問権を含んだ広い内容を持った権利と言われている。すなわち，米国の証人審問権（right to confrontation）は，憲法上の保障に由来する被告人の権利であるのに対し，反対尋問権は，コモンローの伝聞法則（hearsay rule）に由来する真実発見のための技術的ルールである。

14.2　伝聞と非伝聞の区別

　伝聞と非伝聞の区別は，要証事実との関係で相対的に決まる。一般的に言えば，発言内容の真実性を立証するため，すなわち，発言内容に添う事実を認定するための証拠として用いる場合には伝聞証拠であり，発言があったことそれ自体を証拠として用いる場合には非伝聞であると言えよう。そこで，第1に，発言それ自体を証拠として用いる場合を検討した上，第2に，発言の存在によって一定の事実を推認する証拠として用いる場合，第3に，発言内容の真実性を証拠として用いるが，伝聞本来のプロセスを経ていないことから敢えて伝聞とする必要がない場合について検討することにしよう。

14.2.1　発言それ自体を証拠として用いる場合
(1) 供述がなされたこと自体が犯罪事実を構成する場合

　例えば，「Aが『甲が真犯人だ』と言っていた」とのBの証言で，Aによる名誉毀損の事実を立証する場合である。Aによる名誉毀損の事実を立証するためには，Aの発言それ自体を証明すれば良い（言葉の存在自体が要証事実）。Aの発言の有無はBが直接体験した事実であるから，Bに対する反対尋問で正確性を吟味できる。したがって，伝聞証拠ではない。

　同様に，例えば，強盗事件で，「被告人が『騒ぐと殺すぞ』と言って刃物を突きつけました」との被害者の証言は，被告人の発言を聞いたことを第三者が証言しているが，真実殺そうとしたかどうかを問題にしないで，発言があったこと自体が強盗の脅迫行為であるから非伝聞である。

(2) 不一致供述による信用性を弾劾する場合（328条参照）

　例えば，「Aは『甲が真犯人だ』と言っていた」とのBの証言の信用性を弾劾するために，「Aは『乙が真犯人だ』と言っていた」旨のBの以前の供述書を用いる場合である。ここでは，Aの自己矛盾供述があったかどうか，すなわ

ち，ＢがＡから直接聞いた内容が前後で異なっているかが問題となる。誰が真犯人かを問題にするわけではなく，Ａの発言を聞いたこと，すなわち自己の直接経験を問題とするに過ぎないから非伝聞である。

(3) 行為の言語的部分

例えば，Ａが金銭を甲に手渡す際に「『例の物の代金だ』と言って渡した」とＢが証言した場合である。無言で金銭を手渡したとすれば，その意味するところは多義的である。仮に情況証拠によってある程度の推認は可能であるとしても，それが贈与か，弁済か，賄賂か，必ずしも明確とは言い難い。ところが，例えば，「長い間ありがとう」と言いながら金を渡すことが，行為に返済という意味を与えるように，「例の物の代金だ」と言って金銭を渡せば，甲Ａ間で取引した物，例えば覚せい剤等の売買代金であることを意味することが明らかとなる。言語は，行為のみでは多義的な可能性がある行動の多義性を一義性へと絞り込む役割を果たす。この場合の言語は，供述証拠ではあるが，行為の意味を明らかにするだけであって，供述内容の真実性を問題とするわけではないから非伝聞である（もっとも，行為と一体をなすからと言って，供述が直ちに非供述に転化するわけではない）。

14.2.2　発言の存在によって一定の事実を推認する証拠として用いる場合

(1) 供述内容と関わりない事実を推論する情況証拠として用いる場合

例えば，犯行直前に「ＡがＸに対し『おまえは馬鹿だ』と言っていた」とＢが証言した場合である。Ｘが馬鹿であることを要証事実とするのであれば伝聞となるが，発言の存在自体を要証事実とし，その発言の存在によってＸがＡに馬鹿にされたと感じたこと，そこからＡとＸとの間に感情的対立があったこと，したがって，Ｘには犯行の動機が存在したことを推認するのであれば，非伝聞であろう。

(2) 供述者の精神の異常性を推論する場合

例えば，「Ａが『私は神である』言ったのを聞いた」とＢが証言した場合である。すなわち，「私は神である」との供述から，発言者Ａの精神異常を推論する。普通の人が普通の精神状態でそのような発言をするわけはないから，そのような発言があったこと自体からＡの精神の異常性を推認することができ

よう。その意味で，発言の存在自体が要証事実である。その限りにおいて，Aの発言は伝聞ではない。

(3) 客観的事実と一致した供述から発言者の認識を推論する場合

例えば，ブレーキ故障で事故を起こした運転者が，事故前に「ブレーキが故障している」と述べていたことから，事前にブレーキ故障を知っていたことを推認する場合である。真実ブレーキ故障があったか否かが問題なのではない。仮にそうであれば伝聞であるが，真実ブレーキ故障であったか否かにかかわらず，単に発言者が故障だと思っていたこと（発言者の認識）を立証するに過ぎないから，彼がそのような発言をしたことを明らかにすれば足りる。その意味において伝聞ではない。

なお，類似の事例として，言葉が聞き手に与えた影響を立証する場合も伝聞ではない。例えば，殺人事件において，被害者が被告人に「殺すぞ」と言ったのを聞いたとしても，被告人が被害者に危惧感を抱いていたことを立証するのであれば伝聞ではないとされている。言葉自体の存在を立証し，そこから聞き手の危惧感（聞き手の感情）を推認するに過ぎないからである。

14.2.3 発言内容の真実性を証拠として用いるが，伝聞本来のプロセスを経ていないことから敢えて伝聞とする必要がない場合

(1) 咄嗟になされた自然的言動

例えば，轢き逃げ事件発生当時，たまたま付近を通行中であったBの「Aが咄嗟に『Xだ』と叫ぶのを聞いた」との証言の場合である[6]。

ここで，轢き逃げした犯人がXであることを立証するのであれば，Aの発言内容の真実性を立証しようとするのであるから，伝聞であるように見える。しかし，Aは轢き逃げ事件を目撃した状況について反射的に発言しているのであるから，記憶，叙述の問題が欠落している。とはいえ，知覚の問題は残る。すなわち，目の前で生じた出来事を目撃して咄嗟に発言しているから記憶間違いの危険はないし，意識的表現ではないから叙述の真摯性に問題はないが，知覚それ自体の正確性の問題は残る。それ故，伝聞であるとの見解も主張されているが，多数説は非伝聞としている。知覚の正確性については，反対尋問をし

---

[6] この場合，米国では一般に伝聞例外とされているが，我が国では興奮時，死期が迫った場合の供述などにつき規定がない。

なくても供述時の態度や周囲の状況についての第三者の供述によって検討できる上，非伝聞としても関連性を要し，直ちに証拠能力を肯定するものではないから，それで十分であるとする。

　この点，Ａの発言内容はＸを指し示した行動と意味的には同じであるから，非伝聞のみならずそもそも非供述扱いとすることさえできるし（非供述なら当然に非伝聞），また，行為者の知覚を反映した非言語的行為も非供述証拠として取り扱われており[7]，現行法上，知覚の問題だけで伝聞証拠になるとは言い難いのではないかと思われる。

　なお，強制わいせつ事件の被害者である6歳の幼女が被害直後から2，3日に至るまでの言動を伝えた母親の証言について，幼女の言動は「再構成を経た観念の伝達ではなくて，被害に対する児童の原始的身体的反応の持続そのもの」であるから，母親の証言は伝聞に当たらないとした裁判例[8]がある。

(2) 心理状態（精神状態）の供述

　ア　問題の所在

　いわゆる心理状態（精神状態）を述べた供述については，伝聞かどうか争いがある。例えば，「Ａが『Ｘは役に立たない無能なやつだ』というのを聞いた」とのＢの証言は伝聞であろうか。ＡがＸに対して侮蔑感情を抱いていたこと（そして，そのためにＸが傷害の動機を有していたこと）の推論に用いる場合は，一般に非伝聞とされている。また，ＡＢ間で親密な会話があったとき，以前からの知り合いであることを証明する場合にも，会話内容の真実性を立証するわけではなく，親密な会話の存在を立証することによって，お互いの親和感情を推認するので，非伝聞とされている。

　ところで，心理状態（精神状態）の供述は，心の状態を表明するものであって，目撃状況等の報告ではない。Ａの内心の侮蔑感情を表明したものであって，外界を認識して記憶したものではない。したがって，知覚，記憶，叙述の過程のうち，知覚，記憶の過程が欠けており，叙述の問題（思ったとおりに真摯に述べ

---

[7] 集団のうち誰かに攻撃され，その中の特定者に反撃した場合には，「やつ(＝特定者)が犯人だ」という言語的表現と同様の知覚であるが，非言語的行為には意識的表現がないから叙述に欠け，供述ではない。もっとも，犯人は誰かとの問に対して，3番目の男を指すのは，「犯人は3番目の男です」と供述するのに等しいから，非言語的行為であっても「供述」として扱い，伝聞法則を適用することが必要とされる。

[8] 山口地萩支判昭41・10・19下刑集8巻10号1368頁。

たか，使用した言葉は適切かなど）のみが存在する。しかし，内容の真偽とは無関係の事項を推認するのではなく，その内容をなす感情・心理状態の真実性が証明対象である点で伝聞と異ならないとも言われる[9]。英米では「伝聞例外」とされるのが通常であると言われるが，日本では規定がないので問題となる。

イ 学説の考え方

この点に関する学説を見ると，3説が主張されている。第1は，伝聞説である。叙述の誤りの危険があるので，反対尋問で吟味する必要がある。非伝聞とすれば，関連性一般の問題となるが，いつどのように吟味するのか手続面での保障が明確ではない。また，当事者が同意するかどうかの意見を聴取される機会も保障されない（同意の余地がないので，同意するかどうかを確認される機会がないという意味であって，証拠決定の際に意見を聞かれないという意味ではない）。さらに，発言内容自体の真実性が問題となる局面であるから，伝聞法則が適用がない場合と同様に扱うのは疑問であると主張する。

第2は，非伝聞説（多数説）である。叙述の問題は，人為的改変を加えられていないかという吟味が必要という意味では，非供述証拠を含むあらゆる証拠に共通であるから，反対尋問が必要という供述証拠特有の問題ではない。叙述の正確性，誠実性ないし真摯性は，一般的な関連性の問題として扱えば足りるから，原供述者を尋問しなくても，伝聞証人を尋問して供述状況を明らかにすれば確認できる場合が多い。このような場合を伝聞例外として処理する適当な条文がないから，非伝聞として処理するのが妥当である。

第3は，伝聞例外説である。現行法は主として書面を規制対象としており，伝聞供述については刑訴法324条の規定しかないから，本来法の予定している書類と性質の異なる口頭供述については，性質に応じた解釈に委ねられている。したがって，心理状態を述べる供述については，刑訴法324条の準用規定のうち，供述不能までは準用されず，信用性の情況的保障があれば例外として証拠能力が認められるとする[10]。

---

[9] しかし，内容の真実性と感情の真実性とは次元が異なるのではないかとの疑問が残る。例えば，「Aが『Xは恐ろしい人だ』と言っていた」というBの供述は，Xが恐ろしいことが真実かどうかを問題とせず，AがXに恐怖心を抱き恐れていたことが真実かどうかを問題にするから，伝聞とは異なる実質を有するようにも思われる。

[10] この場合，叙述の正確性，誠実性ないし真摯性の確認は，関連性の問題ではなく，信用性の情況的保障として位置付けられる。

この点，例えば，「Xが犯行前に『Vを殺してやる』と言っていたのを聞いた」というBの証言によって，発言した時点におけるXの殺意を推認する場合には，Xの発言には知覚，記憶の過程がなく，冗談ではなく真摯な発言であるか否かは，Bに対する反対尋問によって確認することができるようにも思われる。もっとも，他人の内心の真意を態度や表情など，外面に現れた事情から全て正しく推認できるとは限らないかもしれない。しかしながら，原供述者に尋問したとしても，全てが解明できるとも限らないのであって，原供述者が自ら弁明したことによって判断するより，外部から観察された事情から客観的に推認する方がむしろ合理的であるとも考えられる。その意味で，外部から観察できる表現の過程については，外部から観察できない知覚・記憶の過程と異なり，必ずしも常に反対尋問によらなければならないとまでは言えないのではあるまいか。その意味において，非伝聞として取り扱うことは可能であるように思われる。

他方，「殺人犯人が『この野郎』と怒鳴っていた」という目撃者の供述を考えると，発言当時の冷静な心理状態を立証して殺意を推認するというより，むしろ咄嗟に出た自然的発言とも言えるし，発言者の怒りの感情の表出を示すとも言えるから，発言があったこと自体によって，他の情況証拠と相俟って殺意を推認する一資料とすることができるにとどまり，発言内容に沿う事実を推認し，そこから殺意を推認するというわけではないから，いわゆる精神状態の供述とは性質を異にするように思われる。

これに対し，「Vが『Xは怖い人だ』と言っていたのを聞いた」というBの証言から，Xの脅迫や殺害の動機を推認することができるであろうか。この場合，Vの心理状態を立証するのであれば非伝聞と評価し得るとしても，それによって直ちにXの行為の動機を推認することは困難であろう。そうだとすればそもそも関連性がないとも考えられる。関連性があると言うためには，「Xが自分を脅した」から「Xは怖い」という供述でなければならないように思われる。そうすると，XがAを脅したことが問題であって，その意味ではむしろ過去の経験事実の供述であるから伝聞と言うべきであろう。

このように，伝聞か非伝聞かは，発言内容を十分に吟味した上で，そこから推認できる事実は何かを考え，要証事実との関係を明確にした上で，具体的に検討する必要があるように思われる。

ウ　判例の理解

ところで，判例は，被告人がかねて被害者と「情を通じたいと野心を持っていた」ことの証拠として，証人の証言（「H子は私に『被告人につけられていけない』『あの人はすかんわ，いやらしいことばかりするんだ』と言っていた」）が伝聞かどうか問題となった事案[11]において，原判決が，同証言は被害者が，「同女に対する被告人の野心にもとづく異常な言動に対し，嫌悪の感情を有する旨告白した事実に関るもの」であるから非伝聞としたのに対し，「同証言が右要証事実（犯行自体の間接事実たる動機の認定）との関係において伝聞証拠であることは明らかである」としている。

この判例につき，被害者Aの嫌悪の感情を情交合意の否定（意に反する姦淫であること）の立証に用いるのであれば非伝聞となり得ると言われている。「すかんわ」の部分は感情告白を立証することになるからである。その意味では，精神状態の供述と考えることもできる。これに対し，被害者の感情は，和姦か強姦かの立証には関連性があるとしても，犯人性の立証には関連性を持たない。犯人性の立証に役立つのは，感情の表明ではなく，「いやらしいことばかりする」「被告人につけられていけない」という過去の事実である。過去の事実が存在するとの立証があって初めて動機の立証として関連性を有する。本件判例において立証しようとするのは，被告人の犯人性であるから，当然に伝聞証拠であるとの見解が主張されている。この点，そのような被告人の過去の行動が立証することができて初めてその野心的態度を推認し犯行の動機を認定するための証拠となるので，過去の被告人の行動の真実性を問題としているという意味で伝聞証拠というべきであろう[12]。

さらに判例は，被告人Xが「白鳥はもう殺してもいいやつだな」と言った旨のAの検察官に対する供述調書における供述記載が問題となった事案[13]について，「被告人Xが右のような内容の発言をしたこと自体を要証事実としている」から伝聞証拠とは言えないとした。確かに，発言したこと自体は「自ら直接知覚した」ものだから，その限りでは伝聞供述であるとは言えないであろう。

---

[11]　最判昭30・12・9刑集9巻13号2699頁。
[12]　これに対し，確かにそのようにも言えるが，証明の対象は過去の事実の有無ではなく，あくまで精神の状態であり，その点からすれば，問題の供述の際の真摯性の有無であることに変わりはないから，必ず反対尋問を要するというのは硬直した考え方であるとの反批判もある。
[13]　最判昭38・10・17刑集17巻10号1795頁（白鳥事件）。

したがって，被告人Xもその場にいたということを立証しようとするのであれば，非伝聞であることは明らかであろう。しかしながら，被告人Xに内心の意図があったかどうかという意味では精神状態の供述と解する余地もあり得るように思われる。少なくとも，具体的当該殺人事件の犯行内容を立証するわけではないし，そのような犯行を直接推認するものでもないのであるから，知覚・記憶を問題とする必要はないように思われる。

(3) 犯行計画メモと共謀の立証

精神状態の供述と類似し，その応用類型とも言うべきものが，いわゆる犯行計画メモである。犯行計画メモと言われるものにも，いくつかの類型が見られる。

ア　共謀成立過程で謀議手段として使用されたメモ

この場合，①メモ作成自体が共謀行為として犯罪を構成するとの見解によれば，メモの存在自体が要証事実であるから，非伝聞となる。発言は謀議行為の一部であり，発言自体が謀議として犯罪事実の一部に等しい。これに対しては，メモ記載の発言や推認される犯意が要証事実ではないかとの批判もある。次に，②メモの作成者の精神状態に関する供述であるとの見解によれば，知覚，記憶の過程を欠く点をどう見るかによって伝聞・非伝聞の区別が分かれる。非伝聞説（多数説）によれば，確かに叙述の真摯性の問題は残るが，真摯性は反対尋問以外の方法（四囲の情況や第三者の証言）で検討し得る。さらに，伝聞だとすれば，精神状態に関する証拠が元々乏しいのに貴重な証拠が使えなくなるという問題もある。

この点，確かに，叙述について反対尋問の意味はあるが，作成者自身の内心の犯罪意図を証明するためにのみ用いるのであれば，その者との関係では非伝聞として良いと思われる。しかし，作成者以外の関与者の精神状態に関する供述として使えるのであろうか。作成者の計画立案したメモを共謀参加者も了承した場合には，参加者全員の精神状態に関する供述という性格を帯びるので，全員との関係で非伝聞と解して良いであろう。もっとも，そのためには，参加者全員の了承が必要であり，それは通常の場合，メモそれ自体によっては立証困難である場合が多いように思われる（その場合には，メモとは別の証拠によって別途立証する必要があろう）。

他方，作成者が，他の共謀者の計画を聞いてこれを単にメモしたに過ぎない場合には，知覚，記憶の正確性が問題となるので，伝聞証拠である。

なお，その場にいたことを立証するのであれば明らかに非伝聞である。また，メモ記載の事実が，その後発生した本件犯罪事実と客観的に符合しているというそのこと自体を立証することによって，メモ保管者が本件犯罪に関与しているのではないかとの推認が働くので，この意味において，非伝聞として用いる余地もあり得るであろう[14]。

イ　共謀成立後に共謀内容を書面化したメモ

この場合，作成者との関係では，作成者の作成時の意図という面があるので非伝聞と見て良いであろう。次に，第三者との関係では，第三者が，メモの内容を了知し同意を与えた場合には，その者の精神状態に関する供述という実質を持つので，非伝聞であろう。しかし，第三者が，他の共謀者の計画を聞いてメモした場合（同意を与えていない場合）には，知覚，記憶の過程を前提とするので伝聞となる。

ウ　裁判例

この点，犯行前に共犯者1名が作成したメモ（「(25)確認点－しゃ罪といしゃ料」と記載したメモ）を証拠に恐喝の事前共謀を認定したという恐喝等被告事件につき，「人の意思，計画を記載したメモについては，その意思，計画を立証するためには，伝聞禁止の法則の適用はないと解することが可能である。それは，知覚，記憶，表現，叙述を前提とする供述証拠と異なり，知覚，記憶を欠落するのであるから，その作成が真摯になされたことが証明されれば，必ずしも原供述者を証人として尋問し，反対尋問によりその信用性をテストする必要はないと解されるからである」とした上で，「数人共謀の共犯事案において，その共謀にかかる犯行計画を記載したメモは，それが真摯に作成されたと認められるかぎり，伝聞禁止の法則の適用されない場合として証拠能力を認める余地がある」が，「この場合においてはその犯行計画を記載したメモについては，それが最終的に共犯者全員の共謀の意思の合致するところとして確認されたものであることが前提とならなければならない」とした裁判例[15]がある。

---

[14] 非伝聞というより，むしろ非供述証拠として用いるのであるから，供述証拠の非供述的用法と言うべきかもしれない。なお，非供述的用法の場合でも真摯性は問題となる。

[15] 東京高判昭58・1・27判時1097号146頁〔百選9版83事件〕。さらに，大阪高判昭57・3・16判時1046号146頁参照（「事前共謀に関するメモ」につき，「その時点における本件犯行に関する計画という形で有していた一定の意図を具体化した精神的状態に関する供述」とした上，真摯性がある限り，「伝聞法則の適用例外」として「伝聞法則の適用を受けない」とした）。その後，類似の一般論を述べた裁判例として，東京高判平20・3・27東高刑時報59巻1~12号22頁がある。

14.3 伝聞例外

14.3.1 伝聞例外とその根拠
(1) 伝聞例外の趣旨

　伝聞証拠も，伝聞であるからと言って，全く証明力がないわけではない。問題は，反対尋問を経ていないため供述の信用性の吟味ができていないことにある。そうだとすれば，反対尋問に代わる信用性の保障があれば，そのような証拠を用いることも，必ずしも伝聞法則の趣旨に反するとは言えない。しかも，およそ反対尋問が不可能な場合もあるから，そのような場合には，伝聞証拠であってもこれを用いる方が，全く証拠がないより遥かにましと言えよう。したがって，反対尋問に代わるほどの「信用性」があり，かつ証拠を用いる「必要性」があれば，伝聞例外を認めても憲法38条2項に反するとまでは言えないであろう。

　なお，伝聞例外は，伝聞証拠だが反対尋問に代わる信用性保障があるため，証拠能力が認められる場合である。したがって，そもそも反対尋問が不要となる伝聞法則不適用の場合と区別しておく必要がある（不適用であれば，そもそも信用性の情況的保障も不要となる）。

(2) 伝聞例外の根拠

　伝聞例外の根拠は，「反対尋問権に代わる信用性の保障」である。その保障として，米国の判例から「伝聞法則の例外を認めるための基準」として抽出されたものが以下の2つであると言われている。第1に「信用性の情況的保障」，すなわち，反対尋問に代わるだけの信用できる外部的情況があること，第2に「必要性」（喚問不能ないし困難），すなわち，同じ供述者からそれ以外の証拠を得ることが期待できないので原供述を利用する必要性があることである。この2つの要素の兼ね合いで例外が生まれるとされる。

　我が国の刑訴法における伝聞例外の規定も，概ねこのような説明が可能と言われているが，必ずしも明快に説明できない場合もあり（例えば，321条1項1号では供述不能だけが要件となっているし，321条3項のように反対尋問を要件に許容する場合もある），上記2つの基準は，伝聞例外を検討する際の一応の分析基準として考慮すれば足りるように思われる。

(3) 伝聞例外の分類

　刑訴法上の伝聞例外は，供述主体と供述態様の組合せによって区別され，それぞれの組合せによって，伝聞例外の要件に差が設けられている。すなわち，まず，被告人の供述と被告人以外の者の供述の2種に区分される。被告人以外の者の供述は，誰の面前かで区別し，それぞれに要件に差が設けられている。他方，被告人の供述は，利益か不利益かで区別される。

　次いで，供述書，供述録取書面，伝聞供述，その他の4種に区分する。供述書は供述者に対する反対尋問ができない点で1段階の伝聞，供述録取書面は供述者と録取者の双方の反対尋問ができない点で2段階の伝聞，伝聞供述は供述者は尋問可能だが，その中の伝聞の相手方に反対尋問できない点で1段階の伝聞，その他は，反対尋問しなくても特に信用できるものである。我が国では，書面の利用が最も重要とされてきたことから，この点について区分して論じる必要が強いので，刑訴法も供述態様の分類を重視したものと考えられる。

　そこで，被告人以外の者の供述書及び供述録取書面から，その例外要件を検討しておくことにしよう。

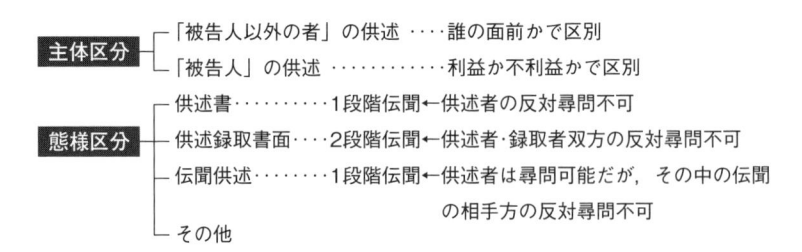

```
主体区分 ┬「被告人以外の者」の供述‥‥誰の面前かで区別
        └「被告人」の供述‥‥‥‥‥‥利益か不利益かで区別

態様区分 ┬供述書‥‥‥‥‥1段階伝聞←供述者の反対尋問不可
        ├供述録取書面‥‥2段階伝聞←供述者・録取者双方の反対尋問不可
        ├伝聞供述‥‥‥‥1段階伝聞←供述者は尋問可能だが，その中の伝聞
        │                          の相手方の反対尋問不可
        └その他
```

14.3.2　検察官面前調書（2号書面）

　検察官面前調書とは，検察官作成の供述録取書面である（321条1項2号）。その要件は，2号前段については供述不能，後段については相反性及び相対的特信性である。

(1) 供述不能について

　まず，列挙事由が例示列挙かどうか争いがある。伝聞例外であるから厳格に解すべきであり，準用拡張は避けるべきであるとする制限列挙説もあるが，通

説・判例は，米国の例外とパラレルに考え[16]，例示列挙とする。例えば，証言拒絶について，判例[17]は，供述不能事由につき，供述者を裁判所で尋問することを妨げる障碍事由で，これと同様あるいはそれ以上の事由の存する場合もこれに含まれるとした上，証言拒否も，「反対尋問の機会を与え得ないことは右規定にいわゆる供述者の死亡した場合と何等選ぶところはない」とする[18]。

しかし，いくつか問題は残る。第1に，作為的に供述を拒否させる可能性をどう考えるかである。この点，作為のおそれは，「国外にいる」「所在不明」「身体の故障」でも程度の差はあれ認められるから，必ずしも証言拒否に特有の問題ではない。法廷に出廷しているから，表情・態度等の観察によってむしろ作為を見破り易いとも考えられる。少なくとも，作為のおそれを他の場合以上に高く評価する必要はないように思われる。第2に，意を翻して証言する可能性がある点をどう考えるかである。翻意して尋問に応ずる可能性はないとのきちんとした認定があれば良いのではあるまいか。この点は，むしろ法廷において確認し易いであろう。

次に，前段にも「相対的特信情況」の要件を要求するかについて争いがある。実務においては，この要件は，前の供述との比較を前提としており，文理上，前段にはかからないから不要とされているが（真実性につき慎重な配慮をすれば足りるとするのが一般的な実務の取扱いである），検察官は被告人の反対当事者であって，裁判官のような公平な立場にはないこと，捜査段階で必要があれば証人尋問を請求することができることを理由に，前段にも必要であるとするのが多数説である。

(2) 相反性及び特信性について

相反とは，立証事項について反対の結論を導く場合であり，「実質的に異なった」とは，他の証拠と相俟って異なる認定を導く場合とされる。犯罪事実についてのみならず，重要な情状事実についてでも良い。

特信性は信用性にかかわるので証明力の問題だとする見解もあったが，伝聞

---

[16] 米国では，伝聞法則は例外の法則とまで言われているようである。
[17] 最大判昭27・4・9刑集6巻4号584頁。
[18] さらに，東京高判昭63・11・10判時1324号144頁〔百選9版84事件〕も，「事実上の証言拒否にあっても，その供述拒否の決意が堅く，翻意して尋問に応ずることはないものと判断される場合には，当該の供述拒否が立証者側の証人との通謀或いは証人に対する教唆等により作為的に行われたことを疑わせる事情がない以上，証拠能力を付与するに妨げないというべきである」とする。

例外の要件であるから，現在では証拠能力の要件であることに争いはない。したがって，外部的付随事情によって判断されることになるが，3号と異なり比較の問題であるから相対的特信情況であって，供述内容も考慮できるとされる[19]。外部的事情として，例えば，以前の方が記憶が鮮明である，被告人の面前での証言は畏怖して圧迫されているなどの事情があれば，特信性ありとされる。

2号書面は検察官が証拠請求するのであるから，その要件の挙証責任は検察官が負担する。

(3) 前段か後段かで争いがある場合

ア　証言拒否

前述のとおり，前段の供述不能とするのが判例であるが，後段として取り扱う見解もある。拒絶したことを，否定の供述だと評価する余地はあり得るが，宣誓・供述それ自体の拒否であるから供述があったとは言えず，2つの供述の比較を前提とする後段は無理ではないかと批判される。しかし，記憶喪失の場合に「実質的に異なった」と解することができるのであれば，証言拒否の場合にも供述がない点において同様であって，異なった結論を導くことになるから，後段とすることも可能ではないかと思われる。前段の拡張よりも後段の解釈の枠内で処理する方が自然であり，信用性の情況的保障を求める点でもベターであるように思われる。

イ　記憶不鮮明

前段が制限列挙でないとしても，記憶が不鮮明となった場合も死亡等と同様であろうか。病的記憶喪失で回復の見込みがない場合には死亡等に類するが，時間の経過による記憶の曖昧化は通常の経過であって，伝聞例外には当たらないと考えられる。それでは，「覚えていない」旨の証言は，「実質的に異なった」と言えるであろうか。犯罪事実が認定できなくなるために無罪に至る可能性があることに照らせば，実質的に異なったと言えよう。例えば，記憶減退を理由に部分的にしか供述しない場合は「実質的に異なった供述」に当たると言って良いであろう[20]。

---

[19] 最判昭30・1・11刑集9巻1号14頁〔百選9版A34事件〕。
[20] 大阪高判昭52・3・9判時869号111頁など。なお，主尋問に対する供述が証人によって撤回されたり修正されて反対尋問だけが残った場合には,実質的に異なった供述に当たるとされている（東京高判昭30・6・8高刑集8巻4号623頁）。さらに，反対尋問未了となっている証人の検察官面前調書は，2号後段書面として採用できないとした裁判例（仙台高判昭42・9・11高刑集20巻4号546頁）がある。

(4) 国外にいる場合の取扱い

　例えば，検察官が故意に証人を国外退去させた場合もこれに当たるのであろうか。国外にいることとなった事情いかんを問題にする余地はないとする裁判例[21]もあるが，検察官面前調書が作成されるに至った事情，供述者が国外にいることとなった事由のいかんによっては，2号前段に当たらない場合があり得るとの見解が一般的である。

　この点，最高裁は，「手続的正義の観点から公正さを欠くと認められる」場合には，事実認定の証拠とすることが許されないとしており，その例示として，「検察官において当該外国人がいずれ国外に退去させられ公判準備又は公判期日に供述することができなくなることを認識しながら殊更そのような事態を利用しようとした場合」のほか，「当該外国人について証人尋問の決定をしているにもかかわらず強制送還が行われた場合」を挙げている[22]。前者は，検察官がいわば故意に証人尋問を妨害したような場合である。これに対し，後者については，検察官の過失を要する場合であるとの見解が多いが，既に証人尋問の決定がなされている以上，裁判所を含めて国家機関全体として証人尋問の実現に協力すべきであるから，それにもかかわらず証人尋問を妨げる結果となった場合には手続的正義に反するとして，検察官の過失の有無を問わず証拠とすることができないとする理解も有力である。

　この決定の理論構成については，①一種の限定解釈によってそもそも2号前段に当たらないとしたと見る見解と，②2号前段に当たるが適正手続違反であり証拠禁止によるとしたと見る見解があるが，「手続的正義の観点から公正さを欠くと認められる」ときは，事実認定の証拠とすることが許されないとしたことに照らし，後者の立場が相当と思われる[23]。

　その後の裁判例として，裁判所による証人尋問決定をしているにもかかわらず退去強制処分が行われた場合につき，裁判所，検察官それぞれの立場から各

21　東京高判昭35・7・21高刑集13巻6号499頁。
22　最判平7・6・20刑集49巻6号741頁〔百選9版85事件〕。そのほか，大阪高判昭60・3・19判タ562号197頁（捜査官が，「故意に供述者の退去強制の時期を早めさせた」など「特別の事情」がある場合），大阪高判昭61・4・18刑裁月報18巻4号280頁（「捜査官がことさら被告人の証人審問権を妨害ないし侵害する目的で供述者を国外に行かせた」などの場合）など。
23　最高裁決定直後の裁判例として，東京高判平7・6・29高刑集48巻2号137頁，大阪地判平7・9・22判タ901号277頁，東京高判平8・6・20判時1594号150頁などがある。

時点の状況を踏まえ，その証人の証人尋問の実現に向けて「相応の尽力」をしてきたにもかかわらず，結局その尽力が実らず，証人尋問不能となった事案において，「国家機関の側に手続的正義の観点から公正さを欠くところがあって，その程度が著しく，刑訴法321条1項2号ないし3号をそのまま適用することが公平な裁判の理念に反することとなる場合には，該当しない」としたもの[24]，227条1項に基づく検察官からの請求によりAの証人尋問が行われ，その証人尋問調書が同法321条1項1号前段書面として証拠請求された事案につき，「Aが国外退去させられ，被告人の公判手続において供述することができなくなるという事態を不当に利用しようとしたものとはいえない」として証拠能力を認めたもの[25] などがある。

　さらに，証人が国外にいる場合には，短期間であっても常に前段に当たるのであろうか。交通事情の発達を考慮し，可能かつ相当な手段を尽くしてもなお証言させることができない場合に限り，一時的滞在は，「近い将来」に証人尋問が可能となるのであるから，これを除外するとの立場が有力である[26]。例えば，1年後に帰国予定である場合，国外にいる者に帰国意思ないし証人意思を改めて確認する必要があるのであろうか。既に帰国予定は1年後であることが判明している以上，改めて本人に確認するまでの義務はないであろう。手段を尽くした結果，1年後でないと戻らないことが確定的となった場合はどうか。1年を「近い将来」と言って良いであろうか。すなわち，迅速な裁判を受ける権利と証人審問権とのバランスをどう見るかである。事案が複雑であるため証拠調べの順序等を工夫しても1年程度の長期公判が見込まれる場合には，迅速な裁判の要請に反しないから，「近い将来」と解することもあり得よう。しかし，証拠構造が簡単で尋問のためだけに1年待機するのは迅速な裁判の要請に反するおそれもあるから，「近い将来」とは言えないであろう[27]。

---

[24] 東京高判平20・10・16高刑集61巻4号1頁。
[25] 東京高判平21・12・1東高刑時報60巻1~12号232頁。
[26] 東京高判昭48・4・26高刑集26巻2号214頁参照。
[27] この場合，被告人が，是非とも反対尋問をしたいので1年待っても良いと積極的に述べた場合には，迅速な裁判の要請も薄れる（迅速性も単純に被告人のためのみではないが，主として被告人の権利という側面が強い）ので，「近い将来」と言い得よう。

(5) 2号書面をめぐるその他の問題

ア　証人尋問後に取り調べて作成した検察官面前調書

　第1に，証人尋問後に証人を取り調べて調書を作成できるか。公判中心主義に反する（証人尋問において証明力を争うために必要な尋問〔規199条の3第2項，199条の4第1項〕ができる）し，作為強制が入り込む危険があるから否定すべきであるとする見解もあるが，実務においては，被告人側証人の場合は事前の取調べができない場合もあるし，そうでない場合にも以前の調書を補う必要がある場合もあるから，取調べの必要性もあるとして肯定される[28]。多数説も，任意取調べであれば可能であって，任意に出向いてきた場合に拒否する理由はないとする。

　第2に，その後再度証人尋問を行ったが，当該供述調書と異なった（したがって，前の証言と同じ）証言を行った場合，当該供述調書を2号後段書面となし得るであろうか。否定説は，公判中心主義に反する上，作為強制が入り易いし，二度にわたって同じ証言をしている場合には調書の特信性は通常否定されるとし，さらに，真実発見を捜査機関の取調べに依存し過ぎていないかとの疑問があるから，たとえ検面調書の利用を許すとしても，公判調書の弾劾証拠の限度でのみ利用可能とすべきとの見解もある。しかし，判例は肯定しており[29]，証人尋問の後，同一事項について検察官が取り調べて作成した調書であっても，その後の再度の証人尋問で相反する供述がなされれば，後段の「前の供述」の要件を欠くものではないとして，肯定説も有力である。調書作成を適法とする以上，証拠能力を肯定した上で，証明力判断に委ねるのが相当と思われる。

　第3に，調書作成後，再度の証人尋問を行う前に証人が死亡した場合はどうであろうか。前に一度証人尋問をしたとはいえ，次回証人尋問との関係では，前の尋問と異なる内容の供述が行われることが予定されていたのであるから，「供述者が死亡したため公判期日において供述することができないときに当たる」とした裁判例もある[30]。これに対し，前回の証人尋問との関係では明らかに「後の供述」である。次回尋問との関係では「前の供述」であると言うのは詭弁ではないか，次回の尋問が存在しない以上，前回の尋問と対照するほかな

---

[28] 証明力を争うための資料収集活動は公判維持の任に当たる検察官の責務であるし，尋問活動にも多くの制約がある。
[29] 最決昭58・6・30刑集37巻5号592頁。
[30] 東京高判平5・10・21高刑集46巻3号271頁。

いのではないかとして，否定する見解が有力である。確かに，前回の尋問と全く同一内容の証言が予定されていたに過ぎないのであれば，そもそも重複尋問であって不要な証人尋問であったのであるから，否定するべきであろう。しかしながら，次回尋問において，前回の尋問に至った経緯やその後の真相を供述するなど，それなりに新たな事項について証言が得られる予定であったと言えるような場合であれば，前段書面と見ることを必ずしも否定すべき理由はないように思われる。

　　イ　所在不明として証拠採用した後，証人の所在が判明した場合

　所在不明とは，通常の過程で相当と認められる手段方法を尽くしても，なおその所在が判明しないことが必要であり，それで足りる[31]。証明の方法については，手続的事実であるから，「自由な証明」で足りる。要件の存在は，証拠採用の時点のみならず，証拠調べの時点でも必要であるが，証拠調べを終了した後は，証拠能力を喪失しないとされている[32]。

　また，所在不明が検察官の偽装等に基づく場合には，証拠決定自体が瑕疵ある決定であるから，無効ないし取り消し得べきものであろう。所在不明の調査がそもそも不十分であった場合は，裁判所の決定が誤った違法な決定ということも考えられよう。違法な証拠であるとして，当事者において証拠排除決定を申し立てることになろう（規207条参照）。さらに，排除決定申立て可能であるのに申し立てしなかった場合，瑕疵の治癒ないし申立権者の責問権の放棄，あるいは，黙示の同意による証拠能力の取得も考えられよう。

14.3.3　その他の供述調書（3号書面）

(1) 3号書面の具体例

　例えば，司法警察員作成の供述調書，私人作成の被害届などである。裁判例で肯定されたものとして，麻薬取締官に対する供述調書[33]，被害上申書[34]，盗難

---

[31] 福岡高判昭26・2・23高刑集4巻2号130頁，東京高判昭31・11・13裁特3巻22号1085頁，東京高判昭42・12・11高刑集20巻6号781頁。

[32] 前掲東京高判昭42・12・11高刑集20巻6号781頁（所在不明を理由に2号前段により検面調書が取り調べられた後，証人が公判廷に出廷して証言した場合，既に決定済みの検察官調書の証拠能力に影響はないとする）。

[33] 東京高判昭28・12・22高刑集6巻13号1897頁，最判昭28・6・19刑集7巻6号1342頁。

[34] 広島高判昭25・2・3判特6号14頁。

始末書[35]、告訴状[36]、私人作成の覚書及び回答書[37]、現行犯逮捕手続書[38]、被告人以外の者が単に心覚えのために取引の都度作成したメモを書き留めた手帳[39]などが認められるとされてきた。これに対し、捜査機関に対して匿名で犯罪事実を密告する投書については、否定されている[40]。投書については、旧法下においても、作成者を証人として喚問できず真偽確認もできないから証拠となし得ないとされており[41]、現行刑訴法の下において、この種文書が証拠能力を有しないことはなおさら当然であるとされる。これに対し、作成者の実名投書については3号書面として判断され得る。

なお、判例は、「酒酔い鑑識カード」のうち、被疑者との問答の記載のある欄、「事故事件の場合」の題の下の「飲酒日時」欄及び「飲酒動機」欄の各記載は、司法警察員の報告書としての性格を有するので、3号書面に当たるとしている[42]。

(2) 3号書面の「特信性」

3号書面については、公判廷供述がない場合であって、これと比較できないので、その供述自体から信用すべき特別の情況（絶対的特信情況）が必要である。供述の自然性、良心性、義務性、公示性、不利益性、作成者の公正性・公務性などにより判断するとされている。例えば、①死に際しての末期供述、事件に関係なく作成された私人の日記、手帳、メモ、契約書類、②財産上の利益に反する供述、③経験則や他の証拠と合致する供述、④真実を伝えないと事後の行動に支障を来すような供述、⑤絶対に他人に知られたくない意識で書いた供述などである。

特信性が肯定されたものとして、他の証拠とも合致している犯行時の談話[43]、

35　札幌高判昭26・3・12高刑集4巻2号171頁、札幌高判昭24・9・16高刑集2巻2号156頁。
36　東京高判昭29・12・8裁特1巻12号596頁。
37　前掲東京高判昭29・12・8裁特1巻12号596頁。
38　東京高判昭28・7・7高刑集6巻8号1000頁。
39　最判昭31・3・27刑集10巻3号387頁。
40　東京地判平3・9・30判時1401号31頁（「作成者が文面について責任を負わず、作成者に対する反対尋問の機会も全くなく、そのため作成者の知覚等に誤謬が介在したり、意図的な虚言を交える可能性が他の供述書に比べて格段に高いこと等」から、特に信用すべき情況の下で作成されたものとはいえないとした）。
41　大判大3・5・15刑録20輯899頁。
42　最判昭47・6・2刑集26巻5号317頁。なお、「化学判定」欄及び「被疑者の言動、動作、酒臭、外貌、態度」等の外部的情況に関する記載のある欄の各記載は321条3項書面に当たるとした。
43　大阪高判昭25・6・8判特13号44頁。

瀕死の被害者の被害直後の発言[44]，スリの被害現場で作成提出された答申書[45]，利害関係のない目撃者が進んで交番に赴いてなした供述[46]などがある。必要性が強いため，通常は絶対的特信性のない供述でも特信性を肯定したとも言われるが，結局は，3要件の相互依存関係により，最低限度の充足があれば，ある要件が強い場合には，他が弱くても全体として証拠能力を肯定しているように思われる。

(3)「嘱託尋問調書」

日本の捜査機関が外国に嘱託し，当該外国において刑事免責を付与した上で実施された「嘱託尋問調書」について，学説上は消極説もある。その理由は，①民訴法は，外国における証拠調べの規定（民訴法184条）を置いているが，刑訴法にはないので，外国における証拠調べの嘱託は許されないこと，②刑事免責は法律の根拠なしでは許されないこと，③訴追裁量による免責は許されないことなどである。他方，積極説は，外国居住者でも証人適格を有するので，必要がある限り外国裁判所への嘱託も考慮すべきであり，裁判所は明文の規定や訴訟構造に反しない限り，訴訟指揮により外国裁判所へ嘱託し得る。外国裁判所嘱託共助法が相互主義を採用していることは，嘱託尋問を当然の前提としていると主張する。

いわゆるロッキード事件において，下級審は証拠能力を肯定したが[47]，最高裁は，検事総長及び東京地検検事正の起訴猶予する旨の各宣明は，「将来にわたり公訴を提起しない旨を確約したものであって，これによって，いわゆる刑事免責が付与されたものとして…嘱託尋問調書が作成，送付されるに至ったものと解される」とした上，刑事免責の制度について，「我が国の憲法が，その

---

[44] 福岡高判昭28・8・21高刑集6巻8号1070頁（瀕死の際に「やられたやられた，小森小森」と犯人の名前を呼んだ発言）。

[45] 札幌高判函館支判昭24・7・25判特1号85頁。

[46] 大阪高判昭26・2・24判特23号34頁。

[47] 東京地決昭53・12・20刑裁月報10巻11~12号1514頁も東京高判昭62・7・29高刑集40巻2号77頁（後掲最大判平7・2・22刑集49巻2号1頁の原審）も，事実上又は法律上訴追の可能性が失われ，自己負罪拒否特権も失われており，このような刑事免責を与えて証言を得ることは，一般的には違法の疑いがあるが，証人らは米国にいてもともと訴追の可能性は殆どなかったこと，司法共助の受託国である米国の司法制度を尊重すべきことなどから，適法として証拠能力を認めた。その他のルートでも肯定されている（東京地決昭54・10・30刑裁月報11巻10号1269頁，東京高判昭61・5・16高刑集39巻2号37頁，東京地決昭53・9・21刑裁月報10巻9~10号1256頁，東京高判昭59・4・27高刑集37巻2号153頁）。

刑事手続等に関する諸規定に照らし，このような制度の導入を否定しているものとまでは解されない」が，「刑訴法は，この制度に関する規定を置いていないのであるから，結局，この制度を採用していないものというべきであり，刑事免責を付与して得られた供述を事実認定の証拠とすることは，許容されない」として，証拠能力を否定した[48]。この点，我が国と外国との司法制度が異なるのは当然であるから，外国の刑事免責の手続に則って行われたものであれば，憲法の理念に反しない限り，これを証拠とすることができないとは言えないであろう。また，同種の証拠収集手続が日本にないからといってこれを否定するのは，外国での証拠収集が必要な事案の真相解明を不可能ならしめ，共助制度の存在理由そのものを否定するに等しいとも批判されている[49]。

(4) 米国で作成された「宣誓供述書 (affidavit)」[50]

最高裁は，「アメリカ合衆国に在住するBが，黙秘権の告知を受け，同国の捜査官及び日本の検察官の質問に対して任意に供述し，公証人の面前において，偽証罪の制裁の下で，記載された供述内容が真実であることを言明する旨を記載して署名した」宣誓供述書につき，ロッキード事件とは事案を異にするとした上で，3号書面として証拠能力肯定した[51]。

この点，反対尋問に代わる十分な信用性が認められる情況がある限り，3号書面として扱うことができよう。ところで，この事案では検察官が同席していたにもかかわらず，なぜ検察官面前調書とすることができなかったのであろうか。本件においては，検察官は単に同席していたに過ぎず，実質的に検察官に対して供述したとは言えないので，検察官面前調書と評価することができなかったものと思われる[52]。

---

[48] 最大判平7・2・22刑集49巻2号1頁〔百選9版71事件〕(ロッキード事件)。この事案は，米国の司法機関による訴追免除があったわけではなく，日本の検事総長による不起訴宣明であったことを前提としたものである点にも留意を要する。

[49] さらに，この判例は，捜査における強制採尿令状など，裁判所が法定主義に忠実とは言えなかったことと必ずしも符合しない態度ではないかとも言われている。

[50] 公証人の面前で供述内容が真実であることを言明し署名したものを言う。

[51] 最決平12・10・31刑集54巻8号735頁。

[52] 米国では日本の捜査権を行使できず（捜査権の行使は国家主権の最たるものであって，相手国の主権と直接衝突する。相手国の同意があればできるとされるが，国家の主権制限となるので一般には同意しないと言われている），職務としての質問はできなかったのではないかと思われる。

(5) 外国裁判所の公判調書

1号書面は我が国の裁判所又は裁判官を前提としているから，外国裁判所の公判調書については3号書面と解されている。例えば，ソウル地方法院に起訴されたAの公判廷における供述を記載した公判調書について，「自らの意思で任意に供述できるよう手続的保障がされている大韓民国の法令にのっとり，同国の裁判官，検察官及び弁護人が在廷する公開の法廷において，質問に対し陳述を拒否することができる旨告げられた上でされた」ものであるから，「特に信用すべき情況の下にされた」として，3号書面としての証拠能力を認めた判例[53]がある。

これに対し，結論はともかく，その理論構成につき，「任意」であることは直ちに信用性を肯定するものではないし（せいぜい虚偽供述を誘発する情況になかったという意味で消極的信用担保にとどまる），供述拒否権の点はむしろ有効な反対尋問を経ていないという意味で信用性を低下させる事情ともなるという批判がなされている。

(6) 外国捜査機関によって作成された供述調書

伝聞例外の余地があるとすれば，3号しかないと思われるが，中国の捜査官が身柄拘束中の関係者を取り調べて供述を録取した書面につき，「取調べに際しては，両名に対し黙秘権が実質的に告知され，また，取調べの間，両名に対して肉体的，精神的強制が加えられた形跡はない」として，3号該当性を認めた判例[54]がある。中国では，刑訴法上黙秘権が認められていないが，事実上黙秘権の告知があり精神的圧迫等もなかったという実質的な事情を特信性の根拠として，要件該当性を肯定したものであろう。

14.3.4　証人尋問調書等（2項書面）

刑訴法321条2項の「供述を録取した書面」は，期日外尋問（281条，158条）の証人尋問調書，例えば，当該事件の公判準備における裁判所の証人尋問調書，当該事件における公判手続更新前の公判調書などであり，「検証の結果を記載した書面」は，裁判所（官）の検証調書（128条，179条）である。

これらが許容される理由は，証人尋問調書については，供述時に反対尋問が

---

[53] 最決平15・11・26刑集57巻10号1057頁。
[54] 最決平23・10・20刑集65巻7号999頁。

保障されているからである。したがって，無条件で許容される。また，検証調書については，①裁判官が実施するので公正が担保されていること，②当事者の立会権が認められていること（142条，113条）のほか，③書面の方が正確で理解し易いこと，④客観的，機械的に感得し記載するから，主観・恣意が入る余地が少ないことが理由とされる。このうち，②の立会権については，被告人に尋問権が保障されているわけではないが，立ち会って事実を指摘し，裁判所の注意を喚起し観察を正確にすることを通じて，被告人の防御の準備に役立つものと言われる。

14.3.5　検証調書と実況見分調書（3項書面）

捜査機関の検証については，裁判所（官）のそれ（321条2項）と異なり，①公正さの点で裁判官に劣り，②当事者の立会権の保障がないので，これを補うため，作成者が作成の真正につき尋問を受けることを要件としたとされる。

(1) 作成の真正

作成の真正とは，作成名義の一致（偽造ではないこと，間違いなく自分が作成したこと）及び記載内容の正確性（見分結果を正確に記載したこと）である。作成内容の真実性（真実に合致するかどうか）は，信用性の問題である。作成者の公判廷供述がなければ，証拠とすることはできない[55]。そのため，通常は証人尋問が実施されている。しかし，その趣旨は，作成名義人に対する反対尋問の機会を付与するためのものであるから，「書面の体裁等から作成名義人がその書面を作成したと認めることを疑わせる事情がなく，しかも，相手方当事者が作成の真正を争わず，その点に関する作成者への反対尋問権を行使しない旨の意思を明示したような場合」には，作成の真正が立証されたものとして扱うことが許されるとした裁判例[56]がある。

なお，作成者が複数の場合，例えば，捜査主任者の指揮を受けながら，部下捜査官が写真撮影や測定等を実施したような場合には，判断権限を有する主任者が作成者として尋問を受ければ足りよう。もっとも，全員が対等な立場で分

---

[55] したがって，作成者が死亡した場合には，3項書面としての立証ができないので，321条1項3号書面の要件を検討するほかない。
[56] 東京高判平18・6・13東高刑時報57巻1~12号26頁。

割実施したような場合には，全員がその各部分について真正立証をしなければ全体を証拠とすることはできないと考えられるので，一部の者の尋問が欠けた場合には，その部分は除外されることになろう。

(2) 実況見分調書

　検証は，検証令状に基づいて捜査機関が五官の作用によって目的物の存在や状態を観察・認識する強制処分で（218条。ただし，220条1項2号参照），これを調書化したものが検証調書である。これに対し，このような観察・認識を令状に基づかず任意処分として実施するのが実況見分である（捜査規範104条，105条）。

　実況見分調書の証拠能力について，検証調書と同じか否かについては争いがある。「検証」には実況見分を含まないとの見解もある。その理由は，①令状によるという形式を採るから，観察・記憶を意識的にし，正確にする機能を営むが，実況見分にはその保障がない，②実況見分を含むなら私人による見分も同様であるから，限界を明確にするため検証に限るべきであるという点にある。しかし，多数説は「検証」に実況見分を含む（又は準用する）とする。その理由は，強制か否かはプライバシー侵害の大きさによるのであって，両者の行為の性質について本質的な差異は認められないとする点にある。判例も，「実況見分調書も包含する」とする[57]。

　この点，検証と実況見分の性質は次の点で共通している。すなわち，①書面の方が検証の結果を口頭で説明するより正確である。②通常は，専門的訓練を受けた捜査員が専門技術を活用して計測・写真撮影を行っているので，特段の事情がない限り，私人と異なり対象物を正確に観察，記録している。③令状により，観察，記載が正確になるかどうかは疑問である。そもそも令状は処分を受ける者の権利・利益の保護を目的とするものであって，記載の正確性の保障に差をもたらすものではない。そうでなければ，逮捕に伴う無令状検証も説明がつかなくなる。したがって，実況見分も含めて良いと思われる。

> **メモの理論**
>
> 　実況見分証書について，「メモの理論」で説明しようとする考え方もある。「メモの理論」とは，証人が，今となっては当該事項を記憶していないが，作成当時のメモの記載は正確である旨証言した場合，メモに書証としての証拠能力を付与する考

---

[57] 最判昭35・9・8刑集14巻11号1437頁〔百選9版A35事件〕。

え方である。これに対しては，①これは，証人が記憶を失っており記憶喚起できない場合に適用される理論であり，記憶喚起できる場合には適用できないところ，記憶喚起いかんにかかわらず実況見分調書を証拠として採用できるのであるから，適用説の説明としては不十分である，②私人作成の実況見分調書も同様に証拠能力を付与することになるが，それで良いかは問題である，などの批判がある。

(3) その他の機関が作成した見分調書

3項は，作成主体が捜査機関に限定されている。その他の機関，例えば，消防機関の作成した見分調書についても，3項を適用できるであろうか。この点，消防機関は同項の主体に当たらないため，直接の適用には無理がある。しかし，消防機関は，公的機関である上，捜査機関よりも一層専門的であるから，正確性において勝るとも劣ることはないから，実質的には捜査機関と同等とみて類推適用することは可能と思われる。その意味で，捜査機関の実況見分に準ずるだけの客観性ないし業務性が認められるときは，それ以外の機関であっても準用する余地はあり得るように思われる[58]。

これに対し，私人作成の実況見分調書については，捜査機関作成と異なり，作成者が専門家ではなく素人であるから，その信頼性に問題がある。法は，捜査機関のものだけを321条3項書面とした。したがって，私人作成のものは321条1項3号によるほかないであろう。最高裁も，火災原因調査の民間会社に勤務する元消防士が作成した「燃焼実験報告書」につき，私人作成の書面に3項を準用することはできないとして，消極の立場に立っている[59]。

(4) 実況見分調書中の指示説明

指示説明部分の位置付けについては，指示説明の内容によって異なる。

第1に，現場指示（対象を特定する必要からなされる指示）の場合には，正に実況見分の結果そのものであり，321条3項で証拠能力を認めて良い。判例も，「指示，説明を求めるのは，要するに，実況見分の一つの手段である」から，「指示，説明を実況見分調書に記載するのは結局実況見分の結果を記載す

---

[58] なお，消防指令補の作成した火災現場の「現場見分調書」につき，性質上321条3項書面に準ずるとしつつ，323条3号により証拠能力を認めた東京高判昭57・11・9東高刑時報33巻10~12号67頁参照。

[59] 最決平20・8・27刑集62巻7号2702頁〔百選9版87事件〕。ただし，321条4項で証拠能力を認めた。

るに外ならず…右供述部分をも含めて証拠に引用する場合においても，…供述記載自体を採証するわけではない」としている[60]。

　第2に，現場供述（現場における事情説明）の場合には，まさしく内容が真実であることを証拠とするから，供述録取書と同様である。したがって，署名又は押印がある限り，321条1項3号又は322条で証拠能力を認めることができるが，通常の場合はこれを欠くから，当該供述部分の証拠能力は否定されることになろう。

　例えば，「ここでブレーキをかけました」との説明に基づいて，ブレーキ痕を認め，起点から10mの距離を測定してa地点を明記した場合，指示したこと自体（ブレーキをかけたと主張する地点はa地点だという事実）を立証するか，指示の内容の真実性（a地点でブレーキをかけた事実）を立証するかによって異なってくる。現場の状況が立証趣旨なら，現場での指示説明も指示それ自体と考え，調書全体を321条3項書面とすれば良いであろう。その区別としては，ブレーキ痕の存在と状況，形態，位置関係等から，ブレーキをかけたことを認定できるのであれば，立会人の説明は単なる現場指示である。これに対し，痕跡の形態や位置とは関係なく，供述自体からブレーキをかけたことを認定するならば現場供述となる場合が多い。ただし，痕跡の有無によって絶対的に区別されるのではなく，痕跡があれば現場指示になり易いというだけであって，逆に痕跡がなければ現場での犯行再現に類似してくるので，現場での説明供述と評価され易いことになる。

(5) 犯行再現の実況見分調書

　これに対し，犯行再現の実況見分調書について，最高裁は，321条3項の要件を満たすのみならず，再現者の供述録取部分については，「立証趣旨が『被害再現状況』，『犯行再現状況』とされていても，実質においては，再現されたとおりの犯罪事実の存在が要証事実になるものと解される」として，再現者の供述内容の真実性を立証するものと解するほかはないから，「再現者が被告人以外の者である場合には同法321条1項2号ないし3号所定の，被告人である場合には同法322条1項所定の要件を満たす必要があるというべきである」とし，さらに「写真については，撮影，現像等の記録の過程が機械的操作によっ

---

[60] 最判昭36・5・26刑集15巻5号893頁。

てなされることから前記各要件のうち再現者の署名押印は不要と解される」とした[61]。犯行再現は，言語表現に代わる動作による供述であるから，その内容が真実であって初めて犯罪事実の立証に役立つのであって，再現された内容の真実性と関係なく動作それ自体の存在を立証したとしても，犯罪事実の立証には役立たない。すなわち，関連性がないと考えられよう。その意味において，裁判所が，検察官の立証趣旨には意味がないとして，要証事実を独自に認定し，これとの関係で伝聞性を判断したことは適切であったと思われる[62]。

なお，供述録取部分について再伝聞ではないかとの疑問が生じるかもしれない。この点，そもそも検証は，五官の作用によって感得するものであるから，再現状況説明者の供述を検証の対象とするのであれば，これを音声として感得することになる。しかし，再現状況の説明は，通常の場合，供述としての意味内容に証拠としての価値があるから，そもそも検証の対象としては意味がないことになろう。それ故，現場で説明を受けた内容の記載は，捜査官が供述を録取した記録と考えられる。そうすると，検証と供述の録取とが併存しているのであるから，再伝聞という理解は必ずしも相当とは思われない。

(6) 酒酔い鑑識カード

判例は，「化学判定」欄及び「外観による判定」欄の記載について，321条3項書面に当たるとしている[63]。「化学判定」欄の記載は，呼気検査の測定数字，測定時の温度等を警察官が確認して記載したものであるから，実況見分と評価することができる（専門家とは言えないので鑑定書とは言い難い）。交通事故の実況見分を想定すれば，現場における位置の測定結果の記載は，正に見分結果の記載であるから，測定数字等の確認記載もこれと同様に評価できよう。なお，アルコールメーターを使用した場合における記録紙を貼付した部分については，検証の際の添付写真と同様に評価できるので，一体として実況見分調書に含まれていると考えられよう。また，「外観による判定」欄の記載は，言語態度状況，

---

[61] 最決平17・9・27刑集59巻7号753頁〔百選9版86事件〕。

[62] これに対し，例えば，被告人が説明する犯行状況を再現することによって，当該犯行が物理的に可能であることを立証趣旨とするような場合には，「犯行の実現可能性」は犯罪事実の立証にとって有益であるから，これを要証事実とすれば良いであろう。したがって，実況見分調書として証拠能力を検討すれば足りる。

[63] 最判昭47・6・2刑集26巻5号317頁。これに対し，被疑者との問答の記載のある欄，「事故事件の場合」の題の下の「飲酒日時」欄及び「飲酒動機」欄の各記載は，司法警察員の報告書としての性格を有するので，321条1項3号書面に当たるとしている。

歩行能力，直立能力等，外部的情況に関する記載であって，警察官自ら五官の作用によって認識した結果を記載したものであるから，実況見分としての結果と言えよう。

なお，一通の書面に複合的に複数の種類の書面があると考えられるから，要件充足部分以外については，マスキングするなどして区分する必要がある。

14.3.6　鑑定書（4項書面）

裁判所又は裁判官の命じた鑑定は，文書による方が正確を期することができる。また，鑑定の際には，①宣誓義務があり（166条），虚偽鑑定に対する刑罰制裁（171条）があること，②検察官，弁護人の立会権が認められており（170条，150条，151条），一般に信用性が高いことから，鑑定書は伝聞例外として許容されている（321条4項）。

(1) 鑑定受託者による鑑定書

判例は，捜査機関の嘱託に基づく鑑定受託者（223条1項）の鑑定書についても，本項の鑑定書に含まれるとする[64]。鑑定資料の面でも，捜査段階の方が，特にその初期においては，最も新鮮な資料が得られ易いから証拠価値が高いことからも支持し得るとされる。これに対し，私人（弁護人など）の嘱託による鑑定書については，刑訴法179条を利用すれば良いから，4項書面と認める必要がないとの見解が有力であるが，その実質を判断して準用を認める余地はあり得ると思われる。なお，実務上は4項書面として取り扱われているのが一般的である。

(2) 作成の真正

4項書面の要件は，鑑定人が作成の真正を供述すること（321条4項，3項）である。供述を得る方法としては，鑑定人尋問を続行する方法もあるが，改めて証人尋問を行うのが一般的とされる。

なお，複数の鑑定人が作成に関与しているが，1人の名義人となっている場合には，作成名義人が鑑定した部分については，その作成名義人を尋問すれば，その部分についてのみ証拠となるが，他の部分については証拠とならないのが

---

[64] 最判昭28・10・15刑集7巻10号1934頁〔百選9版A36事件〕。

原則である。ただし，通常は他の鑑定人を単なる補助者として利用する形式を採るので，作成名義人である1人の鑑定人の尋問で足りると思われる。

(3) 鑑定資料の取扱い

判例によると，鑑定命令で資料が特に制限されていない限り，指示された資料以外であっても，必要かつ相当な資料を使用することができるとされ[65]，裁判実務では，鑑定人による資料収集を広く許容し，裁判記録，自ら実施した実験・観察・検査等のほか，必要な参考人の供述を利用した鑑定について証拠能力を肯定しているのが実情であるとされている。

資料中に伝聞が混在していても，鑑定資料について改めて証拠調べを行う必要はないから，事前又は事後に証人尋問を行う必要はないとされている。この点，鑑定資料を直ちに事実認定に用いるものではなく，鑑定結果を事実認定に利用するだけだから，直接的には伝聞法則は関係がないとも言えよう。また，鑑定は，使用した資料を前提に一定の仮定的判断を行った結果の報告に過ぎないから，そもそも伝聞の問題は生じないという見解もある。

これに対し，適正手続の保障の観点から，資料についても適式な証拠調べを経るべきであって，関係者から事情を聴取した場合には同意がない限り証人尋問を行うべきであるという見解も主張されている。

この点，確かに，厳格な伝聞法則の適用が必要な場合もあろうが，鑑定人は，公平な立場で専門家として資料を収集する上，鑑定人尋問の際に資料の内容，収集方法などについても尋問することができ，これにより聴取した内容の真実性を確認することも可能であるから，常に証人尋問が必要とまでは言えないのではなかろうか。

(4) 医師の診断書など

判例は，医師の作成した診断書も321条4号書面として，医師が作成の真正を証言すれば証拠能力があるとする[66]。もっとも，診断書は診断の結果を簡単に記載しただけの書面であって，鑑定の経過が含まれていないので，4号適用が妥当かどうか疑問とする見解も主張されている。

その他，4項書面として認められたものとして，ポリグラフ検査回答書[67]，筆

---

[65] 最判昭35・6・9刑集14巻7号957頁。
[66] 最判昭32・7・25刑集11巻7号2025頁（4項が準用されるとした原判決を正当とした）。
[67] 東京高決昭41・6・30高刑集19巻4号447頁。

跡鑑定書[68]，声紋鑑定書[69]，DNA 鑑定書[70] などがある。

14.3.7　ビデオリンク方式による証人尋問調書 (321条の2)

　性犯罪等の被害者の名誉を保護するため，いわゆるビデオリンク方式による証人尋問（157条の4第1項）が行われた場合に，その記録媒体がその一部とされた証人尋問調書は，無条件で証拠能力が認められるとされている。例えば，性犯罪の共犯事件で，別事件として審理された被害者の証人尋問調書，あるいは，検察官請求による被害者の起訴前の証人尋問調書である。その趣旨は，本来は321条1項1号書面であるが，被害者の負担軽減と，裁判所が直接録画したことを考慮し，321条2項と同様に取り扱うこととしたものである。

　この場合，本来であれば，被告人として，その被害者に対する反対尋問を行って，その供述の真偽を確かめることができたはずであるから，反対尋問権とのバランスも考慮する必要がある。そこで，被告人は，別事件のビデオリンク方式による尋問調書を取り調べた後に，その被害者に対して改めて証人尋問を行うことができることとした（321条の2第1項但し書）[71]。しかし，被害者保護のため，295条1項の尋問制限との関係において，及び2号書面の前提としての「公判期日」における「供述」との関係において，いずれも当該尋問調書で代替できるようにしたのである（321条の2第3項）。したがって，ビデオにおける証言と重複する場合には，裁判長はこれを制限することができるとともに（295条1項参照），ビデオにおける供述が検面調書と相反するような場合には，当該検面証書が許容されることになる（321条1項2号後段参照）。

　なお，ビデオリンク方式による証人尋問の合憲性につき，判例は，「被告人は，映像と音声の送受信を通じてであれ，証人の姿を見ながら供述を聞き，自ら尋問することができるのであるから，被告人の証人審問権は侵害されていない」としている[72]。

---

[68]　最決昭41・2・21 裁判集刑158号321頁〔百選9版69事件〕．
[69]　東京高判昭55・2・1 東高刑時報31巻2号5頁〔百選9版68事件〕．
[70]　最決平12・7・17 刑集54巻6号550頁〔百選9版67事件〕．
[71]　再度の証人尋問に際しても，ビデオリンク方式を採ることができる．
[72]　最決平17・4・14 刑集59巻3号259頁〔百選9版72事件〕．

14.3.8 特信文書（323条書面）

1号書面は，公務文書（戸籍謄本，公正証書謄本その他）である。伝聞例外の根拠は，性質上真正さが要求され，高度の信用性が担保されており，証人喚問しても意味がないからである。裁判例として，国家地方警察本部刑事鑑識課の回答書[73]，検察事務官作成の前科調書[74]，市役所から回答の身上調書[75]，法務府特別審査局長作成の検事正宛の党機関誌発行停止処分に関する回答書[76]などがある。

2号書面は，業務文書（商業帳簿，航海日誌その他）である。伝聞例外の根拠は，業務遂行の一定の方式に従い，機械的，継続的に作成され，虚偽の入り込む余地が少なく，高度の信用性の情況的保障があるからである。例えば，カルテ，運転日報，作業日誌等である。証言を求めても通常は記載以上に正確とは認め難いので，文書以上の実益があるとは言えないであろう。肯定した判例として，犯罪の嫌疑を受ける前に，犯罪と関係なく自ら備忘のため，闇米と配給米とを問わずその都度記入した未収金控帳[77]，漁船団の取決めにより各漁船から発せられる操業位置につき通信無線を機械的に記録した受信記録[78]がある。これに対し，否定した判例として，たばこ専売法違反で，被告人以外の者が，備忘のため取引の都度記入していた取引備忘メモ[79]がある。

3号書面は，その他の特信文書である。伝聞例外の根拠は，高度の信用性を保障する類型的外形的情況があるからである。個別的具体的事情に基づく信用性判断は，本号不該当とされる。学説が挙げるのは，定期刊行物に記載された株式相場，法令に根拠を有する統計の統計表，本人の署名又は押印のある領収書，契約書，銀行職員作成の銀行取引状況に関する回答書などである。肯定した裁判例として，和歌山地検から鹿児島地検に対して行った前科調べ回答の電

---

[73] 大阪高判昭24・10・21判特1号279頁。
[74] 名古屋高判昭25・11・4判特14号78頁。
[75] 札幌高判昭26・3・28高刑集4巻2号203頁。
[76] 福岡高宮崎支判昭26・12・21判特19号170頁。
[77] 最決昭32・11・2刑集11巻12号3047頁〔百選9版A31事件〕。自白ではなく323条2号書面であって，自白の補強証拠足り得るとした。
[78] 最決昭61・3・3刑集40巻2号175頁。
[79] 最判昭31・3・27刑集10巻3号387頁。323条書面と同様の正確性に信頼性がないとして，321条1項3号書面とした。

文訳文[80], 服役中の者と妻との間でやりとりした一連の手紙[81], 取引に用いた小切手帳及び金銭出納帳[82], 真実を記載したと見られる裏帳簿及びこれに類する週計表や手帳[83], 事件を意識せず備忘のためにカレンダー裏側に記載した勝馬投票類似の申込みに関する事項の写し[84]などがある。

14.3.9 被告人の供述調書等

　被告人の捜査段階における供述録取書や供述書は，被告人の供述であって，自らの反対尋問は想定できないから，憲法37条2項とは無関係である。しかし，書面に記載されていることから，裁判官のチェックができない点で，伝聞例外とされている。供述録取過程の誤りについては，署名押印によって肯定確認がされていることから，殆ど無条件で証拠とすることできることとした。すわなち，自白を含め，被告人に不利益な事実の供述を内容とするものは，任意性がある限り，また，それ以外の被告人に利益な供述を内容とするものは，特に信用すべき情況がある限り，これを証拠とすることができる（322条1項）。

　被告人の公判期日，公判準備における供述を録取した書面は，任意性がある限り，無条件で証拠とすることができる（322条2項）。手続の更新があった場合などである。

14.4 伝聞供述と再伝聞

14.4.1 伝聞供述
(1) 被告人以外の者の供述で被告人の供述を内容とするもの

　例えば，証人が公判期日又は公判準備において，「被告人が，『自分がV方から宝石を盗んできた』と私に話した」と証言した場合における被告人の供述部分を，被告人の窃盗を立証するための証拠とすることができるであろうか。

　被告人以外の者の伝聞供述で，被告人の供述を内容とするものは，324条1

---
[80] 最決昭25・9・30刑集4巻9号1856頁。
[81] 最判昭29・12・2刑集8巻12号1923頁。
[82] 東京高判昭36・6・21下刑集3巻5-6号428頁。
[83] 東京高判昭37・4・26高刑集15巻4号218頁。
[84] 東京高判昭54・8・23判時958号131頁。

項によって322条が準用される[85]。したがって，被告人の供述が自白又は不利益事実の承認の場合には，任意性に疑いがないときに証拠となり，それ以外の内容の場合には，特に信用すべき情況の下でなされたときに証拠となる。被告人の供述が書面という形で公判廷に顕出される代わりに，証人の証言という形で顕出されるので，実質的には322条と同様の構造を有することから，同条が準用される。

多数説は，これこそ本来の伝聞証拠であるとする。証人には反対尋問できるが，被告人の供述部分の内容については，被告人自身が本人に反対尋問はできないから，一定の要件の下に証拠能力を付与した。伝聞証拠の実質的定義に従う限り，伝聞例外と考えられよう。なお，被告人が証人に対して供述したことがあるか否か，さらにその供述内容についても，被告人は証人に対して反対尋問することができるから，本来的な意味での伝聞ではないとの見解もあるが，そこで言われる供述内容についての反対尋問は，供述内容の表現（叙述）についての反対尋問にとどまり，知覚，記憶の正確性にまでは及ばないように思われるので，やはり多数説の立場が相当であろう。

なお，被告人が自白調書に署名しなかった場合，322条に基づき当該調書を証拠とすることはできないが，取調官は公判廷外で被告人の供述（自白）を聞いているので，取調官を証人として尋問し，被告人の自白内容を証言させれば，324条1項によりその自白内容を証拠とできるとした裁判例がある[86]。法の定める被疑者供述の証拠化方式を逸脱しているから違法であるとの見解もあるが，取調官に対する反対尋問によって被疑者供述の任意性，信用性を確かめることができれば，否定する必要はないと思われる。なお，324条1項の適用については，相手方が捜査官であっても裁判官であっても私人であっても同様である。

(2) 被告人以外の者の供述で被告人以外の者の供述を内容とするもの

証人Aが，公判期日又は公判準備において，「Bが『自分は被告人がV方から宝石を盗んだのを見た』と私に話した」と証言した場合におけるBの供述部分を，被告人の窃盗有罪を立証するための証拠とすることができるであろうか。

---

[85] なお，供述代用書面について法は規定していないが，再伝聞として324条の準用を認めるのが判例である（最判昭32・1・22刑集11巻1号103頁〔百選9版91事件〕）。
[86] 東京高判平3・6・18判タ777号240頁。さらに，名古屋高判昭25・3・2判特7号111頁参照。

被告人以外の者の供述を内容とするものは，324条2項により321条1項3号が準用される。Bの供述部分は伝聞の原供述であるところ，これを証言という形で公法廷に提出するのも録取して書面で公判廷に提出するのもその性質は同様であるから321条を準用したのである。3号としたのは，供述録取書面と異なり，署名押印によってBが供述の正確性を確認していないので，証人が検察官等であっても2号ではなく3号の要件具備を求めたものである。321条1項3号を準用するので，その要件は，①供述不能，②不可欠性，③特信情況となる。なお，署名押印については，原供述が口頭供述であるから，その性質上準用されない。

特信情況につき，原供述者の臨終の供述，原供述者の不利益事実の承認，事件発生直後の自然発生的な供述などは，学説上特信性があるとされる。裁判例では，自動車事故発生直後に，被害者の同伴者たる証人が，自動車に後続して自転車で通りがかった第三者から自動車所有者の名前を告げられたという証言について証拠能力を肯定したもの[87]，公判期日で証人が前に裁判官の面前でした供述と異なった供述をしたが，証人の公判調書が火災で焼失したため，公判調書を作成した裁判所書記官補とこれを閲覧した副検事が証人として証言した場合（前者は裁判官の面前での供述内容の証言，後者は閲覧した調書の内容の証言）につき，324条で証拠能力を肯定したもの[88]などがある。

証人尋問の途中で伝聞証言に及んだ場合には，324条の要件がない限り，それ以上の証言をさせるべきではない。ただし，当該証人に伝聞を聞いた情況を証言させて，324条要件を立証する方法もあり得る。また，再喚問が著しく困難である場合，一応証言させておいて，事後に要件を立証させ，立証できなければ証拠排除決定（規207条，205条2項）という方法も許されよう。

原供述者がAかBか不明であるが，いずれかであることが明確な場合（二者択一の場合）には，A及びBの双方につき321条1項3号要件を充足していれば良いとされる[89]が，いずれかにつき充足していない場合には要件を欠くと解するのが相当であろう。

---

[87] 福岡高判昭28・8・21高刑集6巻8号1070頁。
[88] 広島高判松江支判昭26・4・23高刑集4巻4号410頁。なお，原供述者が氏名住居不詳でも良いとした裁判例として，東京高判昭36・2・1下刑集3巻1〜2号32頁（このような場合，公判廷の証言自体から原供述者の所在不明を認定できるとする）。
[89] 前掲最判昭38・10・17刑集17巻10号1795頁。

(3) 被告人の供述で被告人以外の者の供述を内容とするもの

被告人の公判準備又は公判期日における供述で，被告人以外の者の供述を内容とするものについては明文の規定がない。被告人に証人適格がないと考えられることから除外されたと言われる。この点，被告人が自ら伝聞であることを知りながら述べるのであるから，被告人との関係では326条の同意があったものと考えて良いように思われる[90]。もっとも，被告人に有利な内容の場合には，検察官に争う機会を付与するのが相当であるから，321条1項3号を準用するべきであるとの立場が有力とされるが，伝聞供述であるから324条2項の類推適用によるとの立場も主張されている。

14.4.2 再 伝 聞

被告人以外の者の供述調書中に，被告人又は被告人以外の者の供述が含まれている場合に，324条を準用ないし類推適用して証拠能力を認めることができるか。例えば，「『私は被告人がＶを殴るところを見た』とＡが言っていた」とのＢの供述録取書面を，被告人が殴ったことの立証に用いるような場合である。まず，①供述調書という点で伝聞であり，さらに②伝聞供述を含む点で重ねて伝聞である。①で321条1項2号書面の要件を充足した場合，②につき324条2項に準じて証拠能力を認め得るであろうか。この点，明文規定はない。

そもそも伝聞法則は，事実認定の正確性を担保するため，類型的に証明力に疑問のある証拠を排除しようとするものであるとすれば，反対尋問を経ない供述の重なりがあり，通常の伝聞証拠以上に真実性が乏しい証拠については，原則として証拠能力を認めるべきでないとする見解も十分に理解できる。加えて，321条，322条はそもそも再伝聞の規定であるから（捜査官に対する供述という点で伝聞であり，さらに捜査官がこれを録取して書面化した点で伝聞である），それ以外の全ての再伝聞の証拠能力を否定するべきであって，それ以外の再伝聞を認めることは許されない類推解釈であるとも考えられよう[91]。反対説も有力であるし，せめて再伝聞過程について肯定確認を要求すべきであるとの見解も理解できよう。

---

[90] 被告人に不利益な場合には322条1項が適用されるとの立場が有力であるが，被告人が自ら不利益な事項を供述することに同項が適用されるのは当然であろう。

[91] これに対し，324条2項は実質的には再伝聞を許容しているとの見解もある。

しかしながら、伝聞証拠は、321条以下の要件があれば、320条の「公判期日における供述」に代わることになるから、当該伝聞証拠は公判期日における供述と同視することができるので、その中にある再伝聞は単なる伝聞に変わり、公判廷供述中の伝聞として取り扱って良いと考えることも可能であろう（多数説）。文理上排斥する根拠もないし、非常に狭い道を辿って証拠能力を獲得するから、後は証明力の問題に委ねても実質的にも不当ではないように思われる[92]。もっとも、321条で調書の証拠能力が得られても、公判廷供述それ自体になるものではないから、324条適用ではなく「類推適用」とされる。

他方、最高裁は、被告人XYが、他の4名とともにVに制裁を加えるために火炎瓶を投入して放火することを謀議し、Yほか2名がV方雨戸に火炎瓶を投げつけ雨戸の一部を焦がした事案において、Xの検察官に対する供述調書中、YからYほか3名がV方に火炎瓶を投げつけてきたということを聞いたとのXの供述につき、原審説示の理由によって「刑訴321条1項2号及び同324条により右供述調書中の所論の部分について証拠能力を認めたことは正当である」とした[93]。そこで、原審[94]を見ると、なるほど明文規定はないが、321条1項各号により「その供述調書に証拠能力を認めたのは、公判準備又は公判期日に於ける供述にかえて書類を証拠とすることを許したものに外ならないから」、そのような調書中の伝聞部分は「公判準備又は公判期日における供述と同等の証拠能力を有する」とし、伝聞部分は321条1項2号のほか324条が類推適用され、同条により322条又は321条1項3号を準用して証拠能力を判断するべきであるとしている[95]。

この点、被告人が否定弁明をしても、一旦証拠能力を認められれば、証明力を減殺するのは容易ではない点で批判がある。また、324条であれば公判期日等の供述であるから、反対尋問を経ているが、321条調書の場合、供述不能等であれば、Xに対する反対尋問さえ経ていないのである。Yに対する反対尋問

---

[92] ただし、法が例外を明文で規定した趣旨に鑑み、要件の判断は厳格に行うべきであると言われる。
[93] 最判昭32・1・22刑集11巻1号103頁〔百選9版91事件〕。
[94] 東京高判昭30・4・2高刑集8巻4号449頁。
[95] その他、東京地決昭53・7・13判時893号3頁（原供述が被告人以外の者の供述である場合に、321条1項2号を適用した上、320条1項を経由して324条2項を類推適用し、321条1項3号を準用して証拠能力を肯定）、東京地決昭53・9・21刑裁月報10巻9~10号1256頁（再々伝聞につき証拠能力を肯定）参照。

は本人であるからできないとしても，せめてXに対して嘘をついていないかどうか反対尋問ができて良いのではないかとも考えられる。この反対尋問ができないのであれば，Yの肯定確認が必要であろうとの見解も一概に否定し難いように思われる。

14.5 同意書面

14.5.1 同意の法的性質

　刑訴法326条1項の同意は，反対尋問権の放棄の意思表示とする見解（反対尋問放棄説）が多数説である。伝聞証拠は，反対尋問ができないから証拠能力がないと考えれば，反対尋問権は当事者が処分し得る権利であるから，これを放棄した場合には伝聞証拠を証拠として許容できる。326条はそのことを規定したものとされる。もっとも，原則的にはそうだとしても，自白調書（322条）の証拠能力については，自分自身に対する反対尋問がおよそ不可能であって，その放棄もできないから，同条については直接主義に基づく裁判官のテストを要求しないという消極的意思表示であると解すべきだとの批判が主張されている。

　これに対し，積極的に証拠能力を付与する当事者の訴訟行為であるとする見解（証拠能力付与説）も主張されており，実務においては一般的と言われている。326条は当事者の処分権を規定したものであって，伝聞のみならず証拠一般について証拠能力を付与する当事者の訴訟行為であるとする。さらに，結果としては証拠能力が付与されることになるが，その本質は責問権の放棄であるとする見解（責問権放棄説）も主張されている。

　この見解によれば，反対尋問は証言の時点でなすべきものであり，調書については供述時点で反対尋問できない以上，事後の尋問権放棄があったからといって伝聞排除の根拠がなくなるわけではない。例えば，321条1項2号書面について見ると，事後に反対尋問がなされたとしても，それだけでは伝聞例外として許容されず，特信情況を要件として付加しているのであるから，反対尋問の放棄だけで直ちに証拠として許容されるわけではないのである。そうだとすれば，同意の核心は反対尋問を経ていない証拠であってもなお証拠とするこ

とについて「証拠排除を主張する利益の放棄」であり、「責問権」放棄であると主張される。このような見解によれば、本条の同意は、伝聞証拠に限らないのであって、個人の権利保障のために定められた手続に違反して収集された証拠であっても、個人が放棄可能な権利利益に関するものである限り[96]、本条の同意によって証拠能力を取得することになる。

この点、判例は、必ずしも明確ではないが、麻薬取締官作成の捜索差押調書及び捜索差押えにかかる麻薬の鑑定書につき、被告人が同意し異議なく証拠調べを経た場合、捜索差押え手続が違法であったかどうかにかかわらず証拠能力を有するとした判例[97]がある。もっとも、違法収集証拠に証拠能力を認めるかどうかは、同意によっても除去できないような重大な違法があるか否かによるから、同意の性質をどう見るかということそれ自体とは直ちに直結しないように思われる。たとえ同意があっても処分可能な範囲を超えれば「相当性」に欠けるとして証拠能力は否定されるので、個別の問題ごとに検討せざるを得ないと言うべきであろう。

なお、当事者の同意がありかつ相当性があれば、署名押印のない自白調書でも326条書面として証拠能力を認めるのが裁判例[98]及び実務の大勢であるとされている。

14.5.2 同意の効果と反対尋問の可否

同意の効果は、証拠能力を認めることである。したがって、証明力を争うことはできる。しかし、証人喚問という方法で証明力を争うこともできるであろうか。

この点、反対尋問放棄説からは消極とされる。反対尋問を放棄した以上、証人喚問することは矛盾である。当事者は、反対尋問が必要であれば同意すべきではない。裁判所も、反対尋問が必要であれば「相当と認めるとき」(326条1項)に当たらないと考えるであろうとする。これに対し、証拠能力付与説からは積極とされる。証明力を争う方法は限定されない。実務においては、同意の

---

[96] 逆に言うと、個人による放棄を許さない社会公共の利害に関するような場合(例えば、脅迫、拷問による自白など)には、直ちに証拠能力は付与されない。
[97] 最大判昭36・6・7刑集15巻6号915頁〔百選9版A5事件〕。
[98] 福岡高判昭29・5・7高刑集7巻5号680頁。

上で証人喚問を行っており，その取扱いも合理的に説明できるとするのである。

もっとも，反対尋問放棄説からも積極説は可能ではないかとの主張もなされている。まず，①証拠能力を付与する限度での反対尋問権の放棄であって，証明力を争うための反対尋問は可能と言うこともできる。また，②書面自体から心証を把握できないとして，原供述者を尋問して職権で証拠調べができるから，証人喚問請求を職権発動を促す申立てと解して採用することで，反対尋問の放棄と矛盾なく説明できるとも言われる[99]。

この点，同意した上で証人尋問を行うこと認めるのであれば，証拠能力付与説ないし責問権放棄説の方が遥かに合理的であるように思われる。また，326条が伝聞不適用の規定だとすれば，伝聞例外の要件（信用性の情況的保障と必要性）がない場合に限らず，その要件がある場合であっても同意することができると考えられるので[100]，同意は，必ずしもその要件の欠如を補完するわけではなく，異議を申し立てない結果として，証拠として用いることができるようになるに過ぎないと思われる。その意味において，むしろ責問権の放棄と解する方が実情に合致しているように思われる。

14.5.3 同意の撤回

同意があり，既に証拠調べが終了していれば，心証形成に寄与しているから，手続の安定性に鑑み，特段の事情（重大な錯誤で責めに帰すべき事情がないなど）がない限り，同意の撤回はできないとすべきであろう。また，その撤回を認めることは，相手方の立証計画を不当に崩す可能性があるので，この点からも相当ではないと思われる。もっとも，そのような事情がなければ，一定程度の撤回を許す余地もあり得ないわけではない。

仮に同意の撤回を認めるすれば，いつまでできるであろうか。証拠調べ終了までは撤回できるとの見解，証拠調べ実施までに限るとの見解，弁論終結までは良いが裁判所の裁量によるとの見解などが主張されている。また，方法については，相手方の同意を要するとの見解と相手方の同意不要との見解がある。

---

[99] さらに，不同意にして反対尋問しても321条等の伝聞例外で書証が証拠とされるのなら，同意して証人尋問を行い有利な証言を引き出す方が弁護技術としては優れているとも言われている。

[100] 例えば，前科調書を不同意としても，323条の要件を満たす場合には証拠とすることができるが，その場合にも，当初から同意することができる。したがって，伝聞例外の要件の有無にかかわらず同意することはできると言えよう。

この点，手続維持の原則に照らしても，一旦裁判官の心証に影響を与えるような結果を生じたものは覆すべきではないから，少なくともその書証の証拠調べに入った後は同意の撤回を許さないとすべきであろう。また，相手方の訴訟上の利害に影響が大きいから，特別な合理的理由があり，裁判所が許可した場合に限るべきであろう。

14.5.4　同意の効力とその範囲

　当事者が，当該証拠につき，「立証趣旨に限定するなら同意する」との意見を述べた場合，裁判所は立証趣旨を越えて別の立証のために当該証拠を用いることができるであろうか。かつては，立証趣旨の拘束力の問題として議論されていた。すなわち，裁判所は，当事者が述べた立証趣旨に拘束され，それ以外の立証のために用いることができないのではないかという疑問である。

　立証趣旨とは，当事者が証拠請求するに際し，証拠と証明しようとする事実の関係を示したものであって（規189条1項），裁判所が証拠の採否を決定するために参考とするための当事者の意見である。そうだとすれば，そもそも証拠能力の範囲を限定するものではないし，また，証明力の範囲を制限するものでもない。証拠能力があるとすれば，その証明力判断は裁判所の自由心証によるのであるから，仮に立証趣旨に拘束力を認めれば，自由心証主義違反となりかねない。したがって，立証趣旨の拘束力を認めるか否かという議論は，その問題設定それ自体相当でないと考えられるようになった。

　そこで最近では，この問題は，当事者の同意の効力の性質ないし効力の及ぶ範囲の問題であるから，端的にこの点を検討すれば足りると言われている。例えば，告訴状につき，告訴があった事実という立証趣旨で証拠請求されて同意があった場合には，その同意は，告訴があった事実に限って同意するという趣旨であるから，同意の効力は告訴事実の存否に限られるのであって，その告訴状を告訴事実を認定するために用いることはできないとされている。また，情状立証のために示談書が同意された場合，示談書記載の犯罪事実それ自体を認定するために用いることはできないとされている[101]。あるいは，精神鑑定に関する鑑定書について，鑑定人が事情聴取した結果や鑑定人が収集した事実が記

---

[101]　福岡高判昭27・6・4判特19号96頁。

載されていたとしても，これらは鑑定人が鑑定方法として実施した結果に過ぎないので，鑑定書に対してなされた同意は，これらの事実に対する同意とは言えず，その事実を認定するための証拠として用いることはできないとされる[102]。

14.5.5　同意の擬制

　同意の擬制（326条2項）とは，被告人が出頭しないで証拠調べができるときに，現に不出頭であれば同意を擬制するというものである。そこで，283条ないし285条の場合にはこれに該当することは疑いないが，286条の2の被告人出頭拒否の場合，341条による被告人退廷の場合にもこれに当たるかどうかは争いがある。

　争いの原因は，326条2項の立法趣旨をいかに解するかにかかっている。同項が，同意の意思が合理的に推定可能な場合を規定したものであるとすれば，出頭拒否や退廷命令を受けるのは，争う姿勢を示しているからであり，不同意の意向を持っていることを窺うことができるので，同項の趣旨に反することになろう（否定説）。この点，自ら不出頭の場合はともかく，少なくとも退廷命令の場合には，反対尋問権を放棄したとはみなし得ないのが通常であるから，この場合への拡大は否定するべきだとの見解も主張されている（折衷説）。これに対し，同項は，不出頭の場合には同意の有無を確認できないので，そのために生じる審理の遅延や阻害を回避するための規定であるとすれば，明示的に不同意としない限り，反対尋問権の放棄又は喪失を問わず，一律に同意を擬制して良いということになろう。したがって，不当な挙動で円滑な訴訟の進行に協力せず，自ら防御の機会を放棄したのであるから，適用は当然であるとする（全面肯定説）。

　判例は，全面適用肯定説に立ち，「刑訴法326条2項は，必ずしも被告人の同条1項の同意の意思が推定されることを根拠にこれを擬制しようというのではなく，被告人が出頭しないでも証拠調を行うことができる場合において被告人及び弁護人又は代理人も出頭しないときは，裁判所は，その同意の有無を確かめるに由なく，訴訟の進行が著しく阻害されるので，これを防止するため，被告人の真意のいかんにかかわらず，特にその同意があったものとみなす趣旨に出た規定と解すべきであ」るから「341条により審理を進める場合において

---

[102] 東京高判昭27・9・4高刑集5巻12号2049頁参照（アミタールインタビューに基づく被告人の供述部分に関するもの）。

も適用されると解すべきである」とする[103]。

この点，被告人が既に不同意とし，証人尋問が行われる公判期日に退廷を命じられた場合には，既に不同意が明白であるから，懲罰の意味で用いるべきでないとすれば，適用がないと解すべきであるとも言えるが，さりとて訴訟進行の妨害を放置するわけにもいかないので，証人尋問が実施されることを承知で退廷命令を受けるのであれば，同意が擬制されてもやむを得ないように思われる。また，法廷秩序の妨害を繰り返す場合には，その態度から，権利放棄の意思を推定できると言っても良いように思われる。

14.6 証明力を争う証拠（弾劾証拠）

14.6.1 伝聞例外か不適用か

伝聞証拠は，犯罪事実の認定は厳格な証明を要する（317条参照）との要請に基づいて排除されたものであるから，犯罪事実の認定ではなく，単なる補助事実の認定に用いるときは許容される。証明力の有無・程度は，補助事実であるから，伝聞法則は適用されない。したがって，「供述の証明力を争うため」（328条）であれば，伝聞証拠を用いることができる。

また，仮に厳格な証明を要するとしても，自己矛盾に限れば，矛盾供述の存在を立証することによって信憑性がないことを推認するのであるから，その意味でも伝聞不適用の場合に当たると言えよう。

14.6.2 自己矛盾に限るか

それでは，証明力を争う証拠は，自己矛盾に限られるであろうか。限定説は，供述者が以前にした不一致供述（自己矛盾供述）に限るとする。Ｂの供述がＡの証言と矛盾していたとしても，Ｂ供述の内容が真実でなければＡ証言の信用性に何ら影響はなく，Ｂ供述が真実である場合にのみＡ証言の内容が信用できないものとなるに過ぎない。嘘と嘘とが衝突しても，いずれも信用性に影響しないからである。それ故，限定説では，伝聞証拠を非伝聞的に利用する

---

[103] 最決昭53・6・28刑集32巻4号724頁〔百選9版A38事件〕。

(矛盾していること自体が証明すべき事実である)のであるから(伝聞法則の不適用)，328条は当然のことを注意的に規定したことになる。すなわち，伝聞証拠については，自己矛盾でも使用を禁ずるという態度を採らないことを明らかにする趣旨で明文を設けたとされる。

他方，部分限定説(中間説)は，自己矛盾のほか，証人の信用性のみに関する純粋補助事実[104]を立証する証拠に限り許容されるとする。すなわち，信憑性に関する事実を立証し，間接的に犯罪事実に影響を与えるだけであって，事実認定に直接用いられるわけではないから許されるとする。これに対し，①補助事実にも厳格な証明を要するとの前提に立つことになるが，それは疑問がある[105]，②純粋補助事実とそれ以外の事実との区別は実際上は困難である，③自己矛盾は非伝聞，それ以外は伝聞であるから，同一条文の中に伝聞と非伝聞とが同時に規定されているのは不合理であるなどと批判される。

これに対し，片面的限定説は，検察官請求証拠の場合には自己矛盾に限り，被告人請求証拠の場合には自己矛盾に限らないとする。被告人側の証拠は犯罪事実認定に働かず，常に事実否定の方向に働くから許容して良いが，検察側が弾劾に用いる場合には，自己矛盾の供述以外は，憲法37条2項に真っ向から対立するから，その限度で328条は無効になるとする。これに対し，①現行法の解釈としては，検察側の弾劾を禁ずるのは無理であって，立法論というべきではないか，②321条1項3号が「犯罪の存否」と規定しており，被告人に有利不利いずれも使用できることになっているから，328条についてのみ限定するのは無理ではないかなどと批判される。

そこで，非限定説は，①条文上の制限がない，②自己矛盾に限るなら当然に許容されるのであって，わざわざ本条を設けたことは無用となる，③憲法37条2項の反対尋問権も，事実認定の証拠とせず単に証明力を争うだけの証拠にまでは保障されていないから，自己矛盾供述に限らないと主張する。これに対し，①他人の矛盾する供述が真実であることを前提としない限り，矛盾する本人の供述が信用できないとは言えないので，伝聞証拠が実質的に供述内容の真実性をうかがわせる証拠として使用されたのと同じ結果となる，②矛盾する他

---

[104] 証人の能力，性格，当事者に対する偏見，当事者との利害関係などの事実を言う。
[105] 間接的にしろ事実認定に影響するから，そもそも補助事実についても厳格な証明対象であるとの見解も少なくない。

人の供述たる書証で心証が形成されることで証言の信用性が減殺されるところに問題がある，③実質的に事実認定に用いるのと同様であり，始末書，報告書等およそ事件に関係する証拠は全て提出されることになり，伝聞法則は骨抜きになるなどと批判される。

　判例は，昭和20〜30年代の高裁裁判例は，積極・消極に分かれていたが，その後は概ね限定説を採り[106]，最高裁も限定説に立つことを明言した[107]。すなわち，「刑訴法328条は，公判準備又は公判期日における被告人，証人その他の者の供述が，別の機会にしたその者の供述と矛盾する場合に，矛盾する供述をしたこと自体の立証を許すことにより，公判準備又は公判期日におけるその者の供述の信用性の減殺を図ることを許容する趣旨のもの」とした上で，「別の機会に矛盾する供述をしたという事実の立証については，刑訴法が定める厳格な証明を要する趣旨であると解するのが相当である」とした。そこで，「刑訴法328条により許容される証拠は，信用性を争う供述をした者のそれと矛盾する内容の供述が，同人の供述書，供述を録取した書面（刑訴法が定める要件を満たすものに限る。），同人の供述を聞いたとする者の公判期日の供述又はこれらと同視し得る証拠の中に現れている部分に限られるというべきである」とした。したがって，実務上は限定説で決着が付いたと言って良いであろう。

　なお，同決定は，別の機会に矛盾する供述をしたという事実の立証については，厳格な証明を要するとしたが，その趣旨は，例えば，供述録取書面の場合，その書面は，第三者の捜査官に対する供述という点で伝聞であり，捜査官が録取して書面化するという点で伝聞であるから，いわば二重伝聞となっているが，第三者の証言を弾劾できるのは，自己矛盾である前者の供述に限られ，後者は自己矛盾ではないから弾劾として用いることはできない。したがって，後者の部分については，第三者の署名押印によって伝聞性を抹消しない限り許容されないという趣旨である。それ故，捜査官が第三者から供述を聞いてその内容を記載した報告書については，第三者の署名押印がないから，二重伝聞性がその

---

[106] 東京高判平5・8・24判夕844号302頁，東京高判平8・4・11高刑集49巻1号174頁（「刑訴法328条によって許容される証拠は，現に証明力を争おうとする供述をした者の当該供述と矛盾する供述又はこれを記載した書面に限られる」とした）。
[107] 最判平18・11・7刑集60巻9号561頁〔百選9版90事件〕。

まま残り，当該報告書は，単なる捜査官の供述書として用いるほかはなく，自己矛盾に該当しないことになる。

14.6.3 増強証拠，回復証拠

証明力を争うとは，通常の場合，証明力の減殺を意味する。それでは，証明力を増強するための証拠はどうであろうか。また，一旦減殺された証拠の信用性を回復する場合はどうであろうか。この点，学説は，減殺に限るとするのが通説である。前の供述と一致する供述が後に提出されても，前者が真実であることを前提としなければ，一致しただけで信用性が高まるものではない。嘘と嘘を重ねても真実にはならない。他人供述の場合も同様である。仮に後の供述が真実であったとしても，前の供述が増強され事実認定に用いられるのであれば，同一内容の後の供述を事実認定に用いるのと同様となる。したがって，後の供述にも反対尋問が必要である。

しかし，回復は含むとされる。一旦減殺されたものを回復するのは，非伝聞的使用であるからとされる。すなわち，弾劾に対する弾劾を行い，まだ一致する供述があるという事実を示し，結果として回復方向に作用するからである。

この点，最高裁の判例はないが，高裁では分かれている。昭和20～30年代の高裁判例は増強を含むとした裁判例が多かったが[108]，その後は，回復証拠のみを含むとする裁判例が多い[109]。

14.6.4 証言後の矛盾供述

目撃者Wは，公判廷で目撃していない旨の証言を行ったので，検察官は改めてWを取り調べ，本当は目撃していた旨の検察官面前調書を作成した。この調書を証拠として採用できるであろうか。

消極説は，公判中心主義の観点から，証言を行ったその場で問い質すか再尋問を行うのが筋であって，証人をその証言後に捜査機関が取り調べることは，

---

108 その中で，福岡高判昭30・2・28裁特2巻6号141頁は減殺のみとした。
109 東京高判昭53・5・17東高刑時報29巻5号81頁，東京高判昭54・2・7東高刑時報30巻2号13頁(強姦の被害者が証言した後に，弁護人に対する「合意があった」旨の供述書が328条証拠として取り調べられ，その後証言と一致する法定外の警察官調書が提出された事案において，回復証拠により「事実上同人の原審証言の証明力が増強される結果となったとしても，これによる不利益は前記のような内容の弾劾証拠を提出した被告人の側において甘受すべきものであって…」とした)。

不公正の危険を伴うことも否定し難いので，それ自体が問題であり，弾劾証拠としても用いることができないとする。また，限定積極説は，思い違いや言い違いの場合，再喚問を許容するべきであるが，証人が死亡等により再度公判廷に出頭できない場合には，328条としての使用を許すとする。

これに対し，積極説は，証言後に間違いだったことを第三者に告げた場合，第三者を証人として証言させることができるであろうから，そうであれば，証言後の証人自身の供述も同様に解して良いのではないかとする。

判例[110]は，証人尋問後に作成された検察官調書も，証明力を争う証拠として許容される場合があるとする[111]。

この点，不一致供述に場合には，時期や場所を異にして矛盾した供述をしたこと自体（供述の存在）を証明することによって，その証人の証言の信用性を減殺しようとするのであるから，食い違い証言が前後にあることで足り，時期については問題ないであろう。また，証言後の証人取調べができないこともないし必要もある。「公判中心主義」とはいえ，公判段階においても補充捜査をすることができるから，当事者それぞれの補充的証拠収集活動が一切できないわけではない。したがって，証言後の取調べによって作成された矛盾供述を内容とする供述調書も，弾劾証拠として用いることはできよう。

14.7 その他関連問題

14.7.1 任意性の調査

裁判所は，伝聞例外として証拠とすることができる書面又は供述であっても，供述の任意性を予め調査しなければならないとされている（325条）。既に，伝聞例外として証拠能力がある証拠（したがって，例えば，322条，319条の任意性の要件を満たした証拠）について，その任意性を調査することを規定したのであるから，証拠能力の「実体要件」ではなく，単に調査手続を踏むべきであるという「手続要件」と解されている。また，その任意性は，証拠能力としての任意

---

[110] 最判昭43・10・25刑集22巻11号961頁（八海事件）。
[111] 東京高判昭36・11・14高刑集14巻8号577頁参照（証人尋問後に検察官が証人を取り調べることは，公判中心主義に照らしても許されないことはないとする）。

性ではなく，証明力に影響を及ぼす意味での任意性と解するのが多くの見解である。したがって，同条にいう「あらかじめ」とは，裁判所が証明力を評価し事実認定に供する以前と解されている。

この点，判例は必ずしも明確ではないが，「任意性の程度が低いため証明力が乏しいか若しくは任意性がないため証拠能力あるいは証明力を欠く書面又は供述を証拠として取り調べて不当な心証を形成することをできる限り防止しようとする趣旨」[112] としており，証拠決定前に調査しなければならないわけではないとするが，これは，証明力判断に影響を及ぼす任意性を前提としているように思われる。

14.7.2 写真，ビデオテープの取扱い
(1) 現場写真

犯行現場の状況等を撮影した現場写真の法的性質については，供述証拠か非供述証拠か争いがある。供述証拠説（伝聞例外説）は，321条3項準用ないし類推適用とする。機械を用いているが，要は現場状況についての人の認識の報告であって，検証の方法として，五官ではなく機械を利用して行っているに過ぎない。撮影からプリントに至る作成過程における誤り，人為的操作（合成や修正）の危険性があるから，供述証拠として取り扱うべきであり，その要件は，作成者が真正に作成されたことを証言することであるとする。

他方，非供述証拠説（多数説）は，機械的方法による事実の自動的な記録であって，情報を正確に伝達するから，非供述証拠であるとする。作成過程の誤りや人為的操作の可能性は他の証拠でも問題となるから，関連性判断の際に考慮すれば良い。関連性は自由な証明で良いから，撮影者の尋問でも良いし，写真自体による証明でも良いとする[113]。

判例[114] は，「現場写真は，非供述証拠に属し，当該写真自体又はその他の証拠により事件との関連性を認めうる限り証拠能力を具備する」から，必ずしも撮影者に現場写真の作成過程ないし事件との関連性を証言させる必要はないと

---

112 最決昭54・10・16刑集33巻6号633頁〔百選9版A37事件〕。なお，最判昭28・10・9刑集7巻10号1904頁参照。
113 ただし，実務上は，撮影者を証人尋問するのが通常である。
114 最決昭59・12・21刑集38巻12号3071頁〔百選9版92事件〕(新宿騒擾事件)。

している。

　この点，伝聞法則において反対尋問が必要なのは，供述を通して報告するからであることに照らすと，写真は供述証拠ではないとするのが論理的であろう。極端な合成・修正が疑われる場合には，現場の状況を正確に映像化するという現場写真の本質を損なうものであるから，関連性なしとすれば足りよう。もっとも，そこまで至らない程度の，撮影からプリントに至る過程の誤りであれば，現場写真としての同一性を損なうものでないとも考えられるので，信用性の問題として処理する余地もあり得るかもしれない。

(2) 現場録音・録画

　現場録音の適法性につき，判例[115]は，「本人不知の間になされ」本人の表現の自由を侵害していないから適法であるとした。

　現場録画テープについては，現場写真と同様，供述証拠説もあるが[116]，多数説は，写真と録音テープとの複合であり，両者の問題に還元されるとする。機械的科学的であって供述の要素を含まないので，関連性が明らかになれば証拠として採用できるとした裁判例[117]がある。動画として多種多様な錯綜した情報を含み得ることから，関連性の立証について写真の場合よりも慎重に行う必要があるとしても，その本質において変わるわけではない。改竄修正の疑いがある場合には，その真正を立証する必要があるが，撮影者が不明であれば，当時犯行現場に居合わせた者を証人として尋問し，当該録画が犯行の状況を正確・忠実に撮影されたものであることの証言が得られれば良いであろう。なお，非供述証拠であるとしても，証拠価値を判断するため，編集過程につき撮影者，編集者の証人尋問を行う取扱いが実務上多いとされる。

(3) 犯行再現写真等

　犯行再現写真は，いわば動作による供述という側面がある。供述した結果を調書で録取する代わりに写真で記録するのである。供述以上に分かり易い面があるとともに，撮影技術や角度によって印象が異なるという問題もある。したがって，供述証拠として任意性を問題にするとともに（自白法則の適用），物証

---

[115] 最決昭35・3・24刑集14巻4号462頁。
[116] 大阪地決昭48・4・16刑裁月報5巻4号863頁（321条3項の類推適用により，撮影者及び編集者の尋問を要するとして証拠能力を否定）。
[117] 東京地決昭55・3・26刑裁月報12巻3号327頁。

としての関連性（細工修正がないこと）をも明らかにする必要がある[118]。

判例は，電車内の痴漢事件について，被害者が被害を受けた状況を説明して被害状況を再現し，あるいは被疑者が犯行状況を説明して犯行状況を再現した実況見分調書について，刑訴法321条3項の要件を満たすのみならず，再現者の供述録取部分については，「再現者が被告人以外の者である場合には同法321条1項2号ないし3号所定の，被告人である場合には同法322条1項所定の要件を満たす必要があるというべきである」とした上，写真については，「撮影，現像等の記録の過程が機械的操作によってなされることから前記各要件のうち再現者の署名押印は不要と解される」とした[119]。

次に，犯行再現ビデオであるが，同行見分，再現検証などとも言われる。被疑者勾留の後半ころに，検証令状を得て，被疑者の承諾書をとった上で，犯行現場又は警察署内で行われるのが通例である。検証として行った場合には，検証調書の添付ビデオとして証拠化されるのが通例である。このような犯行再現が，そもそも許されるかどうか議論がある。再現自体が許されないとの見解は，条文の根拠がなく，人間の尊厳を損なうと主張する。しかし，必要性があり，真摯な同意があれば許されるとするのが一般である。その証拠能力については，身体の動作による供述であるから，322条1項が準用される（通説）。この点，裁判例として，殺人事件につき警察の講堂で再現した録画ビデオにつき，「多数の捜査官らの見守る中で，自ら積極的に，てきぱきと手際よく行動し，しかも，記憶の不確かな点についてはその旨を述べたり，従前の供述を訂正するなどしており」として任意性を肯定したものがある[120]。また，供述拒否権という意味で実施拒否権の告知が必要となる（その意味で，承諾書をとるのが通例である）。署名押印については，録取過程が非供述過程であるから不要とされる（通説）[121]。なお，さらに321条3項も併せて準用されるか（作成の真正立証を要するかどうか）については，関連性の立証だけで足りるとする不要説もある

---

[118] もっとも，特段の不自然がなければ修正などはないとして，相手方の主張を待って論ずれば足りよう。
[119] 最決平17・9・27刑集59巻7号753頁〔百選9版86事件〕。
[120] 東京高判62・5・19判時1239号22頁。
[121] 供述録書面の場合，録取過程も供述であるから，署名押印によってその部分の伝聞性が排除されることになるが，ビデオ録画については，その録取過程は機械的であるから，同一性が確認できれば，署名押印は不要となる。

が，必要説が多数説である。犯行再現のビデオ録画の本質が，検証ないし実況見分として実施される以上，必要説が相当であろう。

14.7.3 「写し」の取扱い

写しを証拠として用いる場合，正確な写しであることが証明されれば（自由な証明で足りる），物又は書面の原本の証拠能力に準じる。立証事項は内容の真実性であるところ，写しは内容の転写であるから内容の証明力は原則として変更がない。したがって，書面の写しの証拠能力の要件は，通説によると，①原本の存在（証拠能力ある原本が存在し又は存在したこと），②正確性（写しが原本を正確に転写したものであること），③必要性（原本提出が不可能又は著しく困難であること）である[122]。

なお，例えば，録画ビデオのような場合には，写し自体を原本として，写しと証拠との関連性を直接立証して証拠とする余地もあり得よう。写しとしての証拠能力特有の問題があるかどうかは疑問である。手書きの写し等正確性に疑問があった場合は別論であるが，フォトコピー，ダビングビデオのような機械的転写の場合には，写しを原本として関連性を立証すれば足りると思われる。

14.7.4 供述録音

供述録取書面の代わりに，供述を録音した場合，その録音はどのように取り扱われるべきであろうか。第1に，同意を得て録音する場合，非供述証拠説によっても，録取過程の伝聞性が排除されるだけであって[123]，書面への録取がテープ録音になったに過ぎないから，内容の伝聞性までは排除されない。内容は，供述証拠として検討される。書面ではないが供述証拠であるから，被疑者・被告人のものであれば，322条1項の準用ないし類推適用，その他の者の供述であれば，321条1項2号又は3号の準用ないし類推適用となる。

なお，署名押印に代わるものが必要であろうか。この点は，録音後の人為的操作の危険をどう考えるかによる（調書でも，内容改竄の危険性は同様であるが，

---

[122] 東京高判昭58・7・13高刑集36巻2号86頁〔百選9版93事件〕は，テレビ放映した映像の写したるビデオテープ等につき，証拠能力を肯定したものである。ただし，要件③は不要とした。その代わり，「写しによっては再現し得ない原本の性状（たとえば，材質，凹凸，透し紋様の有無，重量など）が立証事項とされていないこと」を挙げる。

[123] 人為的作為が可能な点に配慮して供述証拠とする見解もあるが，人間の記憶・叙述と異なり機械的記録であるから非供述証拠であるとするのが多数説である。

署名押印で代えられている）。必要説は，署名押印した紙片による封印・契印が必要とするが，不要説は，本人の供述であると確認できれば良いとする。この点，録音は科学的機械的操作であるから，署名押印に馴染まず（署名押印は調書作成過程の伝聞性を排除するためのものであるが，録音過程にはそもそも伝聞性がないので関連性さえあれば十分である），本人の音声であることが確認されれば良いとされるのが通例であり，また，閲覧又は読み聞けについては，録音の機械性に照らして，特に改竄等が認められない限り，適宜の方法で確認できれば良いとされるのが通例である。

第2に，秘密録音の場合，関連性が問題となる。証拠と要証事実との間に求められる最小限度の関係（自然的関連性）が必要であるが，証拠能力に関する事実であるから，当該テープの再生等により自由な証明で関連性を立証すれば足りよう[124]。

そこで，次に，秘密録音の適法性が問題となる。①適法説は，会話は内容を相手方に伝達するためのものであり，内容は相手方の支配に移るから，単にモラルの問題であり，違法ではない。そもそも他者に伝達される可能性があるものであるから，その限りで秘密性は失われると主張する。これに対し，②違法説は，会話内容の伝達可能性だけが問題ではなく，会話の自由，プライバシーに対する期待権の侵害があるから違法であると主張する。そこで，③折衷説（中間説）ないし利益衡量説が多数説である。具体的な事情に照らし，他に漏れないことが合理的に期待されるべき会話かどうかによる。黙示の同意があればその期待はない。盗聴や秘密録音する正当な理由があり，当該会話がプライバシーをそれほど期待し得ない状況でなされた場合には適法とされる。

判例は，被告人が新聞記者に対して，検事総長に偽電話をかけた際の録音テープを聞かせたりテープに関して記者に話をした模様を，その記者が無断録音した事案[125]において，新聞記者に「取材の結果を正確に記録しておくために録音した」という正当な事由があったこと，被告人にも「未必的にではあるが録音されることを認容していた」事情があったことから，「対話者の一方が右のような事情のもとに会話やその場の状況を録音することは，たとえそれが相手方の同意を得ないで行われたものであっても，違法でないと解すべきで

---

[124] 録音者を証人尋問してもよいが，そこまで必要ないであろう。
[125] 最決昭56・11・20刑集35巻8号797頁（検事総長偽電話事件）。

ある」とした。さらに,「詐欺の被害を受けたと考えた者が,被告人の説明内容に不審を抱き,後日の証拠とするため,被告人との会話を録音した」場合,「たとえそれが相手方の同意を得ないで行われたものであっても,違法ではなく,右録音テープの証拠能力を争う所論は,理由がない」とした判例[126]もある。

　供述録音の場合には,会話の自由,プライバシー侵害の内容・程度はどうであろうか。取調べに対して黙秘権を行使しないで供述する以上,明示ないし黙示に秘密維持を断らない限り,捜査官に対しては秘密性を放棄している。したがって,少なくとも,通常の会話の録音に比べて秘密性の程度は格段に低いものと考えられるので,原則として,違法とは言い難い。したがって,この点から供述録音の証拠能力が否定されることはないのが原則であろう。

---

[126] 最決平 12・7・12 刑集 54 巻 6 号 513 頁。

■第15章■

裁　　判

15.1　裁判の意義と成立

15.1.1　裁判の意義・種類

　裁判とは，裁判所又は裁判官の意思表示を内容とする訴訟行為である。裁判の主体は，裁判所又は裁判官である。裁判所とは，訴訟法上の裁判所であり，合議体の場合と単独裁判官の場合とがある。裁判官とは，国法上の裁判所に所属する個々の裁判官を言う。検察官や司法警察職員の行う行為は裁判ではない（例えば，刑訴法430条の押収に関する「処分」など）。また，意思表示であるから，事実行為は裁判ではない。

　裁判は，その機能や手続によって，判決，決定及び命令に区別される（43条）。

　判決には，口頭弁論が必要である。決定，命令には口頭弁論は不要であるが，事実の取調べをすることができる（43条2項，3項）。事実の取調べには，証拠能力の制限は及ばないので伝聞証拠でも証拠資料とすることができる。

　決定は，裁判所が行う裁判であり，命令は，裁判官が行う裁判である。裁判には，理由を付さなければならないが，上訴を許さない決定，命令には理由を付する必要はない（44条1項，2項）。また，決定，命令は，判事補が一人で行うことができる（45条）。さらに，裁判に対する上訴についても，判決に対しては控訴（372条）・上告（405条），決定に対しては抗告（419条），命令に対しては準抗告（429条）となっている。

　なお，講学上，形式裁判，実体裁判の区別もなされている。形式裁判は，申立ての有効性に関する判断（管轄違いの判決，控訴棄却の決定・判決，免訴の判決），実体裁判は，有効な申立てに対する理由の有無に関する判断（有罪・無

罪) である。

15.1.2 裁判の成立

裁判は，判断内容が形成されることによって内部的に成立した後，それが認識可能な状態に置かれることによって外部的に成立する。外部的成立は，公判廷において宣告によって告知された（342条）かどうかによって判断される。

(1) 内部的成立

内部的成立については，評議に基づく評決があったときに成立するという見解と裁判書が作成されたときに成立するという見解とがある。区別の実益は，内部的に成立した後には，裁判官が交代しても，手続の更新を行うことなく宣告することができる点にある（315条但し書参照）。この点，単独裁判官の場合には，裁判書が作成されたときは作成により，作成されないときは告知と同時に成立するとされている。他方，合議体の場合には，評決があったときに成立するとの見解が一般的とされているが，単独裁判官と同様に裁判書作成のとき又は告知により成立するとの見解もあるとされている。合議体の場合には，裁判書の作成は評議の結果を記載するものと考えられるので，内部的成立は評決のときと考えるのが相当であろう。

(2) 外部的成立

外部的成立は告知によるが，裁判の告知があったと言えるかどうかで争いが生じる場合がある。例えば，主文を宣告した後に，判決期日が終了する前に誤りに気付き，改めて主文を言い渡した場合，先の宣告によって既に裁判は成立しており，したがってその後は上訴によって争うほかないかどうかである。判例[1]は，このような場合につき，判決の宣告は全体として1個の手続であって，その公判期日が終了するまでは完了しないとして，それまでであれば，一旦宣告した判決内容を変更して改めて宣告することができるとしている[2]。

---

[1] 最判昭51・11・4刑集30巻10号1887頁（保護観察中であるのに執行猶予を言い渡し，約5分後に改めて実刑を言い渡した事例）。
[2] もっとも，検察官が在廷しない法廷において判決を宣告して閉廷した後，勾留場所に戻っていた被告人を再び法廷に呼び戻し，検察官出廷の上で改めて判決を言い渡した場合には，そのような判決宣告は「事実上の措置にすぎず，法的な効果を有しない」とされる（最決平19・6・19刑集61巻4号369頁）。

(3) 裁判書

　裁判をするときは，裁判書を作成しなければならない（規53条）。しかし，刑事訴訟では，判決書の作成は判決成立の要件ではない[3]。実務上は，裁判書草稿に基づいて言い渡されることが少なくないのが実情である。なお，地方裁判所又は簡易裁判所においては，上訴の申立てがない場合には，裁判所書記官に主文，罪となるべき事実の要旨及び罰条を判決期日の調書の末尾に記載させて判決書に代えることができる（規219条1項）。これを**調書判決**と言う。

(4) 評　議

　合議体においては，評議を行うことが必要とされる（裁75条）。評議の対象が結論か理由かで見解が分かれている。民事裁判では一致して理由説とされているが，刑事裁判では，利益原則を考慮して，Aが有罪，Bが正当防衛で無罪，Cが責任無能力で無罪のような場合，結論説に従って無罪とすべきだとの見解も有力である。しかし，Aが詐欺罪で有罪，Bが横領罪で有罪，Cが無罪のような場合には，結論説に従うと有罪となるので，かえって利益原則に反することになる。その意味で，一概に結論説が被告人に有利とも言えない。そこで，判決の本質に遡ってみると，判決には理由を付すべきであるところ（44条1項），有罪判決の場合には「罪となるべき事実」を示し（335条1項），正当防衛や責任無能力の主張に対しては，それぞれ判断を示さなければならない（同条2項）のであるから，そのような理由に応じて結論が分かれるのはむしろ当然であって，刑事裁判においても，やはり理由説が相当であるように思われる[4]。

15.1.3　裁判の構成

　裁判は，主文と理由によって構成される。主文は，その裁判の最終的な結論である。理由は，主文を導く過程及び根拠が示されたものである。裁判には，理由を付さなければならない（44条1項）。

---

[3]　最判昭25・11・17刑集4巻11号2328頁。なお，民事訴訟では，言渡しは判決書の原本に基づいて行われる（民訴法252条）。

[4]　なお，正当防衛で無罪という判断は3分の1の意味しかないという点も指摘されるが，これは正当防衛という理由を判断基準とする点で結論の先取りではないかとの疑問も残る。

(1) 有罪判決

ア　有罪判決の構成

　有罪判決の主文は，宣告刑のほか，未決勾留日数の算入，刑の執行猶予，没収・追徴等の付加刑，訴訟費用の負担などが示される。

　有罪判決の理由は，罪となるべき事実を摘示するとともに，証拠の標目，法令の適用，当事者の主張に対する判断を示さなければならない（335条1項，2項）。罪となるべき事実は，犯罪構成要件に該当する具体的な事実である（この点については，次節で改めて検討する）。

　証拠については，標目を掲記すれば足り，どの証拠からどの事実を認定したかについて，具体的認定過程を示す必要はない。証拠評価については自由心証主義が採用されており（318条），心証形成の過程を説明することは困難な面がある上，裁判官の負担の軽減の見地などから，標目の掲示で足りることとしたものである。しかし，事実認定の基礎となった証拠については，もれなく標目を掲記しなければならない。

　当事者の主張として，「法律上犯罪の成立を妨げる理由」又は「刑の加重減免の理由」となる事実の主張がなされた場合には，これに対する判断を示さなければならない（335条2項）。法律上犯罪の成立を妨げる理由となる事実は，違法性阻却事由，責任阻却事由，処罰阻却事由などであって，単なる否認はこれに含まれない。刑の加重減免の理由となる事実は，中止未遂，心神耗弱など必要的減免事由を意味し，自首，過剰防衛など任意的減免事由を含まないとするのが判例[5]であるが，反対の見解も有力である。

イ　量刑の理由

　有罪判決に量刑の理由を付すか否かについて，刑訴法には規定がない。したがって，裁判所の裁量に委ねられている。しかし，量刑上の争いがある場合には，実務上，量刑の理由を示すのが通例である。量刑の前提として，法令の適用の順序に従って法定刑から処断刑の範囲を導き，その範囲内において量刑されなければならない。量刑の結果として告知される主文となるのが宣告刑である。

　量刑は，当該犯罪の目的，動機，手段，方法など個別の犯罪情状（いわゆ

---

[5]　最決昭32・7・18刑集11巻7号1880頁（自首について）。

る犯情），被告人個人の性格，前科・前歴などの被告人の人的情状，被害弁償，被害者の宥恕などの犯罪後の情状のほか，社会的影響など一般的な情状を含む幅広い事情が考慮される（なお，起訴猶予に関する248条参照）。なお，余罪を量刑上考慮できるかについては争いがあるが，判例によれば，被告人の性格，経歴，さらには犯罪の動機，目的，方法等を推認するための一資料として考慮することはできるが[6]，実質的に余罪を処罰する趣旨で量刑の資料として考慮し，被告人を重く処罰することは許されないとされる[7]。

(2) 無罪判決

無罪判決は，「被告事件が罪とならないとき」又は「被告事件について犯罪の証明がないとき」に言い渡される（336条）。罪とならないときとは，訴因事実が犯罪を構成しない場合及び犯罪成立阻却事由が存在する場合を言う。犯罪の証明がないときとは，合理的疑いを超えた有罪の立証がなされるに至らなかった場合を言う。無罪判決は，訴因ごとに判断する必要があるので，どの訴因について無罪とするのか明確にしなければならない。単一の公訴事実の一部を認めなかった場合（例えば，一罪の一部を無罪とする場合）には，理由中で無罪を言い渡すことになるから，主文に示すことはできない。

15.2　罪となるべき事実の認定

刑訴法335条1項は，有罪判決の言渡しをするには，「罪となるべき事実」を示さなければならないと規定する。「罪となるべき事実」は，実体法によって規定された特定の犯罪構成要件に該当する具体的事実であり，この事実が合理的疑いを超えて認定されることが必要であるから，そのような有罪心証を支えるに足りる程度の詳細さと確実さを担保することが求められる。また，「罪となるべき事実」に刑罰法規が適用されることによって，当該被告人が有罪であることが示されることになるから，その事実は，特定の刑罰法令を適用するに足りる程度の具体的事実であることを必要とするとともに，関係者を納得させるだけの具体的事実である必要がある。したがって，基本構成要件に該当す

---

[6] 最大判昭41・7・13刑集20巻6号609頁。
[7] 最大判昭42・7・5刑集21巻6号748頁。

ることを示すのみならず，予備・未遂・共犯等の修正形式に該当することを示す必要があり，また，犯罪の日時・場所・方法等についても具体的に示すことが求められる[8]。

　もっとも，詳細な事実認定を要求すればするほど立証が困難となり，不当な無罪が増加するという側面もあるので，ある程度の概括的な認定を認めざるを得ないところ，他方において，あまりに大まかな認定を許すと，十分な立証を行うことなく有罪を認めることにもなりかねない。したがって，どこまで事実認定の詳細さを要求するべきかという困難な問題が伏在している。このような場合として，概括的認定，予備的認定及び択一的認定を検討しておこう。

15.2.1　概括的認定・予備的認定

　概括的認定とは，同一構成要件内において，犯罪の日時・場所・方法等を明確に特定せず大まかな認定を行うことである。例えば，「5月26日又は27日の午後3時ころ」「1番線バス停前又は2番線バス停前付近において」「手拳又は平手で殴打し」というように，細部の認定について選択的に不特定認定を行う場合である。このような認定であっても，少なくとも被告人が被害者に暴行を加えたこと，したがって暴行の構成要件に該当する事実を実行したことそれ自体については，合理的疑いを超えて確信を得ることができたのであるから，有罪判決の「罪となるべき事実」の特定として十分であるとされている。

　予備的認定とは，構成要件において包摂関係ないし大小関係にある場合に，小さい方の犯罪事実を認定することであって，一種の縮小認定である。例えば，既遂に対して未遂を認定し，殺人に対して傷害致死を認定し，傷害に対して暴行を認定し，強盗に対して窃盗を認定するような場合である。この場合，大きい犯罪の成否が争われれば必然的に小さい犯罪の成否の争いも含まれるのが通常であるから，後者についても攻撃・防御の対象となって争点化しており，一般には不意打ちのおそれはない。また，検察官においても，大きい犯罪が認定できない場合には小さい犯罪でもやむを得ないと考えているのが通常であるか

---

[8] 訴因における「罪となるべき事実」の特定については，日時，場所及び方法を以て特定すべきものとされている（256条3項）が，これらは「罪となるべき事実」そのものではないから，特殊事情がある場合には幅のある表示も許されるとされており（最大判昭37・11・28刑集16巻11号1633頁〔百選9版A15事件〕），この考え方は，有罪判決における「罪となるべき事実」の特定にそのまま当てはまるとされている。訴因の特定について，第10章10.2参照。

ら，改めて予備的訴因を掲げ，あるいは改めて訴因変更を行わなくても，検察官の訴追意思に反することもない。それ故，裁判所は当初訴因のままで縮小認定を行うことができるとされている。

概括的認定も予備的認定も，広義においては択一的認定（選択的認定）と言われているが，本来の択一的認定は，前二者を除いた狭義のそれを指すのが通例である。

15.2.2　択一的認定

択一的認定（選択的認定）とは，非両立関係に立つ犯罪のいずれかであることは間違いないが，いずれであるか確定し難い場合に，いずれかであるという認定を行うことである。この場合，異なる構成要件間の択一的認定と，同一構成要件内の択一的認定に区別されている。前者の例としては，例えば，窃盗と盗品譲受けのいずれであるかが問題となるような場合，後者の例としては，過失犯の過失態様の相違が問題となるような場合である。

(1) 窃盗と盗品譲受けとの関係

窃盗の犯人が盗品を処分した場合，一般には共罰的（ないし不可罰的）事後行為であるから，独立して処罰されることはない。したがって，窃盗罪（刑235条）の犯人は当該盗品に関する盗品関与罪（刑256条）の主体となることはできない。他方，盗品関与罪の主体は，自ら窃盗した者（本犯者）以外の者である。したがって，同一の盗品をめぐって両者は非両立の関係に立つとされている。そこで，窃盗罪で起訴された被告人が，「自分は盗んだわけではなく，盗んだ者から情を知りながら譲り受けただけである」旨主張した場合において，裁判所が，窃盗の成立について合理的疑いを超えた心証を抱くことはできないが，窃盗又は盗品譲受けのいずれかであることは間違いないとの心証を抱いたとき，これらを択一的に認定して被告人に有罪判決を言い渡すことができるであろうか。

この点，否定説が多数説である。実務上は，明示的な択一的認定は許されないとしても，後に述べるような事実上の「隠れた（ないし秘められた）択一的認定」は認められるとする見解が多いように思われる。否定説は，①いずれかは間違いないとしても，窃盗について合理的疑いを超えて認定できず，また盗品

譲受けについても合理的疑いを超えて認定できない以上，双方とも無罪とすべきである，②仮にいずれかで良いという認定をするのであれば，窃盗又は盗品譲受けという合成構成要件を創設したことになるのではないか，③訴因の設定については択一的訴因を明文で認めているが（256条5項），犯罪事実の認定についてはこれに対応する明文規定ない以上，消極と解せざるを得ない，などと主張する。

これに対し，肯定説は，①被告人は，窃盗又は盗品譲受けのいずれかについて有罪であることは間違いないのであるから，その限度で合理的疑いを超えた立証がなされており，択一的認定を認めても利益原則に反するものではない，②「窃盗又は盗品譲受け」という事実を認定するわけではなく，まず，窃盗について合理的疑いを超えたと言えない以上，窃盗は存在しないものとして認定し，次いで，盗品譲受けと窃盗のいずれかであることは明らかであったのだから，窃盗が存在しない以上，必然的に盗品譲受け罪を認定することになるはずであって，合成構成要件を創設するわけではない，③択一的認定の規定がないのはその通りだが，そもそも事実認定の方法について全く規定がないのであるから，規定がないことは異とするに足りない，などと主張する。

この点，確かに明示的な択一的認定を認めることは，合成構成要件の創設という非難を受けざるを得ないと思われるので否定すべきである。しかしながら，主位的訴因として窃盗，予備的訴因として盗品譲受けが掲げられている場合に，いずれかであることについては合理的疑いを超えて確信を抱いたのであるから，まず窃盗について検討し，立証責任の関係から窃盗が存在しないものと認定した上，次いで盗品譲受けの成否を検討しその存在を認定するのであれば（このような認定方法は「隠れた択一的認定」と称されている），そのような非難を回避することができるし，事実認定の方法として必ずしも不当とは言えないように思われる。

(2) 死体遺棄と保護責任者遺棄との関係

死体遺棄罪（刑190条）の客体は死体であり，保護責任者遺棄罪（刑218条）の客体は要保護者である。遺棄の対象者が生きていたか死んでいたかによって両者の適用罰条が異なる。生きていたか死んでいたかは二者択一関係であってそれ以外はあり得ないから，いずれか間違いない対象者を遺棄したという意味で，択一的認定を認める余地がある。

両者の関係について，包摂関係（大小関係）にあるとする見解と択一関係にあるとする見解が主張されている。前者によれば，大きい犯罪である保護責任者遺棄罪が認められない場合には，利益原則に従って小さい死体遺棄罪を認めるということになる。これに対し，後者によれば，死体遺棄と保護責任者遺棄とは，保護法益が全く異なり，単に遺棄行為という点において重なっているに過ぎず，罪種としては全く重なり合いはないから，択一関係にあると見るべきであって，そうすると，いずれについても独立に合理的疑いを超えて立証されなければならないのであるから，両者のいずれかは間違いないという認定では不十分であるとされる。

この点，死体遺棄と保護責任者遺棄とは，まさに死体であること，保護すべき生体であることこそが，犯罪を成立させる積極的な要素であるから，これらの要素については，独立して合理的疑いを超えた認定がなされなければならないとする立場が相当であるように思われる。したがって，殺人と傷害致死のように，包摂関係にある場合とは異なっている。すなわち，殺人と傷害致死の関係の場合には，傷害致死罪で有罪とするために，殺意がなかったことを積極的に立証する必要はないのであって，殺意は，殺人罪においてその存在を積極的に立証すべき対象となっているのである。それ故，殺意の立証ができなかった場合に，殺意がないことを前提として傷害致死が認定されることになる。すなわち，殺意の不存在は，傷害致死罪においては証明の対象となっていないのであるから，これを積極的に立証する必要はないのである。

これに対し，死体遺棄罪においては，死体であることが社会的法益を侵害する主要な理由なのであるから，死体であることを積極的に立証しなければならず，また，保護責任者遺棄罪においては，要保護者であるからこそ重く処罰されるのであるから，死体ではないこと，したがって保護すべき生体であることは，積極的に立証しなければならない対象である。そうだとすれば，生体であるか死体であるか不明な場合に，いずれかは間違いないとして，軽い死体遺棄を認定することは，合理的疑いを超えた心証を得られないまま死体遺棄を認定することなるのであるから，利益原則に反すると言わざるを得ないように思われる。

この点，下級審においては，幼児を置き去りにした事案において，死体遺棄を本位的訴因，保護責任者遺棄を予備的訴因として起訴したところ，遺棄の時期と死亡の時期の前後関係が確定できなかった場合について，「現行刑事訴訟

法上の挙証責任の法則に忠実である限り，後者のような認定（筆者注：「択一的に或いは被告人に有利な訴因につき有罪の認定」）は許されない」として，無罪を言い渡した裁判例[9]がある。これに対し，雪山に埋まった被害者Sを発見したが，既に死亡したものと思い込み，交通事故死に見せかけて遺棄しようと考えて国道脇に投げ捨てたという事案について，「本件では，Sが生きていたか死んでいたのかいずれか以外にはないところ，重い罪に当たる生存事実が確定できないのであるから，軽い罪である死体遺棄罪の成否を判断するに際し死亡事実が存在するものとみることも合理的な事実認定として許されてよい」とした裁判例[10]もある。

(3) 単独犯と共同正犯との関係

強盗の単独犯として起訴されたのに対し，被告人自ら強盗の実行行為を行ったことは認定できるものの，弁護人が，背後に共謀者が存在し共謀者に命じられて実行したに過ぎないと主張し，審理の結果，共謀共同正犯か単独犯かのいずれかであることは間違いないが，そのいずれであるかが確定できないという場合に，択一的認定を行うことは許されるであろうか。ここでは，被告人が単独で全ての実行行為を行ったことは間違いないので，仮に共謀関係があったとしても，全くの無罪となるわけではない[11]。また，単独犯と共同正犯とでいずれが重いか軽いかについても，必ずしも一義的に決まるわけではないように思われる。そうすると，この場合に択一的に認定することを認める余地はあり得るように思われる。

この点，下級審において，共同正犯と単独犯との択一的認定が問題となる場合は，基本形式に当たる事実と修正形式に当たる事実の間の択一的認定が問題となるから，異なる構成要件間の事例と同一の構成要件間の事例の「中間に位置する」とした上，「その実質においては，同一の構成要件に当たる行為態様に関する択一的認定に類似し，かつ，『罪となるべき事実』の基本的な法的評価に差異を来たしこれを不明確にするおそれがないという点であとの事例に近

---

[9] 大阪地判昭46・9・9判タ272号309頁。
[10] 札幌高判昭61・3・24高刑集39巻1号8頁〔百選9版97事件〕。
[11] この場合，仮に共謀関係の存在認定できたとしても，単独正犯を認定することは許される（最決平21・7・21刑集63巻6号762頁）。

い」として，択一的に認定することを認めた裁判例がある[12]。

なお，以上と異なり，共同正犯であることを前提として，実行行為者を択一的に認定することは，同一構成要件内の態様の差に過ぎず，概括的認定に近いと考えられる。したがって，「Y又は被告人あるいはその両名」と認定することは許容されている[13]。

(4) 過失の態様相互の関係

過失犯は，開かれた構成要件とされる。実務においては，新過失論に従っていると言われているが，これによると，過失とは注意義務違反であり，注意義務の中身は，それぞれの事案の具体的状況に応じて定まるので，具体的注意義務違反に応じて過失犯の具体的な構成要件が定まると考えられる。したがって，具体的な注意義務の違いに応じて過失が異なることになる。そこで，過失の注意義務が変化した場合には，訴因変更を要するとされている[14]。そうすると，異なる注意義務が択一的に認められる場合には，過失犯の構成要件としては変化がなく，同一構成要件内の択一的認定であるように見えるが，実質的には異なる構成要件間の択一的認定の実体を有すると評価することも可能であろう。そこで，このような場合の択一的認定は許されるのであろうか。

この点，下級審において，被告人自身の煙草の火の不始末という作為による「直接的過失」か，他の従業員に対して喫煙を制止すべき義務を怠ったという不作為による「間接的過失」か確定できない場合，被告人には「二者択一の帰責事由があるというべきで，かかる場合は両行為の選択的な事実認定の下に被告人の責任を追及することが法理論上可能であり又社会正義にも合致する」とした上，過失の程度に軽重があるとすれば「被告人の利益に従い軽い方の過失責任を認めるべきであることはいうまでもない」として，軽い「間接的過失」を認定した上，重過失に当たらないとして，管轄違いを言渡した事案がある[15]。

---

12 東京高判平4・10・14高刑集45巻3号66頁。これに対し，覚せい剤の単独所持か共謀による共同所持かをめぐり，択一的な認定は許されないとした裁判例として，東京高判平10・6・8東高刑時報49巻1~12号26頁。

13 最決平13・4・11刑集55巻3号127頁〔百選9版46事件〕。

14 最判昭46・6・22刑集25巻4号588頁〔百選9版A16事件〕(クラッチペダルを踏み外した過失から，ブレーキをかけるのが遅れた過失へ変更する場合)。なお，過失の原因についての変化は，訴因変更を要しないし（最決昭63・10・24刑集42巻8号1079頁），また，過失の態様の変化であっても，単に「補充訂正」する場合であれば，訴因変更を要しないとされる（最決平15・2・20判タ1120号105頁）。

15 秋田地判昭37・4・24判タ131号166頁。なお，名古屋高判昭31・5・30裁特3巻14号681頁参照。

15.3 裁判の効力

15.3.1 確定力

　裁判は，紛争を解決する制度である。それ故，裁判が確定すると，同じ紛争を蒸し返すことはできなくなる（事実が同じ限り，同じ判断がなされる）。これを「確定力」と言う。すなわち，第1に，上訴で争うことができなくなり（「形式的確定力」），第2に，裁判の意思内容を動かし得ないものとなる（「内容的確定力」）[16]。

　内容的確定力について，従来の旧通説は，次のように説明する。すなわち，「内容的確定力」は意思表示の内容を動かし得ないという効力であるから，実体裁判にも形式裁判にも認められる。実体裁判については，その「内容的確定力」を「実体的確定力」と言う。「実体的確定力」が生じる理由は，裁判の確定によって抽象的な法規範が具体化され（例えば，人を殺した者は死刑，無期又5年以上の有期懲役に処するという法規範が，被告人を懲役8年に処するという規範に具体化される），具体的規範が生じるからである（具体的規範説）。そして，その具体的規範の内部的効力を「執行力」と言い，その外部的効力を「拘束力」と言う。前者は，裁判内容を自ら実現する効力（確定判決があるから刑の執行ができる）である。後者は，同一事実に関する限り後訴裁判において異なった判断をなし得ないという効力であり，具体的規範の反射的効果（判断内容の効果）であるから既判力であり，同時に一事不再理効であるとされてきた。

　他方，形式裁判についても「内容的確定力」は生じるが，裁判内容の執行は性質上あり得ず（告訴なしで公訴棄却されても，その執行はあり得ない），実体判断ではないから内容の既判力はあり得ず（事件の中身を審理していないのであるから，一事不再理もあり得ない），結局のところ，後訴への「拘束力」だけが生じることになる（告訴なしのままでは再訴しても公訴棄却となる）のである。

　このような旧通説の見解に対し，2つの疑問が提起された。

---

[16] 裁判の確定によって生じるとされる効果を「確定力」によって説明するか否かは別として，次の5つの効果が生じるとされる。①上訴で争うことができなくなる，②内容が確定して変更できなくなる，③言い渡された刑が執行される，④判断内容について後の裁判所を拘束する，⑤同一事実について再訴が禁止される。

第1は,「既判力」は,当該判断事項について異なった判断をなし得ないということであるから,判断対象となった訴因に限定されるはずであり,訴因を超えた事項については審理していない以上,「一事不再理効」は機能し得ないはずではないか。ところが,「一事不再理効」は,訴因変更の及ぶ範囲,したがって公訴事実同一の範囲に及ぶことに争いはない。そうすると,公訴事実対象説を採らない限り(この見解では,公訴事実全体が審理対象であるから,審理されたことになるので,全体に一事不再理効が機能するのは当然である),「既判力」で説明することはできないのではないか。むしろ憲法39条の「二重の危険」によって説明すべきではないかと主張されたのである(危険概念を用いる点において,「既判力」よりは遙かに実質化したが,その分,判断基準が曖昧になったと言われる)。

　第2は,具体的規範説への批判である。すなわち,「執行力」は具体的規範が形成されたことによる効果とされてきたが,そもそも実体法規範にはそれ自体「執行力」はないのであるから,それが具体的規範になったからといって,直ちに「執行力」を取得できるはずがない。「執行力」は,実体法の効果によるのではなく,訴訟というものがそもそも蒸し返しを止めようという制度であることの当然の効果ではないか。すなわち,中身それ自体の実体法的な規範の効果ではなく,訴訟においてそのような判断があったこと自体に対して訴訟法がそのような効力を付与したからではないか(訴訟法説)。したがって,執行力は裁判の実体的確定力とは何の関係もないと主張されたのである(刑訴法471条によって,確定した後執行すると定められており,この規定によって初めて「執行力」を取得する)。

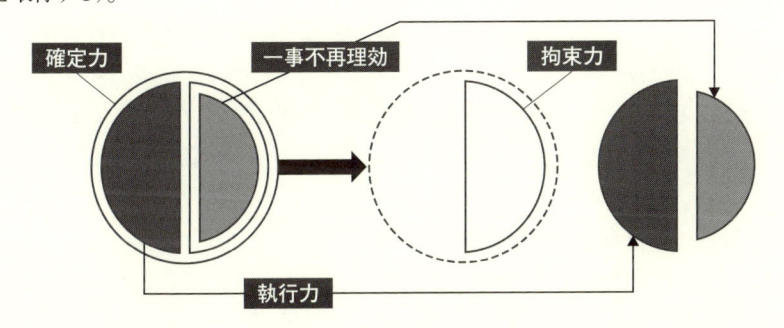

このような批判の結果，今日では，「実体的確定力」から「一事不再理効」と「執行力」とが独立し，残されたのは「拘束力」のみとなったのである（なお，実体判決の場合，「拘束力」は「既判力」と言っても良い）。すなわち，確定力とは拘束力のことを意味すると解されるようになっているのである。

15.3.2　拘束力（既判力）の及ぶ範囲
(1) 形 式 裁 判

　形式裁判には一事不再理効がないので，拘束力が機能するとされる。例えば，親告罪の告訴が無効であるため公訴棄却となった場合には，当該告訴の無効判断は後訴裁判所を拘束するから，当該告訴を有効として再訴することはできない（ただし，新たな告訴があれば，前提事実が変更したのであるから，新たな告訴に基づいて再訴できる）。また，公訴事実が不特定のため訴因の特定を欠くとして公訴棄却となった場合には，不特定との判断は後訴裁判所を拘束するから，そのままでは再訴できない。

　多少問題があるのは，強姦致傷の訴因で審理され，致傷が認定できないとして，単純強姦で告訴なしとされて公訴棄却された場合である。この場合，告訴なしのままで再訴できないことは良いとしても，強姦致傷で再訴できるかどうかである。先の公訴棄却の判断は，強姦罪として公訴棄却と判断されただけであって，形式裁判に過ぎず実体裁判ではないから，強姦致傷が認定できないことは公訴棄却それ自体の判断事項ではないと考えることもできる。そうすると，強姦致傷で再訴することは許されることになる。しかし，致傷がないことは，前訴における公訴棄却の不可欠の前提として判断されたのであるから，実質的には既に判断されたものと考える余地もあり得よう。そうすると，強姦致傷で再訴することは許されないと考えることもできる。この点，強姦の告訴を得て再訴できるとすれば，その後に強姦致傷に訴因変更することを拒否する理由はないので，当初から強姦致傷で再訴することも認める余地はあり得るようにも思われる。

　さらに問題となるのは，死亡診断書を偽造して公訴棄却となった場合である。公訴棄却の前提となる事実関係に事情変更があったのであれば，もはや同一事件とは言えないから，拘束力を生じないと言えようが，単に証拠が偽造されたに過ぎない場合であるから，被告人の生死に関する事実関係には変更がないの

である。すなわち，公訴棄却の時点において死亡していた者がその後生き返ったわけではなく，生きていたのに裁判所が騙されただけである。証拠偽造あるいは偽証が判明したからといって，不利益再審を認めない刑訴法435条の趣旨に照らすと，結果として不利益再審を認めることとなるような措置は肯定するべきではないであろう。そうすると，公訴棄却の決定が無効であればともかく，有効であるとする以上，前の裁判が誤っていた場合でも拘束力を生じるのであるから，証拠の偽造を理由に拘束力を破ることはできないように思われる[17]。

この点，下級審において，「被告人死亡の事実認定が内容虚偽の証拠に基づくものであったことが，新たに発見された証拠によって明白になったような場合にまで，なおも，この公訴棄却決定の示した判断が拘束性を保有して，後の再起訴を妨げるものとは，とうてい解することはできない」とした裁判例がある[18]。しかし，このような理由で拘束力を破ると，新証拠による不利益再審を認めることになるのではないかという疑問もあろう。訴訟法説に立った上で，不利益再審を認めないのであれば，仮に内容が間違っていても前の裁判を尊重せざるを得ないのではないかと思われる。

(2) 実体裁判

実体裁判には，一事不再理効が機能するので，通常は拘束力が問題となる余地はないと言われている。そこで問題は，一事不再理効が機能しない場合，例えば，同一被告人に対する別事件（公訴事実の同一性がない場合）に対する拘束力を認めるか否かである。

この点，通説は拘束力を否定する。すなわち，別事件である以上，別の裁判所が自由心証主義に従って独立に証拠を評価し事実を認定できるのであるから，前の判断に拘束されるべきではない。仮に，拘束されるとすれば，間違った事実認定にも拘束されることにもなり，真実主義に反することとなる。別事件であるから，事件ごとに適正な事実認定を行えば良いというのである。

---

[17] 死亡による公訴棄却は，訴訟を続けても無意味であるから訴訟を打ち切るのであって，公判の停止と同様の性質を有するから，生きていた場合には停止の再開に過ぎず，訴訟の蒸し返しの問題は生じないので，拘束力は働かないとする見解も主張されている。

[18] 大阪地判昭49・5・2刑裁月報6巻5号583頁〔百選9版101事件〕。これに対し，大阪高決昭47・11・30高刑集25巻6号914頁は，「資料こそ新たに発見されたものであるとはいえ，その資料によつて証明しようとする事実自体はさきの裁判の際に存在したものであるから，その裁判の際に調査を尽くし誤りを是正しておくべきであつた」として，内容的確定力を肯定している。

これに対し，拘束力を肯定する見解は，被告人の法的安定性を重視し，あるいは実質的な二重処罰を回避するために，検察官に対する一種の禁反言として拘束力を機能させる余地があると主張する。例えば，①放火で無罪となった後に，実は放火であったとして保険金詐欺で起訴された場合に，先決事項としての放火について拘束力を認めれば，既に放火でなかったことを前提とせざるを得ないので，保険金詐欺も無罪となる。また，②窃盗教唆で有罪となった後，同一事実関係を基礎として，盗品有償譲受けの罪で起訴された場合に，判例によれば訴因変更が認められず併合罪関係に立つ[19]から，拘束力を否定すれば，被告人は実質的には二重処罰を受けることになり，著しく不当な結果となることから[20]，拘束力を認めて後者を無罪にしようとするのである。さらに，③自動車運転による過失致死で有罪となった後，身代わりであることが判明し，犯人隠避罪で起訴された場合に，実質的な二重処罰を回避するため，前訴の有罪判決を再審手続によって破棄しなければ犯人隠避の訴追を許さないとする[21]。

具体的正義の観点からは，他事件に対して拘束力を認めることも十分に考慮に値するが，その限界が曖昧であること，一旦及ぶとした場合には，他事件の裁判所は心証に反する判断を義務付けられることなどを考慮すれば，消極に解すべきであろう。

15.3.3　一事不再理効

(1) 一事不再理効の根拠

一事不再理効は，憲法39条，刑訴法337条1号に基づくが，その本質は，二重の危険にあるとされる。すなわち，一度刑事訴追を受けたら，重ねて同じ危険にさらされることはないという原則である。

かつて，一事不再理効は，既判力と同視されていた。既判力とは，意思表示の内容の実質的確定力であるから，判断事項のみに働くところ，訴因制度の導

---

[19] 最判昭33・2・21刑集12巻2号288頁（窃盗幇助と贓物故買〔盗品等有償譲受け〕）。

[20] もっとも，本犯への関与行為は，直接的な占有・所有権侵害への関与であるから，本犯の共同正犯について贓物罪を否定する以上，その他の関与行為も贓物罪で処罰することはできないとする見解も有力である（ただし，多数説・判例は反対）。

[21] 具体的規範説によれば，再審公判において無罪判決が確定しなければ執行力は失われないが，訴訟法説によれば，再審開始決定が確定すれば，確定判決を尊重する必要はなくなるので執行力は失われる。したがって，この段階で拘束力もなくなるのであろう。

入によって審判対象が訴因に限定されたこととの関係で，判断事項は訴因に限定されることとなった。かつての公訴事実対象説であれば，公訴事実同一・単一の範囲が全て判断事項となっていたから問題はなかったが，訴因対象説に立ってこれと同様の機能を果たすためには，既判力以外の説明を必要とすることとなった。そこで，米国にならって，危険という実質概念によって説明されることとなったのである。これによって，一事不再理効の及ぶ範囲は，訴因変更可能な部分全体に及ぶことを説明できるようになったが，危険概念が実質概念である以上，訴因変更可能な範囲に限定する理由もないのではないかとも考えられ，その結果，一事不再理効の及ぶ限界が曖昧になったと言われていることにも留意する必要がある。

(2) 一事不再理効の発生時期

一事不再理効は，実体審理を受けたことによって生じるが，確定までは上訴もあり得るので，その効力発生時期は，裁判の形式的確定のときとされる。この点で，検察官上訴が二重の危険に反しないかが議論されたことがあるが，判例[22]は，二重の危険は，「同一事件においては，訴訟手続の開始から終末に至るまでの一つの継続的状態と見るを相当とする」から，控訴・上告も「一つの危険の各部分」に過ぎないとした。

(3) 一事不再理効の及ぶ範囲

 ア 主観的（人的）範囲

当該判決を受けた被告人に対して及ぶのみである。共犯であっても，同一判決を受けていない以上，当該判決の効力は及ばない。

 イ 客観的（物的）範囲

一般には，公訴事実の同一性の範囲内とされる（通説）。すなわち，訴因変更が可能な範囲内であれば，一個の刑罰権が実現されるべきであるから同時訴追の可能性があるので，実質的な危険が及んでいると解されている。したがって，科刑上一罪についても同様であるが，問題が生じることもある。例えば，酒に酔って無免許運転をした者が，運転免許のある他人になりすまして酒酔い運転だけで罰金判決を受けたところ，その後なりすましたことが発覚した場合に，無免許運転についても一事不再理効が及ぶかどうかである。この場合，一

22　最大判昭 25・9・27 刑集 4 巻 9 号 1805 頁。

般には裁判の効力が誰に及ぶかを問題とし，冒用された他人に及んでおり，被告人には裁判の効力は及ばないとして，新たに無免許の罪で処罰できるという解決が図られているが，ことの本質は，やはり一事不再理効の範囲にあるように思われる。

　さらに問題となるは，併合罪についても一事不再理効が及ぶ余地があるかである。この点，通説は否定するが，肯定する見解も主張されている。二重の危険は抽象的危険であるから，一挙解決の要請がある場合には併合罪にも及ぶべきであって，特に，同時捜査・同時処理が可能な場合には，併合訴追を認めるのであるから，一事不再理効も及ばせるべきであると主張される。例えば，銃器を用いた強盗事件で，強盗と銃刀法違反のような場合，自動車による交通事故で，自動車運転過失致死傷と道交法違反のような場合である。いずれも併合罪とされているが，通常は証拠関係も重複しており，同時に捜査することができるのであって（実際にも同時に捜査している），これらを強盗あるいは自動車運転過失致死傷の裁判の確定とは無関係に別訴で処理できるとするのは相当でないように思われる。しかしながら，その限界は必ずしも明確ではないことを考慮すると，常に二重の危険が及んでいるとまでは言えないのではあるまいか。この点を踏まえるならば，その限りでは消極に解するのが相当であろう。

　この点，判例[23]は，常習特殊窃盗の実質を有する窃盗について，その一部が単純窃盗で起訴され確定している場合に，後訴において残りの一部も単純窃盗で起訴された事案について，「前訴の訴因と後訴の訴因との間の公訴事実の単一性についての判断は，基本的には，前訴及び後訴の各訴因のみを基準としてこれらを比較対照することにより行うのが相当である」とした上で，本件においては，「両訴因を通じて常習性の発露という面は全く訴因として訴訟手続に上程されておらず，両訴因の相互関係を検討するに当たり，常習性の発露という要素を考慮すべき契機は存在しないのであるから，ここに常習特殊窃盗罪による一罪という観点を持ち込むことは，相当でない」とし，「別個の機会に犯された単純窃盗罪に係る両訴因が公訴事実の単一性を欠くことは明らかであるから，前訴の確定判決による一事不再理効は，後訴には及ばないものといわざ

---

[23] 最決平15・10・7刑集57巻9号1002頁〔百選9版100事件〕。

るを得ない」とした[24]。検察官の訴因設定権限に重点を置き，罪数判断についても訴因構成に拘束されるかのようにも見えるが，常習一罪の特殊性を強調していることに照らすと，罪数判断については裁判所の職権判断事項であることを前提として，常習一罪についてのみ限定的に併合罪処理を認めたものと考えられる。

15.4 裁判の執行

15.4.1 裁判の執行

　裁判の執行とは，裁判の意思表示の内容を国家権力によって強制的に実現することである。刑の執行のみならず，追徴，訴訟費用など付随的処分の執行，勾引，勾留など令状の執行も含まれる。

　執行は，裁判の確定した後に行われる（471条）。ただし，法律に特別の定めがある場合には，確定前に執行できる。例えば，仮納付の裁判（348条1項），即時抗告を許さない決定（424条による執行停止決定があるまで）などである。裁判の執行は，裁判をした裁判所に対応する検察庁の検察官がこれを指揮する（472条1項）。2以上の主刑の執行をする場合には，罰金，科料を除いて，その重いものを先に執行する（474条）。

15.4.2 刑の執行

　死刑の執行は，法務大臣の命令による（475条1項）。この命令は，原則として，判決確定の日から6か月以内にしなければならない（同条2項）。死刑の執行は，刑事施設内の刑場において，絞首によって執行する（刑11条1項，施設法178条1項）。死刑の言渡しを受けた者が心神喪失の状態にあるときは，法務大臣の命令によって執行を停止する（479条1項）。

　自由刑の執行は，刑事施設で行う（刑12条2項，13条2項）。検察官は，懲役，

---

[24] なお，高松高判昭59・1・24判時1136号158頁参照。単純窃盗1件で起訴され有罪となった被告人が，同時期に行われた34件の単純窃盗で起訴されたが，両者は併せて常習累犯窃盗であったと認め，一罪の一部につき確定判決を受けているとして，免訴の言渡しをしたが，本文の最高裁決定によって変更された。

禁錮又は拘留の言渡しを受けた者が，心神喪失や健康上重大な理由があるときには，刑の執行を停止することができる（480条，482条）。刑の意義を理解できない者に対する刑の執行は，刑の本質に反するからである。

　刑の執行停止期間中は，刑の時効も停止される（刑33条）。なお，未決勾留日数につき，自由刑の執行と共通する面があることから，衡平の観点から，一定の場合にその法定通算を認めた（495条）。例えば，上訴を申し立てることなく確定した場合には，判決言渡しの日から上訴提起期間満了の日までの日数（原則として15日）である。

　財産刑の執行は，検察官の命令によるが，この命令は，執行力のある債務名義と同一の効力を有する（490条1項）。この裁判の執行については，原則として，民事訴訟の規定を準用する（同条2項）。

　なお，労役場留置については，刑の執行に関する規定が準用される（505条）。

第 16 章

上　訴

16.1　上　訴

　上訴は，原判決に対する不服申立てであるが，無条件に不服を認めてしまうと明らかに不当な濫上訴を許すことになることから，このような濫上訴を防止するため，上訴理由制限主義が採用されている（384条，405条，419条）。要するに，正当な理由がないのであれば，一審で満足すべきだということである。

16.1.1　上訴権者
　上訴権者は，①裁判を受けた者（被告人及び検察官）（351条1項），②法定代理人・保佐人（353条），③原審の弁護人・代理人（355条）である。②は，本人に訴訟能力はあるがやや劣っている場合を考慮したものある。独立代理権であるから，本人の黙示の意思に反して上訴することができる（ただし，明示の意思には反し得ない。356条）が，あくまで代理権であるから，本人が上訴を取り下げた場合には代理権も消滅する。③も独立代理権であるが，本来であれば審級代理であるところ（32条2項），原審の証拠関係等を最も良く知る者が良く判断し得るとの趣旨に基づき，上訴については例外とされた。

16.1.2　上訴の利益
　上訴の利益に関して，いくつかの問題が指摘されている。
　第1は，形式裁判に対して無罪を求めて上訴できるかである。例えば，強姦罪で告訴がない場合や時効完成の場合に，自分はやっていないから無罪であると主張して上訴することができるであろうか。この点，否定説が通説であ

る。形式裁判は，手続から解放される有利な裁判であることを理由とする。訴訟条件がない以上，そもそも起訴できない場合であって，有効な起訴こそが実体判決の前提であると考えれば，やむを得ないであろう。これに対し，訴訟条件の存在を主張した上であれば無罪を求めて上訴できるとする積極説も主張されている。無罪の方が形式裁判より有利であることを理由とする。しかし，実体裁判ができるとした場合には有罪となる可能性も残されているのであるから，常に有利とまでは言えないように思われる。この点，判例[1]は，免訴事由がある場合には「公訴権が消滅した」のであるから，もはや実体裁判を行うことができなくなるが，これは「不告不理の原則を採るわが刑事訴訟法の当然の帰結である」として，そのような場合には「被告人側においてもまた，訴訟の実体に関する理由を主張して，無罪の判決を求めることは許されない」とした。

第2は，被告人は無罪に対して上訴することができるかである。例えば，心神喪失を理由として無罪の判決を受けた被告人が，犯人でないことを理由に上訴することができるであろうか。この点，無罪は被告人に最も有利な判決であるから，上訴の利益がないとされるのが一般である。もしこれを認めると，いわゆる灰色無罪に対して，真っ白無罪であることを主張して上訴することも認めることになり，かくては無罪に格差が生じることになり不合理であろう。

第3は，検察官上訴が合憲か否かである。すなわち，検察官上訴は，それ自体で二重の危険に反するのではないかという疑問である。学説の多数説は，検察官上訴は憲法39条に違反するので違憲であると主張する。事実認定は公判中心主義であるから，公判裁判所と上訴裁判所は，危険の点においても区別すべきであることを理由とするが，裁判員制度の導入によって，一審と上訴審とでは危険の質が全く異なるようになったことも挙げられている。これに対し，判例[2]は，一審と上訴審とは継続する1つの危険の各部分であるとして，検察官上訴は合憲と解している。

第4は，不利益変更禁止の原則（402条，414条）における不利益とは何かである。同原則の趣旨は，上訴審で一審より重くなることをおそれて上訴をため

---

[1] 最大判昭23・5・26刑集2巻6号529頁〔百選9版A41事件〕。さらに，最決昭53・10・31刑集32巻7号1793頁も，「公訴棄却の決定に対しては，被告人・弁護人からその違法・不当を主張して上訴することはできない」としている。

[2] 最判昭25・9・27刑集4巻9号1805頁。

らうことを防ぐためとされる。したがって，不利益変更禁止とは，重い刑への変更の禁止であって，事実認定について不利益に認定することは許されるとするのが通説である。重いとは，単に長さだけではなく実質的な判断による。例えば，懲役6月執行猶予3年の判決を禁錮3月の実刑判決に変更することは，不利益変更に当たるとし[3]，刑期を延ばしても実刑から執行猶予付きとすれば不利益変更に当たらない[4]としている。

　なお，検察官上訴に対しては不利益変更禁止の原則の適用はない（通説）。検察官上訴は，「被告人のため控訴」(402条) とは言えないからであるが，そもそも重い刑を求めて上訴するのであるから，検察官上訴を認める以上，不利益変更を否定することはできないというべきであろう。判例[5]も，「検察官が控訴をした事件は，たとえその申立理由が被告人に利益なものである場合であつても，同条にいう『被告人のため控訴をした事件』にあたらないと解すべきである」としている。

16.1.3　上訴期間

　上訴の種類によって，上訴することができる期間が異なっている。控訴，上告は14日以内 (373条, 414条)，即時抗告は3日以内 (422条) にしなければならない。なお，通常抗告は，実益がある限りいつでもすることができる (421条)。上訴期間は，裁判が告知された日から進行する (358条)。上訴期間の延長はできない (56条2項)。ただし，上訴権者は，自己又は代人の責めに帰することができない事由によって上訴期間内に上訴することができなかったときは，原裁判所に上訴権の回復を請求することができる (362条)。天災など不可抗力に基づく場合など，故意又は過失に基づかない場合を言うとされている[6]。

　上訴権者は，上訴の放棄又は取下げをすることができる (359条) が，上訴の放棄又は取下げをした者は，その事件について更に上訴することはできない (361条)。再上訴を許せば，安易な放棄又は取下げがなされるおそれがあり，裁判の確定時期が不明確となって，訴訟関係の明確性を害するからとされ

---

[3]　最大判昭26・8・1刑集5巻9号1715頁。
[4]　最決昭55・12・4刑集34巻7号499頁。懲役1年の実刑を懲役1年6月執行猶予3年保護観察付きとしたもの。
[5]　最判昭53・7・7刑集32巻5号1011頁。
[6]　最決昭31・7・4刑集10巻7号1015頁。

る。再上訴ができない以上，相手方が上訴の放棄又は取下げをしている場合には，上訴期間内であっても裁判が確定することになる。

16.1.4 上訴申立ての効果

上訴申立てには，移審の効力と停止の効力がある。

移審の効力は，上訴申立書及び訴訟記録が上訴審に送付されたときに生じるとされ，勾留・保釈に関する裁判も，移審までは原審において行われる。移審の効力は，原裁判の全部について生じるから，1個の裁判であれば，その全体が移審する。一部上訴も可能であるが（357条），主文が複数の場合に，その一部について上訴を許す趣旨であって（例えば，確定裁判が介在して主文が2個に分かれる場合，併合罪で一部有罪・一部無罪の場合など[7]），主文が1個の場合には，理由中において一罪の一部につき無罪の判断がなされたとしても，上訴する場合には，無罪部分を含めて全部が移審するとされている。

次に，停止の効力は，上訴申立てによって直ちに生じるとされ，これによって，裁判の確定及び執行が停止されることになる。もっとも，通常抗告については，原則として執行停止の効力を有しない（424条1項）。

16.2 控 訴 審

16.2.1 控訴審の構造

控訴審は，原則として事後審であるとされる。すなわち，原判決の当否を審査するのが原則である。なぜなら，控訴理由の主張を義務付けている上（376条），控訴理由のみを調査する義務がある（392条1項）からである。しかし，控訴審は，原判決を破棄して自判することもできる（400条）。この場合には，例外として続審となり，第一審を引き継いで当該事件それ自体を審判することとなる。

---

[7] さらに，併合罪として起訴され全部無罪となった場合にも，それぞれについて無罪であるから，併合罪関係にあるとして起訴された各罪ごとに分割可能とされる（これに対し，併合罪として有罪となった場合には，刑法47条によって併合罪処理がなされるから，一個の裁判として不可分とされる）。

16.2.2 控訴審の審判対象

　控訴審が，原則として事後審だとすれば，その審判対象は，原判決それ自体と考えることもできる（原判決対象説）。上訴の目的が法令解釈の統一であるとすれば，申立理由以外であっても，破棄理由が存在するのであれば，その存否を併せて職権調査するべきであると考えられる。他方，事後審だとしても，審判対象は申立理由に限るべきだと考えることもできる（申立理由対象説）。上訴の目的が当事者の救済にあるとすれば，当事者が不服を申し立てた理由の審査を通じて原判決の審査をすれば足りるからである。刑訴法は，いずれにも徹しておらず，申立理由については審査しなければならないが（392条1項），それ以外の破棄理由の存否についても職権で調査できるようになっている（同条2項）。
　そこで，職権で調査できる範囲について，どのような制限があり得るかが問題とされている。

16.2.3 攻防対象論

　一罪の一部が有罪で残部が無罪となった場合には，主文は有罪となり，理由中で無罪が述べられるにとどまる。このような有罪判決に対して，被告人は控訴したものの，検察官が控訴しなかった場合，控訴審は，無罪部分を含めて全体を職権で調査し，全体を有罪と判断することができるのであろうか。検察官が控訴しなかった以上，無罪部分については，原審において事実上確定したのと同様に取り扱い，控訴審においても，職権で調査することができないと考えることも可能であろう。すなわち，無罪部分については，一罪の一部であるから移審の効果は生じるものの，検察官が控訴していない以上，当事者間では既に攻撃防御の対象から外されたと考えるのである。このような考え方を攻防対象論と称している。

(1) 学説の考え方

　学説も，多くはこれを肯定するが，その理論的根拠は必ずしも明らかとは言えない。第1の見方は，無罪部分は確定しているから，そもそも移審しないという見解である。確かに，一罪の一部上訴も可能であるが（357条），これは分割可能な一部について，例えば，主文が2個ある場合にそのうちの1個について上訴するような場合であって，主文が1個である場合には不可分として全体

が移審すると考えるのが一般的である。

　第2の見方は，無罪部分も移審するが，この部分については対内的な相対的確定を認め，上訴審においても変更することができないとする見解である。移審を認めつつ変更を否定する巧妙な説明であるが，相対的確定という概念を前提とする点でさらに検討が必要であろう。

　第3の見方は，控訴審における当事者主義を根拠とする見解である。当事者の主張が無罪部分のみを対象としている以上，裁判所はこれを尊重すべきであって，当事者の主張を超えた事項についてまで判断するべきではないと考えるのである。

　第4の見方は，検察官の訴追意思を根拠とする見解である。検察官が控訴しなかった以上，無罪部分については処罰意思を放棄したのであるから，裁判所としてはそれ以上判断を及ぼすことはできないと考えるのである。第3の見解をさらに徹底したということもできる。

　移審及び確定に関する従来の議論を前提とし，これと整合的に考えるのであれば，第3ないし第4の立場が相当であるように思われる。

(2) 判例の動向

　この点についてのリーディングケースは，新島ミサイル事件[8]である。事案は，住居に侵入した上（住居侵入罪），多衆の威力を示し，共同して暴行，脅迫，器物損壊を犯し（暴力行為等処罰に関する法律違反），さらに傷害を行った（傷害罪）という集団事件である。第一審裁判所は，住居侵入，傷害のほか，暴力行為等処罰に関する法律違反のうち暴行について有罪とし，脅迫及び器物損壊については無罪としたが，全体が一罪[9]であることから，無罪部分については理由中で判断を示すにとどめた。これに対し，被告人のみが控訴したところ，控訴審は，控訴を棄却したものの，全体について職権で調査し，起訴事実全部について有罪とした上で，不利益変更禁止の原則に従って，第一審と同じ刑を言い渡した。本決定は，これに対する上告審である。

　まず，移審について，無罪部分を含めて全部が移審するとした上で，そうだとしても職権調査の範囲についてはさらに慎重な検討を要するとし，「控訴審

---

[8] 最大決昭46・3・24刑集25巻2号293頁（新島ミサイル事件）。

[9] 暴力行為関係の犯罪につき包括一罪，これらと傷害とは併合罪であるが，いずれも住居侵入と牽連犯関係にあるから，いわゆる「かすがい」現象によって全体として一罪となる。

は，第一審と同じ立場で事件そのものを審理するのではなく，前記のような当事者の訴訟活動を基礎として形成された第一審判決を対象とし，これに事後的な審査を加えるべきものなのである。そして，その事後審査も当事者の申し立てた控訴趣意を中心としてこれをなすのが建前であつて，職権調査はあくまで補充的なものとして理解されなければならない。けだし，前記の第一審における当事者主義と職権主義との関係は，控訴審においても同様に考えられるべきだからである」とした上，本件については，「本件公訴事実中第一審判決において有罪とされた部分と無罪とされた部分とは牽連犯ないし包括一罪を構成するものであるにしても，その各部分は，それぞれ一個の犯罪構成要件を充足し得るものであり，訴因としても独立し得たものなのである。そして，右のうち無罪とされた部分については，被告人から不服を申し立てる利益がなく，検察官からの控訴申立もないのであるから，当事者間においては攻防の対象からはずされたものとみることができる」として，控訴審は職権調査を及ぼすことができないと判断した。

その後，最高裁は，この考え方を観念的競合関係の場合にも適用した[10]ので，包括一罪のほか科刑上の一罪についても適用されることが明らかとなったものの，その適用範囲については議論がなされていた。

ところが，交通事故の過失の態様を巡って本位的訴因と予備的訴因とが問題となり，第一審裁判所が予備的訴因を認定して有罪としたところ，被告人のみが控訴し，検察官が控訴しなかった事案につき，控訴審が原審を破棄して差し戻したところ，差戻し第一審において，本位的訴因を認定して有罪とすることができるかどうか，換言すれば，検察官が控訴しなかった以上，本位的訴因は攻防の対象から外れたのではないかが争われたのに対し，最高裁は，本位的訴因について審理してこれを認定し有罪としたことに違法はないとして，攻防対象から外れたとの主張を認めなかった[11]。

そこで，両決定の関係が問題となったが，前掲昭和46年決定は，公訴事実の単一性が問題となったのに対し，平成元年決定では，公訴事実の同一性が問題となった点で，事案が大きく異なっているほか，後者については，検察官が上訴しなかったのは，予備的訴因に「賭けた」からではなく，予備的訴因「で

---

10 最判昭47・3・9刑集26巻2号102頁（大信実業事件）。
11 最決平1・5・1刑集43巻5号323頁。

も良い」と考えたからに過ぎず，本位的訴因についての訴追意思を放棄したものとは考えられないので，攻防の対象から外れたものとは言えないように思われる。その意味で，平成元年決定を支持することができよう。

ところが，最高裁[12]は，その後，賭博の共同正犯で起訴された事件につき，幇助の予備的訴因を認定して有罪とした第一審判決に対し，被告人のみが控訴したところ，控訴審が，共同正犯を認定できるとして事実認定を変更して有罪とした事案につき，「第1審判決の理由中で，本位的訴因とされた賭博開張図利の共同正犯は認定できないが，予備的訴因とされた賭博開張図利の幇助犯は認定できるという判断が示されたにもかかわらず，同判決に対して検察官が控訴の申立てをしなかった場合には，検察官は，その時点で本位的訴因である共同正犯の訴因につき訴訟追行を断念したと見るべきであって，本位的訴因は，原審当時既に当事者間においては攻防の対象から外されていたものと解するのが相当である」と判断した。この事案では，検察官は，共同正犯と比べて法定刑においても量刑においても軽いことが明らかな幇助を認定されたにもかかわらず，敢えて控訴しなかったのであるから，少なくともその時点においては，本位的訴因を断念し予備的訴因に「賭けた」と認められてもやむを得ないと思われる。その意味で，平成元年決定の事案とは明らかに異なっていると考えられる。

結局，攻防対象論が及ぶのは，包括一罪や科刑上の一罪のような一罪の一部について無罪となり，検察官が控訴しなかった場合，及び予備的訴因が本位的訴因より軽いことが明らかであるのに検察官が控訴しなかった場合に限られるように思われる。

16.2.4 控　訴　理　由

控訴理由は，①訴訟手続の法令違反（①−1絶対的控訴理由（377条，378条）及び①−2相対的控訴理由（379条）），②法令適用の誤り（380条），③量刑不当（381条），④事実誤認（382条）[13]，⑤判決後の事情変更（383条〔再審事由，刑の廃止等〕）

---

[12] 最決平25・3・5刑集67巻3号267頁。

[13] 「事実誤認」とは，第一審判決の事実認定が「論理則，経験則等に照らして不合理であること」をいい，事実誤認があるというためには，「不合理であることを具体的に示すことが必要である」とされる（最判平24・2・13刑集66巻4号482頁）。具体的に示したとされる事例として，最決平25・10・21裁判所時報1590号2頁参照。

である。そのうち，①-2，②及び④については，「判決に影響を及ぼすこと」が「明らか」であることを要する。これは，その法令違反がなかったならば，現になされている判決とは異なる判決がなされたであろうという因果関係があること，及びその蓋然性があることとされている[14]。

16.2.5 控訴審の手続

　控訴審は，事後審として原判決を審査するのであるから，被告人の出頭は不要である（390条）。控訴審では，検察官・弁護人は控訴趣意書の基づく弁論を行う（389条）。原則として，事後審・法律審であるから，特別弁護人は認められない（387条）。調査の範囲は，控訴趣意書に含まれた事項については義務的調査であるが（392条1項），控訴趣意書に含まれないが377条ないし383条（382条の2を除く）の事由については任意的調査（職権調査）とされている（392条2項）。任意的調査の場合であっても，原判決それ自体の調査から当然に判明する事項については，調査の義務があるとされている。また，一般には，被告人の不利益な事情についても職権調査を行うことができるとされているが，反対の見解も主張されている。

　控訴審において調査を行う場合には，事実の取調べをすることができる（393条1項）。原審において取調べがされていなかった新資料のみならず，旧証拠であっても，そこから新たな証拠資料を発見するために取調べを行うこともできる。原判決以後の事実については，原則として取調べを行うことができないが，量刑の事情については，原判決以降に生じた事情（例えば，示談書など）についても取調べを行うことができる（393条2項）。量刑の事情には，第一審判決後に傷害の被害者が死亡した場合のように，犯罪事実の変化を伴う情状についても含まれるとする裁判例[15]がある。

16.2.6 控訴審の裁判

(1) 控訴審における訴因変更

　控訴審は，事後審であるから，一審と同様の審理を行うわけではない。したがって，無条件で訴因変更が許されるわけではない。もしこれを許すと，被告

---

[14] 最大判昭30・6・22刑集9巻8号1189頁（三鷹事件）。
[15] 仙台高判昭39・2・7高刑集17巻1号146頁。

人の審級の利益を害することになるからである[16]。そこで，被告人の正当な利益を害さないのであれば，訴因変更を許すこともできよう。すなわち，原審が破棄される場合には，控訴審は続審となって事件に直面するので，その場合には訴因変更を行うことが可能となることから，被告人の防御が害されない場合には，訴因変更を許したとしても，被告人に不当な不利益とは言えないであろう。そこで，判例[17]は，「控訴審が刑訴393条の規定により事実の取調をなし，同400条但書の規定により被告事件について更に判決をする場合において，裁判所は，検察官の請求があるときは，公訴事実の同一性を害しない限度において，訴因の変更を許さなければならないものであること，同404条，312条の規定により明白である」としている[18]。

(2) 破棄判決の拘束力

次に，控訴審において原審破棄の判決がなされた場合，破棄判決に一定の拘束力がなければ，蒸し返しとなってしまうので，一定限度の拘束力を認める必要がある。裁判所法4条は，「その事件について下級審の裁判所を拘束する」と規定するが，その理論的根拠については争いがある。第1は，既判力説である。破棄判決の確定の効力とされる。確かに，破棄判決に対して上訴がなかったとすれば，その判決は確定するので既判力も生じるが，これによって生じる拘束力は，他事件に対する効力であって，破棄判決の当該事件に対する拘束力とは異なっているように思われる。第2は，特別効力説である。審級制度を維持するために法が特別に認めた効力であるとする。後説を妥当としよう。この点につき，判例[19]は，「上告審も職権で事実認定に介入できるのであるから，条理上，上告審判決の破棄の理由とされた事実上の判断は拘束力を有するものと解すべきである」としている。

そこで，拘束が及ぶ範囲につき，法律上の判断のほか事実上の判断も含まれる[20]。事実上の判断につき，判例[21]は，「破棄判決の拘束力は，破棄の直接の理

---

[16] 単なる防御の利益とは異なり，三審制で裁判を受けるという意味の利益であるとして，仮に被告人の防御に不利益がなくても利益侵害を認める見解もある。
[17] 最決昭29・9・30刑集8巻9号1565頁。なお，最判昭42・5・25刑集21巻4号705頁参照。
[18] なお，最判昭30・12・26刑集9巻14号3011頁は，「被告人の実質的利益を害しないと認められるような場合においては」という限定を付している。
[19] 最判昭43・10・25刑集22巻11号961頁（八海事件）。
[20] 最大判昭25・10・25刑集4巻10号2134頁。
[21] 前掲最判昭43・10・25刑集22巻11号961頁。

由，すなわち原判決に対する消極的否定的判断についてのみ生ずるものであり，その消極的否定的利断を裏付ける積極的肯定的事由についての判断は，破棄の理由に対しては縁由的な関係に立つにとどまりなんらの拘束力を生ずるものではない」とした上，本件における「二次上告審判決の事実判断の拘束力は，右①吉岡の供述及び②被告人らの警察自白の信用性を否定した二次控訴審判決の認定を否定する範囲内に限定される」としている。

(3) 控訴審の裁判

控訴の申立てが，法令上の方式に違反し，又は上訴権の消滅後になされたものであることが明らかなときは，決定で控訴を棄却しなければならない (385条1項)。控訴趣意書の不提出等の場合も同様である (386条1項)。

控訴申立てに理由がないときは，判決で控訴を棄却しなければならない (396条)。控訴申立てに理由があるときは，判決で原判決を破棄しなければならない (397条1項)。事実の取調べの結果，原判決を破棄しなければ明らかに正義に反すると認めるときは，原判決を破棄することができる (397条2項)。破棄した理由が，不法な管轄違い又は公訴棄却の場合には，原裁判所に差し戻さなければならず (398条)，不法に管轄を認めた場合には，管轄第一審裁判所に移送しなければならない (399条)。それ以外の理由で破棄した場合には，原裁判所に差し戻し，又は原裁判所と同等の他の裁判所に移送しなければならないが，直ちに判決できるものと認めるときは，さらに判決をすることができる (400条)。これを破棄自判と言う。

16.3 上告審

16.3.1 上告の意義・機能

上告は，最高裁判所への上訴である。最高裁判所は，違憲審査権を有する裁判所であるから，憲法違反は必ず取り上げる (405条1号)。また，法令解釈の統一という使命を有する終審裁判所であるから，判例違反を取り上げる (405条2号，3号)。他方，法令解釈に関する重要な事項を含む場合もあるので，上告受理の制度を設けた (406条)。さらに，破棄しなければ著しく正義に反するような場合 (著反正義) には，上級裁判所として当事者の具体的救済を行う必

要もあるとして，職権で破棄することもできるようにしている (411条)。このように，上告の機能には，違憲審査機能，法令解釈統一機能，具体的救済機能の3つの機能があるとされている。

16.3.2 上告理由
(1) 憲法違反
　憲法違反には，憲法に違反する場合と憲法解釈の誤りとがある。憲法に違反する場合とは，原判決及びその訴訟手続に憲法違反がある場合，憲法解釈の誤りとは，原判決がその判断において憲法上の解釈を示しているところ，その解釈に誤りがある場合とされている。上告理由としては，いずれかに当たれば良いから，厳密に区別する必要はないであろう。問題となるのは，後者の場合に，明示的に解釈を示しているわけではないが，一定の憲法解釈を前提として法令を適用しているような場合である。この場合，黙示的判断が含まれているとまで解するのは，上告理由を限定した趣旨に沿わないであろうから，このような場合は含まないと言うべきであろう。
(2) 判例違反
　判例違反とは，最高裁判所の判例に反する判断をしたこと，最高裁判所の判例がない場合には，大審院若しくは上告裁判所たる高等裁判所又は現行法施行後の控訴裁判所たる高等裁判所の判断と相反する判断をしたことである。我が国は，判例法の国ではないから，判例に法としての機能を認めたわけではないが，法令解釈の統一のために，上告理由としたものである。したがって，判例を変更して原判決を維持しても良い (410条2項)。その意味で，判例の拘束力は事実上のものである。
　ここに言う判例とは，具体的事件において裁判所の法的解決の判断が示され，かつその判断が当該具体的事件を超えて同種類型の事実関係に妥当する判断であるものと言われる。他の事件に適用すべき法律的見解を含まないものは判例とは言えない。また，結論の前提となる一般的法理論，結論と対比して展開された理由などは，傍論であるから判例ではない。しかし，結論を導く重要な前提判断の部分も判例であるとされている。
(3) その他
　上告理由ではないが，法令の解釈に関する重要な事項を含む事件である場合

には，上告審として事件を受理することができる。これを上告受理という（406条）。上告理由を制限しつつ，重要な法令解釈については裁量で取り上げるための制度である（規257条）。

　さらに，第一審裁判所の判断に憲法違反がある場合には，直ちに上告することができ，これが跳躍（飛躍）上告（規254条1項，2項）である。なお，その他，控訴裁判所による最高裁判所への事件移送という手続も設けられている（規247条）。

16.3.3　上告審の裁判
(1) 上告審の手続

　上告趣意書に記載された事項については，必ず調査しなければならないが（414条，392条1項），そのほかでも，破棄事由となる事項については，職権で調査することができる（414条，392条2項）。事実の取調べを行うことはできるとされるが（414条，393条1項），その方法については，従来，書面について公判顕出という形式が採られたことがある[22]。厳格な証明でない点で問題があるが，単に破棄事由の有無の判断に用いられるだけである限りは，許容されよう。しかし，自判の資料に用いることができるか否かは議論があるが，少なくとも，無罪の自判には用いることができるとされる。なお，死刑の上告事件については，結論の見込みの如何を問わず，弁論を開くのが確立された慣例とされている。

(2) 上告審の裁判

　上告の申立て理由がないことが明らかであると認めるときは，弁論を経ないで，判決で上告を棄却することができる（408条）。上告に理由があるときは，判決で原判決を破棄しなければならないが，判決に影響を及ぼさないことが明らかな場合には，破棄しなくても良い（410条1項）。上告に理由がない場合であっても，判決に影響を及ぼすべき法令違反，甚だしい量刑不当，判決に影響を及ぼす重大な事実誤認，再審請求することができる事由，判決後の刑の廃止・変更，大赦のいずれかの事由があり，かつ，原判決を破棄しなければ著しく正義に反すると認めるときは，判決で原判決を破棄することができる（405

22　最大判昭34・8・10刑集13巻9号1419頁（松川事件）など。

条)。

なお，上告裁判所は，その判決の内容に誤りがあることを発見したときは，当事者の申立て（宣告から10日以内）により，判決でこれを訂正することができる（415条1項，2項）。

16.4 抗　告

16.4.1 抗告の意義

抗告は，決定に対する上訴であり，刑訴法で特に定めた場合に最高裁判所に対して行う特別抗告（433条）と，それ以外の一般抗告とに分かれる。一般抗告は，通常抗告（421条）と即時抗告（422条）とに分かれ，いずれも高等裁判所に対して行う。高等裁判所の決定に対しては，最高裁判所の負担を考慮し，抗告することは許されず（428条1項），異議申立てができるだけである（抗告に代わる異議申立て。428条2項）。裁判官の命令に対する抗告も許されず，一定の場合に準抗告が認められている（429条1項）。なお，検察官，司法警察職員の処分に対する不服申立ても準抗告と言われている（430条1項，2項）。

16.4.2 通常抗告

即時抗告をすることができる旨の規定がある場合を除いて，裁判所のした決定に対して抗告することができる（419条）。ただし，裁判所の管轄又は訴訟手続に関し判決前にした決定に対しては，原則として，抗告することができない（420条1項）。裁判の途中でなされる決定に対して，その都度独立して上訴を認めるのは適当ではなく，終局判決で争えば足りると考えられるからである。しかし，被告人の権利にかかわる重要な事項については，直ちに救済することが必要であるとして，勾留，保釈，押収又は押収物の還付に関する決定及び鑑定のためにする留置に関する決定については，例外的に抗告することができることとした（420条2項）。

抗告をするには，抗告申立書を原裁判所に提出する（423条1項）。原決定の違法だけではなく，不相当も抗告の理由となる。通常抗告は期間の定めがないので，いつでもすることができるが，原決定を取り消しても実益がないよう

になったときには，もはや抗告をすることはできない（421条但し書）。通常抗告は，原決定の執行を停止する効力を有しないが（424条1項本文），原裁判所は，決定で，抗告に対する裁判があるまで原決定の執行を停止することができる（424条1項但し書）から，多くの場合，抗告申立てと同時に，原裁判所の職権発動を促すため，執行停止の申立てを行うのが通常である。

申立書を受け取った原裁判所は，抗告の理由があると認めるときは，決定を更正し（再度の考案），理由がないと認めるときは，申立書を受け取った日から3日以内に意見書を添えて，抗告裁判所に送付しなければならない（423条2項）。

16.4.3 即時抗告

即時抗告は，迅速かつ独立に決着を付ける必要がある事項について，特に法律の規定がある場合に認められている（419条）。例えば，忌避申立てを却下する決定（25条），身体検査のための出頭を拒否した場合の過料及び費用賠償の決定（133条2項），証人不出頭に対する同様の決定（150条2項），証人の宣誓又は証言拒否に対する同様の決定（160条2項），公訴棄却の決定（339条2項）などである。即時抗告の申立期間は3日とされ（422条），その申立てがあったときには，当然に裁判の執行は停止されることとなっている（425条）。

16.4.4 準抗告

準抗告は，裁判官による裁判（命令）の取消し，変更を求める申立てである。勾留，保釈，押収，押収物の還付に関する裁判，鑑定留置に関する裁判などに対して申し立てることができる（429条1項1号ないし5号）。ただし，勾留に対しては，犯罪の嫌疑がないことを理由として申し立てることはできないとされる（429条2項，420条3項）。嫌疑の有無は，公判手続で争うべきであるとの趣旨による（ただし，被疑者については適用がないとの見解も有力である）。

準抗告の申立ては，簡易裁判所の裁判官がした命令に対しては管轄地方裁判所に，その他の裁判官がした命令に対してはその裁判官所属の裁判所に対して行う（429条1項）。準抗告の申立てがあっても，原命令の執行停止の効力はないから（434条による424条準用），例えば，勾留却下の命令に対して準抗告を申し立てる場合には，併せて執行停止の申立てを行うのが通常である。

検察官，検察事務官，司法警察職員のした処分のうち，接見指定の処分，押

収，押収物の還付に関する処分に関し，その所属検察庁に対応する裁判所又は職務執行地を管轄する裁判所に対して行う申立ても，準抗告と呼ばれる（430条1項，2項）。これらは，本来は行政庁の処分であるが，行政事件訴訟によらず刑事手続内で処理しようとしたものである（430条3項）。

16.4.5 特別抗告

　特別抗告は，刑事訴訟法により不服を申し立てることができない決定，命令について行う最高裁判所に対する抗告であって，申立理由も憲法違反と判例違反に限られている（433条1項）。抗告裁判所の決定，抗告に代わる異議申立てに対する決定，準抗告の決定などがこれに当たる。

　特別抗告の申立期間は5日とされている（433条2項）。

第17章

非常救済手続

17.1 再　　審

17.1.1 再審制度の趣旨

　刑事裁判は，適正手続に従い，証拠によって認定された事実に基づいて実現される。事実の認定は，利益原則に従い，合理的な疑いを超える程度の確信を要するが，刑事裁判も人間が担う手続である以上，常に完璧を求めることはできない。そこで認定された事実は，あくまで訴訟的真実であり，そこで実現された正義は，訴訟的正義に過ぎない。したがって，訴訟関係者があらゆる努力を傾注し，可能な限りの誠意をもって裁判に当たったとしても，その事実認定に誤りが生じる可能性を完全に封じ去ることはできない。それ故，被告人に対し，誤って有罪判決が下され，これが確定することもあり得る。

　これをそのまま放置することは，刑事裁判の本質に反する結果を容認することになりかねないが，さりとて，この場合，通常の訴訟手続では是正することができない。そこで，法は，誤りが生じ得ることを想定して，通常の訴訟手続とは別に，独立した是正方法を別途準備した。そのような方法として，事実認定の誤りを是正する特別な手続が再審であり，法令適用の誤りを是正する特別な手続が非常上告である。

　再審制度は，歴史的に見ると，判決を受けた者の利益のための再審のみを認めるフランス法の考え方と，真実そのものを追求するための不利益再審をも認めるドイツ法の考え方とがあるとされてきた。この点，我が国の再審制度は，憲法39条による二重の危険の趣旨に鑑み，利益再審のみを認めている（435条）。そこで，再審の目的は，真実の追究そのものではなく，判決を受けた者の救済

（無辜の救済）にあると考えられている。

17.1.2 再審理由

再審の理由は，原判決に用いられた証拠が偽造又は虚偽であったこと（435条1号ないし5号），関与した裁判官・検察官等が証拠書類の作成等に関し文書偽造等の職務犯罪を犯したこと（同条7号）のほか，無罪とすべき明白な証拠を新たに発見したこと（同条6号）である。前二者は偽証拠（ファルサ），後者は新証拠（ノバ）と呼ばれている。我が国では，明治刑訴においはファルサ方式が採用されたものの，その後はノバ方式との混合方式が採用されて今日に至っている。

そのうち，最も重要な機能を有するのは6号である。すなわち，無罪，免訴，刑の免除を言い渡し，又は軽い罪を認めるべき「明らかな証拠」（明白性）を「新たに発見した」（新規性）ときである。

(1) 明白性

明白とは，判決の基礎となった事実認定に影響を及ぼすことが明らかである場合を言う。明白の程度については，「確定判決における事実認定につき合理的な疑いをいだかせ，その認定を覆すに足りる蓋然性」とされ，その判断に際しては，「疑わしきは被告人の利益に」（利益原則）が適用されるとするのが判例の立場である[1]。

また，明白性の判断方法については，「もし当の証拠が確定判決を下した裁判所の審理中に提出されていたとするならば，はたしてその確定判決においてなされたような事実認定に到達したであろうかという観点から，当の証拠と他の全証拠とを総合的に評価して判断すべきである」るとされている[2]。

(2) 新規性

新規とは，発見が新たなことを言い，原判決以前から存在していたものでも良い。判例[3]は，請求人にとって新たなことが必要があるとする（この立場に立つと，例えば，身代わり犯人からの再審請求はできないことになろう）。しかし，再審

---

[1] 最決昭50・5・20刑集29巻5号177頁（白鳥事件）。
[2] 前掲最決昭50・5・20刑集29巻5号177頁。
[3] 最決昭29・10・19刑集8巻10号1610頁。

の目的は誤判の救済であるから、裁判所にとって新たであれば良いとする見解が有力である（この立場に立つと、身代わり犯人からの再審請求もできることになろう）。

ここに言う証拠は、証拠方法のみならず証拠資料を含むので、証人が供述を変更したような場合も含まれる。

17.1.3　再審請求の手続

再審請求を行うには、原判決の謄本、証拠書類及び証拠物を添えて、趣意書を原判決裁判所に提出しなければならない（規283条）。再審請求があっても、確定判決に影響を及ぼすものではないから、刑の執行は停止されないが、検察官は裁量によってこれを停止することができる（442条）。

再審請求が法令上の方式に違反している場合には、決定でこれを棄却する（446条）。再審請求に理由がないときにも、決定でこれを棄却する（447条1項）。棄却された場合には、同一の理由でさらに再審請求をすることはできない（447条2項）。他方、再審請求に理由があるときは、再審開始の決定をしなければならない（448条1項）。再審開始の決定をしたときには、裁判所は決定で刑の執行を停止することができる（同条2項）。再審開始決定が確定した場合でも、執行停止の決定がない限り、身柄の拘束が解かれることはない。

問題となるのは、死刑判決に対して再審開始決定があった場合である。この場合、死刑執行の停止がなされたとしても、執行を確保するための拘置は刑の執行ではないから、その拘置は継続し、身柄が釈放されることはないとされている。また、再審開始決定が確定すると、その審級に従ってさらに審判しなければならないので（451条1項）、受刑者としての身分と再審公判の被告人としての身分とが併存することになる。そのため、両者の調整が問題となる（例えば、面会や信書の授受等）。

再審においては、原判決の刑より重い刑を言い渡すことはできない（452条）。憲法39条の要請に基づくから、検察官が再審請求した場合（439条1項1号参照）にも適用される。

17.2　非常上告

17.2.1　非常上告制度の趣旨

　非常上告は，確定判決の判断に法令違反がある場合に，これを是正するために行われる非常救済手続である。一般には，フランス法の「法律の利益のための上告」とされているが，併せて「公益のための上告」にも由来するとする理解も有力である。前者は，法令の解釈適用の統一を図ることが非常上告の目的であるとするのに対し，後者は，併せて被告人の救済を図ることも重要な役割であるとする。判例[4]は，前者のみを目的と解し，被告人の救済は非常上告の目的ではないとしている。

17.2.2　非常上告の手続

　非常上告は，検事総長のみが申し立てることができ，管轄裁判所は，最高裁判所である（454条）。申立ては，理由を記載した申立書を最高裁判所に差し出して行う（455条）。必ず公判期日を開き，検察官が出席し，申立書に基づいて陳述しなければならない（456条）。しかし，申立て期限は定められていないから，法令違反を発見した場合には，いつでも申立てをすることができる。

　事件の審判が法令に違反したことを発見したときに限られるから（454条），一般には，前提事実の誤認に基づく法令違反を含まないとされる。事実の誤認を是正しても，法令解釈の統一に役立たないからである[5]。しかし，少なくとも実体法上の事実については，基本的には再審の問題とするべきであろう。

　申立てに理由がなければ，判決で棄却し（457条），理由があれば，原判決が法令に違反したときは，その違反部分を破棄し，原判決が被告人に不利益であるときはさらに自判する（458条1号）。訴訟手続に法令違反があるときは，違反した手続を破棄するにとどめる（458条2号）。破棄自判を除き，法令の解釈適用の統一のためであるから，破棄の効力は被告人に及ばない（459条）。

---

[4]　最大判昭27・4・23刑集6巻4号685頁。
[5]　最判昭25・11・30刑集4巻12号2468頁，最大判昭25・11・8刑集4巻11号2221頁。

事項索引

あ　行

悪性格立証　290
足利事件　294
芦別国賠事件　175
新しい強制処分説　19, 28
あっさり起訴　174
アリバイ　279
アレインメント　270, 330

移監請求権　113
移監同意　113
異議申立て　239
意見陳述　266
意思説　171
異状　146
移審　422
一罪一訴因の原則　203
一罪一逮捕・勾留の原則　110
一罪一手続　211
一罪の一部起訴　178
一時的滞在　362
一事不再理効　411, 414
一体説　188
一般抗告　432
一般司法警察職員　13
一般的指定書　155
一般的指定方式　155
一般的承認　293
一般令状　60
移転　70
違法収集証拠排除法則　298
違法性承継　304
違法捜査に基づく起訴　194
違法逮捕後の再逮捕　116
違法な任意捜査　138
違法排除説　313
因果関係　11
インカメラ　258
印刷　70

引致　106, 243
疑わしきは被告人の利益に　8, 287
写し　396
Nシステム　35
援助権　151
押収　59
応訴拒否権　183
大阪覚せい剤事件　9, 11, 49, 50, 300
乙号証　262
おとり捜査　30

か　行

概括的認定　404
外国裁判所　368
　　──嘱託共助法　366
外国主権制限説　3
外国人の取調べ　140
外国捜査機関　368
回避　241
回復証拠　391
外部的成立　400
科学的証拠　292
確定力　410
隠れた択一的認定　406
科刑制限　271
鹿児島夫婦殺し事件　327
過失の態様　221
過失の犯罪事実　221
瑕疵の治癒　228
科捜研鑑定　297
簡易却下　241
簡易公判手続　270
簡易試薬　68
簡易送致　167
管轄　14, 184
　　──違い　184

間接証拠　278
鑑定　84
　　——としての身体検査　85
鑑定受託者　84, 374
鑑定書　374
鑑定処分許可状　84
鑑定資料　375
鑑定人　84, 374
鑑定留置　84
　　——状　84
観念説　200
監房番号　145
管理権　63
関連事件管轄　184
関連性　59, 68, 74, 289
　　——変動説　69

記憶不鮮明　360
機会提供型　31
偽計による自白　318
疑似体験　328
擬似秘密　328
擬似補強法則　329
希釈法理　305
羈束裁量　193
起訴決議　169
起訴裁量主義　170, 177
起訴状　170
　　——一本主義　170
　　——謄本の送達　189
　　——朗読　258
起訴相当　196
起訴独占主義　169
起訴便宜主義　170, 176
起訴変更主義　170
起訴放棄　177
起訴前手続　1
起訴猶予相当事案の起訴　194
期待権　35
規範説　299
規範的任意　134
　　——説　43
既判力　411
　　——説　428
忌避　240

基本的事実関係の同一　214
義務的推定　283
義務的調査　427
義務的保釈　247
客観説　31
客観的挙証責任　281
客観的直接主義　345
客観的不可分の原則　192
客観的併合　268
求刑　267
求令状　244
狭義の公訴事実　202
狭義の同一性　212
競合説　186, 302, 315
供述義務の禁止　143
供述拒否権　123, 142
供述書　358
供述録音　396
供述録取書　124
供述録取書面　358
行政警察活動　37
行政検死　55
強制行為　316
強制採尿　86
　　——令状　88, 89
強制処分法定主義　18, 19
強制手続への移行段階　25
強制の処分　18
業態犯　208
共同被告人　335
共罰的事後行為　405
共犯自白　339, 341
共謀　209
　　——共同正犯　223
業務文書　377
供与罪　180
協力要請　72
許可状　96
虚偽排除説　312
挙証責任　281, 323
挙動不審者　39
許容的推定　284
切り違え尋問　318
記録命令付き差押え　71
記録命令付差押許可状　71

事項索引　441

緊急執行　100, 243
緊急処分説　76
緊急逮捕　104
緊急配備　53
緊張最高点質問法　295
禁反言　414

具体的規範説　411
具体的現実的虚偽排除説　312
具体的公訴権説　173
具体的事実記載説　216
具体的指定書　156
具体的防御説　217
区分事件　275
クリーンCD　32

警察官職務執行法　39, 41
警察比例の原則　10, 18, 23
形式裁判　183, 399
形式説　330
形式的確定力　410
形式的挙証責任　281, 323
形式的直接主義　234, 345
形式的表示説　171
刑事裁判権　3
刑事訴訟　1
刑事被告人　148
刑事免責　366
刑の時効　186
刑罰関心同一説　213
軽微な犯罪　98, 102
血液　90
結果違法説　176
欠格事由　274
結審　267
決定　399
結論説　401
厳格な証明　278
嫌疑　174
　　──解明行為　47
　　──なき起訴　174, 175, 193
現行犯逮捕　101
　　──手続書　365
現行犯人　101
検察官　13

　　──上訴　420
　　──同一体の原則　13, 198
　　──面前調書　358
検察事務官　13
検察審査会　196
検察庁　13
検死　55
　　──調書　55
　　代行──　55
検証　82
　　──調書　368, 370
　　──としての写真撮影　26
　　──としての身体検査　85
原状回復　73
原則事後審説　163
限定説　153, 388
限定補強証拠必要説　340
現場供述　372
現場指示　371
現場写真　27, 393
現場の延長　80
現場不在証明　279
現場録音　394
現場録画　394
原判決対象説　423
憲法違反　430
憲法的刑事訴訟　5
検問　52
　　一斉──　53
　　警戒──　53
　　交通──　53
　　自動車──　52
権利の濫用　81
権利保釈　245
権利濫用　119

勾引　243
　　──状　243
公開主義　235
広義の公訴事実　202
広義の同一性　212, 213
甲号証　262
抗告　432
　　──に代わる異議申立て　432
交互尋問　263

更新　269
構成要件共通説　213
構成要件同一説　216
公訴　169
　——棄却　190
　——の提起　169
拘束力　410, 412
公訴権　173
　——濫用論　192
公訴時効　186
　——の一部廃止　187
　——の停止　189
公訴事実　199, 201
　——対象説　200
　——の同一性　202, 211
控訴審　422
　——における訴因変更　427
公訴不可分の原則　178, 200, 212
控訴理由　426
公知の事実　280
交通事故の報告義務　145
行動監視　33
口頭主義　234
高度の蓋然性　286
公判期日　235
公判顕出　431
公判廷　235
　——自白　329
　——の用語　238
公判手続　1, 234
　——の更新　269
　——の停止　269
公判前整理手続　248, 249
幸福追求の権利　143
交付罪　180
公平な裁判所　240
神戸まつり事件　121
攻防対象論　423
公務文書　377
合理性説　76
合理的逮捕説　105
合理的な疑いを超えた程度の確信　286
勾留　108, 244
　——の相当性　109
　——の場所　112

——の必要　109
——の理由　108
勾留期間　111
勾留質問　111
勾留状　108, 244
勾留取消し　162
勾留理由開示　162
五官の作用　82
呼気検査　147
国外退去　361
国外犯　3
国選弁護　148
国選弁護人　14
　——請求権　150
告訴　56
　——の及ぶ範囲　191
告訴期間　190
告訴状　56, 365
告訴調書　56
告訴人等への通知　195
告知　400
　——義務　124
告発　56
国法上の裁判所　14, 399
個人的メモ　257
国家訴追主義　169
誤認逮捕　101
個別開示義務肯定説　253
個別説　188
固有管轄　184
コントロールド・デリバリー　32

　　さ　行
再現検証　395
再勾留　114
罪質同一説　213
最終意見陳述　267
最終使用説　207
再主尋問　264
罪証隠滅のおそれ　98, 109
罪証隠滅の防止　95
罪状認否　259
再審制度　435
罪数　224
罪体説　330, 331

事項索引　443

再逮捕　114
裁定　258
　──管轄　14
再伝聞　381
再度の起訴相当決議　196
再度の考案　433
裁判　399
　──の執行　417
　──の迅速化に関する法律　242
　迅速な──　241
裁判員候補者名簿　274
裁判員候補者予定者名簿　274
裁判員裁判制度　272
裁判員等選任手続　274
裁判官　14
裁判所　14
　──に顕著な事実　280
裁判書　401
再反対尋問　264
裁量逸脱　193
裁量的起訴　180
裁量保釈　246
作成の真正　369
酒酔い鑑識カード　365, 373
差押え　58
差し押さえるべき物　61
狭山事件　118, 318
作用法　53
参考人供述　339
参考人取調べ　138

GPSによる追跡監視　34
時間的・場所的接着性　78
時間の近接性　104
時間の接着性　78
識別機能　203
識別説　204, 209
死刑の執行　417
事件単位の原則　60, 113, 131
事件の送致　166
時効期間の起算点　187
時効連鎖説　188
事後規制　123
事後審　422
　──説　163

自己負罪拒否特権　123, 142
自己矛盾供述　388
指示説明　371
事実記載説　216
事実上の推定　283
事実の取調べ　427
自首　57
私人訴追　169
事前規制　123
事前呈示　65
自然的関連性　289
自然的言動　350
私選弁護　148
　──の原則　149
　──申出前置制度　149
私選弁護人　14
　──前置主義　149
死体の検案　146
実況見分　83
　──調書　370
執行停止の効力　164
執行停止の申立て　164, 433
執行手続　1
執行力　410
実在説　200
実質証拠　278
実質説　331, 333
実質的挙証責任　281
実質的直接主義　234, 345
実質的当事者主義　235
実質的表示説　171
実体関係的な形式裁判　185
実体裁判　399, 413
実体喪失説　119, 132
実体的確定力　410
実体的公訴権説　173
実体的真実主義　6
実体的審判請求権説　174
実体法説　186
指定弁護士　197
自認　311
自白　310
　──の信用性　326
　──法則　311
事物管轄　14, 184

司法共助　3
司法警察員　13
司法警察活動　37
司法警察職員　13
司法検死　55
司法巡査　13
司法の廉潔性説　299
市民的及び政治的権利に関する国際規約　140
氏名　145
　　――不詳者との共謀　223，224
指紋押捺　98
社会通念上相当　138
社会的嫌疑同一説　213
釈放命令　164
写真撮影　26
遮蔽措置　265
自由意思の抑圧　133
臭気選別　296
就業制限事由　274
終局処分　167
自由刑の執行　417
集合犯　208
自由裁量　193
自由心証主義　285
　　――の例外　329
自由な証明　278，323
重要な権利・利益　21
主観説　31
主観的挙証責任　281
主観的直接主義　345
主観的不可分の原則　191
主観的併合　268
縮小認定　404
主尋問　264
主張関連証拠開示　256
主張適格　338
出頭滞留の義務　130
主文　401
主要事実　344
準起訴手続　169，197
準現行犯　103
準抗告　163，432，433
純粋補助事実　389
召喚　242
　　――状　242

情況証拠　278
消極的実体的真実　7
証言拒絶　359
証言拒否　360
証拠　277
　　――の許容性　289
　　――の女王　123
　　――の標目　260，402
証拠意見　262
証拠開示　250
　　――命令　252
証拠禁止　289
証拠決定　262
証拠裁判主義　279
証拠使用の禁止　144
証拠書類　277
証拠調べ　259，263
　　――請求　260
証拠資料　277
証拠請求権　263
証拠提出責任　281
証拠等関係カード　260
証拠能力　289
　　――付与説　383，384
証拠排除の申立て　307
証拠物　277
　　――たる書面　265，277
証拠方法　277
証拠保全　165
上告　429
　　――趣意書　431
　　――受理　429，431
少数言語　140
肖像権　29
上訴期間　421
上訴権者　419
上訴権の回復　421
上訴制限　271
上訴の放棄　421
上訴の利益　419
上訴理由制限主義　419
証人審問権　345，347
証明　277
証明力　285
　　――相関論　331

事項索引　445

──の減殺　391
──を争う証拠　388
将来犯罪の捜査　17, 93
初回接見　157
職質付随行為説　47
職質保全行為　47
嘱託尋問調書　366
職務行為基準説　175, 176
職務質問　39
所在不明　364
所持品検査　45
除斥　240
処断刑　402
職権主義　12
職権選任制度　150
職権調査　427
　　──事項　183
職権保釈　246
処罰吸収　180
処罰主義　4
処罰上非両立説　213
署名押印　396
白鳥事件　436
資力申告書　149
知れる限り　204
侵害留保　41
審級管轄　14, 184
審級の利益　428
人権B規約　140
人権擁護説　312
親告罪　190
　　──の告訴の欠如　190
審査補助員　197
新宿騒擾事件　393
心証基準説　230
真相解明　4
新訴訟法説　187
身体検査　83, 85
　　──令状　83
診断書　375
慎重な起訴　174
人定質問　258
審判対象の画定　219
審判対象の特定　203
審判妨害罪　240

心理状態　351

推定　283
　義務的──　283
　許容的──　284
　事実上の──　283
　法律上の──　283
数値解析法　297
ストップ・アンド・フリスク　46

請求　56
　　──証拠開示　254
制限列挙説　358
正式裁判　271
精神異常　349
精神状態　351
精密司法　122
声紋鑑定　296
制約説　43
責問権　384
　　──放棄説　385
積極的実体的真実　7
積極的法定証拠主義　285
接見交通権　151, 319
接見指定権　152
絶対説　334
絶対的控訴理由　426
絶対的特信情況　365
絶対的排除説　302
折衷説　334
説得行為　42
善意の例外　303
前科による事実認定　290
全件送致主義　166
宣告刑　402
前審の裁判　240
宣誓供述書　367
選択的認定　405

訴因　199, 201
　　──逸脱認定　220
　　──共通説　213
　　──対象説　200
　　──の同一性　221
　　──の特定　203, 204

446　事項索引

訴因変更　210
　　──の時期　226
増強証拠　391
送検　166
総合説　314
総合認定説　31
総合評価説　213
相互主義　3, 366
捜査機関への出頭義務　129
捜索　58
　　──としての身体検査　85
捜査権　152
捜査嘱託　3
捜査全般説　152
捜査手続　1
捜査比例の原則　18, 23
相対説　334
相対的確定　424
相対的控訴理由　426
相対的親告罪　190
相対的特信情況　359, 360
相対的排除説　302
送致書　166
争点逸脱認定　220
争点形成責任　281
相当説　76
即時抗告　432, 433
続審　422
　　──説　163
組織法　53
阻止線　54
訴訟係属　172
訴訟行為の追完　171
訴訟指揮権　238, 252
訴訟条件　182
　　──を欠く訴因　228
訴訟能力　269
訴訟法上の裁判所　14, 399
訴訟法上の事実　278, 288
訴訟法説　186, 411
訴追裁量　193
　　──権　177
即決裁判手続　270
疎明　277

た　行

第1回公判前の証人尋問　139
退去権限　128
大小関係　406
大正刑訴法　2
対照質問法　295
大信実業事件　425
代替的執行　70
代納許可　248
逮捕状　97
　　──による逮捕　97
逮捕する場合　77
逮捕前置主義　110
逮捕中求令状　244
逮捕中在庁　172
逮捕の現場　79
逮捕の必要　97
逮捕の理由　97
代理権　151
高田事件　242
高輪グリーン・マンション殺人事件　123, 136, 320
択一関係　214, 406
択一的認定　405
宅配荷物　74
蛸島事件　117
単一性　211
弾劾証拠　388
弾劾的捜査観　96, 108
弾劾例外　303
探索的一般令状　59

治罪法　2
中間処分　167
抽象的公訴権説　173
抽象的防御説　217
抽象的類型的虚偽排除説　312
中断支障説　154
調書　124
重畳説　302
調書判決　401
跳躍（飛躍）上告　431
直接主義　234, 345
直接証拠　278

事項索引　447

直接審理主義　345

追完　228
追跡監視　33
通常抗告　432
通常逮捕　97
通常略式　173
通信傍受　91
通信履歴　72
通訳　140, 238
罪となるべき事実　199, 201, 205, 403

DNA鑑定　294
帝銀事件　118
呈示　65, 99
停止と捜検　46
提示命令　262
提出命令　59, 64
TBS事件　65
DVD録画　325
適正手続　4
　──主義　7
できる限り厳格に　204
手続的正義　361
展示　265, 277
電磁的記録　68
　──に関する執行方法　70
　──の差押え　61
伝統的筆跡鑑定法　297
伝聞供述　358, 378
伝聞証拠　344
伝聞不適用　347
伝聞法則　344
伝聞例外　347, 356

同意　308, 383
　──の擬制　387
　──の効力　386
　──録音　35
同一性　210
同一目的・直接利用　304
同行見分　395
当事者主義　12, 235
当事者処分権主義　12, 235
当事者対等主義　12

当事者追行主義　12, 235
投書　365
盗難始末書　364
当番弁護士制度　15
逃亡の防止　95
登録義務　146
毒樹の果実　305
特信文書　377
独任制官庁　13
特別抗告　432, 434
特別効力説　428
特別司法警察職員　13
特別弁護人　14
独立源の法理　305
独立代理権　419
土地管轄　14, 184
留め置く措置　24
取調べ　122
　──経過一覧表　324
　──権限　128
　──受忍義務　128, 131
　──状況報告書　125, 324
　──に応じる義務　129, 130
　──メモ　256
　──目的の身柄拘束　126, 128
　宿泊を伴う──　137, 320
　長時間にわたる──　137, 320
　徹夜にわたる──　137, 321
取調室への出頭義務　129

な　行

内在的制約説　237
内部的成立　400
内容的確定力　410

新島ミサイル事件　424
二元説　315
二重勾留　114
二重伝聞　390
二重の危険　411, 414
二段階の推認　290
二分説　31
日本司法支援センター　149
日本テレビ事件　65
任意出頭　133

事項索引

──中の被疑者の接見 158
任意性説 313
任意性の調査 392
任意捜査 18, 20, 26
任意的調査 427
任意同行 133
人間の尊厳 143
人証 277

練馬事件 209

ノバ方式 436

は 行
排除の申立適格 307
博多駅事件 64
破棄自判 429
破棄判決の拘束力 428
波及効 305
白山丸事件 205
場所的近接性 104
派生証拠 305
罰条同一説 216
犯意誘発型 31
判決 399
──宣告 267
犯行計画メモ 355
犯行再現 27, 372
──写真 394
──ビデオ 261, 395
犯罪吸収 180
犯罪捜査のための通信傍受に関する法律 93
反対質問 336
反対尋問 264, 344
──権 347
──放棄説 383, 384
反復された自白 322
判例違反 430

被害者 15
──参加 266
──参加制度 15
──参加人 266
──参加弁護士 266
──等通知制度実施要領 196

被害上申書 364
被疑者 15
──国選弁護 148
非供述証拠 347
非供述的用法 356
非言語的行為 351
非限定説 152, 389
被告人 15
──質問 265
──の特定 171
微罪事件 167
微罪処分 167
非常上告 438
筆跡鑑定 297
必要的選任制度 150
必要的分離 269
必要的弁護事件 149, 236
必要的保釈 245
必要な処分 67
ビデオリンク方式 265, 376
非伝聞 347, 348
人の健康に係る公害犯罪の処罰に関する法律 284
備忘録 256
秘密交通権 151
秘密の暴露 327
秘密録音 35, 396
秘められた択一的認定 405
評議 400, 401
評決 400
病的記憶喪失 360
比例原則 23

ファルサ方式 436
不意打ち認定 220
不意打ち防止 203
不可避的発見の法理 306
不起訴処分 195
不起訴相当 196
不起訴不当 196
武器対等主義 12
複写 70
不公平な裁判をする虞 241
富士高校放火事件 118
不処罰主義 5

事項索引　449

付審判請求　197
物理的限定説　153
不適法訴因への変更　231, 232
不特定認定　404
部分判決　276
プライバシー侵害　20
フライ法則　293
不利益事実の推認　144
不利益な事実の承認　311
不利益変更禁止の原則　420

併有説　38, 39
併用説　90
別件基準説　118
別件逮捕　117
別件傍受　94
弁解録取　122
弁護士たる弁護人　14
弁護人　14
　——依頼権　147
　——等以外の者との接見　161
変死者　55
変死の疑いのある者　55
弁論　267, 268

妨害排除効　101
包括一罪　208
包括関係　406
包括的差押え　70
包括的黙秘権　124
防御機能　203
防御説　204, 209
防御同一説　213
防御にとって重要な事項　219
防御の利益　203
傍受令状　93
法定管轄　14
法廷警察権　239
法定証拠主義　285
法廷等の秩序維持に関する法律　240
法テラス　149
冒頭陳述　259
冒頭手続　258
報道の自由　64
法律構成説　216

法律構成同一説　216
法律上の推定　283
法律的関連性　289
法律の留保　41
保管の連続性　289
補強証拠　329
　——必要説　340
　——不要説　339
補強法則　328, 329
母国語　140
保護権　151
保釈　245
　——許可決定　247
　——取消　248
　——保証金　247
補充尋問　264
補充立証　167
保証金没取　248
保証書　248
補助証拠　278
保全要請　72
没取　248
ポリグラフ検査　146, 295
本件基準説　119
翻訳　238

ま　行

末期供述　365
麻薬特例法　32, 284
麻薬取扱者の帳簿記帳義務　145

身柄の確保　95
身柄不拘束被疑者の取調べ　132
三鷹事件　427
密接な関連　304
水俣病事件　188
未発生犯罪　17
ミランダ準則　303

無罪推定の原則　143, 287
無罪判決　403
無令状逮捕　134, 135

明治刑訴法　2
命令　399

――状　96
メモの理論　370
面会切符　156
面会接見　158
免訴　185
綿密捜査　177

申立適格　338
申立理由対象説　423
毛髪　90
黙示の承認　79
黙秘権　123, 142, 259, 319
　　――の効果　143
　　――の告知　144
　　――の制限　144

や　行

約束自白　318

有形力行使　42
有罪であることの自認　311
有罪答弁制度　270
有罪判決　402
　　――請求権説　173
誘導尋問　264
郵便物　64

要旨の告知　265, 277
要証事実　261, 344
抑止効説　299
予断排除　170
　　――の原則　249
米子銀行強盗事件　48, 50
予備審問　162
呼出在庁　173
予備的認定　404

ら　行

ライブCD　32
濫用的起訴　179

利益原則　287, 436
利益再審　435
立証事項　344
立証趣旨　260, 261, 386
　　――の拘束力　386
立証責任　323
リモートアクセス　71
略式手続　172, 271
略式命令請求書　271
理由　401
　　――説　401
量刑　402
良心の自由　143
領置　59, 75
類型証拠　255
　　――開示　255
類似事実による立証　291

例外的許容説　43
令状主義　18, 19
令状逮捕説　105
令状呈示　65
例示列挙　359

朗読　265, 277
ロッキード事件　366
論告　266
論理的関連性　289

わ　行

和光大事件　81, 104
和歌山カレー事件　292
罠の抗弁　31

判例索引

大判大 3・5・15 刑録 20 輯 899 頁　**365**

大判大 12・12・5 刑集 2 巻 922 頁　**189**

【昭和 22 ～ 24 年】
最判昭 22・12・16 刑集 1 巻 1 号 88 頁　**330**
最判昭 23・2・18 刑集 2 巻 2 号 104 頁　**57**
最判昭 23・3・30 刑集 2 巻 3 号 277 頁　**330**
最大判昭 23・5・26 刑集 2 巻 5 号 511 頁　**240**
最大判昭 23・5・26 刑集 2 巻 6 号 529 頁〔百選 9 版 A41 事件〕**183, 186, 420**
最大判昭 23・6・30 刑集 2 巻 7 号 715 頁　**317**
最大判昭 23・7・14 刑集 2 巻 8 号 876 頁　**341**
最大判昭 23・7・19 刑集 2 巻 8 号 944 頁　**317**
最大判昭 23・7・29 刑集 2 巻 9 号 1012 頁〔百選 9 版 A30 事件〕**330**
最判昭 23・8・5 刑集 2 巻 9 号 1123 頁　**9**
最判昭 23・10・30 刑集 2 巻 11 号 1427 頁　**331**
最大判昭 23・12・22 刑集 2 巻 14 号 1853 頁　**241**
最判昭 24・1・25 刑集 3 巻 1 号 58 頁　**214**
最判昭 24・2・22 刑集 3 巻 2 号 221 頁　**278**
最判昭 24・4・7 刑集 3 巻 4 号 489 頁　**330**
最大判昭 24・5・18 刑集 3 巻 6 号 789 頁　**347**
最判昭 24・7・13 刑集 3 巻 8 号 1290 頁　**271**
最大判昭 24・7・13 刑集 3 巻 8 号 1304 頁　**237**
最判昭 24・7・23 刑集 3 巻 8 号 1377 頁　**280**
札幌高函館支判昭 24・7・25 判特 1 号 85 頁　**366**
札幌高判昭 24・9・16 高刑集 2 巻 2 号 156 頁　**365**
最判昭 24・10・13 刑集 3 巻 10 号 1650 頁　**312**
大阪高判昭 24・10・21 判特 1 号 279 頁　**377**
最大判昭 24・11・2 刑集 3 巻 11 号 1732 頁　**317**

【昭和 25 ～ 29 年】
広島高判昭 25・2・3 判特 6 号 14 頁　**364**
名古屋高判昭 25・3・2 判特 7 号 111 頁　**379**

大阪高判昭 25・6・8 判特 13 号 44 頁　**365**
最大判昭 25・7・12 刑集 4 巻 7 号 1298 頁　**334**
最判昭 25・9・21 刑集 4 巻 9 号 1728 頁　**214**
最判昭 25・9・27 刑集 4 巻 9 号 1805 頁　**420**
最大判昭 25・9・27 刑集 4 巻 9 号 1805 頁　**415**
最決昭 25・9・30 刑集 4 巻 9 号 1856 頁　**378**
最大判昭 25・10・25 刑集 4 巻 10 号 2134 頁　**428**
名古屋高判昭 25・11・4 判特 14 号 78 頁　**377**
最大判昭 25・11・8 刑集 4 巻 11 号 2221 頁　**438**
最判昭 25・11・17 刑集 4 巻 11 号 2328 頁　**267, 401**
最判昭 25・11・21 刑集 4 巻 11 号 2359 頁　**124, 144**
最判昭 25・11・30 刑集 4 巻 12 号 2468 頁　**438**
東京高判昭 26・1・30 高刑集 4 巻 6 号 561 頁　**335**
福岡高判昭 26・2・23 高刑集 4 巻 2 号 130 頁　**364**
大阪高判昭 26・2・24 判特 23 号 34 頁　**366**
最判昭 26・3・6 刑集 5 巻 4 号 486 頁　**330**
札幌高判昭 26・3・12 高刑集 4 巻 2 号 171 頁　**365**
名古屋高金沢支判昭 26・3・22 判特 30 号 41 頁　**204**
札幌高判昭 26・3・28 高刑集 4 巻 2 号 203 頁　**377**
広島高判松江支判昭 26・4・23 高刑集 4 巻 4 号 410 頁　**380**
最決昭 26・6・1 刑集 5 巻 7 号 1232 頁　**262**
最判昭 26・6・15 刑集 5 巻 7 号 1277 頁　**217**
最大判昭 26・8・1 刑集 5 巻 9 号 1715 頁　**421**
最判昭 26・12・18 刑集 5 巻 13 号 2527 頁　**171**
福岡高宮崎支判昭 26・12・21 判特 19 号 170 頁　**377**
仙台高判昭 27・2・13 高刑集 5 巻 2 号 226 頁　**124**
最大判昭 27・3・5 刑集 6 巻 3 号 351 頁　**171**

最大判昭 27・3・19 刑集 6 巻 3 号 502 頁　60
最判昭 27・3・27 刑集 6 巻 3 号 520 頁　107,
　122, 144
最大判昭 27・4・9 刑集 6 巻 4 号 584 頁　359
最大判昭 27・4・23 刑集 6 巻 4 号 685 頁　438
東京高判昭 27・5・30 東高刑時報 2 巻 7 号 183
　頁　146
福岡高判昭 27・6・4 判特 19 号 96 頁　386
最判昭 27・7・11 刑集 6 巻 7 号 896 頁　181
大阪高判昭 27・7・18 高刑集 5 巻 7 号 1170 頁
　265, 336
東京高判昭 27・9・4 高刑集 5 巻 12 号 2049 頁
　387
札幌高決昭 27・9・9 高刑集 5 巻 10 号 1653 頁
　124, 145
最決昭 27・10・30 刑集 6 巻 9 号 1122 頁　214
最決昭 27・12・11 刑集 6 巻 11 号 1297 頁　338
最判昭 28・2・12 刑集 7 巻 2 号 204 頁　323
最判昭 28・3・20 刑集 7 巻 3 号 597 頁　232
東京高判昭 28・4・10 東高刑時報 3 巻 4 号 152
　頁　57
最判昭 28・4・14 刑集 7 巻 4 号 841 頁　319
最決昭 28・5・7 刑集 7 巻 5 号 946 頁　240
最判昭 28・5・29 刑集 7 巻 5 号 1132 頁　334
最判昭 28・5・29 刑集 7 巻 5 号 1158 頁　214
最判昭 28・6・19 刑集 7 巻 6 号 1342 頁　364
東京高判昭 28・7・7 高刑集 6 巻 8 号 1000 頁
　365
最判昭 28・7・10 刑集 7 巻 7 号 1474 頁　320
福岡高判昭 28・8・21 高刑集 6 巻 8 号 1070 頁
　366, 380
最判昭 28・10・9 刑集 7 巻 10 号 1904 頁　279,
　323, 393
最判昭 28・10・15 刑集 7 巻 10 号 1934 頁〔百選
　9 版 A36 事件〕　374
最判昭 28・10・27 刑集 7 巻 10 号 1971 頁　336
最判昭 28・11・10 刑集 7 巻 11 号 2089 頁　214
最大判昭 28・12・16 刑集 7 巻 12 号 2550 頁
　181
東京高判昭 28・12・22 高刑集 6 巻 13 号 1897
　頁　364
最判昭 29・1・21 刑集 8 巻 1 号 71 頁　214,
　215, 218
最決昭 29・2・26 刑集 8 巻 2 号 198 頁　240
最判昭 29・3・2 刑集 8 巻 3 号 217 頁　224

最決昭 29・5・4 刑集 8 巻 5 号 627 頁　332
東京高判昭 29・5・6 判特 40 号 86 頁　124
福岡高判昭 29・5・7 高刑集 7 巻 5 号 680 頁
　384
最判昭 29・5・14 刑集 8 巻 5 号 676 頁　215
最決昭 29・6・3 刑集 8 巻 6 号 802 頁　337
名古屋高判昭 29・7・5 裁特 1 巻 1 号 6 頁　57
最判昭 29・7・15 刑集 8 集 7 号 1137 頁　43
最判昭 29・7・16 刑集 8 巻 7 号 1151 頁　146
最判昭 29・7・16 刑集 8 巻 7 号 1210 頁　57
最判昭 29・9・7 刑集 8 巻 9 号 1447 頁　215
最判昭 29・9・8 刑集 8 巻 9 号 1471 頁　230
最判昭 29・9・30 刑集 8 巻 9 号 1565 頁　428
最決昭 29・10・19 刑集 8 巻 10 号 1610 頁　436
最決昭 29・12・2 刑集 8 巻 12 号 1923 頁　378
東京高判昭 29・12・8 裁特 1 巻 12 号 596 頁
　365
最決昭 29・12・24 刑集 8 巻 13 号 2343 頁　330

【昭和 30 〜 34 年】
最判昭 30・1・11 刑集 9 巻 1 号 14 頁〔百選 9
　版 A34 事件〕　360
最判昭 30・2・15 刑集 9 巻 2 号 282 頁　238,
　267
福岡高判昭 30・2・28 裁特 2 巻 6 号 141 頁
　391
東京高判昭 30・4・2 高刑集 8 巻 4 号 449 頁
　382
最大判昭 30・4・6 刑集 9 巻 4 号 663 頁（帝銀
　事件）　118
東京高判昭 30・6・8 高刑集 8 巻 4 号 623 頁
　360
名古屋高判昭 30・6・21 裁特 2 巻 13 号 657 頁
　192
最大判昭 30・6・22 刑集 9 巻 8 号 1189 頁（三
　鷹事件）　427
最判昭 30・9・13 刑集 9 巻 10 号 2059 頁　280
最決昭 30・10・19 刑集 9 巻 11 号 2268 頁　221
最決昭 30・11・22 刑集 9 巻 12 号 2484 頁　63
最判昭 30・12・9 刑集 9 巻 13 号 2699 頁　354
最大判昭 30・12・14 刑集 9 巻 13 号 2760 頁
　〔百選 9 版 A1 事件〕　105
最判昭 30・12・26 刑集 9 巻 14 号 3011 頁　428
東京高判昭 31・2・22 高刑集 9 巻 1 号 103 頁
　224

最決昭 31・3・9 刑集 10 巻 3 号 303 頁　**243**
最判昭 31・3・27 刑集 10 巻 3 号 387 頁　**365**,
　　377
最判昭 31・4・12 刑集 10 巻 4 号 540 頁　**230**
最判昭 31・5・17 刑集 10 巻 5 号 685 頁　**280**
東京高判昭 31・5・21 裁特 3 巻 11 号 586 頁
　　335
名古屋高判昭 31・5・30 裁特 3 巻 14 号 681 頁
　　409
最決昭 31・7・4 刑集 10 巻 7 号 1015 頁　**421**
最大判昭 31・7・18 刑集 10 巻 7 号 1173 頁
　　146
東京高判昭 31・11・13 裁特 3 巻 22 号 1085 頁
　　364
最判昭 32・1・22 刑集 11 巻 1 号 103 頁〔百選
　　9 版 91 事件〕**379**, **382**
最大判昭 32・2・20 刑集 11 巻 2 号 802 頁　**124**,
　　145
最判昭 32・5・24 刑集 11 巻 5 号 1540 頁　**178**
東京高判昭 32・6・20 裁特 4 巻 14~15 号 323 頁
　　269
最決昭 32・7・18 刑集 11 巻 7 号 1880 頁　**402**
最判昭 32・7・19 刑集 11 巻 7 号 1882 頁　**317**
最判昭 32・7・25 刑集 11 巻 7 号 2025 頁　**375**
最決昭 32・9・24 裁判集刑 120 号 507 頁　**203**
最決昭 32・9・26 刑集 11 巻 9 号 2376 頁　**56**
最判昭 32・9・30 刑集 11 巻 9 号 2403 頁　**311**
最判昭 32・10・8 刑集 11 巻 10 号 2487 頁　**225**
最決昭 32・11・2 刑集 11 巻 12 号 3047 頁〔百選
　　9 版 A31 事件〕**334**, **377**
最判昭 33・2・21 刑集 12 巻 2 号 288 頁　**214**,
　　215, **414**
最大決昭 33・2・26 刑集 12 巻 2 号 316 頁〔百
　　選 9 版 A28 事件〕**278**
最判昭 33・5・20 刑集 12 巻 7 号 1398 頁　**170**
最大判昭 33・5・28 刑集 12 巻 8 号 1718 頁〔百
　　選 9 版 A39 事件〕(練馬事件) **209**, **223**,
　　339
東京高判昭 33・5・31 高刑集 11 巻 5 号 257 頁
　　192
最大決昭 33・7・29 刑集 12 巻 12 号 2776 頁
　　〔百選 9 版 A4 事件〕**61**, **62**
最決昭 34・2・19 刑集 13 巻 2 号 179 頁　**240**
東京高判昭 34・4・30 高刑集 12 巻 5 号 486 頁
　　100

名古屋高決昭 34・4・30 高刑集 12 巻 4 号 456
　　頁　**247**
最決昭 34・5・14 刑集 13 巻 5 号 706 頁　**56**
最大判昭 34・8・10 刑集 13 巻 9 号 1419 頁 (松
　　川事件) **431**
最判昭 34・12・11 刑集 13 巻 13 号 3195 頁
　　215

【昭和 35～39 年】
最決昭 35・3・24 刑集 14 巻 4 号 462 頁　**394**
東京高判昭 35・4・21 高刑集 13 巻 4 号 271 頁
　　260
最判昭 35・6・9 刑集 14 巻 7 号 957 頁　**375**
東京高判昭 35・7・21 高刑集 13 巻 6 号 499 頁
　　361
最判昭 35・9・8 刑集 14 巻 11 号 1437 頁〔百選
　　9 版 A35 事件〕**370**
最判昭 35・9・9 刑集 14 巻 11 号 1477 頁　**265**,
　　269, **337**
最決昭 35・11・15 刑集 14 巻 13 号 1677 頁
　　225
東京高判昭 36・2・1 下刑集 3 巻 1~2 号 32 頁
　　380
最決昭 36・5・26 刑集 15 巻 5 号 893 頁　**372**
最大判昭 36・6・7 刑集 15 巻 6 号 915 頁〔百選
　　9 版 A5 事件〕**78**, **308**, **384**
最判昭 36・6・13 刑集 15 巻 6 号 961 頁　**217**
東京高判昭 36・6・21 下刑集 3 巻 5~6 号 428 頁
　　378
東京高判昭 36・11・14 高刑集 14 巻 8 号 577 頁
　　392
最決昭 36・11・21 刑集 15 巻 10 号 1764 頁〔百
　　選 9 版 A14 事件〕**127**, **168**
最決昭 37・3・15 刑集 16 巻 3 号 274 頁　**214**
秋田地判昭 37・4・24 判タ 131 号 166 頁　**409**
東京高判昭 37・4・26 高刑集 15 巻 4 号 218 頁
　　378
最大判昭 37・5・2 刑集 16 巻 5 号 495 頁〔百選
　　9 版 A8 事件〕**145**
最判昭 37・7・3 民集 16 巻 7 号 1408 頁　**112**
最判昭 37・9・18 刑集 16 巻 9 号 1386 頁　**189**
最大判昭 37・11・28 刑集 16 巻 11 号 1633 頁
　　〔百選 9 版 A15 事件〕(白山丸事件) **205**,
　　220, **404**
大阪高判昭 38・9・6 高刑集 16 巻 7 号 526 頁

454　判例索引

最判昭38・9・13刑集17巻8号1703頁〔百選9版A29事件〕　**317**
最判昭38・10・17刑集17巻10号1795頁（白鳥事件）　**354，380**
仙台高判昭39・2・7高刑集17巻1号146頁　**427**
最判昭39・4・9刑集18巻4号127頁　**107**
最判昭39・11・10刑集18巻9号547頁　**191**
最決昭39・12・25刑集18巻10号978頁　**232**

【昭和40〜44年】

静岡地判昭40・4・22下刑集7巻4号623頁　**292**
最大判昭40・4・28刑集19巻3号270頁〔百選9版A20事件〕　**226**
最判昭40・10・19刑集19巻7号765頁　**334**
東京高判昭40・10・29判時430号33頁　**62**
東京高判昭41・1・27下刑集8巻1号11頁　**102**
最判昭41・2・21裁判集刑158号321頁〔百選9版69事件〕　**376**
最判昭41・2・21判時450号60頁　**298**
最判昭41・4・21刑集20巻4号275頁　**188**
最判昭41・6・10刑集20巻5号365頁　**280**
東京高判昭41・6・28東高刑時報17巻6号106頁　**103**
東京高決昭41・6・30高刑集19巻4号447頁　**147，295，375**
最判昭41・7・1刑集20巻6号537頁〔百選9版74事件〕　**318**
最大判昭41・7・13刑集20巻6号609頁　**403**
最判昭41・7・21刑集20巻6号696頁〔百選9版A13事件〕　**194**
最判昭41・7・26刑集20巻6号728頁　**160**
最決昭41・7・26刑集20巻6号711頁　**217**
山口地萩支判昭41・10・19下刑集8巻10号1368頁　**351**
佐賀地決昭41・11・19下刑集8巻11号1489頁　**60**
最決昭41・11・22刑集20巻9号1035頁〔百選9版66事件〕　**290**
鳥取地決昭42・3・7下刑集9巻3号375頁　**156**
福岡高決昭42・3・24高刑集20巻2号114頁　**115**
最判昭42・5・22刑集21巻4号705頁　**232**
最判昭42・5・25刑集21巻4号705頁　**428**
最大判昭42・7・5刑集21巻6号748頁　**403**
仙台高判昭42・9・11高刑集20巻4号546頁　**360**
東京高判昭42・12・11高刑集20巻6号781頁　**364**
最判昭42・12・21刑集21巻10号1476頁〔百選9版81事件〕　**330，332**
最決昭43・2・8刑集22巻2号55頁　**147**
最大決昭43・6・12刑集22巻6号462頁　**248**
最判昭43・10・25刑集22巻11号961頁（八海事件）　**287，392，428**
最決昭43・11・26刑集22巻12号1352頁　**226**
最決昭44・3・18刑集23巻3号153頁〔百選9版A3事件〕　**59**
最決昭44・4・25刑集23巻4号248頁〔百選9版A24事件〕　**238，252**
最決昭44・4・25刑集23巻4号275頁　**252**
金沢地七尾支判昭44・6・3刑裁月報1巻6号657頁（蛸島事件）　**117**
東京高判昭44・6・20高刑集22巻3号352頁〔百選9版27事件〕　**79**
最決昭44・7・14刑集23巻8号1057頁〔百選9版A25事件〕　**247**
最決昭44・9・11刑集23巻9号1100頁　**197**
最決昭44・10・2刑集23巻10号1199頁　**170**
京都地決昭44・11・5判時629号103頁〔百選9版13事件〕　**102，111**
最大決昭44・11・26刑集23巻11号1490頁（博多駅事件）　**64**
最大判昭44・12・24刑集23巻12号1625頁　**29**

【昭和45〜49年】

最判昭45・7・28刑集24巻7号569頁　**145**
最大判昭45・11・25刑集24巻12号1670頁　**312，318**
東京高判昭45・12・3刑裁月報2巻12号1257頁　**192**
最大決昭46・3・24刑集25巻2号293頁（新島ミサイル事件）　**424**
大阪地決昭46・6・1判タ264号347頁　**164**

最判昭 46・6・22 刑集 25 巻 4 号 588 頁〔百選
　9 版 A16 事件〕**222**, **409**
大阪地判昭 46・9・9 判タ 272 号 309 頁　**408**
仙台高判昭 47・1・25 刑裁月報 4 巻 1 号 14 頁
　〔百選 9 版 A6 事件〕　**90**
最判昭 47・3・9 刑集 26 巻 2 号 102 頁（大信実
　業事件）　**425**
最判昭 47・5・30 民集 26 巻 4 号 826 頁　**189**
最判昭 47・6・2 刑集 26 巻 5 号 317 頁　**365**,
　373
東京高判昭 47・10・13 刑裁月報 4 巻 10 号
　1651 頁　**60**, **62**
最大判昭 47・11・22 刑集 26 巻 9 号 554 頁（川
　崎民商事件）　**38**, **147**
大阪高決昭 47・11・30 高刑集 25 巻 6 号 914 頁
　413
最大判昭 47・12・20 刑集 26 巻 10 号 631 頁
　〔百選 9 版 61 事件〕（高田事件）　**242**
最判昭 48・3・15 刑集 27 巻 2 号 128 頁　**230**
大阪地決昭 48・4・16 刑裁月報 5 巻 4 号 863 頁
　394
東京高判昭 48・4・26 高刑集 26 巻 2 号 214 頁
　362
東京地決昭 48・6・6 判時 713 号 142 頁　**237**
最決昭 48・10・8 刑集 27 巻 9 号 1415 頁〔百選
　9 版 A22 事件〕　**241**
最決昭 48・12・13 判時 725 号 104 頁　**286**
最決昭 49・3・13 刑集 28 巻 2 号 1 頁〔百選 9
　版 A12 事件〕　**197**
最決昭 49・4・1 刑集 28 巻 3 号 17 頁　**198**
大阪地判昭 49・5・2 刑裁月報 6 巻 5 号 583 頁
　〔百選 9 版 101 事件〕　**413**
福岡高那覇支判昭 49・5・13 刑裁月報 6 巻 5 号
　533 頁　**121**, **322**
仙台地判昭 49・5・16 判タ 319 号 300 頁〔百選
　9 版 19 事件〕　**115**
東京高判昭 49・9・30 刑裁月報 6 巻 9 号 960 頁
　44
東京地決昭 49・12・9 刑裁月報 6 巻 12 号 1270
　頁　**129**, **131**

【昭和 50 ～ 54 年】
最判昭 50・4・3 刑集 29 巻 4 号 132 頁　**101**,
　103
最決昭 50・5・20 刑集 29 巻 5 号 177 頁（白鳥
　事件）　**436**
最決昭 50・5・30 刑集 29 巻 5 号 360 頁　**173**
最決昭 50・6・12 判時 779 号 124 頁　**106**
最決昭 50・8・6 刑集 29 巻 7 号 393 頁　**242**
最決昭 50・9・11 判時 793 号 106 頁　**236**
東京地判昭 50・11・7 判時 811 号 118 号　**63**
大阪高判昭 50・11・19 判時 813 号 102 頁　**106**
東京地判昭 51・2・20 判時 817 号 126 頁　**131**
最決昭 51・3・16 刑集 30 巻 2 号 187 頁〔百選
　9 版 1 事件〕　**9**, **21**, **23**, **134**, **137**
福岡高那覇支判昭 51・4・5 判タ 345 号 321 頁
　〔百選 9 版 49 事件〕　**228**
東京地決昭 51・6・15 判時 824 号 125 頁　**237**
最決昭 51・10・28 刑集 30 巻 9 号 1859 頁〔百
　選 9 版 82 事件〕　**341**
最決昭 51・11・4 刑集 30 巻 10 号 1887 頁　**268**,
　400
東京高判昭 51・11・24 高刑集 29 巻 4 号 639 頁
　141
大阪高判昭 52・3・9 判時 869 号 111 頁　**360**
大阪高決昭 52・3・17 刑裁月報 9 巻 3~4 号 212
　頁　**173**
東京高判昭 52・6・14 判時 853 号 3 頁　**194**
大阪高判昭 52・6・28 刑裁月報 9 巻 5~6 号 334
　頁〔百選 9 版 79 事件〕　**307**, **326**
最決昭 52・8・9 刑集 31 巻 5 号 821 頁（狭山事
　件）　**118**, **318**
東京高決昭 52・8・31 高刑集 30 巻 3 号 399 頁
　248
東京高判昭 52・12・20 高刑集 30 巻 4 号 423 頁
　〔百選 9 版 A21 事件〕　**225**
最決昭 53・3・6 刑集 32 巻 2 号 218 頁〔百選 9
　版 47 事件〕　**216**
東京高判昭 53・3・29 刑裁月報 10 巻 3 号 233
　頁（富士高校放火事件）　**118**, **129**
東京高判昭 53・5・17 東高刑時報 29 巻 5 号 81
　頁　**391**
東京高判昭 53・5・31 刑裁月報 4~5 号 883 頁
　（大菩薩峠事件）　**101**
最決昭 53・6・20 刑集 32 巻 4 号 670 頁〔百選
　9 版 4 事件〕（米子銀行強盗事件）　**48**
最決昭 53・6・28 刑集 32 巻 4 号 724 頁〔百選
　9 版 A38 事件〕　**388**
最決昭 53・7・7 刑集 32 巻 5 号 1011 頁　**421**
最判昭 53・7・10 民集 32 巻 5 号 820 頁　**154**

東京地決昭 53・7・13 判時 893 号 3 頁　**382**
最決昭 53・9・4 刑集 32 巻 6 号 1077 頁　**242**
最判昭 53・9・7 刑集 32 巻 6 号 1672 頁〔百選 9 版 94 事件〕(大阪覚せい剤事件)　**9, 11, 49, 52, 300**
東京地決昭 53・9・21 刑裁月報 10 巻 9~10 号 1256 頁　**366, 382**
最決昭 53・9・22 刑集 32 巻 6 号 1774 頁　**43**
最判昭 53・10・20 民集 32 巻 7 号 1367 頁〔百選 9 版 40 事件〕(芦別国賠事件)　**175**
最決昭 53・10・31 刑集 32 巻 7 号 1793 頁　**420**
東京地決昭 53・12・20 刑裁月報 10 巻 11~12 号 1514 頁　**3, 366**
東京高判昭 54・2・7 東高刑時報 30 巻 2 号 13 頁　**391**
名古屋高判昭 54・2・14 判時 939 号 128 頁　**143**
最判昭 54・5・10 刑集 33 巻 4 号 275 頁　**146**
富山地決昭 54・7・26 判時 946 号 137 頁〔百選 9 版 6 事件〕　**135**
東京高判昭 54・8・14 刑裁月報 11 巻 7~8 号 787 頁〔百選 9 版 16 事件〕　**111, 135**
東京高判昭 54・8・23 判時 958 号 131 頁　**378**
最決昭 54・10・16 刑集 33 巻 6 号 633 頁〔百選 9 版 A37 事件〕　**393**
東京地決昭 54・10・30 刑裁月報 11 巻 10 号 1269 頁　**366**

【昭和 55～59 年】
東京高判昭 55・2・1 東高刑時報 31 巻 2 号 5 頁〔百選 9 版 68 事件〕　**376**
東京高判昭 55・2・1 判時 960 号 8 頁　**297**
最判昭 55・2・7 刑集 34 巻 2 号 15 頁　**242**
最決昭 55・3・4 刑集 34 巻 3 号 89 頁〔百選 A17 事件〕　**218**
東京地決昭 55・3・26 刑裁月報 12 巻 3 号 327 頁　**394**
最決昭 55・4・28 刑集 34 巻 3 号 178 頁〔百選 9 版 39 事件〕　**160**
最決昭 55・5・12 刑集 34 巻 3 号 185 頁〔百選 9 版 A10 事件〕　**189**
最決昭 55・9・22 刑集 34 巻 5 号 272 頁〔百選 9 版 5 事件〕　**54**
東京高判昭 55・10・15 判タ 440 号 151 頁　**178**
最決昭 55・10・23 刑集 34 巻 5 号 300 頁〔百選 9 版 31 事件〕　**87, 88**
最決昭 55・12・4 刑集 34 巻 7 号 499 頁　**421**
最決昭 55・12・17 刑集 34 巻 7 号 672 頁〔百選 9 版 41 事件〕　**194**
神戸地決昭 56・3・10 判時 1016 号 138 頁　**131**
最決昭 56・4・25 刑集 35 巻 3 号 116 頁〔百選 9 版 45 事件〕　**206**
東京高判昭 56・6・29 判時 1020 号 136 頁　**332**
広島高判昭 56・7・10 判タ 450 号 157 頁　**296**
最決昭 56・7・14 刑集 35 巻 5 号 497 頁　**229**
最決昭 56・11・20 刑集 35 巻 8 号 797 頁 (検事総長偽電話事件)　**36, 397**
最判昭 56・11・26 刑集 35 巻 8 号 896 頁　**146**
最判昭 57・1・28 刑集 36 巻 1 号 67 頁 (鹿児島夫婦殺し事件)　**327**
松江地判昭 57・2・2 判時 1051 号 162 頁　**36**
最決昭 57・3・2 裁判集刑 255 号 689 頁　**168**
大阪高判昭 57・3・16 判時 1046 号 146 頁　**356**
最決昭 57・8・27 刑集 36 巻 6 号 726 頁　**164**
大阪高判昭 57・9・27 判タ 481 号 146 頁〔百選 9 版 43 事件〕　**170**
東京高判昭 57・10・15 判時 1095 号 155 頁　**31**
東京高判昭 57・11・9 東高刑時報 33 巻 10~12 号 67 頁　**371**
東京高判昭 58・1・27 判時 1097 号 146 頁〔百選 9 版 83 事件〕　**356**
広島高判昭 58・2・1 判時 1093 号 151 頁　**105**
最判昭 58・2・24 判時 1070 号 5 頁　**227**
最大判昭 58・6・22 民集 37 巻 5 号 793 頁　**161**
最決昭 58・6・30 刑集 37 巻 5 号 592 頁　**363**
最判昭 58・7・12 刑集 37 巻 6 号 791 頁　**306, 322**
東京高判昭 58・7・13 高刑集 36 巻 2 号 86 頁〔百選 9 版 93 事件〕　**396**
最判昭 58・9・6 刑集 37 巻 7 号 930 頁〔百選 9 版 50 事件〕　**226**
最決昭 58・12・19 刑集 37 巻 10 号 1753 頁　**279**
札幌高判昭 58・12・26 判時 1111 号 143 頁　**82**
高松高判昭 59・1・24 判時 1136 号 158 頁　**417**
最決昭 59・1・27 刑集 38 巻 1 号 136 頁　**179**
最決昭 59・2・13 刑集 38 巻 3 号 295 頁　**29**
最決昭 59・2・29 刑集 38 巻 3 号 479 頁〔百選 9 版 7 事件〕(高輪グリーン・マンション殺人事件)　**123, 136, 320**

大阪地決昭 59・3・9 刑裁月報 16 巻 3~4 号 344 頁　**317**
大阪高判昭 59・4・19 高刑集 37 巻 1 号 98 頁（神戸まつり事件）**118, 121, 131**
東京高判昭 59・4・27 高刑集 37 巻 2 号 153 頁　**366**
最決昭 59・12・21 刑集 38 巻 12 号 3071 頁〔百選 9 版 92 事件〕（新宿騒擾事件）**393**

【昭和 60～63 年】
大阪高判昭 60・3・19 判タ 562 号 197 頁　**361**
東京高判昭 60・6・26 判時 1180 号 141 頁　**296**
東京高判昭 60・8・29 高刑集 38 巻 2 号 125 頁　**209**
最決昭 60・11・29 刑集 39 巻 7 号 532 頁〔百選 9 版 53 事件〕**172**
大阪高判昭 60・12・18 判時 1201 号 93 頁〔百選 9 版 14 事件〕**102**
最決昭 61・2・14 刑集 40 巻 1 号 48 頁　**29**
最決昭 61・3・3 刑集 40 巻 2 号 175 頁　**377**
札幌高判昭 61・3・24 高刑集 39 巻 1 号 8 頁〔百選 9 版 97 事件〕**408**
大阪高判昭 61・4・18 刑裁月報 18 巻 4 号 280 頁　**361**
最判昭 61・4・25 刑集 40 巻 3 号 215 頁〔百選 9 版 95 事件〕**11, 301, 304**
東京高判昭 61・5・16 高刑集 39 巻 2 号 37 頁　**366**
東京高決昭 61・9・19 高検速報（昭 61）139 頁　**173**
最決昭 61・10・28 刑集 40 巻 6 号 509 頁　**209**
東京高判昭 62・1・28 東高刑時報 38 巻 1～3 号 6 頁　**280**
最決昭 62・3・3 刑集 41 巻 2 号 60 頁〔百選 9 版 70 事件〕**296**
東京地判昭 62・4・9 判時 1264 号 143 頁　**103**
岐阜簡判昭 62・5・1 判タ 653 号 232 頁　**182**
東京高判昭 62・5・19 判時 1239 号 22 頁　**395**
東京高判昭 62・7・29 高刑集 40 巻 2 号 77 頁　**366**
名古屋高判昭 62・9・7 判タ 653 号 228 頁　**182**
大阪高判昭 62・9・18 判タ 660 号 251 頁　**103**
東京地判昭 62・12・16 判時 1275 号 35 頁〔百選 9 版 75 事件〕**319**
東京高判昭 62・12・16 判タ 667 号 269 頁　**31**

最決昭 63・2・29 刑集 42 巻 2 号 314 頁〔百選 9 版 44 事件〕（熊本水俣病事件）**188**
東京高判昭 63・4・1 判時 1278 号 152 頁〔百選 9 版 10 事件〕**29**
大阪地判昭 63・4・19 判タ 671 号 265 頁　**54**
最決昭 63・9・16 刑集 42 巻 7 号 1051 頁　**51, 301**
最決昭 63・10・24 刑集 42 巻 8 号 1079 頁　**222, 409**
最決昭 63・10・25 刑集 42 巻 8 号 1100 頁〔百選 9 版 48 事件〕**216**
東京高判昭 63・11・10 判時 1324 号 144 頁〔百選 9 版 84 事件〕**359**

【平成 1～4 年】
最決平 1・1・23 判時 1301 号 155 頁〔百選 9 版 78 事件〕**320**
最決平 1・1・30 刑集 43 巻 1 号 19 頁（日本テレビ事件）**65**
東京地判平 1・3・15 判時 1310 号 158 頁　**29**
最決平 1・5・1 刑集 43 巻 5 巻 323 頁　**425**
東京高判平 1・6・1 判タ 709 号 272 頁　**228**
最判平 1・6・29 民集 43 巻 6 号 664 頁　**175**
最決平 1・7・4 刑集 43 巻 7 号 581 頁〔百選 9 版 8 事件〕**123, 136, 321**
最決平 1・9・26 判時 1357 号 147 頁　**44**
大阪高判平 2・2・6 判タ 741 号 238 頁〔百選 9 版 3 事件〕**54**
最決平 2・6・27 刑集 44 巻 4 号 385 頁〔百選 9 版 35 事件〕**27, 82**
最決平 2・7・9 刑集 44 巻 5 号 421 頁〔百選 9 版 20 事件〕（TBS 事件）**65**
東京地判平 2・7・26 判時 1358 号 151 頁　**36**
京都地判平 2・10・3 判タ 1375 号 143 頁　**29**
浦和地判平 2・10・12 判時 1376 号 24 頁〔百選 9 版 18 事件〕**118, 129**
最判平 2・12・7 判時 1373 号 143 頁　**230**
広島高判平 2・12・18 判タ 1394 号 161 頁　**191**
浦和地判平 3・3・25 判タ 760 号 261 頁〔百選 9 版 76 事件〕**319**
千葉地判平 3・3・29 判時 1384 号 141 頁〔百選 9 版 11 事件〕**36**
最判平 3・5・10 民集 45 巻 5 号 919 頁　**154, 156**
最判平 3・5・31 判時 1390 号 33 頁　**156, 157**

東京高判平 3・6・18 判タ 777 号 240 頁　**379**
東京地判平 3・9・30 判時 1401 号 31 頁　**365**
大阪高判平 3・11・6 判タ 796 号 264 頁　**68**
福岡地判平 3・12・13 判時 1417 号 45 頁　**159**
東京高判平 4・4・8 判時 1434 号 140 頁　**140**
東京高判平 4・7・20 東高刑時報 43 巻 1~12 号 34 頁　**141**
東京高判平 4・10・14 高刑集 45 巻 3 号 66 頁　**409**

【平成 5 〜 9 年】

福岡高判平 5・3・8 判タ 834 号 275 頁〔百選 9 版 28 事件〕　**81，82**
東京高判平 5・8・24 判タ 844 号 302 頁　**390**
大阪高判平 5・10・7 判時 1497 号 134 頁　**67**
東京高判平 5・10・21 高刑集 46 巻 3 号 271 頁　**363**
福岡高判平 5・11・16 判時 1480 号 82 頁〔百選 9 版 38 事件〕　**159**
大阪高判平 6・4・20 高刑集 47 巻 1 号 1 頁　**67**
東京高判平 6・5・11 高刑集 47 巻 2 号 237 頁　**73**
最決平 6・9・8 刑集 48 巻 6 号 263 頁〔百選 9 版 21 事件〕　**73**
最決平 6・9・16 刑集 48 巻 6 号 420 頁〔百選 9 版 2 事件〕　**24，44**
最決平 6・9・16 刑集 48 巻 6 号 420 頁〔百選 9 版 32 事件〕　**88，89，301**
最大判平 7・2・22 刑集 49 巻 2 号 1 頁〔百選 9 版 71 事件〕（ロッキード事件）　**366，367**
最決平 7・2・28 刑集 49 巻 2 号 481 頁〔百選 9 版 54 事件〕　**269**
最決平 7・3・27 刑集 49 巻 3 号 525 頁〔百選 9 版 55 事件〕　**237**
最決平 7・4・12 刑集 49 巻 4 号 609 頁　**113**
最決平 7・5・30 刑集 49 巻 5 号 703 頁　**52，301**
最判平 7・6・20 刑集 49 巻 6 号 741 頁〔百選 9 版 85 事件〕　**361**
東京高判平 7・6・29 高刑集 48 巻 2 号 137 頁　**361**
福岡高判平 7・6・30 判時 1543 号 181 頁　**295**
福岡高判平 7・8・30 判時 1551 号 44 頁　**308**
大阪地判平 7・9・22 判タ 901 号 277 頁　**361**
大阪地判平 7・11・1 判時 1554 号 54 頁　**67**

最決平 8・1・29 刑集 50 巻 1 号 1 頁〔百選 9 版 15 事件〕（和光大事件）　**104**
最決平 8・1・29 刑集 50 巻 1 号 1 頁〔百選 9 版 29 事件〕（和光大事件）　**81**
東京高判平 8・4・11 高刑集 49 巻 1 号 174 頁　**390**
東京高判平 8・5・29 高刑集 49 巻 2 号 272 頁　**168**
東京高判平 8・6・20 判時 1594 号 150 頁　**361**
最決平 8・10・29 刑集 50 巻 9 号 683 頁　**11，301**
東京高判平 8・12・12 東高刑時報 47 巻 1~12 号 145 頁　**100**
最判平 9・1・30 刑集 51 巻 1 号 335 頁〔百選 A7 事件〕　**147**
最判平 9・3・28 判時 1608 号 43 頁　**69**
東京高判平 9・7・16 高刑集 50 巻 2 号 121 頁　**191**

【平成 10 〜 14 年】

東京地決平 10・2・27 判時 1637 号 152 頁〔百選 9 版 26 事件〕　**68**
最判平 10・3・12 刑集 52 巻 2 号 17 頁　**269**
大阪地判平 10・4・16 判タ 992 号 283 頁　**228**
最決平 10・5・1 刑集 52 巻 4 号 275 頁〔百選 9 版 25 事件〕　**62，68**
東京高判平 10・6・8 東高刑時報 49 巻 1~12 号 26 頁　**409**
東京高判平 10・7・1 高刑集 51 巻 2 号 129 頁　**223**
最判平 10・9・7 判時 1661 号 70 頁　**98**
最大判平 11・3・24 民集 53 巻 3 号 514 頁〔百選 9 版 36 事件〕　**28，129，148，152，154，159**
千葉地判平 11・9・8 判時 1713 号 143 頁　**316**
最決平 11・12・16 刑集 53 巻 9 号 1327 頁〔百選 9 版 34 事件〕　**91**
最判平 12・6・13 民集 54 巻 5 号 1635 頁〔百選 9 版 37 事件〕　**157**
福岡地判平 12・6・29 判タ 1085 号 308 頁　**118**
最決平 12・7・12 刑集 54 巻 6 号 513 頁　**36，398**
最決平 12・7・17 刑集 54 巻 6 号 550 頁〔百選 9 版 67 事件〕　**294，376**
東京高判平 12・10・26 判タ 1094 号 242 頁

298
最決平 12・10・31 刑集 54 巻 8 号 735 頁　**367**
東京地決平 12・11・13 判タ 1067 号 283 頁　**120**
和歌山地決平 12・12・20 判タ 1098 号 101 頁（和歌山カレー事件）　**292**
福岡高判平 12・12・26 高検速報（平 12）214 頁　**233**
最決平 13・2・7 判時 1737 号 148 頁　**161**
最決平 13・4・11 刑集 55 巻 3 号 127 頁〔百選 9 版 46 事件〕　**207, 209, 219, 222, 223, 409**
札幌地判平 13・5・30 判時 1772 号 144 頁　**206**
最決平 14・7・18 刑集 56 巻 6 号 307 頁　**206, 233**
東京高判平 14・9・4 判時 1808 号 144 頁〔百選 9 版 77 事件〕　**316**
最決平 14・10・4 刑集 56 巻 8 号 507 頁〔百選 9 版 23 事件〕　**67**
東京高判平 14・12・10 東高刑時報 53 巻 1~12 号 110 頁　**188**
最決平 14・12・17 裁判集刑 282 号 1041 頁　**168**

【平成 15～19 年】
最判平 15・2・14 刑集 57 巻 2 号 121 頁〔百選 9 版 96 事件〕　**11, 301, 304**
最決平 15・2・20 判タ 1120 号 105 頁　**222, 409**
東京地判平 15・4・16 判タ 1145 号 306 頁　**100**
最大判平 15・4・23 刑集 57 巻 4 号 467 頁〔百選 9 版 42 事件〕　**182**
最決平 15・5・26 刑集 57 巻 5 号 620 頁　**44, 52**
最判平 15・9・5 判時 1850 号 61 頁　**161**
最判平 15・10・7 刑集 57 巻 9 号 1002 頁〔百選 9 版 100 事件〕　**182, 225, 416**
最決平 15・11・26 刑集 57 巻 10 号 1057 頁　**368**
大阪地判平 16・3・9 判時 1858 号 79 頁　**160**
最判平 16・4・13 刑集 58 巻 4 号 247 頁　**146**
最決平 16・7・12 刑集 58 巻 5 号 333 頁〔百選 9 版 12 事件〕　**30**
最判平 16・9・7 判時 1878 号 88 頁　**157**
東京高判平 17・1・19 判時 1898 号 57 頁　**35**

東京高判平 17・3・25 東高刑時報 56 巻 1~12 号 30 頁　**332**
最判平 17・4・14 刑集 59 巻 3 号 259 頁〔百選 9 版 72 事件〕　**235, 265, 376**
最判平 17・4・19 民集 59 巻 3 号 563 頁〔百選 9 版 A9 事件〕　**158**
東京地判平 17・6・2 判時 1930 号 174 頁　**29**
大阪高判平 17・6・28 判タ 1192 号 186 頁（和歌山カレー事件）　**292**
最決平 17・8・30 刑集 59 巻 6 号 726 頁〔百選 9 版 52 事件〕　**240**
最決平 17・9・27 刑集 59 巻 7 号 753 頁〔百選 9 版 86 事件〕　**262, 373, 395**
最決平 17・10・12 刑集 59 巻 8 号 1425 頁　**208**
東京高判平 17・11・16 東高刑時報 56 巻 1~12 号 85 頁　**102**
最決平 17・11・25 刑集 59 巻 9 号 1831 頁　**165**
京都地判平 18・5・12 判タ 1253 号 312 頁　**30, 206**
東京高判平 18・6・13 東高刑時報 57 巻 1~12 号 26 頁　**369**
大阪高判平 18・6・26 判時 1940 号 164 頁　**256**
大阪高判平 18・10・6 判時 1945 号 166 頁　**255**
東京高決平 18・10・16 判時 1945 号 166 頁　**255**
最判平 18・11・7 刑集 60 巻 9 号 561 頁〔百選 9 版 90 事件〕　**280, 390**
最決平 18・12・8 刑集 60 巻 10 号 837 頁　**125**
最決平 18・12・13 刑集 60 巻 10 号 857 頁　**188**
最決平 19・2・8 刑集 61 巻 1 号 1 頁〔百選 9 版 22 事件〕　**74**
福岡高判平 19・3・19 高検速報（平 19 年）448 頁　**131**
最決平 19・6・19 刑集 61 巻 4 号 369 頁　**400**
名古屋高判平 19・7・12 判時 1997 号 66 頁　**158**
東京地判平 19・10・10 判タ 1255 号 134 頁　**325**
最決平 19・10・16 刑集 61 巻 7 号 667 頁〔百選 9 版 63 事件〕　**286**
東京地判平 19・12・16 訟務月報 55 巻 12 号 3430 頁　**35**
最決平 19・12・25 刑集 61 巻 9 号 895 頁　**257**

【平成 20 〜 24 年】

東京高判平 20・3・27 東高刑時報 59 巻 1~12 号 22 頁　**356**
最決平 20・4・15 刑集 62 巻 5 号 1398 頁〔百選 9 版 9 事件〕　**29**, **75**
東京高判平 20・5・15 判時 2050 号 103 頁　**102**
最決平 20・6・25 刑集 62 巻 6 号 1886 頁　**257**
東京高判平 20・6・30 高検速報平 20 年 100 頁　**325**
最決平 20・8・27 刑集 62 巻 7 号 2702 頁〔百選 9 版 87 事件〕　**371**
東京高判平 20・9・25 東高刑時報 59 巻 1~12 号 83 頁　**25**
最決平 20・9・30 刑集 62 巻 8 号 2753 頁〔百選 9 版 57 事件〕　**257**
東京高判平 20・10・16 高刑集 61 巻 4 号 1 頁　**362**
大阪高判平 21・3・3 判タ 1329 号 276 頁　**118**
最判平 21・4・14 刑集 63 巻 4 号 331 頁　**286**
最決平 21・4・21 裁判集刑 296 号 391 頁　**292**
東京地判平 21・6・9 判タ 1313 号 164 頁　**60**
東京高判平 21・7・1 判タ 1314 号 302 頁　**25**
最決平 21・7・14 刑集 63 巻 6 号 623 頁〔百選 9 版 62 事件〕　**271**
最決平 21・7・21 刑集 63 巻 6 号 762 頁　**408**
最決平 21・9・28 刑集 63 巻 7 号 868 頁〔百選 9 版 33 事件〕　**30**, **82**
大阪高判平 21・10・8 刑集 65 巻 9 号 1635 頁　**279**
最決平 21・10・20 刑集 63 巻 8 号 1052 頁　**189**
東京高判平 21・12・1 東高刑時報 60 巻 1~12 号 232 頁　**362**
東京高判平 22・1・26 判タ 1326 号 280 頁　**263**
東京高判平 22・2・15 東高刑時報 61 巻 1~12 号 31 頁　**26**
東京地決平 22・2・25 判タ 1320 号 282 頁　**111**
最決平 22・3・17 刑集 64 巻 2 号 111 頁　**208**
宇都宮地判平 22・3・26 判時 2084 号 157 頁　**294**
最判平 22・4・27 刑集 64 巻 3 号 233 頁　**287**
東京高判平 22・11・1 判タ 1367 号 251 頁　**139**
東京高判平 22・11・8 高刑集 63 巻 3 号 4 頁　**25**
東京高判平 22・12・8 東高刑時報 61 巻 1~12 号 317 頁　**36**
東京高判平 23・3・17 東高刑時報 62 巻 1~12 号 23 頁　**25**
東京高判平 23・3・29 判タ 1354 号 250 頁　**291**
最決平 23・9・14 刑集 65 巻 6 号 949 頁　**264**
最決平 23・10・20 刑集 65 巻 7 号 999 頁　**368**
最決平 23・10・26 刑集 65 巻 7 号 1107 頁　**183**
最大判平 23・11・16 刑集 65 巻 8 号 1285 頁　**272**
最決平 23・12・19 刑集 65 巻 9 号 1380 頁（ウィニー事件）　**279**
最判平 24・2・13 刑集 66 巻 4 号 482 頁　**426**
最決平 24・2・29 刑集 66 巻 4 号 589 頁　**220**
名古屋高金沢支判平 24・7・3 裁判所ウェブサイト　**56**
最判平 24・9・7 刑集 66 巻 9 号 907 頁　**289**, **291**

【平成 25 年〜】

最決平 25・2・20 刑集 67 巻 2 号 1 頁　**292**
最決平 25・2・26 刑集 67 巻 2 号 143 頁　**264**
最決平 25・3・5 刑集 67 巻 3 号 267 頁　**426**
最決平 25・10・21 裁判所時報 1590 号 2 頁　**426**

判例索引　459

298
最決平 12・10・31 刑集 54 巻 8 号 735 頁　367
東京地決平 12・11・13 判夕 1067 号 283 頁　120
和歌山地決平 12・12・20 判夕 1098 号 101 頁（和歌山カレー事件）　292
福岡高判平 12・12・26 高検速報（平 12）214 頁　233
最決平 13・2・7 判時 1737 号 148 頁　161
最決平 13・4・11 刑集 55 巻 3 号 127 頁〔百選 9 版 46 事件〕　207, 209, 219, 222, 223, 409
札幌地判平 13・5・30 判時 1772 号 144 頁　206
最決平 14・7・18 刑集 56 巻 6 号 307 頁　206, 233
東京高判平 14・9・4 判時 1808 号 144 頁〔百選 9 版 77 事件〕　316
最決平 14・10・4 刑集 56 巻 8 号 507 頁〔百選 9 版 23 事件〕　67
東京高判平 14・12・10 東高刑時報 53 巻 1~12 号 110 頁　188
最決平 14・12・17 裁判集刑 282 号 1041 頁　168

【平成 15～19 年】
最判平 15・2・14 刑集 57 巻 2 号 121 頁〔百選 9 版 96 事件〕　11, 301, 304
最決平 15・2・20 判夕 1120 号 105 頁　222, 409
東京地判平 15・4・16 判夕 1145 号 306 頁　100
最大判平 15・4・23 刑集 57 巻 4 号 467 頁〔百選 9 版 42 事件〕　182
最決平 15・5・26 刑集 57 巻 5 号 620 頁　44, 52
最判平 15・9・5 判時 1850 号 61 頁　161
最判平 15・10・7 刑集 57 巻 9 号 1002 頁〔百選 9 版 100 事件〕　182, 225, 416
最決平 15・11・26 刑集 57 巻 10 号 1057 頁　368
大阪地判平 16・3・9 判時 1858 号 79 頁　160
最判平 16・4・13 刑集 58 巻 4 号 247 頁　146
最決平 16・7・12 刑集 58 巻 5 号 333 頁〔百選 9 版 12 事件〕　30
最判平 16・9・7 判時 1878 号 88 頁　157
東京高判平 17・1・19 判時 1898 号 57 頁　35

東京高判平 17・3・25 東高刑時報 56 巻 1~12 号 30 頁　332
最判平 17・4・14 刑集 59 巻 3 号 259 頁〔百選 9 版 72 事件〕　235, 265, 376
最判平 17・4・19 民集 59 巻 3 号 563 頁〔百選 9 版 A9 事件〕　158
東京地判平 17・6・2 判時 1930 号 174 頁　29
大阪高判平 17・6・28 判夕 1192 号 186 頁（和歌山カレー事件）　292
最決平 17・8・30 刑集 59 巻 6 号 726 頁〔百選 9 版 52 事件〕　240
最決平 17・9・27 刑集 59 巻 7 号 753 頁〔百選 9 版 86 事件〕　262, 373, 395
最決平 17・10・12 刑集 59 巻 8 号 1425 頁　208
東京高判平 17・11・16 東高刑時報 56 巻 1~12 号 85 頁　102
最決平 17・11・25 刑集 59 巻 9 号 1831 頁　165
京都地判平 18・5・12 判夕 1253 号 312 頁　30, 206
東京高判平 18・6・13 東高刑時報 57 巻 1~12 号 26 頁　369
大阪高判平 18・6・26 判時 1940 号 164 頁　256
大阪高判平 18・10・6 判時 1945 号 166 頁　255
東京高決平 18・10・16 判時 1945 号 166 頁　255
最判平 18・11・7 刑集 60 巻 9 号 561 頁〔百選 9 版 90 事件〕　280, 390
最決平 18・12・8 刑集 60 巻 10 号 837 頁　125
最決平 18・12・13 刑集 60 巻 10 号 857 頁　188
最決平 19・2・8 刑集 61 巻 1 号 1 頁〔百選 9 版 22 事件〕　74
福岡高判平 19・3・19 高検速報（平 19 年）448 頁　131
最決平 19・6・19 刑集 61 巻 4 号 369 頁　400
名古屋高判平 19・7・12 判時 1997 号 66 頁　158
東京地判平 19・10・10 判夕 1255 号 134 頁　325
最決平 19・10・16 刑集 61 巻 7 号 667 頁〔百選 9 版 63 事件〕　286
東京地判平 19・12・16 訟務月報 55 巻 12 号 3430 頁　35
最決平 19・12・25 刑集 61 巻 9 号 895 頁　257

【平成 20～24 年】

東京高判平 20・3・27 東高刑時報 59 巻 1~12 号 22 頁　**356**
最決平 20・4・15 刑集 62 巻 5 号 1398 頁〔百選 9 版 9 事件〕　**29, 75**
東京高判平 20・5・15 判時 2050 号 103 頁　**102**
最決平 20・6・25 刑集 62 巻 6 号 1886 頁　**257**
東京高判平 20・6・30 高検速報平 20 年 100 頁　**325**
最決平 20・8・27 刑集 62 巻 7 号 2702 頁〔百選 9 版 87 事件〕　**371**
東京高判平 20・9・25 東高刑時報 59 巻 1~12 号 83 頁　**25**
最決平 20・9・30 刑集 62 巻 8 号 2753 頁〔百選 9 版 57 事件〕　**257**
東京高判平 20・10・16 高刑集 61 巻 4 号 1 頁　**362**
大阪高判平 21・3・3 判タ 1329 号 276 頁　**118**
最判平 21・4・14 刑集 63 巻 4 号 331 頁　**286**
最決平 21・4・21 裁判集刑 296 号 391 頁　**292**
東京地判平 21・6・9 判タ 1313 号 164 頁　**60**
東京高判平 21・7・1 判タ 1314 号 302 頁　**25**
最決平 21・7・14 刑集 63 巻 6 号 623 頁〔百選 9 版 62 事件〕　**271**
最決平 21・7・21 刑集 63 巻 6 号 762 頁　**408**
最決平 21・9・28 刑集 63 巻 7 号 868 頁〔百選 9 版 33 事件〕　**30, 82**
大阪高判平 21・10・8 刑集 65 巻 9 号 1635 頁　**279**
最決平 21・10・20 刑集 63 巻 8 号 1052 頁　**189**
東京高判平 21・12・1 東高刑時報 60 巻 1~12 号 232 頁　**362**
東京高判平 22・1・26 判タ 1326 号 280 頁　**263**
東京高判平 22・2・15 東高刑時報 61 巻 1~12 号 31 頁　**26**
東京地決平 22・2・25 判タ 1320 号 282 頁　**111**
最決平 22・3・17 刑集 64 巻 2 号 111 頁　**208**
宇都宮地判平 22・3・26 判時 2084 号 157 頁　**294**
最判平 22・4・27 刑集 64 巻 3 号 233 頁　**287**
東京高判平 22・11・1 判タ 1367 号 251 頁　**139**
東京高判平 22・11・8 高刑集 63 巻 3 号 4 頁　**25**
東京高判平 22・12・8 東高刑時報 61 巻 1~12 号 317 頁　**36**
東京高判平 23・3・17 東高刑時報 62 巻 1~12 号 23 頁　**25**
東京高判平 23・3・29 判タ 1354 号 250 頁　**291**
最決平 23・9・14 刑集 65 巻 6 号 949 頁　**264**
最決平 23・10・20 刑集 65 巻 7 号 999 頁　**368**
最決平 23・10・26 刑集 65 巻 7 号 1107 頁　**183**
最大判平 23・11・16 刑集 65 巻 8 号 1285 頁　**272**
最決平 23・12・19 刑集 65 巻 9 号 1380 頁（ウィニー事件）　**279**
最判平 24・2・13 刑集 66 巻 4 号 482 頁　**426**
最決平 24・2・29 刑集 66 巻 4 号 589 頁　**220**
名古屋高金沢支判平 24・7・3 裁判所ウェブサイト　**56**
最判平 24・9・7 刑集 66 巻 9 号 907 頁　**289, 291**

【平成 25 年～】

最決平 25・2・20 刑集 67 巻 2 号 1 頁　**292**
最決平 25・2・26 刑集 67 巻 2 号 143 頁　**264**
最決平 25・3・5 刑集 67 巻 3 号 267 頁　**426**
最決平 25・10・21 裁判所時報 1590 号 2 頁　**426**

著者紹介

大久保 隆志（おおくぼ　たかし）

1954 年	広島県福山市生まれ
1977 年	大阪市立大学法学部卒業
1979 年	大阪市立大学大学院法学研究科修士課程修了
1981 年	東京地方検察庁検事
1989 年	法務大臣官房司法法制調査部付
1995 年	司法研修所教官
2001 年	東京地方検察庁検事（総務部副部長）
2002 年	広島大学法学部教授
現　在	広島大学大学院法務研究科教授

主要論文
「刑事訴追の実務と刑事訴追論」（刑法雑誌 45 巻 3 号〔2006 年〕）
「『一連の行為』と訴訟的評価」（刑法雑誌 50 巻 1 号〔2010 年〕）

法学叢書 = 14

法学叢書　刑事訴訟法

2014 年 4 月 10 日© 　　　　　　初　版　発　行

著　者　大久保 隆志　　　　発行者　木下 敏孝
　　　　　　　　　　　　　　印刷者　中澤　眞
　　　　　　　　　　　　　　製本者　米良孝司

【発行】　　　　　　　株式会社　新世社
〒151-0051　東京都渋谷区千駄ヶ谷1丁目3番25号
編集☎(03)5474-8818(代)　　　サイエンスビル

【発売】　　　　　　　株式会社　サイエンス社
〒151-0051　東京都渋谷区千駄ヶ谷1丁目3番25号
営業☎(03)5474-8500(代)　　振替　00170-7-2387
FAX☎(03)5474-8900

組版　ケイ・アイ・エス
印刷　（株)シナノ　　　製本　ブックアート
《検印省略》
本書の内容を無断で複写複製することは，著作者および
出版者の権利を侵害することがありますので，その場合
にはあらかじめ小社あて許諾をお求め下さい。

サイエンス社・新世社のホームページのご案内
http://www.saiensu.co.jp
ご意見・ご要望は
shin@saiensu.co.jp　まで．

ISBN978-4-88384-206-3
PRINTED IN JAPAN

新法学ライブラリ 17

刑法総論

伊東研祐 著
A5判／448頁／本体3,300円（税抜き）

自ら考え，理解した理論を正確に言語で表現する力の習得をめざし，練達の著者が行為無価値論の立場から刑法理論の状況を解説した教科・解説書．本書を繰り返し読み，理解を深めることにより，現時点での我が国の犯罪論の概況が把握できる．

【主要目次】

犯罪論概説／構成要件該当性／違法性／有責性／その他の犯罪構成要素（客観的処罰条件，処罰阻却事由）／未完成犯罪──未遂罪・予備罪・陰謀罪／共犯／罪数論と量刑論／刑法の場所的適用論

発行　新世社　　　発売　サイエンス社